Roman Jaich 28,80

Normative Grundfragen der Ökonomik

In dem Schwerpunkt »Normative Grundfragen der Ökonomik« sind bisher erschienen:

- Bernd Biervert und Martin Held (Hg.): Ökonomische Theorie und Ethik. 1987
- Bernd Biervert und Martin Held (Hg.): Ethische Grundlagen der ökonomischen Theorie. Eigentum, Verträge, Institutionen. 1989
- Bernd Biervert und Martin Held (Hg.): Das Menschenbild der ökonomische Theorie. Zur Natur des Menschen. 1991
- Bernd Biervert und Martin Held (Hg.): Evolutorische Ökonomik. Neuerungen, Normen, Institutionen. 1992
- Bernd Biervert und Martin Held (Hg.): Das Naturverständnis der Ökonomik. Beiträge zur Ethikdebatte in den Wirtschaftswissenschaften. 1994
- Bernd Biervert und Martin Held (Hg.): Zeit in der Ökonomik. Perspektiven für die Theoriebildung. 1995
- Bernd Biervert und Martin Held (Hg.): Die Dynamik des Geldes. Über den Zusammenhang von Geld, Wachstum und Natur. 1996

Martin Held, geb. 1950, Dr. rer. pol., ist Studienleiter an der Evangelischen Akademie Tutzing für den Bereich Wirtschaft. Arbeitsschwerpunkte: Ökonomie und gesellschaftliche Folgen technischer Entwicklungen, Ökonomie und Ökologie, normative Grundfragen der Ökonomie.

Martin Held (Hg.)

Normative Grundfragen der Ökonomik

Folgen für die Theoriebildung

Campus Verlag
Frankfurt/New York

Die Deutsche Bibliothek – CIP-Einheitsaufnahme

Normative Grundfragen der Ökonomik: Folgen für die
Theoriebildung / Martin Held (Hg.). – Frankfurt/Main;
New York: Campus Verlag, 1997
  ISBN 3-593-35877-8

Das Werk einschließlich aller seiner Teile ist urheberrechtlich geschützt. Jede Verwertung
ist ohne Zustimmung des Verlags unzulässig. Das gilt insbesondere für Vervielfältigungen,
Übersetzungen, Mikroverfilmungen und die Einspeicherung und Verarbeitung in
elektronischen Systemen.
Copyright © 1997 Campus Verlag GmbH, Frankfurt/Main
Umschlaggestaltung: Atelier Warminski, Büdingen
Druck und Bindung: KM-Druck, Groß-Umstadt
Gedruckt auf säurefreiem und chlorfrei gebleichtem Papier.
Printed in Germany

Bernd Biervert gewidmet

Vorwort

„Wenn wir uns mit den ethischen Grundlagen der ökonomischen Theorie befassen, geht es demnach nicht um *zusätzlich* zur ökonomischen Effizienz von außen herangetragene Kriterien, gleichsam um ein 'moralisches Beiwerk', sondern im Kern um die Grundlagen der ökonomischen Theoriebildung". Mit dieser Formulierung aus der Einführung des zweiten Bands der Reihe „Normative Grundfragen der Ökonomik" ist der Leitfaden benannt, der uns von der ersten Publikation im Jahre 1987 an in dieser Reihe begleitete (BIERVERT/HELD 1989, S. 8). Gemeinsamer Ausgangspunkt der unterschiedlichen theoretischen Zugänge und Themenfelder war und ist es dementsprechend, nicht von außen kommend Werte und Normen der ökonomischen Sachlogik *gegenüberzustellen,* sondern nach den normativen Grundlagen *in* den ökonomischen Theorien zu fragen.

Markttransaktionen sind ebenso wie Beziehungen in Form von Reziprozität und Redistribution von der Gestaltung der Institutionen abhängig. Die normative Frage nach den Verfahren und Kriterien zur Festlegung der institutionellen Arrangements gewann deshalb als Folge des neu erwachten Interesses in der Ökonomik an Institutionen an Gewicht. Übereinstimmend wird dabei die Anfangsausstattung mit Eigentums- und Verfügungsrechten als zentral für das Wirtschaften in Marktgesellschaften angesehen.

Die normativen Fragen sind aber weit über diese Fragestellung hinaus in der ökonomischen Theoriebildung von Bedeutung, wie die folgende Überlegung illustriert: In dynamischer Perspektive ist über die vereinfachte Rekonstruktion der Verteilung der Anfangsausstattung hinausgehend die Entwicklung der Mindestausstattung von Eigentums- und Verfügungsrechten zu untersuchen, die Voraussetzung für die gleichberechtigte Teilnahme am Marktgeschehen ist. Die Tragweite für die Theoriebildung einer derart erweiterten Perspektive ist offenkundig, kann doch dafür der Rückzug auf pareto-optimale Veränderungen nicht genügen.

Im vorliegenden Band der Reihe wird nach der Diskussion normativer Fragen bestimmter Themenzugänge - Menschenbild der Ökonomik (innere Natur des Menschen), Naturverständnis der Ökonomik (äußere Natur als Komplement), evolutorische Ökonomik, Zeit, Geld - in der Fokussierung auf den Ausgangspunkt und das Grundanliegen der Reihe gezeigt, wie weit über die Frage der Anfangsausstattung hinaus ethisch-normative Fragen für die ökonomische Theoriebildung interessant und anregend sind. Dabei wird an Themenzugänge der vorangehenden Bände angeknüpft, und es kommen neue Themen hinzu:

- Gerechtigkeit gerechter Regeln,
- Mischung aus Konkurrenz und Kooperation,
- Arbeit, Konsum, erwerbs- und bedarfswirtschaftliches Prinzip,
- soziale Voraussetzungen des Wirtschaftens (Effizienz, Solidarität, Partizipation),
- normative Begründung des Konzepts Nachhaltigkeit (intra- und intergenerationale Gerechtigkeit),
- Relevanz der individuellen Moral in einer unsicheren Welt,
- Effizienz als übergeordneter Wert wichtiger Teile der Ökonomik,
- Zusammenhang normativer und positiver Analyse in der Ökonomik,
- Moral und Normen in ihrer Bedeutung für die ökonomische Rationalität,
- neue Institutionenökonomik und neue Organisationsökonomik.

Pointiert zusammengefaßt: In der realen Welt mit Transaktionskosten, genuiner Unsicherheit und Neuerungen sind ethische Fragen nicht nur das „Beiwerk" der Spezialdisziplin Wirtschaftsethik bzw. der normativen Ökonomik. Sie betreffen vielmehr den Kern der ökonomischen Theoriebildung und geben Perspektiven für deren Weiterentwicklung.

Die Beiträge gehen auf die Fachtagung der Evangelischen Akademie Tutzing zurück, die vom 18. bis 20. März 1996 zum Thema „Norms matter - Normative Grundfragen und Folgen für die Ökonomik" stattfand. Es handelt sich wiederum um Originalbeiträge, in die die Ergebnisse der Diskussionen dieser Veranstaltung eingearbeitet wurden. Die Konzeption für die vorliegende Publikation und die zugrundeliegende Veranstaltung wurde über einen längeren Zeitraum gemeinsam von Bernd Biervert und mir erarbeitet. Nach schwerer Krankheit starb Bernd Biervert kurz vor der Tutzinger Tagung, so daß die geplante Evaluierung unseres Herangehens an die normativen Fragen der Ökonomik nicht nur - wie geplant - ein Zwischenschritt, sondern ein endgültiger Einschnitt und Abschluß wurde.

Ich danke Adelheid Biesecker (Bremen), Albrecht Dietz (Frankfurt am Main), Gisela Kubon-Gilke (Darmstadt), Helge Majer (Stuttgart), Hans G. Nutzinger (Kassel) und Kurt Rothschild (Wien) sehr herzlich für das Reviewen der Beiträge. Damit konnten alle Beiträge von zwei Personen kritisch gegengelesen werden, obgleich ich dieses mal allein als Herausgeber verantwortlich zeichne. Margarete Korn danke ich sehr herzlich dafür, daß sie die Korrekturen so zuverlässig vornahm und Andreas Beschorner für den Umbruch. Hans G. Nutzinger danke ich ebenfalls sehr herzlich für die organisatorisch-praktische Unterstützung, die den Einstieg in die gemeinsame Herausgeberschaft der zukünftigen Bände der Reihe einleitete.

Tutzing, Frühjahr 1997 Martin Held

Inhalt

Vorwort 7

MARTIN HELD 11
Norms matter - Folgerungen für die ökonomische Theoriebildung

ERNST HELMSTÄDTER 41
Über die Gerechtigkeit gerechter Regeln

PETER WEISE 58
Konkurrenz und Kooperation

GERHARD SCHERHORN 81
Die ökonomische Verengung von Arbeit und Konsum - Ist die heimliche Annahme fremdbestimmten Verhaltens überwindbar?

HANS PETER WIDMAIER / CHRISTIAN WICHERT 104
Sozialpolitik als rationale Herrschaft - Staatshilfe statt Selbsthilfe? Vom neoklassischen zum dialogischen Paradigma in der Sozialpolitik

ULRICH HAMPICKE 128
Aufgeklärtes Eigeninteresse und Natur - Normative Begründung des Konzepts Nachhaltigkeit

FRANZ HASLINGER 150
Individuum und Verteilung in einer unsicheren Welt - Zur Rolle der Moral in der Ökonomik

ULRIKE KNOBLOCH 168
Effizienz als oberster Wert? Eine Auseinandersetzung mit den
Antworten institutioneller Ökonomik

ANDREAS SUCHANEK 189
Erfolgreiche Therapie ohne gute Diagnose? Zum Zusammenhang
von normativer und positiver Analyse in der Ökonomik

RICHARD STURN 213
Moral, Normen und ökonomische Rationalität

JOSEF WIELAND 238
Die langen Wellen institutionellen Wandels - Ökonomische
Theorie und Theorie der Gesellschaft

Die Autorin/Die Autoren 262

Martin Held

Norms matter - Folgerungen für die ökonomische Theoriebildung

1. Reibungslos

„In a model of production in which information is costless and agreements are costlessly enforced, there is no place for ethics or other dispositional attributes of the persons who own the instruments. The attitude of a person from whom one buys an object or a service becomes a matter of concern only if he may disclose more or less information about the attributes of what he sells or about his behavior in various contingent future states of the world." (REDER 1979, S. 133)

In einer reibungslos funktionierenden Welt ohne asymmetrische Informationen, ohne genuine Unsicherheit und ohne Neuerungen, einer Welt, in der Geld nur eine Funktion als Recheneinheit *(numéraire)* hat, können ethische Fragestellungen aus der Theoriebildung noch vergleichsweise einfach ohne große Folgen ausgeklammert bleiben. In der realen Welt des Wirtschaftens, in der die Transaktionskosten größer Null sind, Kooperation und Konkurrenz zusammen den wirtschaftlichen Austausch am Markt und in Organisationen bestimmen, in einer Welt, in der die Zukunft offen ist, und deshalb nicht *ex ante* perfekt alle Details von Verträgen spezifizierbar sind, ist die Analyse ethisch geprägten Verhaltens und der dafür relevanten institutionellen Arrangements zum Verständnis des Wirtschaftens dagegen wichtig. Vertrauen, Reputation, Fairness, Kosten der Drückebergerei etc. werden ökonomisch wichtige Kategorien.

Die Internalisierung von ethisch geprägten Standards durch die Wirtschaftsakteure senkt die Transaktionskosten, da die Aufwendungen für die Informationsbeschaffung, Kontrollkosten und die Durchsetzung von Verträgen reduziert werden können. Zugleich sind auf gesellschaftlicher und individueller Ebene für die entsprechende Sozialisierung zur Internalisierung ethischer Standards und die Ausgestaltung von Institutionen, die hierzu beitragen, Kosten aufzuwenden. Wie REDER näher ausführt, sind die ethischen Standards der Wirtschaftsakteure für die Senkung der Transaktionskosten um so wichtiger, je längerfristig die Austauschbeziehungen sind und je weniger genau die Verträge spezifizierbar sind. Dies illustriert er am Beispiel von Arbeitsverträgen. Genauer gesagt: Sie sind von Bedeutung in einer unsicheren Welt, in der Informationen nicht als vollständig vorausgesetzt werden, und die Zukunft trotz Risikoabsicherungsmaßnahmen (die ihrerseits Kosten verursachen) offen ist.

An diesem Themenzugang läßt sich die Ausrichtung meines Beitrags und der Publikation sehr klar zeigen:

– Ethische Fragen sind für die positive Analyse des Wirtschaftens von Bedeutung.
– Für die normativen Fragen der Ausgestaltung der institutionellen Arrangements ist ihre ausdrückliche Beachtung unverzichtbar. So wird ein Teil der Ökonominnen und Ökonomen normativ dafür votieren, den „optimalen Punkt" der Aufwendungen für die Internalisierung von ethischen Standards in Abwägung zu den dadurch erzielbaren Senkungen der Transaktionskosten zu bestimmen (Effizienz als übergeordneter Wert). Andere werden weitere Werte und Normen mit in die Analyse einbeziehen bzw. die Selbstorganisation der Normentstehung und -veränderung hervorheben.
– Dieser Zugang unterstreicht, daß ethische Fragen über die gängige Formel - normative Analyse wichtig für Ausgangsausstattung von Eigentums- und Verfügungsrechten - hinausgehend für die Ökonomik relevant sind.
– Zugleich wird verständlich, warum ethische Fragen lange Zeit als außerhalb der Ökonomik liegend bzw. bestenfalls als Themenbereich für eine randständige Spezialdisziplin angesehen wurde. In einer Analyse, bei der in einer als „reibungslos" gedachten Welt die Transaktionskosten ausgeklammert bleiben bzw. diese implizit mit Null angesetzt werden, können ethische Fragen als außerökonomisch (miß-)verstanden werden.
– Die ausdrückliche Einbeziehung genuiner Unsicherheit (*true uncertaintity* nach KNIGHT) und Fristigkeiten (zeitliche Aspekte) gibt erste Hinweise auf eine Ausdifferenzierung der Relevanz ethischer Standards für das Wirtschaften (die Senkung der Transaktionskosten ist von der Fristigkeit, Häufigkeit der Transaktionen etc. abhängig). Diese Erkenntnis eröffnet den Weg zu der grundlegenderen Einsicht, daß genuine Unsicherheit und genuin Neues der Ausgangspunkt zum Verständnis der Bedeutung von Normen in der Ökonomik sind.
– Das Beispiel zeigt einerseits, daß positive Anreize und Sanktionen für die Einhaltung von Normen wichtig sind. Andererseits geht das Wirtschaften darin nicht auf. Vielmehr werden Verträge bei einer entsprechenden Internalisierung moralischer Standards unabhängig vom Kalkül der Ent-

deckungswahrscheinlichkeit unerlaubter Handlungen und der Höhe der Sanktionen eingehalten.
- Der Beitrag REDERs ist auf die Effizienzwirkungen der ethischen Standards eingegrenzt. Dementsprechend kommt bei ihm ausschließlich deren Funktion für die Senkung der Transaktionskosten in den Blick. Mit seinem knappen Hinweis auf ihre indirekten Wirkungen (Vergrößerung von Märkten, da größere Bandbreite möglicher Vertragsparteien) deutet sich aber bereits deren weitergehende Tragweite an: Bestimmte wirtschaftliche Beziehungen werden nicht nur effizienter gestaltet, sondern durch die Internalisierung ethischer Standards und eine entsprechende Ausgestaltung von Institutionen sind sie überhaupt erst möglich.

Ethische und normative Fragen gewannen in den vergangenen zehn bis fünfzehn Jahren in der Ökonomik (erneut) an Interesse. Eine große Zahl von Publikationen und Übersichtsbänden zeugen davon (als Auswahl seien genannt: MÜLLER/DIEFENBACHER 1992; HAUSMAN/MCPHERSON 1993; HOMANN 1994; NUTZINGER 1994; SIEBERT 1994; GROENEWEGEN 1996). Unterschiedlichste Ansätze und Strömungen haben daran ihren Anteil: Institutionenökonomik, spieltheoretische Ansätze, evolutorische und ökologische Ökonomik, um nur einige der Wichtigeren zu nennen. Die Reihe „Normative Grundfragen der Ökonomik" ist Teil dieser Entwicklung und profitierte zugleich davon.[1]

Im folgenden geht es mir nicht um einen Versuch, eine möglichst umfassende Übersicht zu den wichtigsten Bereichen und Trends normativer Fragen der Ökonomik zu geben. Vielmehr will ich an ausgewählten Beispielen und Themenbereichen zeigen, daß normative Fragen die ökonomische Theoriebildung in der realen Welt mit Reibung[2] direkt betreffen, bzw. präziser formuliert, den Kern der Theoriebildung berühren; und daß aus ihrer ausdrücklichen Behandlung interessante Perspektiven für deren weitere Entwicklung abzuleiten sind.

2. Gerecht

„Wirksame moralische bzw. ethische Normen einer Gesellschaft sind das Bindemittel der sozialen Stabilität, die ein Wirtschaftssystem funktionsfähig macht." (NORTH 1988, S. 48)

Die Internalisierung ethischer Standards wirkt auf die Transaktionskosten zur Informationsbeschaffung und zum Vertragsabschluß ebenso ein wie auf die Durchsetzungskosten. Diesen Gesichtspunkt arbeitet NORTH vergleichbar zu REDER heraus: Politische Ordnungen und Wirtschaftsordnungen erfordern neben der Festlegung von Verhaltensbeschränkungen in Form von Regeln und Vorschriften sowie einer Reihe von Verfahrensmaßnahmen zur Sicherung der Regelbefolgung „die Formulierung einer Reihe moralischer bzw. ethischer Verhaltensnormen zur Verminderung der Durchsetzungskosten." (NORTH 1988, S. 18)

Er geht aber in seiner Analyse der Bedeutung ethischer Standards für das Wirtschaften einen grundlegenden Schritt weiter. Diese sind nicht nur, wenn die Institutionen entsprechend ausgestaltet sind, potentiell transaktionskostensenkend und damit effizienzsteigernd. Vielmehr ist eine Internalisierung gewisser ethischer Standards die *Voraussetzung* für die Funktionsfähigkeit von Wirtschaftsordnungen. Die Durchsetzung von Verträgen kann nicht ausschließlich über Anreize erfolgen, da dafür die Kosten zu hoch werden. Viele Märkte könnten dann gar nicht erst entstehen. Daß dies nicht einfach eine „theoretische Überlegung" ohne Bedeutung für die Realität ist, ist beispielsweise in den Transformationsländern zu erleben und ist auch in lateinamerikanischen Staaten zu beobachten.

Dies hat, wie NORTH ausführt, zwei Seiten: Es gilt erstens auf der Ebene der Vertragsbeziehungen der Wirtschaftsakteure. Er „schwelgt" geradezu in langen Ausführungen über die Tücken der Drückebergerei neben Hinweisen zu Schwarzfahren, Betrug, Steuerhinterziehung und anderen Formen opportunistischen, rein anreizgesteuerten Verhaltens einschließlich der Fragen der Geschäftsführung im Auftrag (Prinzipal-Agent).

Dies gilt zweitens aber auch auf der Ebene der Wirtschaftsordnung. Es sind Mittel dafür aufzuwenden, die die Wirtschaftsakteure von der Rechtmäßigkeit der Institutionen überzeugen. Was in der Wirtschaftstheorie typischerweise *vorausgesetzt* wird, die Legitimität des Verfassungsvertrags und der Wirtschaftsordnung einschließlich ihrer wesentlichen Konkretionen, ist mit Aufwand zu gewährleisten.

Über die (positive) Analyse der Transaktionskosten und ihrer Bedeutung für die wirtschaftlichen Entwicklungen im historischen Längsschnitt kommt NORTH zur grundlegenden Einsicht, daß die Internalisierung von ethischen Standards und der Legitimität der Wirtschaftsordnung eine zentrale Voraussetzung des Wirtschaftens ist.[3] Im erfolgreichen Falle können dadurch die wirtschaftlichen Entwicklungspotentiale vergrößert werden, wie er für die Niederlande in der Phase nach Gewinnung der Unabhängigkeit von der spanischen Herrschaft und für die darauffolgende Zeit für England bzw. Großbritannien ausführt.

Mit der Erkenntnis, daß die Legitimation und Rechtmäßigkeit der Wirtschaftsordnung und ihrer Institutionen für das Wirtschaften wichtig sind, kommt die Frage der *Ausgestaltung der institutionellen Arrangements* in den Blick. Unter der großen Zahl von Ökonomen, die sich aus unterschiedlichen Blickwinkeln zwischenzeitlich damit befassen, besteht Konsens darüber, daß die Ausgestaltung der *Anfangsausstattung* für die Chancen auf Märkten und die Ergebnisse von Transaktionen aller Art bedeutsam ist:

> „Wenn aber die Start- und Rahmenbedingungen, oder in anderer Formulierung die Ausstattung mit Eigentums- und Verfügungsrechten, Folgen für die Ergebnisse dieser Marktaustauschbeziehungen haben, stellt sich die Frage: *Wie* sind die Rahmenbedingungen des Marktes und des Staates festzulegen? Dies impliziert die - *normative* - Frage nach den Verfahren und Kriterien zur Festlegung der institutionellen Arrangements." (BIERVERT/HELD 1989, S. 7)

Mit diesen Ausführungen ist in sehr verdichteter Form ein wichtiger Pfad skizziert, der für den Bedeutungsaufstieg normativer Fragen in der Ökonomik wirksam ist: Die Beachtung positiver Transaktionskosten führte, unterstützt durch weitere Gründe, zur Renaissance des Interesses für Institutionen und Verträge.[4] Deren Behandlung brachte die normative Frage der *Gerechtigkeit*, nach langen Jahren des Zurückdrängens und der „Enthaltsamkeit", erneut auf die Agenda der Ökonomik. Bei den unterschiedlichen Zugängen, wie etwa BUCHANANs Gesellschaftsvertrag, RAWLs Gerechtigkeitstheorie mit seiner Betonung des Schleiers des Nichtwissens etc., wird jeweils analytisch vereinfachend eine („ideale") Ausgangssituation zu rekonstruieren versucht: Es geht um die gerechte *Primär*verteilung. Sind die grundlegenden Regeln und damit die Anfangsausstattung einmal bestimmt, können die Gerechtigkeitsfragen in dieser Sichtweise wieder in den Hintergrund treten.

Dieses methodische Herangehen - Ausgestaltung der institutionellen Arrangements - hat eine begrenzte Reichweite: Es geht nicht einfach um eine „Ausgestaltung" durch Außenstehende. Wichtig ist vielmehr der Frage nachzugehen, wie sich Ordnungen und zugrundeliegende ethische Standards und Gerechtigkeitsvorstellungen *spontan* entwickeln und verändern.

3. Dynamisch

> „Wem es aber so schlecht geht, daß er sich beim Rückfall in den zivilisationslosen Zustand gar nicht noch weiter verschlechtern könnte, wer mit anderen Worten an den Segnungen der Zivilisation überhaupt keinen Anteil hat, der kann auch nicht zu den Pflichten, welche sie verlangt, herangezogen werden. Wer unverschuldet nicht genügend zum Leben besitzt, muß Stehlen dürfen. [...] Mit KANT ist jedoch klar, daß die Verfassungsgebung kein historischer Akt, sondern eine permanente, abstrakte gedankliche Leistung ist." (HAMPICKE 1994, S. 132)

Die Sicherstellung einer gerechten Mindestausgangsausstattung aller Wirtschaftsakteure ist nicht eine einmalige Angelegenheit im analytisch gewählten Ausgangspunkt. Im Zeitablauf tritt Neues auf, findet der Wechsel der Generationen statt, ist die Ausstattung in einem Land und in bestimmten Gruppen aufgrund der früher einsetzenden Dynamik markant von der anderer Regionen und Schichten unterschiedlich ...

HAMPICKE bringt die Tragweite klar auf den Punkt: Warum sollten sich Menschen an die Spielregeln des Wirtschaftens halten, d.h., in freiwillige Transaktionen gemäß den geltenden Regeln der Respektierung der Ausstattung der Verfügungs- und Eigentumsrechte anderer eintreten (nicht stehlen und betrügen etc.), wenn sie gar keine reale Chance haben, sich vergleichbar zu anderen Wirtschaftsakteuren am Transaktionsgeschehen zu beteiligen. HAMPICKE fordert nicht - in strafbarer Weise - zum Diebstahl auf, sondern spitzt die bei NORTH noch allgemein in der Sprache der Transaktionskosten formulierte Voraussetzung des Wirtschaftens in *dynamischer Perspektive* zu: Nicht nur für den Spezialfall des analytisch gewählten Zeitpunkts Null, sondern zu jedem Zeitpunkt des Wirtschaftens ist fortlaufend eine gerechte Ausstattung der Akteure Voraussetzung dafür, daß von ihnen erwartet werden kann, die Regeln einzuhalten. Damit kann eine gerechte Ausstattung nicht länger „im Prinzip" als ein für alle mal geschaffen vorausgesetzt werden. Die Verteilungsfrage und die Gerechtigkeit sind für das Wirtschaften (Ökonomie) und für die ökonomische Theoriebildung (Ökonomik) *durchgängig* von zentraler Bedeutung. Zu fragen ist insbesondere, was die Individuen als gerecht empfinden, und wie die institutionellen Arrangements ihrerseits im Zeitablauf auf die Werte zurückwirken. Oder anders formuliert: In dynamischer Perspektive läßt sich die Analyse nicht länger auf die Kostenseite und beschränkende Wirkung von Institutionen unter Ausklammerung der Interaktion mit Werten und Präferenzen begrenzen.

Dies bedeutet auch, daß die analytische Unterscheidung zwischen dem Verfassungsvertrag und den postkonstitutionellen Verträgen keine prinzipielle Trennung sein kann, sondern nur graduelle Unterschiede bestehen. Damit wird offenkundig, daß Möglichkeiten für opportunistisches Verhalten auch auf der Ebene des Verfassungsvertrags bestehen.

HAMPICKEs Argumentation ist darüberhinaus noch in einer anderen Beziehung für die normativen Fragen in der ökonomischen Theoriebildung von Bedeutung. In der Institutionenökonomik und den Vertragstheorien werden ganz überwiegend Rechte der Wirtschaftsakteure behandelt, zumeist - wie auch bisher in meiner Argumentation - eingegrenzt auf Verfügungs- und Eigentumsrechte. HAMPICKE führt dagegen explizit aus, daß *Rechte* und *Pflichten* zusammengehören: Die Eigentums- und Verfügungsrechte implizieren u.a. zugleich die Pflicht, die Rechte anderer anzuerkennen. Bei weiterer Detaillierung wird zwischen dem Recht auf Nutzung der Sache (*usus*), Recht auf Nutzung der Erträge (*usus fructus*) und Recht auf *abusus* (Nutzungsänderung: von Änderungen in der Produktion bis hin zum Mißbrauch) unterschieden. Das Letztere kann in längerfristiger Perspektive (dynamische Betrachtung im Längsschnitt) unproblematisch sein, wenn beim Verzehr von Gütern auf die Regeneration der Ressourcen im Zeitablauf geachtet wird. Bei Mißbrauch der Rechte unter Nichtbeachtung dieser Maßgabe kann dagegen die Ausstattung der Eigentums- und Verfügungsrechte kommender Generationen leiden. Dies wirft die Frage der Verteilungsgerechtigkeit *zwischen* den Generationen auf.

Damit ist ein zweiter Strang berührt, über den die Fragen der Verteilungsgerechtigkeit in den letzten Jahren in die Ökonomik zurückkamen. Die Vernachlässigung der Naturvoraussetzungen des Wirtschaftens führte dazu, daß der Produktionsfaktor Naturkapital zunehmend in Mitleidenschaft gezogen wird (sozusagen implizit abgeschrieben wurde, ohne für die Neuinvestitionen zu sorgen).[5] Nach einer gewissen zeitlichen Verzögerung schlägt dies an unterschiedlichen Stellen ins wirtschaftliche Kalkül zurück, da die Ressourcenausstattung zu „leiden" beginnt. Diese Naturdegradation berührt zum einen direkt die Eigentums- und Verfügungsrechte heute lebender Wirtschaftsakteure, insbesondere aber im Längsschnitt die Potentiale für die zukünftigen Akteure. Zum anderen werden grundlegende *commons*, die allgemeine Voraussetzungen des Lebens und Wirtschaftens sind (Klima, Wasser, Böden, Balance der Nährstoffe etc.), in Mitleidenschaft gezogen. Dies schlägt über unterschiedliche Wirkungsmechanismen der Natur - zum Teil lange zeitlich verzögert und an anderen Orten bzw. global verteilt - auf die Eigentums- und Verfügungsrechte zurück.[6] Die wahre Tragödie des Gemeineigentums ist nicht die Problematik, wie sie in der vorherrschenden Rezeption von HARDINs Mißverständnis von Gemeineigentum und Freiem Zugang *(open access)* so bewegend geschildert wird.[7] Deren Probleme liegen vielmehr in der Entwertung des Naturkapitals durch die Nichtbeachtung der natürlichen Voraussetzungen des Wirtschaftens und Lebens.

Wenn die Ökonomik über die durch die Diskontierung normativ eingebaute (Kurz-)Fristigkeit hinausgeht und das Wirtschaftsgeschehen und dessen grundlegende Institutionen in dynamischer Perspektive zu analysieren versucht, kommt zur bisherigen Frage der *intra*generativen Verteilungsgerechtigkeit die Frage der *inter*generativen Verteilungsgerechtigkeit hinzu. Da hierbei ein zentraler Produktionsfaktor, das Naturkapital, und dessen Zusammenhang mit dem Faktor Arbeit, der inneren Natur des Menschen, „im Spiel" ist, ist klar, daß dies nicht die Angelegenheit einer Spezialdisziplin ist, sondern daß dies wichtige Kernbereiche der Disziplin betrifft. Die zum Stichwort Nachhaltige Entwicklung *(sustainable development)* und dessen konzeptioneller Ausarbeitung vorliegenden Arbeiten können für die Integration der dadurch angeregten theoretischen Weiterentwicklung wichtige Anregungen geben.

Ein relevantes Ergebnis ist in diesem Zusammenhang, daß die Behandlung der neuen Frage intergenerative Verteilungsgerechtigkeit auf die klassische Frage der intragenerativen Gerechtigkeit zurückwirkt und dieser neue Dringlichkeit verleiht: Wer Künftige gerecht behandeln will und deren Ausstattung mit Verfügungs- und Eigentumsrechten gewährleisten will, für den ist auch eine gerechte Mindestausstattung der heute Lebenden selbstverständlich.

In dynamischer Perspektive ist daneben ein weiterer Aspekt von zentraler Bedeutung. In der Theoriebildung überwiegen derzeit die Ansätze, die axiomatisch vom methodologischen Individualismus ausgehen. Wenn die Verteilungsgerechtigkeit nicht vereinfacht analytisch auf eine ideal gedachte Ausgangsausstattung reduziert wird, sondern wie ausgeführt auf die Sicherstellung einer gerechten Mindestausstattung über die Zeit hinweg, stellt sich die Frage: Was geschieht mit den Eigentums- und Verfügungsrechten nach dem Tod eines Individuums in der Abfolge der Generationen? Diese Frage ist nicht nur im Hinblick auf die Ausgestaltung institutioneller Arrangements von eminenter Bedeutung (etwa bzgl. der Übergänge bei Eigentümer-Unternehmungen und damit der Funktionsfähigkeit kleinerer und mittlerer Unternehmen in der Zeit). Vielmehr ist damit unmittelbar auch der Ausgangspunkt der Theoriebildung angesprochen: Wenn das Individuum neben der Transaktion eine wichtige Grundeinheit der Disziplin ist, ist von besonderer Bedeutung, wie die Übergänge in der Ausstattung von Eigentums- und Verfügungsrechten von einem Individuum auf andere Individuen im Zeitablauf gestaltet werden.

Ist es gerecht, wenn jedes Individuum gleichsam von Neuem beginnt, ohne die Möglichkeit von größeren Schenkungen und Erbschaften? Ist dies überhaupt möglich, oder wird nicht durch entsprechende Sozialisationsbedingungen, Möglichkeiten für Ausbildung etc. unvermeidlich eine Differenz der realen Anfangsausstattung bewirkt (da faktisch eben nicht isolierte Individuen wirtschaften, sondern Nutzeninterdependenzen bestehen)? Bis zu welchem Maße ist es gerecht, darüber hinaus im Rhythmus der Generationen große Vermögen zu übertragen? Ist es - immanent vom methodologischen Individualismus ausgehend - das Recht der Einzelnen, wem immer ihr Vermögen zu schenken und zu vererben? Oder ist es nicht gerade von diesem methodologischen Ausgangspunkt aus betrachtet angemessen, durch eine hohe Besteuerung für faire Chancen in den Ausgangsbedingungen der Wirtschaftsakteure zu sorgen? Wie sind gesetzliche Erbregelungen zu begründen, die verbindliche Mindestanteile entsprechend verwandtschaftlicher Nähe festlegen?

Die Menschen erben nicht nur individuell und in kleinen sozialen Einheiten Eigentums- und Verfügungsrechte. Vielmehr erben sie in der realen Welt auch die Institutionen. Für die Legitimation der Verfassung ist es z.B. ein gewichtiger Unterschied, ob die Bürgerinnen persönlich an deren Verabschiedung durch Wahl beteiligt waren, oder ob sie diese ererbten (das aktuelle Beispiel der Ausdehnung des Grundgesetzes auf die neuen Bundesländer ohne die 1949 intendierte Neufassung bzw. Überarbeitung unterstreicht dies).

4. Kooperativ[8]

„It is not from the benevolence of the butcher, the brewer, or the baker that we expect our dinner, but from their regard to their own interest. We address ourselves, not to their humanity but to their self-love, and never talk to them of our own necessities but of their advantages." (SMITH 1973, S. 119)

Seit den Zeiten ADAM SMITHs haben sich Märkte mit abstrakten Tauschbeziehungen und einer Geldwirtschaft, in der Geld in seinen vielen Erscheinungsformen als abstrakter Wertmaßstab wirkt, eindrucksvoll entwickelt. Man könnte es als zu diesem Prozeß „passend" ansehen, daß die Wirtschaftsakteure in der Theoriebildung typischerweise eher abstrakt bleiben - trotz des methodologischen Individualismus' sowie der Betonung von Konsumentensouveränität und der „letztlichen" Steuerung der Wirtschaftsprozesse durch ihre Präferenzen. Relative Preise und Anreize stehen im Vordergrund. Konkurrenz wurde nicht nur lange Zeit in den Lehrbüchern hervorgehoben. Sie ist vielmehr zugleich in der Theoriebildung vielfach in Abhebung von Kooperation normativ positiv besetzt.

In der Rezeption von SMITH wurde insbesondere der erste Satz des obigen Zitats als Beleg legitimierend für eine derartige Sichtweise ins Feld geführt. Sein weiterer Argumentationsgang macht aber deutlich, daß selbst noch in seinem *Wealth of Nations* wesentliche Erkenntnisse seiner „Theorie der Gefühle" nachschwingen. Die Wirtschaftsakteure sind bei ihm nicht stumm und bleiben nicht abstrakt. Über die Sprachfähigkeit hinaus ist Empathie wichtig und appelliert der Kunde bei ihm an den Verkäufer mit der Vorteilhaftigkeit des Geschäftes für diesen.

Die neueren spieltheoretischen Arbeiten belegen neben einer Vielzahl von unterschiedlichen anderen Ansätzen und empirischen Arbeiten, daß *Kooperation* ebenso wie *Konkurrenz* für das Wirtschaften von grundlegender Bedeutung ist. Dies hat nicht nur aber auch mit der eingangs skizzierten Bedeutung der Transaktionskosten zu tun: Verträge sind nicht virtuell sondern von den realen Wirtschaftsakteuren abzuschließen und umzusetzen. Zusammenarbeit innerhalb von Organisationen ebenso wie zwischen unterschiedlichen Wirtschaftseinheiten sind zentrales Moment jeglichen Wirtschaftens. Damit dies gelingen kann, ist *Kommunikationsfähigkeit* eine der zentralen

Voraussetzungen. Die Herausbildung der *Sprache* ist ebenso wie die historische Entwicklung von Eigentums- und Verfügungsrechten untrennbar mit dem Wirtschaften verknüpft.

Über den Austausch von Informationen „als solchen" (rein abstrakte *bits*) hinausgehend ist dazu *Empathie* erforderlich, d.h. die Fähigkeit, sich in die anderen Akteure hineinversetzen zu können, zu verstehen, was ihre Sichtweisen und Interessen sind, Erwartungen über Erwartungen bilden zu können etc.. Über die Empathie hinausgehend ist die Fähigkeit zur *Sympathie* wichtig. Die von permanentem Mißtrauen allen anderen gegenüber (außer sich selbst) ausgehende Verfolgung von eigenen Interessen macht das reale Zusammenarbeiten und die unvermeidliche wirtschaftliche Kooperation unmöglich. Die Entwicklung unpersönlicher Märkte, abstrakter Geldformen etc. haben diese Voraussetzungen nicht etwa obsolet gemacht. Vielmehr steigen die Anforderungen an die entsprechenden Fähigkeiten noch in starkem Maße an, da nunmehr sehr viel mehr wirtschaftliche Beziehungen über viel weitere Distanzen und zu Akteuren in entfernten Kulturkreisen und anderen Milieus möglich werden. Vergleichbares gilt innerhalb von Organisationen.

Oder in der Diktion von NORTH formuliert: Zunehmende Arbeitsteilung, wie sie bei SMITH im Mittelpunkt steht, erhöht die Transaktionskosten. Damit die Vorteile der Arbeitsteilung realisiert werden können, ist es wichtig, entsprechende Regeln weiter zu entwickeln und die Internalisierung ethischer Standards zur Senkung der Transaktionskosten zu gewährleisten. Damit diese Standards in der Realität auch gelebt werden können, stellen sich hohe Anforderungen an kommunikative Fähigkeiten, Teamfähigkeit und Potentialen zum Verständnis unterschiedlicher Interessen.

Für die Respektierung der Eigentumsrechte und darüberhinausgehend der Freiheit, personalen Identität und Menschenrechte der anderen jetzt Lebenden ebenso wie die Respektierung der Rechte der Künftigen sind Empathie und Sympathie im Verfolg aufgeklärter Eigeninteressen unabdingbare Voraussetzung. Für die Herausbildung der Persönlichkeiten, die im Marktmodell als autonome Wirtschaftsakteure (Bürgerin/*citoyen*) typischerweise *vorausgesetzt* werden, gilt dies ebenso. Für Wirtschaftsakteure, die in Organisationen, wie sie tatsächlich bestehen tätig sind, und auf realen Märkten agieren, in denen es Opportunismus aller Art gibt und deshalb mit Regeleinhaltung ebenso wie mit -verletzungen zu rechnen ist, ist dies ebenso unabdingbar, damit die Vorteile der Kooperation genutzt werden können, aber auch Vergeltungsbereitschaft zur Abwehr von Ausbeutung vorhanden ist.

Eine erste wichtige *Folgerung* für die Theoriebildung: Eine normative Vorabverengung auf Konkurrenzbeziehungen schränkt die Aussagefähigkeit der Theorie stark ein. Für die Erklärungskraft der Theorie ist es dagegen vorteilhaft, die ganze Bandbreite der realen Wirtschaftsbeziehungen einschließlich aller ihrer Voraussetzungen bis hin zu Sympathie in den Blick zu nehmen.

Im folgenden gehe ich auf drei weitere, für die Theoriebildung nicht weniger relevante Aspekte ein.

(1) Mit der normativen Bevorzugung der Konkurrenz ist vielfach die Annahme verbunden, daß die Wirtschaftsakteure *isoliert* ihre eigenen Interessen verfolgen. Positiv könnte man dazu zunächst vermerken, daß mit dem Übergang der marginalen Wende versucht wurde, die Grundeinheit der Analyse zu präzisieren. Leider führten die langanhaltenden Debatten über den methodologischen Individualismus nicht dazu, das Potential dieser Weiterentwicklung zur Präzisierung des methodologischen Status der Ökonomik auszuschöpfen. Für die Modellierung ist es verständlicherweise erleichternd, in Kombination mit den ebenfalls extrem vereinfachenden Annahmen vollständiger Voraussicht etc. bzw. einer „reibungslos unterstellten Welt" ohne Transaktionskosten Nutzenunabhängigkeit der isoliert gedachten Individuen anzunehmen. In den Debatten wird zwar gelegentlich - das in sich plausible - Argument nachgeschoben, daß in den individuellen Nutzenfunktionen selbstverständlich Raum für positiven Nutzen bezüglich anderer Personen gegeben ist; die Modellierung bleibt davon aber unberührt.

Tatsächlich war die Angelegenheit *von Anfang an* nicht so präzise (und ist dies bis heute nicht), wie dies für die Festlegung der Grundeinheiten einer Wissenschaft und ihrer wichtigen Kategorien erforderlich ist. Dies wurde und wird durch die formalen Modelle nur überdeckt. Dies sei am prominenten Beispiel illustriert:[9] In ihrem grundlegenden Buch zur Modellierung des allgemeinen Gleichgewichts führen ARROW und HAHN zunächst den *Haushalt* als Grundeinheit der Analyse ein (mit h symbolisiert), um dann nur wenige Zeilen später unvermittelt zum *Individuum* überzugehen (i). Fortfolgend werden dann Individuum und Haushalt als Synonyme gebraucht und als „Krönung" ist dann sogar vom *individual h* die Rede (1971, S. 75 ff.). Diese Ungenauigkeit ist nicht zufällig sondern dem Realitätssinn der Modellierer geschuldet; denn in der Realität sind die Nutzeninterdependenzen in Haushalten oder vergleichbaren sozialen Einheiten trotz aller Individualisierungstendenzen sehr groß (so bereits früh MARSHALL 1922, S. vi). Methodologisch ist diese Art der Ungenauigkeit jedoch äußerst problematisch, überdeckt sie doch, daß die Grundeinheit der Analyse unklar ist und grundlegende Fragen des Untersuchungsbereichs aus dem Blick geraten. Die Nutzenzusammenhänge bzgl. des Übergangs von Eigentums- und Verfügungsrechten in der Abfolge der Generationen wurden bereits als wichtiges Beispiel angesprochen.

Aber auch in anderer Hinsicht ist dieser Aspekt von weitreichender Bedeutung: Wenn die Wirtschaftsakteure faktisch nicht - wie annahmegemäß unterstellt - ihre Nutzeneinschätzungen unabhängig von den anderen Menschen vornehmen, sondern beispielsweise neben ihrer absoluten Einkommens- und Vermögenshöhe ihre *relative* Position einbeziehen, wird das Pareto-Optimum zu einem vernachlässigbaren Spezialfall: Wird durch Maßnahmen zwar niemand absolut verschlechtert, so wird doch durch die Vorteile für Andere die eigene relative Position verschlechtert.[10]

Meine Folgerung: Um die Erklärungskraft der Ökonomik zu steigern, empfiehlt es sich, nicht *a priori* von isolierten Individuen als Grundeinheiten der Analyse auszugehen, sondern die *realen Nutzeninterdependenzen* zu untersuchen. Dabei kann sich eine vergleichsweise geringe Interdependenz als ein Spezialfall erweisen. Durch entsprechende institutionelle Gestaltungen und Begünstigungen von isoliertem Nutzenverfolg wird dieser empirisch vorfindliche Teil bis zu einem gewissen Grad auch durch die Institutionen mit beeinflußt. Angemessen und für die Erkenntnisse weiterführend ist es aber auf jeden Fall, die Sozialität des Menschen ebenso wie seine Begabung zur Individualität als Ausgangspunkt zu nehmen. In der langen Evolutionsgeschichte der Menschheit war beides für die Menschen überlebensnotwendig und lebenswichtig.

Zu ergänzen ist, daß die Nutzeninterdependenz auch für die im 3. Kapitel diskutierte Frage nach der gerechten Mindestausstattung im Zeitablauf wichtig ist. Es ist plausibel zu vermuten, daß viele Menschen, die kaum faire Chancen für sich erleben, am Wirtschaftsgeschehen gleichberechtigt teilzunehmen, Veränderungen auch an ihrer relativen Position messen. Wenn durch Maßnahmen diejenigen begünstigt werden, denen es ohnehin sehr viel besser geht als ihnen, sie sich aber nicht verschlechtern, wird das trotzdem wohl kaum als akzeptabel empfunden werden. Wie überaus drängend die damit verbundenen Fragen in ausdifferenzierten Wirtschaften werden können, macht die rasche Zunahme privater Sicherheitskräfte und isolierter Kommunen wohlhabender US-Bürger deutlich. Anders formuliert: Reale Nutzeninterdependenzen bedeuten, wenn sie genügend ausgeprägt sind, daß die Effizienzbestimmung nicht losgelöst von der Verteilungsgerechtigkeit vorgenommen werden kann.

(2) Eine eingehendere Analyse von Nutzeninterdependenzen, beispielsweise bezogen auf die Einheit „Haushalt" ergibt Hinweise darauf, daß die typische Modellierung in einem weiteren Punkt zu sehr vereinfacht. Wie DASGUPTA am Beispiel der für die Lebensgestaltung zentralen Interessensabwägung von Frau und Mann bezüglich der Zahl der Kinder ausführt (1994, S. 190 ff.), wird leicht nachvollziehbar, daß eine vereinfachte Modellierung mit dem Haushalt als Grundeinheit die Realität nur sehr vereinfacht abbilden kann. Selbstkritisch ist anzumerken, daß auch in den Beiträgen unserer Reihe nur zusammenfassend von Menschen, Individuen und Akteuren gespro-

chen wird, ohne die wichtige Differenzierung nach *gender* zu berücksichtigen. Dies ist nicht nur für das bei DASGUPTA behandelte Beispiel der Rhythmen der Generationen und die damit verbundene Frage der Entwicklung der Gesamtzahl der Individuen von Bedeutung (einschließlich der Ressourcenbeanspruchung), sondern ebenso für den großen Bereich dessen, was am treffendsten mit *caring* umschrieben wird und für die Organisation von Erwerbsarbeit und anderen Arbeitsformen.

(3) Von der als Folgerung für die Ökonomik ausgewiesenen Blickerweiterung ist auch das Konzept der *ökonomischen Rationalität* berührt. Für die Wirtschaftsakteure wird typischerweise individuelle „ökonomische Rationalität" unterstellt. Diese wird in der Regel - entsprechend der lange Zeit vorherrschenden Modellierung mit Annahmen wie vollständige Voraussicht und vollständige Information - als vollständige bzw. *vollkommene (perfect)* Rationalität bezeichnet. In neueren institutionenökonomischen Ansätzen wird - wie bei RICHTER/FURUBOTN zusammengefaßt (1996) - demgegenüber berücksichtigt, daß unter den Bedingungen der realen Welt vollständige Information und vollständige Voraussicht weder möglich noch die möglichen Informationen kostenlos sind. Dementsprechend wird dort für die Individuen etwas unterstellt, das zumeist mit *unvollkommener* individueller Rationalität bezeichnet wird. Frühe Arbeiten von SIMON (1957) zur *eingeschränkten* Rationalität *(bounded rationality)* werden dabei aufgegriffen.

Nun sind die Arbeiten von SIMON zweifellos von großer Bedeutung,[11] da der Blick auf wichtige Fragen wie Informationsbeschaffung und -verarbeitung, Informationsverarbeitungskapazitäten, Gewohnheitsbildung etc. gelenkt wurde und weitergehende Arbeiten zu unterschiedlichen Heurismen angeregt wurden. Kurzum, seine Arbeiten trugen erheblich mit dazu bei, daß das *model of man* der Ökonomik erheblich realitätsnäher und damit aussagefähiger wurde.[12] In der Rezeption, für die die „Neue Institutionenökonomik" etwa bei RICHTER/FURUBOTN typisch ist, steckt darin dennoch ein Problem. Die Begrifflichkeit „vollkommen" enthält im üblichen Sprachverständnis eine Wertung im Sinne von positiv und erstrebenswert; „unvollkommen" dagegen fällt gegenüber dem (vollkommenen) Ideal ab; „eingeschränkt" hat nicht nur sprachlich Nähe zu „beschränkt".

Dies könnte man als nachrangige semantische Frage abtun, wenn es nicht ein tieferliegendes Problem mit Folgen betreffen würde: In der Realität, so wie sie ist und immer nur sein kann, wäre auch nur der Versuch, dem „Ideal" der „vollkommenen Rationalität" entsprechend zu handeln und zu leben, vollkommen - um das Wort in anderem Wortsinn zu gebrauchen - abträglich. „Beschränkte Rationalität" im Sinne SIMONs, Gewohnheitsbildung, die Verwendung unterschiedlichster situationsangepaßter (bzw. mehr oder weniger angepaßter) Heurismen einschließlich bewußter Entscheidungen bei weitreichenden Transaktionen, Konkurrenzverhalten und Kooperation etc., sind in keinster Weise „beschränkt", sondern höchst „vernünftig". Die empirisch anzutreffende Bandbreite von Heurismen und Verhaltensmustern hat sich keineswegs „zufällig" entwickelt, sondern ist das Resultat einer langen Evolutionsgeschichte, in der sich Heurismen unterschiedlichster Algorithmen ebenso wie Gewohnheitsbildung, die Herausbildung und Fortentwicklung von Regeln etc. adaptiv angepaßt an unterschiedliche Situationstypen und Anpassungserfordernisse entwickelt haben.

In der Begrifflichkeit Rationalität ist unvermeidlicherweise ein starker „Nachhall" des normativen Gehalts aus der langen Ideengeschichte enthalten: oder anders formuliert, der ethisch-normative Gehalt haftet wie eine Art *flavour* unvermeidlich daran.[13] Da es sich um ein Kernstück der Theoriebildung handelt, möchte ich dies kurz belegen. Sehr gut eignet sich dafür die Arbeit von ROBBINS, da sein Buch für die Festlegung des Gegenstandsbereichs der Ökonomik erfolgreich war. Im Abschnitt zum Verhältnis von Ökonomik und Ethik setzt er sehr scharf die wertfreie Ökonomik von der Ethik ab:

„It [Economics] is fundamentally distinct from Ethics." (ROBBINS 1984; S. 152)

Nur wenig später schreibt er zum Abschluß des Buchs offen normativ:

„It [Economics] relies upon no assumption that individuals will always act rationally. But it does depend for its practical *raison d'étre* upon the assumption that it is desirable that they should do so." (S. 157)

Für die weitere Theorieentwicklung läßt sich m.E. daraus ableiten, daß es vorteilhaft ist, die ganze Bandbreite der Verhaltensweisen und deren Ursachen in einer Welt mit Neuem, Lernen, genuiner Unsicherheit und Geld zu analysieren, ohne normative Vorabfestlegungen über „rational" und davon abgehoben „irrational", „beschränkt rational" und dergleichen.

5. Geld-Wert [14]

„Die Wirklichkeit hat also anstelle des Auktionators das Geld erfunden!"(BINSWANGER 1996, S. 115)

Wie eingangs am Beitrag REDERs vorgestellt, können internalisierte Moralgrundsätze, die Vertrauen schaffen und Reputation begründen, ein wichtiger

Faktor für die Effizienz des Wirtschaftens sein. ROTHSCHILD zeigt dies am Beispiel des längerfristigen Kredits, bei dem die Kontrakterfüllung typischerweise mit großer Unsicherheit behaftet ist (1992, S. 14 ff.). Man kann sagen, daß gerade in Geldgeschäften dieses Moment von besonderer Bedeutung ist.

Dies gilt nicht nur auf der Mikroebene in den Austauschbeziehungen der Akteure, sondern vergleichbar für die von NORTH herausgestellte Bedeutung der Legitimation und das Vertrauen in die Verläßlichkeit der grundlegenden Institution Geld (wie ROTHSCHILD ebenfalls ausführt). Die wirtschaftliche Bedeutung dieses Faktors nimmt in sich ausdifferenzierenden Wirtschaften zu, da in deren Entwicklung in einer Art ko-evolutivem Prozeß immer neue Formen von Geld entstehen, die sich zunehmend von ihrem intrinsischen Wert lösen und abstrakter werden (von Naturalgeld und Münzen bis hin zu Papiergeld, Giralgeld, Derivaten und neueren Entwicklungen von Computergeld).[15] In der „Papiergeldszene" in GOETHEs „Faust II" wird dies ebenso anschaulich illustriert (dazu BINSWANGER 1985) wie dies in den Aufdrucken auf den amerikanischen Dollarnoten zum Ausdruck kommt: „In God we Trust" sowie „Annuit Coeptis - Novus Ordo Seclorum".

Dies hat eine „einfache" Ursache, die der Theoriebildung über lange Zeit hinweg jedoch große Probleme bereitete: Geld ist nicht *nur* ein *numéraire*, ein der Sache äußerliches Instrument, das etwa einem Längenmaß („Meterstab") vergleichbar benutzt wird.[16] Die Geldwirtschaft konnte sich als Grundlage der sich ausdifferenzierenden Wirtschaften vielmehr nur entfalten, weil der *Wert* im wirtschaftlichen Sinne zum *Geldwert* wurde. Geld wurde zu einem grundlegenden *Wertmaßstab,* der auch auf andere Sphären wie etwa die Wertschätzung der Hausarbeit, Freiwilligen- bzw. Gemeinwesenarbeit etc. ausstrahlt. Diese Wirksamkeit ist darin begründet, daß mit Geld alles auf *einen Nenner* gebracht werden kann.

Nicht erst seit WALRAS' Arbeit zur Begründung des allgemeinen Gleichgewichts besteht für die Ökonomik das Problem, daß ihre Modelle vereinfacht als eine Art groß geratener *barter economy* vorgestellt werden, in der es nur eine einfache abstrakte Recheneinheit zur Kennzeichnung der Tauschrelationen gibt. Geld kommt dann nachträglich dazu, ohne daß es die in der Realität moderner Wirtschaften wichtigen Funktionen erfüllen könnte (HAHN 1982). WALRAS war sich dessen bereits bewußt, wie seine intensiven Anstrengungen zur Schaffung von Hilfskonstruktionen - Auktionator, *tatônnement* - anschaulich zeigen. Wenn man sich dagegen wirtschaftliche Funktionszusammenhänge in ihren realen Entwicklungen ansieht, kommt man zum Schluß, daß ohne die Ko-Evolution der Geldwirtschaft mit der Marktwirtschaft letztere gar nicht möglich wäre. Oder, um BINSWANGER etwas abgewandelt zu zitieren: In der Entwicklung der Wirtschaften evolvierte das Geld als zentrales Moment der Koordination der wirtschaftlichen Prozesse.

Die Schwierigkeiten in der Theoriebildung, Geld bzw. Geldwirtschaft angemessen einbeziehen zu können, haben einen *gemeinsamen Kern* mit der langjährigen Zurückdrängung des normativen Gehalts der Ökonomik: In einer (als „vollkommen" unterstellten Ideal-)Welt mit vollständiger Voraussicht, ohne genuine Unsicherheit, ohne tatsächlich Neues (damit auch ohne Transaktionskosten) ist in der Tat die einfache Funktion einer Recheneinheit ausreichend, gibt es keine Chancen für Opportunismus und sind auch keine Institutionen wie Geld etc. einschließlich deren Legitimation erforderlich.

Es gibt einen weiteren Zusammenhang, der sich erst auf den zweiten Blick erschließen mag: Der bisher nur angedeutete Prozeß der „Entsinnlichung" des Geldes ist wesentlicher Bestandteil - und zugleich einer der wichtigen Voraussetzungen - des übergeordneten historischen *Abstraktionsprozesses*, der zu der bei MAX WEBER so pointiert herausgearbeiteten „Rationalität" des Wirtschaftens und der Lebensgestaltung führte. Dieser in historischen Zeitmaßen ablaufende, langanhaltende Prozeß ist als eine Art Ko-Evolution der zunehmenden Abstraktion des Geldes und der Zeiten zu beschreiben. In der gleichen Periode wie sich die Geldwirtschaft herausbildete, vollzog sich der Bedeutungsaufstieg der mechanischen Uhr und der gesellschaftlich definierten Kalenderzeiten. Gemeinsam war dies die Voraussetzung für die Herausbildung der Methode der doppelten Buchführung und anderer Rationalitätsinstrumente. Die damit verbundene wirtschaftliche Dynamik[17] trieb die zunehmende Wirksamkeit der Diskontierung voran, die als Folgewirkung eine Abwertung der Zukunft bewirkt und die Illusion einer erfolgreichen Ablösung des Wirtschaftens von den natürlichen Grundlagen verstärkte. Dies unterstützte die zunehmende Vernachlässigung der natürlichen Grundlagen des Wirtschaftens und trieb den Naturverzehr voran. Der Zusammenhang zur intergenerativen Verteilungsgerechtigkeit und deren Rückwirkung auf die intragenerative Verteilungsgerechtigkeit liegt auf der Hand. Es unterstützte auch die durch die späten Arbeiten von ADAM SMITH genährte Vorstellung, daß die zunehmend wichtiger werdenden unpersönlichen Transaktionen zugleich zu einer Art „virtueller Beziehungen" der Wirtschaftsakteure führen würde, was sich in der Theorie in abstrakten *models of „man" (human beings)* niederschlug.

Noch ein weiterer zentraler Zusammenhang mit Folgen für die Theoriebildung ist von Bedeutung: Normativ wird in der Ökonomik typischerweise wirtschaftliches Wachstum und Effizienzsteigerung zur Steigerung des Bruttosozialproduktes positv bewertet. Gemessen wird dies in Geldwerten, ohne sich jedoch - wie dargelegt - für die Werthaftigkeit der Geldwerte zu interessieren. Die Theorie fokussiert den Blick üblicherweise ausschließlich auf die Werte, die als knappe Ressourcen und Güter Geldwert haben. Zur Lösung des Wertparadoxons der Klassik - im Bild des lebenswichtigen Wassers und der Diamanten geläufig - zählen nunmehr ausschließlich die Geldwerte. Das bedeutet, daß man mit den natürlichen Lebensgrundlagen zunächst, wenn sie im wahren Wortsinn „reichlich" vorhanden und damit „wertvoll" sind (zugleich aber nicht knapp), tendenziell verschwenderisch umgeht. Erst in dem Moment, in dem sie genügend übernutzt und degradiert sind, so daß sie nicht länger wertvoll und reichlich vorhanden sind (knapp werden), kommen sie in den Blick der Theorie und der Wirtschaftsakteure. Durch die Wirkung der Diskontierung wird dies noch verstärkt.

Das bedeutet: Die marginalistische Wende brachte zwar eine gewisse Präzisierung hinsichtlich des Wertparadoxons. Es wurde jedoch fälschlicherweise unterstellt, daß die Wertfrage nunmehr „gelöst" sei. Da die Naturgesetze interesselos, unabhängig von unseren Wahrnehmungen und Intentionen wirken, schlägt die damit induzierte Entwertung (Wert bezogen auf die tatsächliche Produktivität) im Zeitablauf in die wirtschaftlichen Kalküle (Geldwert) zurück. Mit der Diskussion um die neue Frage der intergenerativen Verteilungsgerechtigkeit ist sie zwischenzeitlich auch in der Ökonomik angekommen. Die konzeptionelle Entwicklung von *sustainable development* bedeutet für die ökonomische Theoriebildung, daß die Wertfrage ein neues, zusätzliches Momentum bekommt.

Zusammenfassend: Die Annahme vollständiger Voraussicht und Informiertheit ist die gemeinsame Ursache dafür, daß in der Ökonomik lange Zeit normative Fragen zurückgedrängt wurden und Geld nur schwer in die Modelle integrierbar war. Die Herausbildung von ethisch fundierten Regeln zur Sicherung der Funktionsfähigkeit internationaler Geld- und Kapitalmärkte sind ein Bespiel für die Bedeutung normativer Fragen für das Wirtschaften und damit die Theoriebildung. Der historische Abstraktionsprozeß wird wesentlich durch die Entwicklung des Geldes bestimmt; oder anders formuliert, es handelt sich dabei um einen Prozeß der Inwertsetzung durch Geldwerte. Geld ist nicht einfach ein Instrument zur Senkung der Transaktionskosten, sondern Voraussetzung für sich ausdifferenzierende Wirtschaften, das Eigenwertigkeit gewinnt. Dies kommt u.a. auch in der doppelten Begrifflichkeit von *value* zum Ausdruck: Wert im Sinne von ethisch begründeten normativen Werten; und Wert im Sinne von Geldwert und Wertschöpfung.

6. Positiv

„Discussions concerning the role of value judgments in economics, while generally mentioning the positive/normative distinction, more often than not fail to make clear the precise nature of the connection between this distinction and the notion that economists should attempt to be ethically neutral toward their subject matter." (WESTON 1994, S. 2)

Anhand unterschiedlicher Zugänge und Theoriebereiche versuchte ich zu belegen, daß die ausdrückliche Befassung mit normativen Fragen zum einen für das Verständnis des Wirtschaftens relevant ist; und daß dies zum anderen für die Weiterentwicklung der ökonomischen Theorie wichtige Anregungen geben kann. Dabei habe ich bisher die Unterscheidung zwischen *positiver* und *normativer* Analyse stillschweigend als angemessen vorausgesetzt. Sieht man einmal von der auch ansonsten üblichen Doppeldeutigkeit von „positiv" ab - für positive Wertung ebenso stehend wie für Ist-Aussagen, die gerade nicht normativ sein „sollen" -, kann man dem entgegen halten, daß die Trennung zwischen Ist- und Sollens-Aussagen nicht eindeutig und trennscharf ist. Vielmehr bestehen (unvermeidlich) enge Zusammenhänge. Dies wird ja bereits an „dem Paradox" deutlich, daß für die methodologischen Grundlagen Konventionen erforderlich sind, die ebenfalls unvermeidlich normativen Gehalt haben: Wie WESTON schreibt, *soll* die Analyse wertfrei sein. ROTHSCHILD formuliert vergleichbar: der „Wertcharakter der Werturteilsfreiheit" (1992, S. 19). Im folgenden will ich ausführen, warum ich diese Unterscheidung trotzdem mit WESTON, BRENNAN (1996) und vielen anderen für heuristisch vorteilhaft halte.

Wie ROTHSCHILD im einführenden Beitrag dieser Reihe nachzeichnete, waren zu Beginn der Ökonomik als Wissenschaft ethische Fragen selbstverständlicher Bestandteil der Theoriebildung. Ein Versuch der Trennung begann in kleinen Schritten erst vor etwa gut hundert Jahren. Diese Entwicklung war wichtig, da damit versucht wurde, den methodologischen Status der Aussagen der Theoriebildung zu präzisieren. Wie am Beispiel der Kategorie Rationalität illustriert und in dieser Publikationsreihe zu anderen Kategorien wie etwa Nutzen etc. ausführlicher dargelegt, entstand dabei jedoch ein neues Problem: Unter dem Banner der Forderung nach Wertfreiheit wurden die normativen Festlegungen nunmehr vielfach *implizit*.

Wie dies ROTHSCHILD in „Ethik und Wirtschaftstheorie" ausführt, führte dies beispielsweise in der Wohlfahrtstheorie zu dem „Trick", mit einer angeblich „wertfreien" Analyse dennoch zu Aussagen über vorzugswürdige Alternativen und damit zu Politikempfehlungen kommen zu können (1992, Kapitel 6). Einerseits liegt dem eine normative Bevorzugung des *Mehrs an materiellen Marktgütern* zugrunde. Diese steht der allgemeinen Festlegung des Gegenstandsbereichs der Ökonomik nach ROBBINS, wie sie typischerweise von den gleichen Autoren zugrundegelegt wird, entgegen. ROBBINS hatte seine Definition der Ökonomik gerade in der entschiedenen Zurückweisung von Festlegungen der Ökonomik begründet, die diese an der materiellen Wohlfahrt und Wohlfahrtssteigerung festmachen. Andererseits wird damit verknüpft allokative *Effizienz* zu einem übergeordneten Wert. Dies gilt neben der Wohlfahrtsökonomik auch für eine große Bandbreite von Arbeiten im Bereich der neuen Institutionenökonomik wie etwa bei BUCHANAN, COASE und NORTH. Danach sind die institutionellen Arrangements zu präferieren, die (ceteris paribus) die geringsten Transaktionskosten verursachen:

> „The aim of economic policy is to ensure that people, when deciding which course of action to take, choose that which brings about the best outcome for the system as a whole. As a first step, I have assumed that this is equivalent to maximizing the value of total production (and in this I am Pigovian)." (COASE 1988, S. 27)

Eine ausdrückliche und transparente (nachvollziehbare) *Begründung* dieser in der Ökonomik stark wirksamen Wertung sowie die Auseinandersetzung mit konkurrierenden normativen Standards ist für die Theoriebildung weiterführend. Das Problem ist, daß fast durchgängig (einschließlich der genannten Autoren, die für die neuere Theorieentwicklung so wichtige Beiträge durch die Wiedergewinnung der Institutionen als Untersuchungsgegenstand leisteten) diese normative Festlegung gleichsam als eine Art *a priori* ohne nähere Begründung und Analyse der Annahmen und Folgerungen *vorausgesetzt* wird. In der zitierten Fassung wurde beispielsweise normativ die nutzenaggrierte Version gewählt. Diese ist mit dem Ausgangspunkt des methodologischen Individualismus nicht kompatibel. In dynamischer Perspektive ist diese Interpretation der materiellen Orientierung und Effizienz als übergeordnetem Wert hinsichtlich des Bevölkerungswachstums und die damit verbundenen Fragen von herausragender Relevanz. Gerechtigkeits- bzw. Verteilungsfragen werden in dieser Version durch die Aggregation über die Wirtschaftsakteure hinweg vernachlässigt. Die natürlichen Voraussetzungen des Wirtschaftens werden ebenfalls ignoriert. Solange der Zeitrahmen der Maximierungsregel unspezifiziert bleibt, ist die Norm letztlich unklar, obgleich sie zunächst so klar und „stark formuliert" zu sein scheint.

Die Unterscheidung in positive und normative Analyse (Sach- und Werturteile) macht transparent, daß eine rein „wertfreie" Ökonomik *nicht möglich* ist. Zunächst sind, wie angesprochen, methodologische Konventionen erforderlich (s. oben das Beispiel: die Analyse „soll" wertfrei sein). Daneben sind die Fragen des Entstehungs- und Verwertungszusammenhangs transparent zu gestalten (was MYRDAL frühzeitig herausstellte; später etwa MACHLUP u.a. betonten). Daneben ist die *Analyse der Normen* zum Verständnis des Wirtschaftens von erheblicher Bedeutung. Eine methodologische Konvention diesbezüglich ist gewichtig: Normen für die Politikberatung sind nicht einfach vorauszusetzen, sondern offenzulegen und zu begründen.[18] Die materielle Orientierung und die Gerechtigkeit sind dafür nur zwei prominente Beispiele. Autonomie, Individualität, Sozialität und Freiheit stehen für einen weiteren Bereich, der für die normativen Fundamente des Wirtschaftens und der institutionellen Arrangements eine vergleichbar wichtige Rolle spielt. Die kurzen Ausführungen zur Effizienz machen in diesem Zusammenhang deutlich, daß Instrumente und Institutionen ihrerseits *Eigenwertigkeit* gewinnen können. Dies gilt u.a. für die Institution Markt, die über den instrumentellen Charakter eines dezentralen Koordinationsmechanismus hinausgehend bei vielen Ökonomen Eigenwertigkeit gewann. Dies läßt sich beispielsweise aber auch für den Freihandel belegen, der in einem Teil der Ökonomik axiomatisch vorausgesetzt wird, und ohne Analyse der Voraussetzungen und Folgen normativ bevorzugt wird.

Für die Politikberatung, wie sie COASE im Zitat anführte, ist neben der Festlegung ethisch begründeter Bewertungskriterien die Analyse der *relevanten Sachzusammenhänge* von vergleichbarer Bedeutung. Dies könnte man als triviale Feststellung abhaken, wenn nicht zwischen dieser Analyseebene und der Ebene der Bewertungskriterien (unvermeidlicherweise) enge Zusammenhänge bestünden.

(1) Dies hat zum einen damit zu tun, daß die empirisch vorfindlichen Präferenzen und Werte der Wirtschaftsakteure ihrerseits durch die institutionellen Arrangements geprägt werden. Bei einer rein statischen Betrachtung kommt dies nicht in den Blick. Bei der dynamischen Analyse wird klar, daß die - normative - Festlegung institutioneller Arrangements (gerecht, freiheitsfördernd, Menschenrechte und -pflichten bestimmend etc.) im Zeitablauf wirksam werden, da sie beispielsweise für bestimmte Eigenschaften und Motivationen der Menschen bessere und für andere dagegen nur geringere Entfaltungschancen eröffnen (KUBON-GILKE 1997).

(2) Zum anderen sind die Erkenntnisse zur Ebene der Sachaussagen nicht nur zusammen mit den normativen Bewertungskriterien Grundvoraussetzungen von Handlungsempfehlungen. Sie sind vielmehr zugleich Voraussetzung für die Begründung der normativen Bewertungskriterien. Je nach Problemverständnis wird man zu unterschiedlichen Wertungen kommen (a). Und zugleich lenkt ein bestimmtes Welt- und Menschenverständnis den Blick auf bestimmte Zusammenhänge in der Ist-Analyse, andere dagegen bleiben ausgeblendet bzw. werden geringer gewichtet (b).

Zunächst ein für die Theoriebildung wichtiges Beispiel für das Letztere (2b). JEVONS hatte die gängige Sicht zur abhängigen Erwerbsarbeit in arbeitsteiligen, ausdifferenzierten Wirtschaften des Kapitalismus sehr pointiert auf den Punkt gebracht (1871, Kapitel V): Arbeit bringt in dieser Sicht *nur Arbeitsleid* und wird von den Beschäftigten rein extrinsisch zur Sicherung des Lebensunterhalts erbracht (Entlohnung als Kompensation für dieses Leid). BECKER, der in seinem „ökonomischen Ansatz" an sich Wirtschaften gemäß der robbinsschen Festlegung allgemein definiert (1982), übernimmt in seiner Theorie der Allokation der Zeit diese Festlegung und weitet sie auf die „Haushaltsproduktion" aus - Zeit wird nunmehr insgesamt rein instrumentell verstanden. Intrinsische Wertigkeiten der Zeiten werden weder für die Erwerbsarbeit noch für Haushaltstätigkeiten und andere Zeiten wahrgenommen. Demgegenüber zeigt sich empirisch, daß Arbeit auch positiv eigene Wertigkeit haben kann, ob in der Erwerbsarbeit oder Haushalts- und Eigenarbeit. Die mit der eingeengten, rein instrumentellen Sicht erzielten Ergebnisse auf der Ebene der Sachaussagen wirken sich ihrerseits auf die Handlungsempfehlungen aus. Bei BECKER wird dies noch dadurch verstärkt, daß er das, was „ökonomisch" ist, annahmegemäß sehr verengt. Wichtig ist dabei seine Festlegung in der Theorie der Allokation der Zeit, den „Wert der Zeit" an den Lohnsatz zu binden. Damit begrenzt er trotz zunächst allgemeiner Definition des Wirtschaftens die anschließende Analyse auf die materielle Orientierung und die Sphäre der Geldwerte.[19]

Ein prominentes Beispiel dafür, wie die Erkenntnisse und Einschätzungen auf der Ebene von Sachaussagen die Festlegungen der Bewertungskriterien prägen (2a), betrifft die Frage, wie die *Substituierbarkeit der Produktionsfaktoren* eingeschätzt wird: Beispielsweise wird die Gültigkeit der Annahme der Substituierbarkeit der Produktionsfaktoren in wichtigen Teilen der Ökonomik vorausgesetzt. In dieser Sicht stellt sich die Frage der intergenerativen Verteilungsgerechtigkeit nur in sehr eingeschränkter Form, da unterstellt wird, daß die Abnahme des Naturkapitals durch Anlagenkapital und technischen Fortschritt substituiert werden kann. Wird demgegenüber von der Nichtsubstituierbarkeit ausgegangen, werden weitreichende normative Forderungen bzgl. der Behandlung des Naturkapitals ableitbar. Zugleich ist in dieser Sicht gleichsam definitorisch Pessimismus hinsichtlich der Realisierbarkeit dieses Postulats mitangelegt. Eine nicht vorab festgelegte Analyse führt dagegen zu einem differenzierten Bild einer nur teilweisen Substituierbarkeit der Produktionsfaktoren, deren Ausmaß in dynamischer Perspektive nicht fixiert ist. Es gibt Grenzen, die aber nicht ein für allemal gegeben sind.[20] Angesichts der Tragweite, die der Beantwortung der Frage der Substituierbarkeit der Produktionsfaktoren zukommt, empfiehlt es sich, darüber eine intensive (und unvoreingenommene) Debatte zu führen.

7. Zeiten[21]

> „The main reason why it is profitable to establish a firm would seem to be that there is a cost of using the price mechanism. The most obvious cost of „organising" production through the price mechanism is that of discovering what the relevant prices are.[4] [Remark[4]] According to N. Kaldor „A Classificatory Note of the Determinateness of Equilibrium", *Review of Economic Studies,* February, 1934, it is one of the assumptions of static theory that „All the relevant prices are known to

all individuals." But this is clearly not true of the real world." (COASE 1937, S. 390)

Mit diesem Zitat einer Schlüsselstelle der Entwicklung ökonomischer Theoriebildung komme ich zu meinem Ausgangspunkt zurück. Aufbauend auf vielerlei Vorläufern[22] beginnt COASE an dieser Stelle seiner frühen Arbeit die Konzeption der Transaktionskosten einzuführen. Entscheidend ist im Zusammenhang meines Beitrags, daß er sich der *tiefergehenden Ursache* der Existenz von Transaktionskosten bewußt war: der grundlegenden Bedeutung von *Unsicherheit* und *unvollständiger Information*. Neben KALDOR kamen die entscheidenden Impulse dazu durch seine Auseinandersetzung mit KNIGHTs „Risk, Uncertainty and Profit" (1921/71). Im Unterschied zur Einführung des Konzepts der Transaktionskosten in seinem Beitrag 1937 verwendet er in seinem zusammenfassenden Alterswerk (1988) dieses Konzept nunmehr losgelöst für sich, ohne die grundlegende Ursache der genuinen Unsicherheit eingehender zu behandeln.

Wie ich eingangs zur Internalisierung von ethischen Standards und zur Legitimation der Institutionen (REDER, NORTH) ausführte, war die Einführung des Konzepts der Transaktionskosten für die Theoriebildung von großer Bedeutung. Genauso wichtig ist es aber für die produktive Weiterentwicklung der Ökonomik, die grundlegende Bedeutung von genuiner Unsicherheit und Neuem (für Transaktionskosten und weit darüber hinaus) von Anfang an in die Analyse einzubeziehen. Übergreifende Institutionen wie insbesondere das Geld aber auch die Entwicklung der Märkte (Banken, Versicherungen, Werbewirtschaft, Medien/Information etc.) und wirtschaftlichen Funktionen (Controlling, Marketing etc.) sind ansonsten nicht zu verstehen, geschweige in ausdifferenzierten und sich dynamisch entwickelnden Wirtschaften angemessen zu analysieren. Dies war im übrigen auch das Resumée von HICKS in seinem (selbst-)kritischen Rückblick der Theorieentwicklung von den 30er bis zu den 70er Jahren:

„Such a market may well be quite similar, in many ways, to the textbook competitive market; but until we take uncertainty and costs of information into account we cannot show how it works." (HICKS 1976, S. 149)

Wie ausgeführt tendiert beispielsweise die Theoriebildung ohne Beachtung genuiner Unsicherheit auch in der neuen Institutionenökonomik dazu, auf eine statische Betrachtungsweise zurückzufallen und dementsprechend die Frage der Ausgestaltung der institutionellen Arrangements auf die Ausgangsausstattung zu reduzieren. Demgegenüber ist die Tragweite der Frage nach den Institutionen der realen Welt sehr viel weitreichender, da die Gerechtigkeit der Ausstattung mit Eigentums- und Verfügungsrechten sowie allgemeiner mit Menschenrechten *fortlaufend* zu gewährleisten ist. Dies ist von erheblicher Tragweite, da es eine Grundvoraussetzung des Wirtschaftens betrifft. Hinzu kommt, daß die Präferenzen und Werte der Wirtschaftsakteure in dynamischer Perspektive nicht als gegeben unterstellt werden können, sondern zu berücksichtigen ist, daß diese ihrerseits durch die institutionellen Arrangements geprägt werden.

Die Generationenabfolge in den Rhythmen des Lebens wird in statischer Perspektive ebenfalls ausgeblendet und ist doch für die Ausgestaltung der institutionellen Arrangements und der Verteilungsgerechtigkeit über die Zeit hinweg von grundlegender Bedeutung. Ohne MARSHALL zu positiv herausstellen zu wollen, ist doch auffällig, daß er einer der wenigen Autoren ist, die die Bedeutung der Generationenabfolge für das Wirtschaften ausdrücklich behandeln (1922, Kapitel XII). Dies ist nicht „zufällig", sondern hat damit zu tun, daß er die mit der Dimension Zeit zusammenhängenden Fragen nicht ausklammert, sondern sie ausdrücklich in den Mittelpunkt seiner Überlegungen stellt, wie er in seinem Vorwort zur ersten Ausgabe ausdrücklich selbst hervorhebt:

„For the element of Time, which is the centre of the chief difficulty of almost every economic problem" (S. vii).

Fragen von Erbschaften individuell bzw. innerhalb von Familien sind ebenso relevant wie die kollektiven Erbschaften (Verfassung, Art der Techniken und technischem Wissen, mehr oder weniger degradiertes Naturkapital etc.). Genuin Neues, Kreativität und Lernen sind für das Wirtschaften ebenso von zentraler Bedeutung wie der Zusammenhang von Zeiten und Geld (Zinsen, Diskontierung und damit Abschneidung der ferner liegenden Zukunft, Kosten für Liquidität, Zukunftsmärkte etc.). Zeit ist nicht nur instrumentell von Bedeutung, sondern kann intrinsisch eigene Qualität haben.

Wenn man in der Ökonomik von diesen in der Realität so prägenden Eigenschaften der Zeiten ausgeht, kommt man unmittelbar zu einer *evolutorischen Perspektive*.[23] Normative Fragen, die vorher ausgeblendet blieben, kommen damit in den Blick: Zu nennen ist hierzu insbesondere die normative Bevorzugung des ungerichteten Wandels „an sich", unabhängig von der Art des Wandels und dessen Folgen. Dies ist methodologisch betrachtet ebenso relevant wie praktisch. Einerseits werden die Präferenzen der Konsumentinnen und Konsumenten normativ als die „eigentlichen Bestimmungsgründe" des Wirtschaftens zum Ausgangspunkt genommen; andererseits werden diese - in der soeben angesprochenen normativen Wertung folgerichtig - als störend empfunden, wenn bestimmte Formen von Innovationen und Inventionen nicht sofort breit akzeptiert werden. Der normativ bevorzugte Wandel findet in der Realität derzeit mit ungeheuer starker Wucht statt. Durch die damit einhergehende Beschleunigung des Strukturwandels und Veränderungen von Technologien, Institutionen und Lebensstilen (um die Liste nur anzudeuten) wird die Bedeutung der Annahme genuiner Unsicherheit und genuin Neuem noch wichtiger, als sie ohnehin zu allen Zeiten des Wirtschaftens ist.

In der evolutorischen Perspektive ändert sich die Blickrichtung in der ökonomischen Theoriebildung grundlegend: Es wird nicht länger *vorab* unterstellt, daß es ein *einziges Optimum* gibt, und es die vorrangige Aufgabe der Ökonomik sei, dieses zu bestimmen. Vielmehr kommt nunmehr die Anpassungsfähigkeit und Flexibilität von Institutionen, Organisationen und Wirtschaftsakteuren stärker in den Blick. Nicht die (angeblich) optimale Form von institutionellen Arrangments (s. oben zu übergeordnetem Wert Effizienz), sondern Selbstorganisationsprozesse und Vielfalt von Institutionen und deren Ausprägungen ebenso wie deren Ko-Evolution werden wichtige Untersuchungsgegenstände.

8. Norms matter

In meinem Beitrag versuchte ich zu zeigen, daß normative Fragen in der Ökonomik kein peripheres Randgebiet einer Spezialdisziplin normative Ökonomik bzw. Wirtschaftsethik ist. Vielmehr sind sie auch im Bereich der „positiven Analyse" von großer Bedeutung und bestehen enge Zusammenhänge zwischen dieser und der genuin normativen Analyse sowie der Umsetzung der Ökonomik in Handlungsempfehlungen. Die Tragweite der normativen Fragen für die Theoriebildung wird dann unmittelbar sichtbar, wenn nicht eine reibungslose Welt unterstellt wird - und diese gar noch normativ getönt als „ideal" vorgestellt wird -, sondern von der realen Welt, so wie sie ist und sein wird, ausgegangen wird.

Dies bringt nicht weitere Schwierigkeiten für die Theoriebildung mit sich, wie der jahrzehnte lange Abwehrkampf gegen all die „Komplikationen" der genuinen Unsicherheit, Lernen, Geld etc. für die Theoriebildung vermuten läßt. Im Gegenteil: *Es zeigt sich die Perspektive einer reichen Ökonomik;* einer Ökonomik, in der

- der Blick nicht normativ auf Marktaustauschprozesse verengt wird, alles andere peripher behandelnd, sondern der gesamte Bereich des Wirtschaftens gemäß der eigenen Definition einschließlich von Reziprozität und Redistribution untersucht wird;
- die Menschen und ihre Organisationen als Wirtschaftsakteure untersucht werden, so wie sie sind; Kooperation ebenso wie Konkurrenz, Individualität ebenso wie soziale Beziehungen, Empathie und Sympathie in die

Analyse einbezogen werden; Menschen mit ihren Wertigkeiten untersucht werden, und nicht die - wiederum „eigentlich" in den eigenen Festlegungen der Disziplin grundlegenden - Präferenzen (einschließlich der Leidenschaften und Interessen) ausgeklammert bleiben;
- Rechte ebenso wie Pflichten behandelt und in ihrem Zusammenhang verstanden werden;
- methodologisch die Grundeinheiten der Analyse weiter präzisiert werden (neben Transaktionen und Individuen soziale Einheiten, Organisationen, Institutionen etc.).
- die zentralen normativen Bewertungskriterien transparent formuliert werden, und eine Debatte über die Angemessenheit ihrer Begründungen geführt wird, ohne vorab eingeführte, als *a priori* übergeordnet verstandene Superwerte (die damit dem Wettbewerb der wissenschaftlichen Diskussion entzogen wären);
- nicht der Mensch und die von ihm geschaffene Kultur der Natur einander fälschlicherweise dichotom gegenübergestellt werden, sondern in der die Naturgrundlagen des Wirtschaftens beachtet werden, und in der die Natureingebundenheit des Menschen nicht als Begrenzung mißverstanden sondern als Voraussetzung des Lebens und Wirtschaftens begriffen werden.

Mein Beitrag läßt sich ebenso wie gesamte Tutzinger Reihe „Normative Grundfragen der ökonomischen Theoriebildung" mit zwei Worten von ROTHSCHILD zusammenfassen, die er in einem Vortrag zu dieser Reihe formulierte:

„Norms matter". (ROTHSCHILD 1995, S. 1)

Anmerkungen

1 In meinem Beitrag arbeite ich die Ergebnisse der Bände dieser Reihe ein, ohne dabei Vollständigkeit anzustreben. In den folgenden Anmerkungen verweise ich an den entsprechenden Stellen auf einzelne Bände. Auf Einzelbeiträge verweise ich nur im Ausnahmefall, wenn ich direkt Zitate verwende. Angesichts der großen Zahl der Beiträge wäre es schwierig, Verteilungsgerechtigkeit walten zu lassen und allen Beiträgen mit Hinweisen gerecht zu werden. Bei der Verwendung von Ergebnissen und Argumentationsgängen der Beiträge handelt es sich jeweils um meine Deutung.

2 Das Bild der Reibung und Reibungslosigkeit findet sich in der Literatur häufiger; etwa bei NORTH 1988, S. 5 sowie RICHTER/FURUBOTN 1996, S. 9 und S. 70; dort mit einer Reihe von frühen Literaturangaben.

3 Das Problem bei NORTH ist jedoch, daß er seine Analyse auf die verhaltensbeschränkende Seite der Institutionen und Regeln beschränkt. Es fehlen bei ihm explizite Ausführungen dazu, daß die von ihm betonte Internalisierung von ethischen Standards und der Legitimät der Wirtschaftsordnung in die Werte und Präferenzen eingehen.

4 Siehe hierzu insbes. die beiden ersten Bände „Ökonomische Theorie und Ethik" und „Ethische Grundlagen der ökonomischen Theorie. Eigentum, Verträge, Institutionen".

5 Siehe hierzu den Band „Das Naturverständnis der Ökonomik" sowie weitere Beiträge in den Folgebänden.

6 Bei derartigen räumlichen und zeitlichen Distanzschäden sind Aushandlungen, wie sie in der Tradition von COASE vorgeschlagen werden, nicht möglich.

7 HARDIN beginnt seine Illustrierung der „tragedy of the commons" mit dem Satz: „Picture a pasture open to all." 1968, S. 1244. Siehe hierzu ausführlicher der im kommenden Jahr erscheinende Folgeband dieser Reihe „Eigentumsrechte verpflichten" (vorläufiger Titel).

8 Siehe hierzu den Band „Das Menschenbild der ökonomischen Theorie. Zur Natur des Menschen".

9 Dieses Buch wird nicht deshalb gewählt, um es negativ herauszustellen. Vielmehr handelt es sich um eines der grundlegenden Werke der Ökonomik. Damit soll verdeutlicht werden, daß es sich um eine „Ungenauigkeit" im Kern der ökonomischen Theoriebildung handelt.

10 Typischerweise steht in der Debatte bzgl. Nutzeninterdependenzen der Altruismus im Vordergrund. Wie an diesem Beispiel illustriert wird, sind andere Formen der Interdependenzen theoretisch und praktisch nicht minder gewichtig. So auch ROBBINS 1984, S. XXII f.

11 Dies gilt für mich auch persönlich, da ich von SIMONs Konzept der *bounded rationality* für meine empirischen Arbeiten zum Verkehrsverhalten wichtige Anregungen erhielt.

12 Auffällig ist die geschlechtsspezifische Formulierung in der Arbeit SIMONs und vieler anderer Ökonomen. Bei MARSHALL ist z.B. nur von Männern die Rede; Frauen und Kinder kommen (immerhin) als Teil der vom Mann abhängigen Familie vor; noch in einer Zeit, in der Queen Victoria jahrzehntelang das Oberhaupt des Empire war.

13 Sehr deutlich wird das beispielsweise im Übersichtsartikel von HAUSMAN/ McPHERSON 1993 herausgearbeitet. Zugleich ist diese Arbeit - unbeabsichtigt - eine Demonstration dafür, daß die Analyse behindert wird, wenn man hierfür den Ausgangspunkt „vollständige Rationalität" wählt; siehe insbesondere S. 721 ff.
14 Siehe den Band „Die Dynamik des Geldes. Über den Zusammenhang von Geld, Wachstum und Natur".
15 In der Theorie ist bis heute eine Art „Nachhall" dieser Entwicklung zu spüren, wenn Geld in Lehrbüchern als Münzgeld eingeführt wird, und dieses als Referenz zur Beurteilung der „Geldnähe" späterer Geldformen verwendet wird.
16 Bei eingehender Analyse wird aber deutlich, daß auch diese Art von Instrumenten die Vorstellungen über den zu messenden Realitätsausschnitt beeinflußt; der standardisierte Meterstab begünstigt Rechenhaftigkeit und eine quantifizierende Betrachtungsweise.
17 Siehe insbes. die wirtschaftshistorischen Ausführungen bei NORTH zu diesen Zeiten und der Bedeutung der Spezifizierung von Eigentums-/Verfügungsrechten zur Stimulierung der wirtschaftlichen Dynamik durch Senkung der Transaktionskosten; weitere Ansätze zur wirtschaftlichen Dynamik siehe auch den Band „Die Dynamik des Geldes".
18 Dieses Erfordernis kann man nicht dadurch umgehen, daß sich der Ökonom bzw. die Ökonomik darauf zurückzieht, daß die Ziele von außen vorgegeben seien, und er/sie ausschließlich für die Instrumente zuständig sei (entsprechend dem Wort von KEYNES zur Ökonomik als eine Art Klempner-Handwerk). Damit wird Effizienz ohne nähere Begründung und ohne Verständnis für die Abhängigkeit der Ergebnisse von deren genauen Spezifizierung zum übergeordneten Superwert. In dynamischer Betrachtung ist Effizienz weniger eindeutig, als das statische Effizienzkonzepte vermuten lassen; denn institutionelle Arrangements wirken ihrerseits auf Normen und Verhalten der Wirtschaftsakteure zurück.
19 Dies hat weitreichende Folgen für die Theoriebildung und ist zudem interessant, da BECKER 1982 zu Beginn seines Buchs ausdrücklich die allgemeine Definition von ROBBINS übernimmt und diesen zugleich der Inkonsistenz zeiht, da er die Analyse auf den Marktsektor verengt. Bei BECKER selbst spielt die Annahme des Marktgleichgewichts ebenfalls eine hervorragende Rolle, und durch weitere Annahmen wie die Bindung der Zeit an den Lohnsatz etc. schränkt er seinerseits die Analyse entsprechend ein.
20 Hierfür ist insbes. die Arbeit von MARSHALL 1922 (Original 1890) wichtig, da er klarer als andere Ökonomen seiner Zeit die Bedeutung dessen, was wir heute Naturkapital nennen, als Produktionsfaktor betont. Zugleich war er es, der den Boden - aus der Sicht des individuellen Farmers - als den anderen Kapitalkosten vergleichbar hervorhob, S. 430 und 534 ff.; damit bereitete er den Weg für die Substitutionsannahme. MARSHALL selbst war sich dagegen noch bewußt, daß das nur „für eine gewisse Zeit" unter bestimmten Voraussetzungen möglich ist, S. 321 f. Interessant ist auch die Deutung bei NORTH 1988, der bis zur industriellen Revolution von einer malthusianischen Welt spricht, in der keine Substitution zwischen Realkapital und Naturkapital möglich ist. Danach sieht er dann jedoch die Naturschranke als erfolgreich durchbrochen an und bezeichnet die Substitutionsannahme nunmehr als zutreffend. Offensichtlich ist ihm die Arbeit von JEVONS zur Kohlefrage nicht geläufig.
21 Siehe den Band „ Zeit in der Ökonomik".
22 Die Tendenz, das im Nachhinein „zu kanonisieren" - in diesem Fall COASE als den „Gründervater" zu stilisieren (so etwa RICHTER/FUROBOTN 1996, S. 70 ff.) - ver-

baut Erkenntniszugänge; insbesondere wird die grundlegende Ursache von Transaktionskosten - genuine Unsicherheit und genuin Neues -, zu sehr in den Hintergrund gerückt; siehe neben der Arbeit von KNIGHT vergleichbar bereits MARSHALL, der wichtige Aspekte der coaseschen Aussagen zu Firmen im Kapitel XII seiner „Principles of Economics" formulierte und zwar ohne Transaktionskostenkonzept, jedoch ausdrücklich von Unsicherheit ausgehend.

23 Siehe hierzu den Band „Evolutorische Ökonomik. Neuerungen, Normen, Institutionen".

Literaturverzeichnis

ARROW, K.J. und HAHN, F.H. (1971). *General Competitive Analysis.* San Francisco/Edinburgh: Holden-Day u. Oliver & Boy.

BECKER, G.S. (1982). *Der ökonomische Ansatz zur Erklärung menschlichen Verhaltens.* Tübingen: Mohr (Paul Siebeck) (Orig. *The Economic Approach to Human Behavior.* 1976).

BIERVERT, B. und HELD, M. (1989). Zur Einführung: Eigentum, Verträge, Institutionen - Ihre normativ-ethischen Grundlagen in der Theoriebildung. In: DIES. (Hg.). *Ethische Grundlagen der ökonomischen Theorie.* Eigentum, Verträge, Institutionen. Frankfurt/New York: Campus, 7-14.

BINSWANGER, H.C. (1985). *Geld und Magie.* Zur Deutung und Kritik der modernen Wirtschaft. Stuttgart: Edition Weitbrecht.

-"- (1996). Geld und Wachstumszwang. In: BIERVERT, B. und HELD, M. (Hg.). *Die Dynamik des Geldes.* Über den Zusammenhang von Geld, Wachstum und Natur. Frankfurt/New York: Campus, 113-127.

BRENNAN, G. (1996). The Economist's Approach to Ethics. A Late Twentieth Century View. In: GROENEWEGEN, P. (ed.). *Economics and Ethics?* London/New York: Routledge, 121-137.

COASE, R.H. (1937). The Nature of the Firm. *Economica 4, 386-405.*

-"- (1988). *The Firm, the Market and the Law.* Chicago/London: University of Chicago Press.

DASGUPTA, P. (1994). Ethics, Future Generations, and the Market. In: SIEBERT, H. (Hg.). *The Ethical Foundations of the Market Economy.* Tübingen: Mohr (Paul Siebeck), 179-216.

GROENEWEGEN, P. (Hg.) (1996). *Economics and Ethics?* London/New York: Routledge.

HAHN, F. (1982). *Money and Inflation.* Oxford: Basil Blackwell.

HAMPICKE, U. (1994). Marktethik, Zukunftsethik und die fragile Natur. In: BIERVERT, B. und HELD, M. (Hg.). *Das Naturverständnis der Ökonomik.* Beiträge zur Ethikdebatte in den Wirtschaftswissenschaften. Frankfurt/New York: Campus, 125-146.

HARDIN, G. (1968). The Tragedy of the Commons. *Science* 13. Dec. 1968, 1243-1248.

HAUSMAN, D.M. und MCPHERSON, M.S. (1993). Taking Ethics Seriously: Economics and Contemporary Moral Philosophy. *Journal of Economic Literature* XXXI (6), 671-731.

HICKS, J.R. (1976). Some Questions of Time in Economics. In: TANG, A.M. ET AL. (Hg.). *Evolution, Welfare, and Time in Economics.* Lexington Mass./Toronto: Lexington Books, 135-151.

HOMANN, K. (Hg.) (1994). *Wirtschaftsethische Perspektiven I.* Theorie, Ordnungsfragen, Internationale Institutionen. Berlin: Duncker & Humblot.

JEVONS, W.ST. (1871). *The Theory of Political Economy*. London/New York: Macmillan (Faksimileausgabe 1995. Düsseldorf: Verlag Wirtschaft und Finanzen. Hg. ENGELS, W. ET AL.).

KNIGHT, F.H. (1971). *Risk, Uncertainty and Profit*. With an Introduction by G.J. STIGLER. Chicago/London: University of Chicago Press (Orig. 1921).

KUBON-GILKE, K. (1997). *Verhaltensbindung und die Evolution ökonomischer Institutionen*. Marburg: Metropolis.

MARSHALL, A. (1922). *Principles of Economics*. Eigth Edition. London: Macmillan (1. Auflage 1890).

MÜLLER, E. und DIEFENBACHER, H. (Hg.) (1992). *Wirtschaft und Ethik*. Eine kommentierte Bibliographie. FESt Reihe A Nr. 39. Heidelberg: FESt.

NORTH, D.C. (1988). *Theorie des institutionellen Wandels*. Eine neue Sicht der Wirtschaftsgeschichte. Tübingen: Mohr (Paul Siebeck) (Orig. *Structure and Change in Economic History*. New York 1981).

NUTZINGER, H.G. (Hg.) (1994). *Wirtschaftsethische Perspektiven II*. Unternehmen und Organisationen, Philosophische Begründungen, Individuelle und kollektive Rationalität. Berlin: Duncker & Humblot.

REDER, M.W. (1979). The Place of Ethics in the Theory of Production. In: BOSKIN, M.J. (ed.). *Economics and Human Welfare*. New York u.a.: Academic Press, 133-146.

RICHTER, R. und FURUBOTN, E. (1996). *Neue Institutionenökonomik*. Eine Einführung und kritische Würdigung. Tübingen: Mohr (Paul Siebeck) (engl. 1997 FURUBOTN/RICHTER).

ROBBINS, L. (1984). *An Essay on the Nature and Significance of Economic Science*. Third Edition. London/Basingstoke: Macmillan (First Edition 1932).

ROTHSCHILD, K.W. (1992). *Ethik und Wirtschaftstheorie*. Tübingen: Mohr (Paul Siebeck).

-"- (1995). Normative Grundfragen der ökonomischen Theoriebildung. Anmerkungen und Beobachtungen zur Tutzinger Reihe. *Vortragsmanuskript Evangelische Akademie Tutzing*, 21. März 1995.

SIEBERT, H. (Hg.) (1994). *The Ethical Foundations of the Market Economy*. Tübingen: Mohr (Paul Siebeck).

SIMON, H.A. (1957). *Models of Man*. Social and Rational. New York u.a.

SMITH, A. (1970). *The Wealth of Nations*. Ed. by A. SKINNER. Harmondsworth: Penguin (Orig. 1776).

WESTON, S.C. (1994). Toward a Better Understanding of the Positive/Normative Distinction in Economics. *Economics and Philosophy* 10, 1-17.

Ernst Helmstädter

Über die Gerechtigkeit gerechter Regeln

1. Der Ausgangspunkt: Zweckmäßige Unterscheidungen von Regeln

Eine Wirtschaft stellt ein einziges Regelwerk dar. Bewährte und eingespielte Regeln oder Institutionen sichern die wirtschaftliche *Effizienz*. Es gibt auch Regeln, die auf *Gerechtigkeit* in der Wirtschaft abzielen. Einige hiervon stellen auf die allgemeinen Rahmenbedingungen (HOMANN 1992; HELMSTÄDTER 1996a) ab und beanspruchen einen weiten Geltungsbereich. Andere beziehen sich auf das konkrete Handeln der Menschen im wirtschaftlichen Verkehr miteinander. Wie gerecht es in der Wirtschaft insgesamt zugeht, läßt sich nicht an Hand einer einzigen Regel und ihrer Befolgung beurteilen. Es gibt eine Vielfalt von Tatbeständen mit je besonderen Regeln zur Lösung der sich jeweils stellenden Gerechtigkeitsfrage. Der Beitrag versucht, die auf Gerechtigkeit abzielenden Normsetzungen in zweckdienlicher Weise zu unterscheiden und in ein überschaubares Schema einzuordnen.

Mit Blick auf Fragen der Gerechtigkeit in der Wirtschaft liegt es nahe, zunächst zwei Arten von Regeln zu unterscheiden: *Ergebnisregeln* und *Verfahrensregeln*. Die Ergebnisregeln beziehen sich auf das unter dem Gesichtspunkt der Gerechtigkeit wünschenswerte Ergebnis der wirtschaftlichen Transaktionen des *Tauschs*, der *Aufteilung* und der *Umverteilung*. Verfahrensregeln legen das Procedere fest, nach dem ein Anfangszustand in den Ergebniszustand überführt wird, ohne daß sie das Ergebnis selbst vorschreiben. Das *Maximin-Prinzip* von RAWLS ist ein bekanntes Beispiel für eine Ergebnisregel. Sein Vorschlag, sich zur Auffindung gerechter Regeln eine faire Ausgangslage für alle Mitglieder der Gesellschaft vorzustellen, ist eine Verfahrensregel. „Jedem das Seine!" erkennt man unmittelbar als eine Ergebnisregel. Die Preise im Wettbewerb feststellen zu lassen, ist selbstverständlich eine Verfahrensregel.

Die Unterscheidung der beiden Regelarten korrespondiert mit HAYEKs Begriffspaar der *Verfahrensgerechtigkeit* und der *Ergebnisgerechtigkeit*

(VON HAYEK 1981). „Die erste ist für ihn mit den Grundsätzen einer zivilisierten Gesellschaft vereinbar, die zweite ist es nicht" (PIES 1995, S. 2). Die für HAYEK einzig zulässige Verfahrensgerechtigkeit erhöht die Zuverlässigkeit bei der dezentralen Wissensverarbeitung und ist somit diesem Prozeß förderlich. „Die Ergebnisgerechtigkeit schreibt dem sozialen Prozeß ein ‚abstraktes', als von diesem Prozeß unabhängig gedachtes, Verteilungsmuster vor" (S. 3). Deshalb findet es HAYEK unangebracht, diese Art von Gerechtigkeit in einer freiheitlichen Wirtschaft überhaupt zuzulassen. Die Eigenschaften, die er der Gerechtigkeit selbst zuschreibt, sind eigentlich den Regeln inhärent, die herrschen sollen. Insofern erscheint es mir, nicht nur aus der Sicht der Themenstellung zweckmäßiger zu sein, von zwei Arten von Regeln zu sprechen.

Was die eingehaltenen Regeln festschreiben oder bewirken, kann man generell als *regelgerecht* bezeichnen. Wenn akzeptierte Regeln - gleichgültig, von welcher Art sie sind! - gelten, ergibt sich *Regelgerechtigkeit*. Auch Verfahrensregeln führen zu einem Ergebnis. Wenn es regelgerecht zustandekommt, legt dies zugleich die Vermutung nahe, daß das Ergebnis gerechtfertigt ist. Der Unterschied zwischen Verfahrens- und Ergebnisregeln liegt jedenfalls nicht darin, daß Verfahrensregeln im Gegensatz zu Ergebnisregeln *kein* Ergebnis zeitigen, sondern vielmehr darin, daß im ersten Fall das Ergebnis durch das Verfahren *gesucht* und im anderen Fall durch die Regel *stipuliert* wird. Wir werden später sehen, daß in der Wirtschaft ohne solche Ergebnisregeln überhaupt nicht auszukommen ist. Auch aus diesem Grunde besteht kein Anlaß dazu, Ergebnisgerechtigkeit als die falsche Art von Gerechtigkeit abzuqualifizieren.

Im Sport kann man, anders als in der Wirtschaft, auf Ergebnisregeln ganz verzichten. Dafür, daß es dort fair zugeht, sind *lediglich* Verfahrensregeln erforderlich, selbstverständlich auch für die *Feststellung* der Ergebnisse, nicht für deren Manipulation! Ergebnisregeln, die direkt auf ein wünschenswertes Ergebnis abzielen würden, sind überflüssig, ja sie wären sogar widersinnig und würden dem Sport seinen Reiz nehmen. Man kann sich freilich vorstellen, daß es den Veranstaltern des Fernseh-Turniersports gelegen käme, wenn Ergebnisregeln anzuwenden wären, die den Publikumslieblingen günstige Ergebnisse zugestehen, zwecks Erhöhung der Einschaltquoten!

Die Fragen der Gerechtigkeit in der Wirtschaft verlangen typischerweise sowohl Ergebnis- wie Verfahrensregeln. Das wichtigste (nicht das einzige!) wirtschaftliche Verfahren ist der Wettbewerb. Man kennt sein Ergebnis nicht im voraus. Gerade deswegen ist ja ein Verfahren erforderlich, mit dessen Hilfe das unbekannte Ergebnis überhaupt ermittelt werden kann. Der Wettbewerb stellt, wie uns HAYEK gelehrt hat, ein solches Such- und Entdeckungsverfahren dar. Aber das kann nicht heißen, daß sein Ergebnis nur hinzunehmen und nicht auch unter Gerechtigkeitsgesichtspunkten zu beurteilen wäre.

Gerechtigkeitsfragen richten sich in der Wirtschaft, wie bereits angedeutet, auf drei Arten von Transaktionen:

- Tausch,
- Aufteilung sowie
- Umverteilung.

Diese Sachverhalte müssen auseinandergehalten werden. Beim *Tausch* geht es um Leistung und Gegenleistung. Sie sollen gerecht bemessen werden. Bei der *Aufteilung* sind verfügbare Güter nach bestehenden Ansprüchen an die Berechtigten aufzuteilen. Jeder soll das Seine, das ihm Zustehende, erhalten. Bei der *Umverteilung* handelt es sich darum, das Ergebnis des wettbewerblichen Prozesses nachträglich unter dem Gesichtspunkt sozialer Gerechtigkeit zu korrigieren. In der Diskussion über Fragen der Gerechtigkeit werden diese Unterscheidungen leider nicht genügend beachtet, wodurch es immer wieder zu Verwirrung kommt.

1.1. Ein praktischer Anwendungsfall

Ein Beispiel soll vorab die Zweckmäßigkeit der getroffenen Unterscheidungen illustrieren:

»Zwei Schäfer auf dem Felde wollten mit einander ihr Abendessen verzehren, der eine hatte fünf kleine Ziegenkäse, der andere drei. Kommt zu ihnen ein dritter Mann von der Straße herüber. „Laßt mich mithalten für Geld und gute Worte!" Also aßen sie selb dritt fünf und drei, sind acht Käslein, jeder gleich viel. Hierauf dankt ihnen der dritte Mann, und schenkt ihnen acht Dublonen. Der eine wollte nach der Anzahl seiner Käse fünf davon behalten, und dem andern geben drei. Der andere sagte: „So? der Herr hat uns das Geld mit einander geschenkt, also gehören jedem vier. Was deine fünf Stücke mehr werth sind, will ich dir herausbezahlen." Da sie nicht einig werden konnten, brachten sie den Handel vor den Richter. Der geneigte Leser sinnt nach: welchem von Beiden hat der Richter Recht gegeben? Antwort: Keinem von Beiden, sondern er sagt: „Demnach und wie ihr mir Beide vorgetragen habt, gehören dem ersten sieben Dublonen und dem andern eine, und das von Rechtswegen. Punktum".«

Die Geschichte stammt aus den „Erzählungen des rheinländischen Hausfreundes" von JOHANN PETER HEBEL (2. Band 1884, S. 126). Er liebte es, seinen Lesern, solche Denksport- und Rechenaufgaben zu stellen.

Wir müssen uns unter dem Gesichtspunkt der zu unterscheidenden Transaktionen fragen, ob es hier um Tausch oder Aufteilung geht, ob also Tauschgerechtigkeit oder Aufteilungsgerechtigkeit geübt werden soll? Der erste Schäfer meint, es sei ein Tausch gewesen, acht Käslein gegen acht Dublonen. Dementsprechend verlangt er für sich fünf Dublonen, dem anderen Schäfer gesteht er nur drei zu und hält das für leistungsgerecht. Bei seinem Verständnis von Tauschgerechtigkeit bleibt jedoch der Endverbrauch der Käslein zu gleichen Teilen unberücksichtigt. Der andere Schäfer hält den Sachverhalt nicht für einen Tausch, sondern für eine Schenkung, nicht zuletzt deshalb, weil der Wert von acht Dublonen offensichtlich den Wert der Käslein übersteigt. Dementsprechend beruft er sich auf die Ergebnisregel für die Aufteilung von Geschenken, die dann naheliegt, wenn keine besondere Maßgabe für die Aufteilung vorliegt: „Jedem das Gleiche!"

Der Richter sieht jedoch in den beiden Schäfern eine Gesellschaft, die aus der Abgabe von Käse einen Gewinn erzielt hat. Er stellt sich die acht Käslein sämtlich in drei gleiche Stücke geteilt vor, so als ob insgesamt 24 Stück vorhanden gewesen wären. Alle Drei hätten dann je 8 Stück verzehrt. Der erste Schäfer hatte anfangs 15 Stück und hat demnach 7 Stück abgegeben, der andere besaß nur 9 Stück und gab lediglich ein Stück ab. Somit verhalten sich die Ansprüche der Gesellschafter auf den Gewinn wie 7:1.

Der Richter hat für Aufteilungsgerechtigkeit gesorgt. Die von ihm auf den Gesellschaftsgewinn angewandte Ergebnisregel lautet: „Jedem das Seine!"

1.2. Weiteres Vorgehen

Am Modell des bilateralen Tauschs, das wir auf einen wettbewerblichen Markt ausweiten, soll diskutiert werden, was unter Tauschgerechtigkeit zu verstehen ist. Neben der Regel des Äquivalententauschs kommt hier die aristotelische *Ergebnisregel*, wonach die Tauschvorteile der Tauschpartner größengleich sein sollen, zum Zuge. Dann ist zu untersuchen, welches Ergebnis die *Verfahrensregel* des Wettbewerbs herbeiführt. Die modellmäßige Betrachtung wird schließlich erweitert auf die Produktion und damit auf die Einkommensentstehung und -verteilung. Dabei kommen wir auf Gerechtigkeitsregeln der Umverteilung zu sprechen. Auf die Regeln, die bei der Aufteilung anzuwenden sind, wird nicht weiter eingegangen, da hier in aller Regel nach vorgegebenen Ansprüchen zu verfahren ist.

Unsere Ausführungen zur Anwendung von unterschiedlichen Gerechtigkeitsregeln im Rahmen der drei Arten zu unterscheidender ökonomischer

Transaktionen können insgesamt nur skizzenhaft die Thematik umreißen. Gleichwohl sollte deutlich werden, daß der hier unternommene Versuch einer Taxonomie für Regeln und ihre Gerechtigkeit den gesamten Fragenkomplex in zweckmäßiger Weise strukturieren kann.

2. Die Tauschgerechtigkeit und ihre Regeln

Beim Tausch verhalten sich die Partner, wenn von zureichender Information und sicheren Erwartungen auszugehen ist, rational. Niemand läßt sich auf einen Tausch ein, wenn er keinen Vorteil davon hat. Die Frage der Tauschgerechtigkeit stellt sich jedoch in unterschiedlicher Weise, je nachdem, ob Preise der Tauschgüter vorliegen oder nicht.

Sind zwei Tauschpartnern die Marktpreise jener Güter, die sie austauschen wollen, bekannt, so können sie leicht nach der Regel des *Äquivalententauschs* vorgehen. Geschieht dies nicht, dann wäre es für einen von beiden günstiger, den Handel über den Markt abzuwickeln. Letztlich genügt es sogar, daß nur die relativen Marktpreise beachtet werden. Wenn das Kölner Original Tünnes vor Schääl prahlt, er habe vom Bauer Schmitz den stattlichen Preis von 1000 Mark für seinen Fips bekommen, dann löst sich das Erstaunen, sobald er wahrheitsgemäß hinzugefügt hat, daß er seinerseits dem Schmitz für sein Huhn 1000 Mark bezahlt hat, alles nur in Gedanken versteht sich.

Bei Marktpreisen, die sich unter den Bedingungen des vollständigen Wettbewerbs einstellen, verlangt die Tauschgerechtigkeit nichts weiter, als daß Wertäquivalente getauscht werden. Die Ergebnisregel des *Äquivalententauschs* verwirklicht in diesem Fall unmittelbar Tauschgerechtigkeit. Hinzuzufügen ist freilich, daß es sich um Konkurrenzpreise handeln muß. Sie gelten von alters her als die gerechten Preise. Der Monopolpreis gilt hingegen seit eh und je als ungerechter Preis, weil er unter Ausnutzung einer Vorrangstellung einseitig überhöht ist. Würde indessen beim bilateralen Tausch auf beiden Seiten der gleiche Monopolaufschlag vorgenommen, so ergäbe sich auch in diesem Fall auf dem erhöhten Preisniveau ein Äquivalententausch, weil eben die Preisrelation gewahrt bliebe.

Schon ARISTOTELES (1992, S. 132 f.) geht bei der Erörterung der Tauschgerechtigkeit (*iustitia commutativa*) zunächst von einer bekannten Bewertung der Güter in Geld, also von Marktpreisen aus. Insoweit kann es sich nur um Äquivalententausch handeln. Dementsprechend heißt es, „was ausgetauscht wird, muß irgendwie vergleichbar sein" (S. 133).

Der Fall kompliziert sich, wenn keine Marktpreise vorliegen. Unterstellt man jedoch für zwei Partner eine identische Nutzenfunktion, so ist damit ein alternativer Maßstab gewonnen. Jetzt kann unter dem Aspekt der *iustitia commutativa* die Größengleichheit des Tauschvorteils verlangt werden. Und genau dies fordert ARISTOTELES: „Gewinn bedeutet zuviel Vorteil und zuwenig Nachteil und der Gegensatz dazu ist der Verlust. Als Mittleres zwischen beiden erwies sich das Gleiche, das wir als das Gerechte bezeichnen" (S. 129). Bei fehlenden Marktpreisen, d.h. beim *isolierten* Tausch, als Ergebnisregel die Größengleichheit der Tauschvorteile im Namen der *iustitia commutativa* zu fordern, entspricht also vollkommen der aristotelischen Lehre. Würde man diese Frage offen lassen, dann könnte am Ende jede Ausbeutung unter Tauschpartnern als ethisch unbedenklich gelten.

2.1. Ein Anwendungsbeispiel zur Regel des Ausgleichs der Tauschvorteile

Zur Illustration der zweiten aristotelischen Ergebnisregel des Vorteilsausgleichs betrachten wir die *Edgeworth*-Box der Abb. 1: Für zwei Tauschpartner möge eine identisch gleiche Nutzenfunktion gelten. Tauschpartner A verfüge anfangs über eine Menge der Güterart I und B über eine solche der Art II, ausgedrückt in den Seitenlängen der Güterbox. Beiden gewährt diese Anfangsausstattung beim Punkt P den gleichen Nutzwert von 1. Würden sie den Tausch so vornehmen, daß sie danach beide je die Hälfte der vorhandenen Gütermengen besäßen, dann würde diese Gleichverteilung jedem den Tauschvorteil von 6½ Indexpunkten bescheren, was bei Punkt G zutrifft. Hat der Tausch zu diesem Ergebnis geführt, dann war er im Sinne der Regel des Vorteilsausgleichs gerecht.

Der Schnittpunkt T der Tauschlinien stellt den Tauschpunkt dar, der sich bei Wettbewerb einstellt. Diese Tauschlinien verbinden die optimalen Tauschmengen jedes Partners für alternativ vorgegebene relative Preise, die im Wettbewerb als nicht zu beeinflußende Daten hingenommen werden müssen. Im Punkt T fallen die Optimalpunkte von A und B zusammen. Die angebotenen und nachgefragten Tauschmengen entsprechen sich. Um diese Lösung einsichtig werden zu lassen, stelle man sich viele Tauschpartner in der gleichen Lage wie A und B vor. Dann würde der Wettbewerb unter ihnen genau zum Tauschpunkt T führen. Die Verfahrensregel Wettbewerb führt demnach nicht zu dem gleichen Ergebnis wie die Ergebnisregel des Vorteilsausgleichs.

Bevor wir daraus unsere Schlußfolgerung ziehen, bedarf es einer weiteren Erläuterung. Eine für alle paarweise unterschiedlich ausgestatteten Tauschpartner identische Nutzenfunktion enthält notwendig bei Gleichverteilung der Gütermengen und Tauschvorteile *Pareto*-optimale Tauschpunkte.

Abb. 1: Edgeworth-Box zum bilateralen Tausch

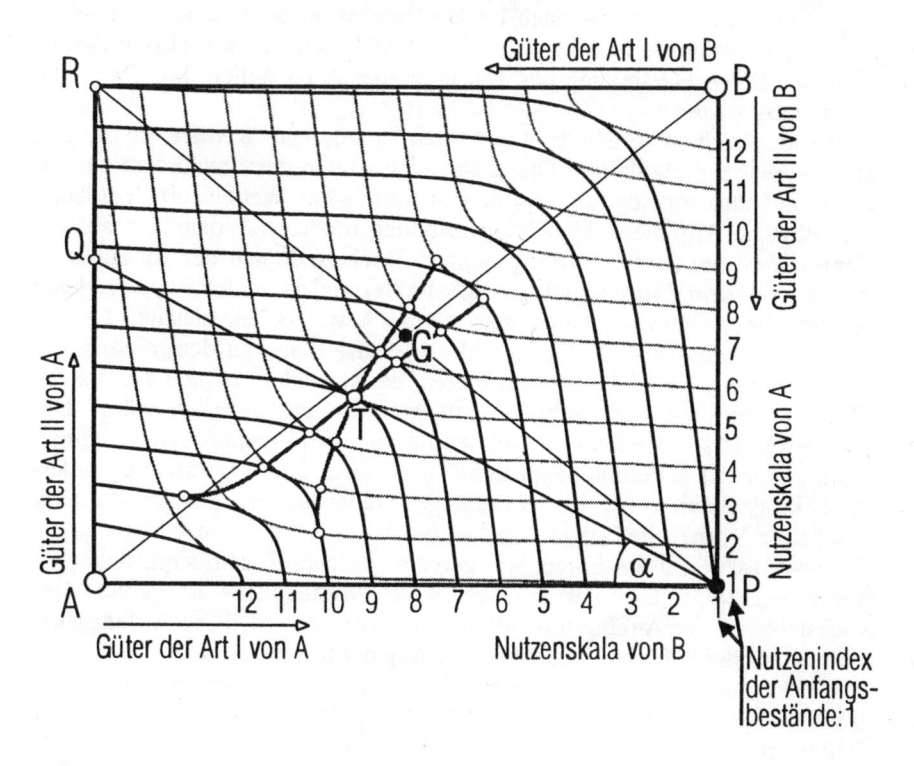

Aber nur dann, wenn die Kontraktkurve in diesem Punkte eine Steigung wie die Nebendiagonale PR durch die *Edgeworth*-Box aufweist, führt der Wettbewerb tatsächlich zu diesem Tauschpunkt. Im Rahmen der hier gewählten Darstellung wäre es erforderlich, daß sich in der Mitte der *Edgeworth*-Box die zwei Indifferenzkurven mit den gleichen Nutzenindizes tangieren und ihre gemeinsame Tangente auf der Nebendiagonalen der Box liegt. Falls eine solche Situation zufällig vorläge, würde die Verfahrensregel des Wettbewerbs zu dem gleichen Ergebnis wie die Ergebnisregel der ausgeglichenen Tauschvorteile führen.

Normalerweise gilt freilich, daß selbst bei identischen Nutzenfunktionen der Wettbewerb eben die Tauschvorteile nicht ausgleicht. Das heißt jedoch keineswegs, daß der Wettbewerb die Ungleichverteilung selbst verursacht! Man muß das Ergebnis vielmehr so interpretieren, daß mittels des Wettbewerbs die in den Nutzenfunktionen aller Tauschpartner angelegte unterschiedliche Bewertung der Güter herausgefunden wird. Die Tauschpartner A besitzen mit Gut I ein im Vergleich zu Gut II von allen Tauschpartnern geringer geschätztes Gut. Die sich im Wettbewerb herausstellende Ungleichheit der Tauschvorteile spiegelt demnach lediglich die zunächst nicht erkennbare Schlechterstellung der Tauschpartner A bezüglich ihrer Anfangsausstattung wieder.

Wenn es sich so verhält, gibt es keinen Anlaß, dem Wettbewerb die Ungleichverteilung anzulasten. Diese war vielmehr in der Erstausstattung bereits unerkannt angelegt und wurde erst mittels des Wettbewerbs entdeckt. Das ethische Argument der Gleichverteilung müßte sich demnach auf die Ungleichheit der Erstausstattung richten. Doch bezüglich der Anfangsausstattung *vor dem Tausch* sind in unserem Beispiel ja beide Gruppen gleich gestellt: die verfügbaren Güter verschaffen A wie B den gleichen Nutzen von einem Indexpunkt. Sollte man die Gleichstellung auf dem niedrigeren Nutzenniveau prophylaktisch korrigieren, damit *nach erfolgtem Tausch* die Gleichstellung auf dem höheren Nutzenniveau ausgeglichen wäre? Der wettbewerblichen Verfahrensregel würde so eine Ergebnisregel vorangestellt, bevor die erste überhaupt zum Zuge käme. Diese Überlegung unterstreicht das Gewicht der von HAYEK gegenüber der Ergebnisgerechtigkeit geäußerten Vorbehalte (s.o.).

Die Antwort auf die Frage, wie gerecht gerechte Regeln sind, lautet insoweit wie folgt: Die Verfahrensregel des Wettbewerbs ist gerecht mit Rücksicht auf die Anfangsausstattung. Sie reproduziert diese Anfangsausstattung auf der höheren Ebene der realisierten Tauschvorteile.

Wollte man gleichwohl, nachdem der Wettbewerb stattgefunden hat, die Ergebnisregel der ausgeglichenen Tauschvorteile anwenden und etwa die Gleichverteilung der Güter unter die Personengruppen A und B verwirklichen, so müßte eine entsprechende Umverteilung vorgenommen werden. Statt der mittels des Wettbewerbs festgestellten Tauschgerechtigkeit, würde die Anwendung der Ergebnisregel der ausgeglichenen Tauschvorteile eine gewünschte Umverteilungsgerechtigkeit herbeiführen. Die Anwendung der Regel würde so die ungleiche Anfangsausstattung *korrigieren* und nicht *reproduzieren*. Sie wäre ungerecht bezüglich der Anfangsausstattung.

Treten sich im Wettbewerb nicht zahlreiche Tauschpartner gegenüber, sondern nur deren zwei, so können sich beide einigen, wie sie wollen. Sie können die Regel der ausgeglichenen Tauschvorteile annehmen oder auf dem Verhandlungswege nach einer anderen Lösung suchen. Die Spieltheorie hält eine Reihe von Verhandlungsspielen mit unterschiedlichen Strategien bereit, die sich vor allem in der Stärke der Drohposition des einen oder anderen Tauschpartners unterscheiden. Auf einzelne Varianten von Verhandlungsspielen ist hier nicht einzugehen. Insofern sie vom Wettbewerbsergebnis abweichen, liegt eine Umverteilung vor. Soweit das Ergebnis unterschiedlichen Verhandlungspositionen geschuldet ist, verbietet es sich jedoch, von Umverteilungsgerechtigkeit zu sprechen. Nur die Einhaltung einer gerechten Ergebnisregel kann Umverteilungsgerechtigkeit herbeiführen.

Was soeben bezüglich der Entdeckung des in einer anfänglichen Güterausstattung steckenden Nutzens gesagt wurde, läßt sich ohne weiteres auf innovative unternehmerische Fähigkeiten, die sich im dynamischen Wettbewerb (HELMSTÄDTER 1996b) entfalten, anwenden. Diese Art von Wettbewerb transformiert die anfangs noch unbekannten unterschiedlichen Fähigkeiten der Unternehmer in unterschiedlich profitable Produkte. Wie die Lösung eines ökonomischen Modells lediglich dessen Annahmen expliziert, so bringt der wettbewerbliche Lösungsmechanismus die Anfangsausstattungen mit Fähigkeiten und Ressourcen zum Vorschein. Dynamischer Wettbewerb und Arbeitsteilung setzen einerseits unterschiedliche Fähigkeiten der Akteure und, um deren Handlungsfähigkeit willen, auch die Ungleichheit der Ressourcenverteilung voraus. Andererseits reproduzieren sich die Ungleichheiten im Wettbewerbsergebnis immer von neuem. Unter dynamischem Gesichtspunkt bewirkt der Wettbewerb als Verfahrensregel nichts anderes als unter statischem Gesichtspunkt, nämlich die Transformation der Anfangsbedingungen in den Lösungszustand. Nur monopolistische Verzerrungen des Wettbewerbs rechtfertigen ethische Vorbehalte gegenüber der wettbewerblichen Verfahrensregel.

2.2. Einbeziehung von Produktion und Einkommensverteilung

Stellen wir uns nun vor, daß die Güter der beiden Tauschpartner A und B aus ihrer laufenden Produktion stammen. A möge nur die Güterart I in der Menge x_1 zu produzieren in der Lage sein, B nur die Güterart II in der Menge x_2. Jetzt ist mit Hilfe des im Tauschpunkt T realisierten relativen Preises, ausgedrückt im Tangens des Winkels α der Abb. 1, das Einkommen der beiden Produzenten abzuleiten. Dies geschieht in Abb. 2, die aus Abb. 1 die Indifferenzlinien fortläßt, ihr aber im übrigen entspricht. Die Seiten der waagrecht schraffierten Fläche repräsentieren die dem Tauschpartner A nach dem Tausch gehörenden Gütermengen. Dabei bezeichnet a_1 jene Menge der Güterart I, die nach dem Tausch A verbleibt, und a_2 die von B im Tausch erhaltene Menge der Güterart II. Entsprechend bezeichnet die Seite b_2 des senkrecht schraffierten Rechtecks die Menge der Art II, die bei B verbleibt, und b_1 die von A erhaltene Menge der Güterart I. Beim relativen Preis von $\operatorname{tg}\alpha$ gilt, daß a_2 den gleichen Wert wie b_1 repräsentiert und somit Äquivalententausch vorliegt.

Bestimmen wir nun die Einkommen beider Tauschpartner mit der Güterart II als *numéraire*, dann beträgt das Einkommen von B nach dem Tausch

Abb. 2: Edgeworth-Box zur Bestimmung der Einkommen nach dem Tausch

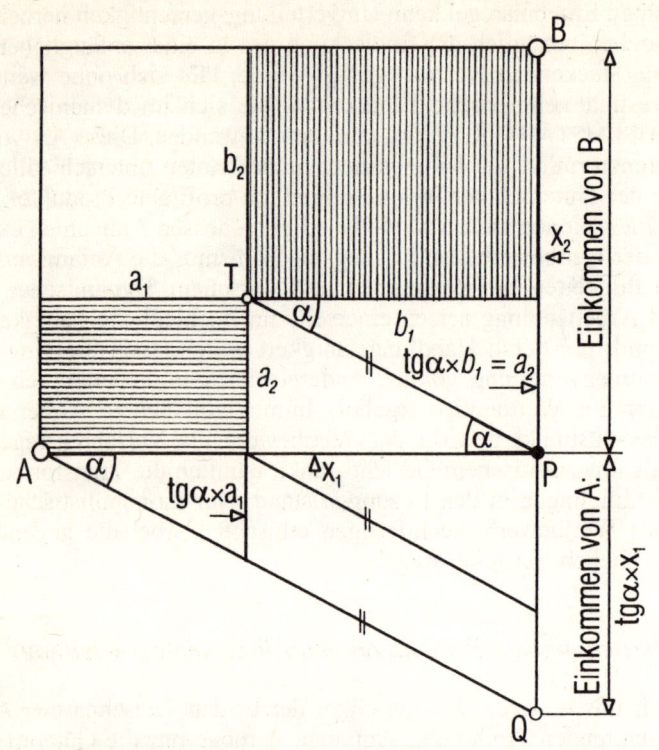

ebenso wie vorher x_2. Das Einkommen von A beträgt hingegen in Gütereinheiten der Art II nur tg$\alpha \times x_1$, was der Strecke PQ entspricht. Man sieht an Abb. 2 die Ungleichverteilung der Einkommen, die der aus Abb. 1 bekannten Ungleichheit der nach dem Tausch realisierten Nutzwerte für beide Tauschpartner entspricht.

3. Regeln für Gerechtigkeit und Fairneß bei der Umverteilung

Wir haben im vorigen Abschnitt lediglich angenommen, daß die verfügbaren Güter aus der laufenden Produktion stammen und konnten deshalb von der durch den Tausch bewirkten Einkommensverteilung sprechen. Es fehlte noch der produktionstheoretische Zusammenhang, der nun zu berücksichtigen ist, ebenso wie jene Ergebnisregeln, die der Ungleichheit der Einkommensverteilung entgegenwirken sollen. Wir bedienen uns dabei eines graphischen Modells von GABISCH (1988) und ROTHSCHILD (1992, S. 97-104), das wir nach Erläuterung seiner Annahmen in geeigneter Weise in Abb. 3 darstellen.

Eine Gruppe von Personen möge eine höhere Arbeitsproduktivität als eine zweite Gruppe von Personen aufweisen. Mittels einer Steuer auf das Einkommen der Mitglieder der ersten erhalten die der zweiten Gruppe einen Einkommenstransfer. Wie soll dieser unter dem Gesichtspunkt der Gerechtigkeit bestimmt werden?

Repräsentanten der Gruppen seien die Personen A und B. Für alle gilt eine identische Nutzenfunktion neoklassischer Provenienz:

(1) $N = N(R, T^f)$.

Darin stellt R das Realeinkommen und T^f die Freizeit dar. Die insgesamt verfügbare Zeit T teilen A und B nutzenmaximierend auf Freizeit T^f und Arbeitszeit T^a auf. Für A gilt die Produktionsfunktion:

(2) $X = p^A \times T^a$,

worin X das von A erzeugte Realeinkommen und p^A seine Arbeitsproduktivität darstellt. Für das von B erzeugte Realeinkommen Y gilt entsprechend:

(3) $Y = p^B \times T^a$,   wobei $p^B < p^A$ sei.

Die weitere Erläuterung erfolgt mit Hilfe der Abb. 3. Dort ist im ersten Quadranten die Funktion (1) mit Hilfe von Indifferenzlinien (wie in Abb. 1) dargestellt. Die Funktionen (2) und (3) erscheinen als Geraden. Der zweite Quadrant zeigt auf der negativ gerichteten Abszisse das nach Abzug der Steuer verfügbare Einkommen X^v der Person A. Auf der Ordinate ist noch einmal dieses verfügbare Einkommen, ferner die Steuer T und das von B erstellte Realeinkommen Y abgetragen.

Wir betrachten nun verschiedene Höhen der Steuer, mit deren Hilfe ein Teil des Einkommens von A auf B übertragen wird, in ihrem Einfluß auf die für A und B jeweils optimale Arbeitszeit. Wird keine Steuer erhoben, dann erreicht A im Punkte P sein Nutzenmaximum. Auf der Ordinate ist das erzeugte Realeinkommen und auf der Abszisse die von A eingesetzte Arbeitszeit abzulesen. Der Punkt S markiert das Nutzenmaximum von B. Der gesamten Produktion entspricht im zweiten Quadranten die Strecke von Punkt M bis zur Abszisse. Die Strecke LM=NS markiert das beim Punkt S von Person B erzeugte Realeinkommen.

Wenn nun eine Proportionalsteuer auf die Produktion des A entsprechend der Geraden VW erhoben wird, reduziert A seine Arbeitszeit und somit seine Produktion, wie es der Tangentialpunkt Q anzeigt. Die Höhe der Steuer beträgt dann a. Dieser Betrag wird an Person B transferiert, woraufhin auch B seinerseits die Arbeitszeit reduziert, wie es der neue Optimalpunkt J anzeigt. Er ergibt sich als Tangentialpunkt einer Parallele zu (3) im Abstand von a mit einer Indifferenzlinie der Nutzenfunktion. Das von B erzeugte Produkt entspricht dann nicht mehr der Strecke NS, sondern der kleineren Strecke b.

Abb. 3: Optionen fairen Einkommenstransfers

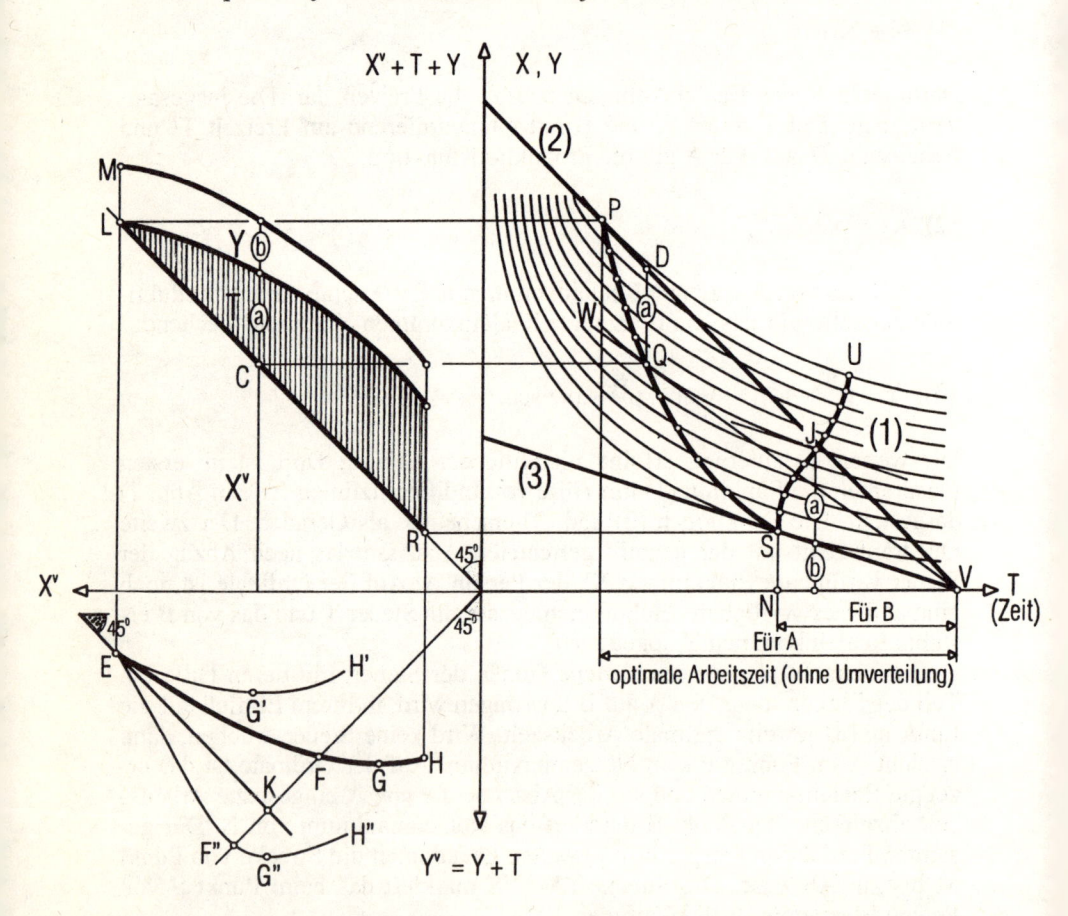

Im zweiten Quadranten entspricht die Senkrechte von Punkt C auf die Abszisse dem verfügbaren Einkommen X^v der Person A. Die Steuer a und das Realeinkommen b werden auf Punkt C aufgestockt. So ergibt sich das Realeinkommen insgesamt. Wird in dieser Weise für jeden Steuersatz verfahren, dann ergeben sich die Verbindungslinien der Optimalpunkte PS und SU und mit deren Hilfe die im linken oberen Quadranten eingezeichneten Funktionen des verfügbaren Einkommens X^v von A, der Steuer bzw. des Transfereinkommens T und des von B erzeugten Realeinkommens Y.

Im linken unteren Quadranten nimmt die negativ gerichtete Ordinate das verfügbare Einkommen der Person B in Höhe von Y^v = Y+T auf. Die Linie EH beschreibt den Zusammenhang der verfügbaren Einkommen der Personen A und B. Ohne Steuer wird der Punkt E verwirklicht. Es herrscht eine extreme Ungleichverteilung. A erzielt sein maximales verfügbares Einkommen. Zugleich ist auch die Summe der beiden Einkommen maximal, wie die bei Punkt E eingetragene, um 45° zur Ordinate geneigte Linie anzeigt. Der Punkt F markiert die Gleichverteilung der verfügbaren Einkommen. Beim Punkt G erreicht Person B ihr höchstes verfügbares Einkommen.

Wenn die Indifferenzlinien der Nutzenfunktion eine andere Krümmung aufweisen würden, dann könnte die Linie EH einen anderen Verlauf nehmen, etwa wie die dünn ausgezogenen Linien EH' oder EH''. Bezüglich der Umverteilungsgerechtigkeit ergäben sich dann verschiedene Schlußfolgerungen.

Die Situation der in Abb. 3 realisierten Linie EH kommentiert ROTHSCHILD (1992, S. 103 f.) wie folgt: Im Punkt E erreicht das gesamte Realeinkommen ein Maximum. Wird mittels der Umverteilungsmaßnahme die Gleichverteilung erstrebt, so gelangt man nicht, da das Gesamteinkommen sich vermindert, zu Punkt K, sondern zu F. Die Umverteilung hat also einen Effizienzverlust zur Folge, der der Strecke KF entspricht. Mehr Gleichheit gibt es hier nur auf Kosten eines geringeren Realeinkommens. Die Strategie der Umverteilungsgerechtigkeit steht in einem Konflikt mit der ökonomischen Effizienz. Dabei wird unter der effizienten Allokation der unter Beachtung der Leistungsfähigkeit und der Zeitpräferenz beider Wirtschaftssubjekte maximale Güteroutput verstanden.

Gemäß dem Maximin-Prinzip von RAWLS wäre sogar Punkt G anzustreben, wo das verfügbare Einkommen von B sein Maximum hat. Paradoxerweise ist dort aber das verfügbare Einkommen von A kleiner als das von B! Deshalb kann diese Lösung aus Gerechtigkeitsgesichtspunkten nicht in Frage kommen. Es bleibt nur die Möglichkeit, auf der Strecke EF eine wenn nicht *gerechte* so doch *faire* Lösung zu suchen.

Generell ist es wohl zweckmäßig in Fragen der Umverteilung statt von *Gerechtigkeitsregeln* besser von *Fairneßregeln* zu sprechen. Jene Art von Gerechtigkeit, die einen akzeptablen Kompromiß zwischen Effizienz und Ungleichheit sucht, bringt „Gerechtigkeit als Fairneß" (RAWLS) zuwege.

Die Linie EH' würde im Punkte G' das Maximin-Prinzip gemäß *Rawls* sinnvoll erfüllen. Es handelt sich ja um ein Prinzip, das nicht Gleichverteilung erstrebt, sondern aus verschiedenen Situationen der Ungleichverteilung die für schlechter gestellte Personen günstigste Lage wählt, klarerweise unter Effizienzverlusten.

In den Fällen der Linien EH und EH' konfligieren Gleichverteilung und Effizienz. Es sind jedoch auch Nutzenfunktionen denkbar, in die kein solcher Konflikt eingebaut ist. Sie setzen voraus, daß die Steuerbelastung die besser gestellten Personen zu Mehrarbeit anregt, und daß die schlechter gestellten Personen durch das Transfereinkommen ebenfalls dazu bereit sind. Dann ergibt sich, wie man zeigen kann, eine Linie EH'' der verfügbaren Einkommen. Die Gleichverteilung ergäbe bei F'' das Einkommensmaximum. G'' markiert das maximale Einkommen für den ohne Einkommenstransfer schlechter, dann aber besser als A gestellten B. Die Umverteilungsmaßnahmen brächten Effizienzgewinne und würde die anfängliche Ungleichverteilung der Einkommen zugunsten von B umkehren!

Wir sehen, daß die Frage der Umverteilungsgerechtigkeit im gesamtwirtschaftlichen Zusammenhang - die soziale Gerechtigkeit - ein weites Feld berührt. Einfache Regeln ziehen hier nicht. Die gedanklichen Voraussetzungen, unter denen man sie für sinnvoll halten mag, sind in Wirklichkeit überaus komplex, so daß nur das Verfahren demokratischer Zustimmung oder Ablehnung schrittweise zu einem von einer Mehrheit für erträglich gehaltenen Kompromiß führen kann (HOMANN 1992, 124 f.). Die mehrheitliche Zustimmung zu einer konkreten Wirtschaftsgesellschaft insgesamt - etwa unserer Sozialen Marktwirtschaft - liegt auf einer anderen Ebene als der wirtschaftstheoretische Nachweis der Effizienz einer effizienten Faktorallokation unter den Idealbedingungen einer Konkurrenzwirtschaft. Die Theorie des Allgemeinen Gleichgewichts erzwingt nicht die Praxis allgemeiner Zustimmung im politischen Prozeß.

4. Für mehr Klarheit in der Diskussion um wirtschaftliche Gerechtigkeit

Die größte Verwirrung in der Diskussion um Fragen der wirtschaftlichen Gerechtigkeit stiftet nach wie vor die falsche Interpretation der aristotelischen *iustitia distributiva*. Sie wird meistens als *Ver*teilungsgerechtigkeit dargestellt, wie etwa bei ROTHSCHILD (1992, S. 86): „Wichtige Grundsteine legte Aristoteles, der zwischen kommutativer und distributiver Gerechtigkeit, zwischen Tausch- und Verteilungsgerechtigkeit unterschied." In Wirklichkeit handelt es sich um *Auf*teilungsgerechtigkeit. ARISTOTELES fordert für diese „proportionale" Gerechtigkeit die Regel *„Jedem das Seine!"* Das setzt klarerweise bestehende Ansprüche voraus. Diese Art der Gerechtigkeit „ist wirksam bei der Verteilung von öffentlichen Anerkennungen, von Geld und sonstigen Werten, die den Bürgern eines geordneten Gemeinwesens zustehen. Hier ist es nämlich möglich, daß der eine das gleiche wie der andere oder nicht das gleiche zugeteilt erhält" (1969, S. 125). Die Regel *„Jedem das Seine!"* schließt beides ein. Sie bezieht sich auf die vielfältigen Ausprägungen der Transaktion *Aufteilung*, die stets nur unter wenigen Beteiligten zu regeln ist. Für eine Gesellschaft insgesamt definieren zu wollen, worin denn für jeden einzelnen das Seine besteht, ist schon von vorneherein ausgeschlossen.

Die aristotelische *iustitia distributiva* meint *Aufteilungsgerechtigkeit* im Sinne der Regel *„Jedem das Seine!"* Darüber kann kein Zweifel bestehen. Von Einkommensverteilung ist hier nicht die Rede. Dies ist vielmehr ein Fall der Tauschgerechtigkeit. Faktorleistungen werden gegen Faktorvergütungen ausgetauscht. Wenn die Ergebnisse dieses komplexen Austauschprozesses unter dem Gesichtspunkt der Tauschgerechtigkeit nicht befriedigen, ist womöglich ein weiterer Gesichtspunkt geltend zu machen, nämlich jener der *iustitia redistributiva* bzw. der sozialen Gerechtigkeit.

Übersicht: Einteilungsschema zu Fragen der Gerechtigkeit in der Wirtschaft

Ökonomische Transaktion	Arten von Gerechtigkeit	Anzahl der Beteiligten	Anzuwendende Regeln (E): Ergebnisregel (V): Verfahrensregel	Anwendungsfälle
Bilateraler Tausch	Tauschgerechtigkeit *iustitia commutativa*	zwei	Äquivalententausch (E) Ausgleich der Tauschvorteile (E) Verhandlungsstrategien (V)	Isolierter Tausch Verhandlungsspiel
Austauschprozeß		viele	Freier Wettbewerb (V) [Auktion (V)]	Marktwirtschaft [Börse]
Aufteilung	Aufteilungsgerechtigkeit *iustitia distributiva*	mehrere	Jedem das Seine (E)	Erbteilung Gewinnbeteiligung Konkurs Geschenke u.a.
Umverteilung	Umverteilungsgerechtigkeit Soziale Gerechtigkeit Fairneß *iustitia redistributiva*	viele	Jedem seinen fairen Anteil (E)	Sozialpolitik Steuerpolitik u. a.

Folgendes Einteilungsschema (s. Übersicht), das unseren Versuch einer Taxonomie für den vielgestaltigen Fragenbereich der Gerechtigkeit in der Wirtschaft übersichtlich zusammenfaßt, mag sich für eine bessere Orientierung der Diskussion zweckmäßig erweisen.

Dieses Schema ordnet den drei grundlegenden Arten von Transaktionen:

- Tausch,
- Aufteilung,
- Umverteilung

und den ihnen gemäßen Ausprägungen von Gerechtigkeit die in Frage kommenden Typen von Regeln zu. Komplexe Sachverhalte verlangen dagegen gerechte Verfahrensregeln. Ihre Gerechtigkeit ist Verfahrensgerechtigkeit. Überschaubaren Sachverhalten sind Ergebnisregeln zugeordnet, die Ergebnisgerechtigkeit intendieren. Die aufgeführten Anwendungsfälle illustrieren, wie sich konkrete, Gerechtigkeit in der Wirtschaft verlangende Tatbestände einordnen lassen. Der vorliegende Beitrag verfolgte insofern die Absicht, taxonomische Klarheit in einem sich in der Literatur noch immer unwegsam darstellenden Feld zu schaffen.

Ob das Schema *alle* wirtschaftlichen Tatbestände erfaßt, mag vorläufig offen bleiben. Eine Problematik, die WAGNER (1991) mit *Beteiligungsgerechtigkeit* bezeichnet, wurde aus unseren Überlegungen absichtlich ausgeklammert. Diese Art von Gerechtigkeit bezieht sich auf die gerechte Beteiligung an kollektiven Gütern. „Sie postuliert die aktive Beteiligung aller Menschen am Wirtschaftsleben und am politischen Geschehen einer Gesellschaft. Beteiligungsgerechtigkeit ist vor allem von ihrem Gegenteil her, der offenen oder latenten Marginalisierung und Ausgrenzung einzelner oder ganzer gesellschaftlicher Gruppen zu verstehen" (S. 189). Die Frage einer so verstandenen *Beteiligungsgerechtigkeit* und der ihr gemäßen Regeln mag späterhin durchaus als eigenständige Ausprägung von Gerechtigkeit, wenn nicht *in der Wirtschaft* so doch *im Zusammenhang mit der Wirtschaft* von Interesse sein.

Literaturverzeichnis

ARISTOTELES (1992). *Nikomachische Ethik.* Übersetzung und Nachwort von F. DIRL-MEIER. Anmerkungen von E.A. SCHMIDT, Universal Bibliothek Nr. 8686. Ditzingen: Reclam.

GABISCH, G. (1988). Konzepte und Implikationen der Gleichverteilung. In: HESSE, H. (Hg.). *Wirtschaftswissenschaft und Ethik.* Schriften des Vereins für Socialpolitik NF Bd. 171. Berlin: Duncker & Humblot, 71-84.

HAYEK, F.A. VON (1981). *Recht, Gesetzgebung und Freiheit.* Bd. 2: Die Illusion der sozialen Gerechtigkeit. Landsberg am Lech: Verlag Moderne Industrie.

HEBEL, J.P. (1884^4). *Werke.* Mit einer Einleitung von G. WENDT, 2. Bd., Berlin: G. Grote'sche Verlagsbuchhandlung.

HELMSTÄDTER, E. (1996a). Wirtschaft: Wo bleibt die Gerechtigkeit? Wissenschaftlicher Festvortrag bei der akademischen Feier aus Anlaß des 65. Geburtstages von Hans-Jürgen Vosgerau, *Konstanzer Universitätsreden 194.* Konstanz: Universitätsverlag.

-"- (1996b). *Perspektiven der Sozialen Marktwirtschaft.* Ordnung und Dynamik des Wettbewerbs. Münster: LIT Verlag (insbes. 3. Kap.: Was ist Dynamischer Wettbewerb? 31-41).

HOMANN, K. (1993). Gerechtigkeit und Wirtschaftsordnung. In: ERNST, W. (Hg.). *Gerechtigkeit in Gesellschaft, Wirtschaft und Politik.* Freiburg/Wien: Verlag Herder, 115-133.

PIES, I. (1995). Theoretische Grundlagen demokratischer Wirtschafts- und Gesellschaftspolitik - Der Beitrag der Gerechtigkeitstheorie. In: PIES, I. und LESCHKE, M. (Hg.). *John Rawls politischer Liberalismus.* Tübingen: Mohr (Paul Siebeck).

RAWLS, J. (1992). *A Theory of Justice.* Oxford: Oxford University Press (Erstauflage 1972).

ROTHSCHILD, K.W. (1992). *Ethik und Wirtschaftstheorie.* Tübingen: Mohr (Paul Siebeck).

WAGNER, A. (1991). Teilen und teilhaben lassen. Grundfragen einer partizipatorischen Socialpolitik. In: THIEMEYER, T. (Hg.). *Theoretische Grundlagen der Sozialpolitik II.* Schriften des Vereins für Socialpolitik NF Bd. 205. Berlin: Duncker & Humblot, 171-194.

Peter Weise

Konkurrenz und Kooperation

1. Einleitung

Konkurrenz und Kooperation sind die wichtigsten Aspekte interpersonalen Verhaltens und sozialer Interaktion. Sie sind die beiden *grundsätzlichen Lösungsformen des Knappheitsproblems*, des Grundphänomens des Lebens schlechthin. Trotz ihrer Bedeutsamkeit besteht in der Literatur keine Einigkeit über die Tatbestände, die tatsächlich mit Konkurrenz und Kooperation zu bezeichnen sind. Es gibt einerseits eine weitverzweigte Literatur über Konkurrenz unter verschiedensten Aspekten. So verwenden Biologen, Soziologen, Politologen oder Ökonomen alle den Konkurrenzbegriff, füllen ihn aber mit unterschiedlichen Inhalten. Es gibt andererseits eine weitverzweigte Literatur über Kooperation, ebenfalls unter den verschiedensten Aspekten. Der Begriff Kooperation wird insbesondere von Psychologen und Ökonomen verwendet. Auch die *wertende Beurteilung* der beiden Begriffe ist außerordentlich verschieden. Während der Biologe Konkurrenz als den elementaren Prozeß der Entstehung und Weiterentwicklung von Leben versteht, erhält dieser Begriff bei Soziologen und Psychologen eine eher negative Beurteilung, bei Ökonomen hingegen wiederum eine eher positive. Genau umgekehrt verhält es sich bei der Bewertung von Kooperation.

Betrachtet man die Beziehungen zwischen Konkurrenz und Kooperation, so ist die Literatur vergleichsweise schmal (Ausnahmen sind vor allem: Sammelband GRUNDWALD/LILGE 1982; Tagungsband HIRSHLEIFER 1982; Sammelband THOMPSON ET AL. 1991; Symposium mit STIGLITZ ET AL. 1991; Monographie BEYER 1993). Zumeist wird Konkurrenz als Gegenpol zur Kooperation, d.h. also als Nicht-Kooperation, oder Kooperation als Gegenpol zur Konkurrenz, d.h. also als Nicht-Konkurrenz, definiert. Doch ist diese eindimensionale Definitionsbasis zu eng. Es wird in diesem Aufsatz gezeigt, wie Konkurrenz und Kooperation auf bestimmte Handlungsergebnisse zu beziehen sind, so daß beide Begriffe sich auf mehr als eine Dimension beziehen.

In diesem Aufsatz soll versucht werden, Konkurrenz und Kooperation exakt zu definieren sowie die Zusammenhänge zwischen ihnen aufzuzeigen. Außerdem soll versucht werden, Konkurrenz und Kooperation sowohl hinsichtlich des Prozesses als auch hinsichtlich der Ergebnisse zu bewerten.

2. Definition der Begriffe

Definitionen können weder richtig noch falsch sein; sie können allerdings mehr oder weniger nützlich sein, will man bestimmte Sachverhalte bezeichnen und von anderen Sachverhalten abgrenzen. Üblicherweise versteht man unter Konkurrenz (von lat. concurrere = zusammenlaufen) eine Beziehung, in der jemand gegenüber einem anderen einen Vorteil ziehen möchte. Synonyme für Konkurrenz sind daher Wettbewerb, Streit, Kampf u.a.. Hingegen versteht man unter Kooperation (von lat. cooperari = zusammenarbeiten) eine Beziehung, in der jemand mit einem anderen zusammenarbeitet oder ihm hilft. Synonyme von Kooperation sind daher Zusammenarbeit, Hilfe, Teamarbeit u.a..

Mit den Begriffen Konkurrenz und Kooperation sind die Begriffspaare Schädigung und Hilfe sowie Egoismus und Altruismus eng verbunden. Daher könnte es nützlich sein, die Begriffe Konkurrenz und Kooperation von diesen beiden Begriffspaaren her zu definieren.

So bedeutet Konkurrenz zunächst einmal immer, daß ein Konkurrent den anderen *schädigt* (wenn auch beide Konkurrenten im Konkurrenzkampf fitter werden können und dadurch gegenüber Dritten mehr gewinnen können). So bedeutet Kooperation zunächst einmal immer, daß ein Kooperateur dem anderen *hilft* (wenn auch beide Kooperateure durch ihre Kooperation auf Kosten Dritter gewinnen können). Ob jemand einen anderen schädigt oder ihm hilft, ist demnach das Kriterium dafür, ob er zu diesem anderen eine Konkurrenz- oder eine Kooperationsbeziehung unterhält.

Nun kann sich jemand auch selbst schädigen, indem er nämlich im Vertrauen auf eine zukünftige Kooperation eine Vorleistung erbringt oder indem er einem anderen unter Inkaufnahme eigener Verluste einen Schaden zufügt. Diese Selbst-Schädigung geschieht mit dem Ziel, die Präferenzen des anderen zu berücksichtigen. Sie ist folglich altruistisch motiviert (wenn auch die Bezeichnung altruistische Schädigung dem herrschenden und dem ursprünglichen Sprachgebrauch, der Altruismus positiv besetzt, widerspricht; doch kann man neben dem fremden Wohl, wie bereits SCHOPENHAUER wußte, auch das fremde Wehe befördern). Jemand kann sich auch selbst helfen, indem er mehr gewinnt, als er einsetzt, oder indem er auf Kosten eines Konkurrenten seinen Gewinn erhöht. Diese Selbsthilfe geschieht mit dem Ziel, die eigenen Präferenzen zu berücksichtigen. Sie ist folglich egoistisch motiviert (wenn sich auch manche an dem Ausdruck egoistische Kooperation stören werden).

Verknüpft man diese Begriffe miteinander, kann man Konkurrenz und Kooperation wie folgt *definieren*:

- *Konkurrenz* meint den Wettbewerb oder Kampf um eine knappe Ressource derart, daß eine Mehrnutzung der knappen Ressource durch ein Individuum (oder eine Gruppe) eine Mindernutzung dieser knappen Ressource durch ein anderes Individuum (oder eine andere Gruppe) bedeutet. Eine derartige knappe Ressource kann Nahrung, Raum, Zeit, aber auch die kaufkräftige Nachfrage sein.
- *Kooperation* meint die wechselseitige Hilfe oder den Tausch von Gütern derart, daß ein Mehrgewinn realisiert und auf die beiden Individuen (oder beiden Gruppen) aufgeteilt werden kann. Ein derartiger Mehrgewinn kann sich dadurch ergeben, daß Arbeitsteilungs- und Spezialisierungsgewinne bei der Produktion von Gütern und bei deren Tausch entstehen.

Man kann *jeweils zwei Arten* von Konkurrenz und Kooperation unterscheiden:

- Konkurrenz kann zum einen bedeuten, daß jemand sich selbst hilft, indem er den anderen schädigt; dies ist die *egoistische Form* der Konkurrenz. Konkurrenz kann zum anderen bedeuten, daß jemand, um den anderen zu schädigen, auch sich selbst schädigt; dies ist die *altruistische Form* der Konkurrenz.
- Kooperation kann zum einen bedeuten, daß jemand einem anderen hilft, obwohl er sich selbst dabei schädigt; dies ist die *altruistische Form* der Kooperation. Kooperation kann zum anderen bedeuten, daß jemand dem anderen hilft, sich selbst dabei aber ebenfalls hilft; dies ist die *egoistische Form* der Kooperation.

Wenn jemand einen anderen nur dann schädigt, wenn er sich selbst dabei hilft, haben wir einen Konkurrenzvorgang vor uns, bei dem ein Ressourcengewinn für den einen einem (nicht notwendigerweise gleichen) Ressourcenverlust für den anderen entspricht. Typische Beispiele hierfür sind in der Biologie die bessere Ausnutzung von Nahrungsquellen einer Tierpopulation gegenüber einer anderen, oder in der Ökonomik die höhere Produktqualität eines Konkurrenten im Vergleich zu einem anderen. Wenn jemand einen anderen schädigt und sich dabei ebenfalls schädigt, haben wir einen Konkurrenzvorgang vor uns, bei dem der Gesamtwert der Ressource vermindert wird, um das Erreichen der Ziele des jeweils anderen zu verunmöglichen. Typische Beispiele sind in der Biologie der Tötungskampf und in der Ökonomik die Rivalität bzw. die ruinöse Konkurrenz.

Wenn jemand einem anderen hilft und sich dabei schädigt, haben wir einen Kooperationsvorgang vor uns, bei dem der eine auf Ressourcen verzichtet, um die Interessen des anderen zu fördern. Typische Beispiele hierfür sind in der Biologie die Warnsignale von Vögeln und in der Ökonomik Altruismus und Moral. Wenn jemand einem anderen hilft, sich gleichzeitig dabei aber auch hilft, haben wir einen Kooperationsvorgang vor uns, bei dem sowohl der eine als auch der andere ihre Interessen simultan fördern. Typische Beispiele hierfür sind in der Biologie Symbiose oder das Bilden einer Herde bei Gefahr und in der Ökonomik der Simultantausch oder die Zusammenarbeit von Arbeitern in einem Team.

Übersicht 1: Formen von Konkurrenz und Kooperation

Person 1 \ Person 2	ich helfe dir, auch wenn ich mich schädige	ich helfe dir, wenn es mir nützt	ich schädige dich, wenn es mir nützt	ich schädige dich, auch wenn ich mich schädige
ich helfe dir, auch wenn ich mich schädige	Kooperation als zweiseitiger Altruismus	altruistische Kooperation/ egoistische Kooperation	Wirt-Parasit-Beziehung	altruistische Kooperation/ altruistische Konkurrenz
ich helfe dir, wenn es mir nützt	egoistische Kooperation/ altruistische Kooperation	Kooperation als (Simultan-) Tausch	egoistische Kooperation/ egoistische Konkurrenz	egoistische Kooperation/ altruistische Konkurrenz
ich schädige dich, wenn es mir nützt	Parasit-Wirt-Beziehung	egoistische Konkurrenz/ egoistische Kooperation	Konkurrenz als Wettbewerb	egoistische Konkurrenz/ altruistische Konkurrenz
ich schädige dich, auch wenn ich mich schädige	altruistische Konkurrenz/ altruistische Kooperation	altruistische Konkurrenz/ egoistische Kooperation	altruistische Konkurrenz/ egoistische Konkurrenz	Konkurrenz als Kampf

Neben diesen reinen symmetrischen Konkurrenz- und Kooperationsformen gibt es noch die entsprechenden asymmetrischen Formen wie Wirt-Parasit-Beziehungen u.a.m., die hier aber nicht diskutiert werden sollen. In der Übersicht 1 sind alle Fälle enthalten. An dem Punkt, an dem die oberen linken vier Zellen mit den unteren rechten vier Zellen zusammenstoßen, haben wir den Trennpunkt zwischen Kooperation und Konkurrenz. Betrachtet man lediglich die symmetrischen Formen auf der Hauptdiagonalen der Übersicht 1, so kann man diese Fälle entlang einer Geraden anordnen, wobei auch die Intensitätsgrade berücksichtigt werden können (siehe dazu Übersicht 2).

Übersicht 2: Intensitätsgrade von Konkurrenz und Kooperation

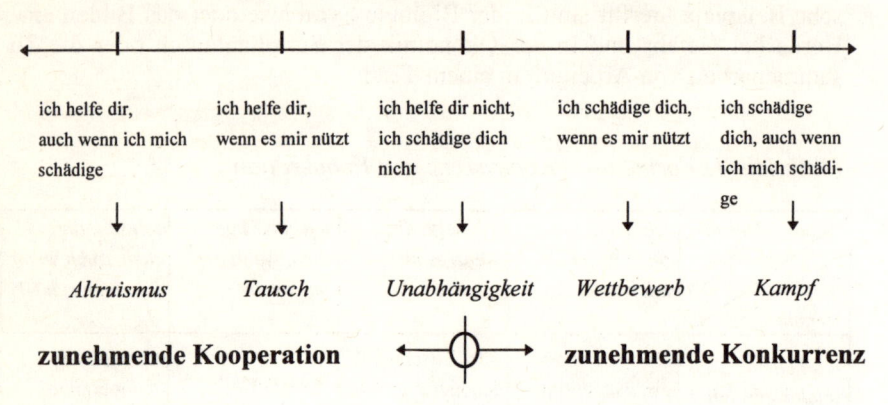

ich helfe dir, auch wenn ich mich schädige	ich helfe dir, wenn es mir nützt	ich helfe dir nicht, ich schädige dich nicht	ich schädige dich, wenn es mir nützt	ich schädige dich, auch wenn ich mich schädige
↓	↓	↓	↓	↓
Altruismus	*Tausch*	*Unabhängigkeit*	*Wettbewerb*	*Kampf*

zunehmende Kooperation ←─○─→ **zunehmende Konkurrenz**

In einer allgemeinen Betrachtung resultieren Konkurrenz und Kooperation aus der Knappheit der Ressourcen, mit der Folge, daß nicht alle Bedürfnisse der Individuen oder Gruppen befriedigt werden können. Bei Knappheit der Ressourcen wird der Zugang zu Ressourcen nach bestimmten Kriterien erfolgen. Derartige Kriterien können sein (vgl. dazu ausführlich WEISE/ BRANDES/EGER/KRAFT 1993):

– Reihenfolge: „Wer zuerst kommt, mahlt zuerst",
– physische und intellektuelle Stärke,
– Eigentums- und Verfügungsrechte,
– Verwandtschaft,
– Prinzip der gleichen oder gerechten Aufteilung,
– Zahlungsbereitschaft,
– u.a.m..

Mit anderen Worten, in einer Welt der Knappheit gibt es keine Unabhängigkeit der Individuen voneinander, vielmehr werden sie zu sozialen Interaktionen gezwungen, um die aus der Knappheit entstehenden Interessenskonflikte zu lösen. Derartige Lösungsmöglichkeiten heißen nun Konkurrenz und Kooperation, je nachdem ob jemand einen anderen bei der Verfolgung eigener Ziele schädigt oder nicht.

3. Klassifizierung von Konkurrenz und Kooperation

Im folgenden sollen die verschiedenen Konkurrenz- und Kooperationssituationen anhand von spieltheoretischen Matrizen klassifiziert werden. Es werden dabei nur die grundlegenden Fälle betrachtet (s. GÜTH/KLIEMT 1995).

3.1. Reine Konkurrenz

Bei reiner Konkurrenz ist der Gewinn des einen der Verlust des anderen. Beide Akteure befinden sich in einer vollkommen kompetitiven Situation. Es besteht keine Kooperationsmöglichkeit. Das *Null-Summen-Spiel* drückt diesen Sachverhalt aus.

		II	
		a	b
I	a	3, -3	-4, 4
	b	-1, 1	2, -2

Da keiner der beiden Spieler I und II eine dominante Strategie hat, müssen sie ihre Strategien so mischen, daß der jeweils andere Spieler bei Wahl von Strategie a den gleichen Wert erhält wie bei Wahl von Strategie b. Beide Spieler machen sich in ihren Auszahlungen damit unabhängig vom Verhalten des jeweils anderen Spielers und erhalten auf die Dauer und im Durchschnitt einen bestimmten Spielwert (im Beispiel muß Akteur I die Strategie a mit der Wahrscheinlichkeit 3/10, die Strategie b mit 7/10, und Akteurin II die Strategie a mit 6/10, die Strategie b mit 4/10 spielen; der Spielwert beträgt dann 2/10).

Beispiele für eine derartige Situation sind Punktwettkämpfe, Kampf um Marktanteile oder Quoten, Kampf um Wahlstimmen u.a.m..

3.2. Reine Kooperation

Bei reiner Kooperation können beide gleich viel gewinnen. Beide Akteure befinden sich in einer vollkommen kooperativen Situation. Es besteht keine Konkurrenzmöglichkeit. Das *Koordinations-Spiel* drückt diesen Sachverhalt aus.

	II a	b
I a	4, 4	0, 0
I b	0, 0	2, 2

Wieder hat keiner der beiden Spieler I und II eine dominante Strategie. Beide Spieler präferieren die abgestimmten Verhaltensweisen aa und bb gegenüber den nicht-abgestimmten ab und ba sowie aa gegenüber bb. Ihr Problem liegt darin, ihre Verhaltensweisen zu *koordinieren*. Haben sie sich auf eine bestimmte Kooperation geeinigt, ist diese selbstbindend, d.h. keiner von beiden hat als einzelner einen Anreiz, aa oder bb zu verlassen. Eine *Konvention* ist entstanden.

Beispiele für eine derartige Situation sind Produkt- und Zubehörnormierungen, Verkehrsregeln u.v.a.m..

3.3. Mixtum aus Kooperation und Konkurrenz

Neben den reinen Formen gibt es gemischte Formen, bei denen sowohl Kooperations- als auch Konkurrenzelemente enthalten sind. Dies bedeutet, daß sich die Spieler wechselseitig helfen oder schädigen können. Die interessantesten derartigen Spiele sind die folgenden.

(a) Kampf-der-Geschlechter-Spiel:

	II a	b
I a	4, 1	0, 0
I b	0, 0	1, 4

Dieses Spiel unterscheidet sich vom Koordinationsspiel dadurch, daß in den Kooperationen aa und bb die Auszahlungen ungleich sind, so daß jeder Spieler eine andere Kooperation bevorzugt; Akteur I präferiert aa, während Akteurin II bb präferiert. Beide Spieler stehen vor dem Problem, ihre Verhaltensweisen aufeinander abzustimmen, da sie die Kooperation der Nicht-Kooperation vorziehen. Jedoch befinden sie sich ebenfalls in einer Konkurrenzsituation bei der Verteilung des Kooperationsgewinns, da sie die eine Kooperation der anderen vorziehen. *Lösungen* könnten ein Abwechseln der Kooperationen oder eine Einigung auf einen anderen Verteilungsmodus sein, so daß beide auf die Dauer und im Durchschnitt gleichviel gewinnen. Zur Erreichung dieser Lösungen müssen beide aber in einem gewissen Sinne altruistisch sein; blanke Egoisten realisieren die Auszahlung 0, 0.

Beispiele für eine derartige Situation sind Teamarbeit, Arbeitsteilung, gemeinsame Freizeitaktivitäten u.a.m..

(b) Gefangenen-Dilemma-Spiel:

		II a	II b
I	a	1, 1	-10, 10
I	b	10, -10	-1, -1

In diesem Spiel haben beide Spieler eine dominante Strategie, nämlich b. Wählen sie diese, erhalten sie aber weniger, als wenn sie die dominierte Strategie a wählen, nämlich -1, -1 gegenüber +1, +1. Das heißt, daß beide Spieler bei individueller, egoistischer Rationalität weniger erreichen als bei kollektiver, altruistischer Rationalität. Erbringt lediglich einer von beiden altruistische Vorleistungen, so gewinnt der andere in der Konkurrenzsituation ab bzw. ba auf Kosten des einen. Kooperation ist bei egoistischer Rationalität also nicht überlebensfähig, Konkurrenz hingegen führt zu einem ungünstigen Resultat. *Lösungen* liegen in der Definition von Eigentumsrechten, der Etablierung von Normen, der Ausübung von Zwang usw..

Beispiele für eine derartige Situation sind Externalitäten, öffentliche Güter, Umweltprobleme u.a.m..

(c) Chicken-Spiel:

		II a	II b
I	a	1, 1	-10, 10
I	b	10, -10	-100, -100

Dieses Spiel unterscheidet sich vom Gefangenen-Dilemma-Spiel dadurch, daß bb nunmehr die schlechteste Konstellation überhaupt ist, während bb im Gefangenen-Dilemma-Spiel lediglich die zweitschlechteste ist, mit der Folge, daß keiner der beiden Spieler eine dominante Strategie hat. Die Kooperation aa lohnt sich gegenüber der Konkurrenz ab bzw. ba, ist aber nicht stabil, da jeder einen Anreiz hat, die Kooperation aufzukündigen. Jeder der beiden Spieler kann aber damit drohen, den anderen zu schädigen, wenn er sich dabei auch selbst schädigt, indem er b wählt mit dem Resultat -100, -100, um so den anderen zur Kooperation zu bewegen. *Lösungen* liegen in Kooperationsabkommen, Rangfolgen usw..

Beispiele für eine derartige Situation sind Kriege, ruinöse Konkurrenz u.a.m..

4. Bewertung von Konkurrenz und Kooperation

Die Bewertung von Konkurrenz und Kooperation ist, wie bereits oben angedeutet, in den verschiedenen Wissenschaften und in der Praxis recht unterschiedlich. Die Ursache dafür liegt darin, daß zum einen Konkurrenz und Kooperation begrifflich unterschiedlich gefaßt werden und ihnen zum anderen unterschiedliche Funktionen zugewiesen werden. Im folgenden sollen einige Auswirkungen von Konkurrenz- und Kooperationsprozessen sowohl auf die Akteure selbst als auch auf Dritte herausgearbeitet werden.

4.1. Auswirkungen auf die Akteure

(a) Konkurrenz: Konkurrenz kann zum einen (1) (egoistischer) Wettbewerb, zum anderen (2) (altruistischer) Kampf sein.

(1) Im *Wettbewerb* streiten sich zwei oder mehr Individuen bzw. Gruppen um eine knappe Ressource, wobei die Erfüllung bestimmter Kriterien dar-

über befindet, welcher Akteur wieviel von der Ressource bekommt. Solche Kriterien können die Schnelligkeit, die Kaufkraft, das Geschlecht, die Produktqualität, der Preis u.a.m. sein. Der zu gewinnende Ressourcenanteil kann sehr klein sein, kann in einer Alles-oder-nichts-Konkurrenz aber auch die gesamte Ressource umfassen („the winner takes it all").

Je nach Art des Kriteriums und je nach Größe des Ressourcenanteils sind die Auswirkungen des Wettbewerbs verschieden. Können die Akteure durch bestimmte Leistungsanstrengungen eine bessere Realisierung der geforderten Kriterien erreichen, oder fördert die Evolution diejenigen mit einem höheren Kriteriumserreichungsgrad mehr als die mit einem niedrigeren, so verändern sich die Handlungen und Eigenschaften der Konkurrenten von kriteriumsfernen hin zu kriteriumsnahen. Läufer werden schneller, Organisationen werden effizienter, Produktqualitäten besser sowie Preise niedriger u.a.m.. Da in diesen Fällen der Grad der Realisierung der Kriterien von den einzelnen (zumindest teilweise) selbst bestimmt werden kann, könnte man einen derartigen Wettbewerb als *fair* oder als *nicht-diskriminierend* bezeichnen. Können die Akteure aber keinen Einfluß auf den Grad der Erfüllung der Kriterien nehmen, so entfällt die verhaltensverändernde Wirkung des Wettbewerbs. Solche Kriterien können das Geschlecht, die Abstammung, die Nationalität usw. sein. Wird der Zugang zu einer Ressource nach derartigen nicht wählbaren und veränderbaren Kriterien geregelt, so könnte man den resultierenden Wettbewerb als *unfair* oder als *diskriminierend* bezeichnen. Unterliegt der Zugang zu einer Ressource, wie beim Lotto oder bei anderen Glücksspielen, ausschließlich dem Zufall, so entfällt ebenfalls die verhaltensverändernde Wirkung, der entsprechende Wettbewerb ist allerdings fair und nicht-diskriminierend.

Richtet sich der zu gewinnende Anteil an der Ressource am Grad der Kriterienerfüllung aus, so kann in diesem graduellen Wettbewerb jeder gemäß seiner Leistung gewinnen. Der Wettbewerb um Marktanteile, Quoten, Produktqualitäten usw. sind Beispiele hierfür. Ein derartiger Wettbewerb könnte als leistungsäquivalent bezeichnet werden. Ist der Wettbewerb aber ein Alles-oder-nichts-Wettbewerb, bekommt ein einziger Gewinner alles, alle anderen gehen leer aus. Der Wettbewerb um Erfindungen, um Standards, um Monopole, um Raritäten usw. sind Beispiele hierfür. Ein derartiger Wettbewerb berücksichtigt nicht den proportionalen Einsatz, sondern lediglich die Differenz zum Zweitbesten, d.h. die Rangordnung, ist also nicht leistungsäquivalent. In der Realität existieren viele Zwischenformen: So gibt es Medaillen für die ersten drei Gewinner bei Olympischen Spielen, neben dem Champions-Cup den UEFA-Cup beim Fußball, global players neben Regionalunternehmen im Wirtschaftsleben usw., wobei aber zumeist gilt, daß die Leistungen der schlechter Plazierten unterproportional honoriert werden („you have not won a silver medal, you have lost the gold medal").

(2) Im Unterschied zum Wettbewerb streiten sich im *Kampf* zwei oder

mehr Individuen bzw. Gruppen um eine knappe Ressource derart, daß sich der Kampf darauf bezieht, den oder die anderen in ihrem Zugang zu der Ressource zu behindern oder sie gar selbst zu verletzen oder zu töten. Konkurrenzkriterium ist nun nicht mehr ein Ziel, das von den Akteuren gleichermaßen angestrebt wird, sondern die Schädigung des anderen. Gefördert werden nun Eigenschaften und Verhaltensweisen, die die Wahrscheinlichkeit eines Siegers im Kampf erhöhen, wie physische, wirtschaftliche oder militärische Stärke, Intrigen und Verleumdungen, Verteidigungskraft, Rentseeking usw.. Dieser Unterschied hat große Auswirkungen auf Dritte, wie weiter unten gezeigt wird.

(b) Kooperation: Die *altruistische Kooperation* setzt voraus, daß jemand einem anderen hilft, auch wenn er zunächst einmal sich selbst schädigt. Mit anderen Worten bedeutet dies, daß jemand bereit ist, eine Vorleistung zu erbringen, ohne die absolute und eindeutige Gewißheit zu haben, daß ein anderer diese Vorleistung erwidert. Wird die Vorleistung nicht erwidert, wird der altruistische Kooperateur ausgebeutet, d.h. er hat sich selbst geschädigt. Ein solches Verhalten kann man auch als moralisches Handeln verstehen.

Unter *Moral* kann man ein Handeln in einer zwiespältigen Anreizstruktur verstehen, das auch den Interessen der *anderen*, und nicht nur den *eigenen*, dient und das auch den *zukünftigen* Nutzen gegenüber dem *gegenwärtigen* anstrebt. Dabei folgt der Zweck der Moral (oder der ethischen und sittlichen Normen) aus dem Ziel der Erreichung eines gesellschaftlichen Zustandes, in dem sich alle besser stehen. Dazu muß die zwiespältige Anreizstruktur zugunsten einer kollektiven gegenüber einer individuellen Rationalität und zugunsten einer langfristigen gegenüber einer kurzfristigen Sichtweise verändert werden. Die Motive der Moral (oder der Einhaltung ethischer und sittlicher Normen) liegen einerseits in der Selbstbestimmungsfähigkeit des Menschen, indem dieser sich die Auswirkungen seines eigennützig-rationalen Verhaltens auf andere und auf sich selbst klar machen und die Konsequenzen hieraus für das gesellschaftliche Miteinander bedenken kann (Verstandes- oder Vernunftmoral); die Motive liegen andererseits in den Emotionen des Menschen, indem dieser das Wohlergehen der anderen in den eigenen Präferenzen berücksichtigt und Mitgefühl empfindet (Gefühlsmoral). Sowohl die Selbstbestimmungsfähigkeit als auch die altruistischen Präferenzen haben aufgrund eines Selektionsprozesses eine genetische Basis und erzeugen im Rahmen eines kulturellen Evolutionsprozesses eine konkrete Moral in Form von entsprechenden Normen (vgl. dazu insbesondere VOGEL 1991; TIEMANN 1991; HELD 1991; BIERVERT 1991).

Bei der *egoistischen Form* der Kooperation hilft jemand einem anderen nur dann, wenn es ihm auch selber nützt. Eine solche Form der Kooperation kann man auch als Tausch bezeichnen. Ein Tausch kommt immer dann zustande, wenn beide in diesem Sinne eigennützig kooperieren.

Zwei Tauschpartner tauschen immer dann, wenn sie das, was der jeweils andere Tauschpartner herzugeben bereit ist, höher schätzen als das, was sie dafür hingeben müssen. Eine Tauschbeziehung enthält also sowohl ein kooperatives als auch ein kompetitives Element. Das kooperative Element besteht darin, daß sie beide durch einen Tausch gewinnen können; das kompetitive Element besteht darin, daß sie sich auf ein Tauschverhältnis einigen müssen, d.h. den Tauschgewinn aufgrund der Kooperation aufteilen müssen (siehe dazu STÜTZEL 1972). Die Ziele der Tauschpartner sind folglich höchst unterschiedlich: Jeder möchte das, was der andere hat, möglichst günstig im Tausch für das, was er selbst hat, bekommen. Im Tauschprozeß nähern sich zwar die individuellen Grenzraten der Substitution einander an, d.h. die letzten getauschten Einheiten werden von den beiden Tauschpartnern fast gleich bewertet, die Tauschziele sind aber entgegengesetzt. So tauschen beispielsweise zwei Personen Bierfilze gegen Aktien: Die Tauschziele sind unterschiedlich, dennoch bewerten sie die getauschten Güter der Tendenz nach gleich.

Der Nutzen eines Menschen kann sich ausschließlich auf das *eigene* Wohl und Wehe, der Nutzen kann sich aber auch auf das *fremde* Wohl und Wehe beziehen (siehe hierzu NUTZINGER 1993). Der *typische Interaktionspartner* liegt zwischen diesen Extremen des Egoismus und Altruismus (wie weiter unten noch ausführlicher gezeigt wird). Er ist ein Mensch, der einerseits durch den Tauschprozeß gezwungen wird, die anderen Menschen für das, was er von ihnen bekommt, wertäquivalent zu entschädigen, und durch die Verpflichtung auf Normen und die Androhung von Sanktionen bei Normbruch dazu angehalten wird, die Interessen der anderen Menschen zu respektieren, der andererseits aber auch die Fähigkeit hat, sich moralisch und kooperativ zu verhalten.

(c) Vergleich: Im folgenden sollen einige Unterschiede zwischen den reinen Formen der Konkurrenz und der Kooperation *thesenartig* gegenübergestellt werden:

a) Kooperation bedeutet das Koordinieren von Handlungen, um ein gemeinsames Ziel bzw. höhere Zielerreichungsgrade für beide Kooperateure zu realisieren. Konkurrenz bedeutet die Variation von Handlungen, um gegenüber einem anderen einen höheren Zielerreichungsgrad zu realisieren.
b) Kooperation setzt an den Handlungen an, koordiniert sie. Konkurrenz setzt an Bewertungskriterien an, differenziert Handlungen.
c) Kooperation fügt zusammen und macht wechselseitig abhängig. Konkurrenz trennt und macht wechselseitig unabhängig.
d) Der Preis der Kooperation ist die Selbst- oder Fremdbindung. Der Preis der Konkurrenz ist der Verlust.
e) Kooperation kann zu Starrheiten führen, die Innovationsfreude kann ver-

loren gehen. Konkurrenz kann zu einem Entgang von Kooperationsgewinn führen und kann zu viele Innovationen hervorbringen.
f) In einer Konkurrenz ist der Gewinn die Entlohnung für einen Vorsprung gegenüber anderen (und der Verlust die Sanktion für Schlafmützigkeit). In einer Kooperation ist der Kooperationsgewinn der Anreiz zu kooperieren, während die Aufteilung des Gewinnes zu einer Konkurrenzbeziehung zwischen den Partnern führt.
g) Konkurrenz bedeutet Selektion von (ungeeigneten) Alternativen; Kooperation bedeutet Verbindung von (geeigneten) Alternativen.
h) Je mehr in einer Konkurrenzsituation von den anderen vorhanden sind, desto schlechter ist es für einen selbst. Je mehr in einer Kooperation von den anderen vorhanden sind, desto besser ist es für einen selbst. Je mehr Parasiten in einer Wirt-Parasiten-Beziehung vorhanden sind, desto schlechter ist es für den Wirt, und je reichlicher die Wirtsbevölkerung ist, desto besser ist dies für die Parasiten.
i) Bei der egoistischen Konkurrenz, d.h. dem Wettbewerb, versuchen die Individuen, sich zu übertreffen, also gegenüber dem anderen einen relativen Vorteil zu erlangen; bei der altruistischen Konkurrenz, d.h. dem Kampf, versuchen sie, sich zu behindern oder zu vernichten. Bei der altruistischen Kooperation, d.h. dem wechselseitigen Altruismus, versuchen sie, dem jeweils anderen zu helfen; bei der egoistischen Kooperation, d.h. dem Tausch, versuchen sie, sich wechselseitig einen Vorteil zu schaffen. Also ist wechselseitiger Altruismus der Gegensatz zu Kampf und Tausch der Gegensatz zu Wettbewerb.
j) Je ähnlicher die Präferenzen und Fähigkeiten, desto wahrscheinlicher und stärker ist die Konkurrenz. Je verschiedener die Präferenzen und Fähigkeiten, desto wahrscheinlicher und intensiver ist die Kooperation.
k) Konflikt ist ein Ausfluß von Knappheit; Konkurrenz und Kooperation sind Formen der Konfliktlösung.

4.2. Auswirkungen auf Dritte

Analog zur Charakterisierung von Konkurrenz und Kooperation anhand der Begriffe Hilfe und Schädigung kann man nun auch die Auswirkungen von Konkurrenz und Kooperation auf Dritte betrachten. In einer idealen Welt der vollständigen Kostenzurechnung haben Konkurrenz und Kooperation lediglich neutrale Auswirkungen auf Dritte: Diese werden wertäquivalent entschädigt. Im allgemeinen gibt es aber positive oder negative Auswirkungen. Vier Fälle sind denkbar:

a) Kooperation kann zu Lasten Dritter gehen: Man hilft sich, schädigt aber Dritte.

b) Kooperation kann zum Vorteil Dritter sein: Man hilft sich, hilft aber auch Dritten.
c) Konkurrenz kann zum Vorteil Dritter sein: Man schädigt sich, hilft aber auch Dritten.
d) Konkurrenz kann zu Lasten Dritter gehen: Man schädigt sich, schädigt aber auch Dritte.

Ein Beispiel für den Fall a) ist das Kartell. Hier schließen sich mehrere Unternehmungen zusammen, um durch koordiniertes Handeln auf Kosten anderer ihren Gewinn zu erhöhen. Ein Beispiel für den Fall b) ist die Erstellung eines öffentlichen Gutes durch wenige, wodurch auch andere einen Vorteil ziehen. Ein Beispiel für den Fall c) ist der Preiswettbewerb. Hier senken Unternehmungen unter Konkurrenzdruck die Preise zugunsten der Käufer. Ein Beispiel für den Fall d) ist der Krieg. Unbeteiligte sind die Leidtragenden von Kampfaktivitäten.

In der idealen Marktwirtschaft ist lediglich der Wettbewerb, nicht aber der Kampf, als Koordinationsmechanismus zugelassen. In der realen Wirtschaft existieren allerdings auch Absprachen, ruinöse Konkurrenz, Betrug, Raub usw.. Seine gute Bewertung in der Ökonomik erhält der Wettbewerb dadurch, daß die Akteure gemäß Kriterien konkurrieren, die Vorteile für Dritte bringen. So konkurrieren Anbieter beispielsweise um einen niedrigeren Preis, eine bessere Qualität, eine schnellere Lieferzeit usw. zum Vorteil der Nachfrager. So konkurrieren Produktionsfaktoren um eine höhere Grenzproduktivität, um eine geringere Entlohnung usw. zugunsten der Nachfrager. Die Folge ist eine effizientere Nutzung der Güter und Produktionsfaktoren. Tatsächlich versuchen die Wettbewerber, sich wechselseitig zu unter- bzw. zu überbieten, um mit Dritten (Nachfragern bzw. Anbietern) eine Kooperation, d.h. einen Tausch, durchzuführen. Wettbewerb ist folglich ein Konkurrieren um für Dritte möglichst günstige Kooperationsangebote.

5. Wettbewerb als Ordnungsprinzip der Marktwirtschaft

In den vorhergehenden Kapiteln hatten wir von Wettbewerb in einer umfassenderen Bedeutung gesprochen: Zwei oder mehrere Gesellschaftsmitglieder beanspruchen die gleichen Ressourcen, um bestimmte Ziele zu erreichen. Diese Definition folgt sofort aus dem fundamentalen ökonomischen Knappheitsproblem. Nun verwendet man den Wettbewerbsbegriff auch in einem besonderen Sinne und versteht unter Wettbewerb ein *Ordnungs- oder Organisationsprinzip der Marktwirtschaft:* Zwei oder mehrere miteinander rivalisierende Wirtschaftssubjekte streben im individuellen Interesse ein gesellschaftliches Ziel an, wobei mit dem jeweiligen höheren Zielerreichungsgrad eine bessere Honorierung zu Lasten der Konkurrenten und zugunsten von Dritten (Nachfragern oder Anbietern) verbunden ist.

In diesem Sinne konkurrieren Fußballmannschaften um Punkte, Unternehmungen um Gewinn, Manager um höhere Posten, Politiker um Einfluß, Parteien um Stimmen, Künstler um Anerkennung usw.. Man spricht von Leistungswettbewerb und meint damit, daß die höhere Leistung besser honoriert wird. Zusammen mit einem System von Eigentumsrechten, die die Handlungsmöglichkeiten definieren, ist der Wettbewerb ein Ordnungsprinzip der Marktwirtschaft (siehe dazu mit vielen Literaturangaben OLTEN 1995). Ob der Wettbewerb stark oder schwach ist, hängt von den Handlungsmöglichkeiten der Konkurrenten und dem Kriterium, mit dem ihre Handlungen und sie selbst bewertet werden, ab. Und da beginnt die Sache interessant zu werden.

Im *Idealmodell der vollständigen Konkurrenz* existieren viele kleine Anbieter mit jeweils unbedeutenden Marktanteilen und bieten auf einem homogenen und offenen Markt ein bestimmtes Gut an. Da jeder Anbieter nur sehr klein ist, hat er keine Möglichkeit, seine Konkurrenten vom Markt zu verdrängen. Jeder Anbieter wird deshalb den Marktpreis als gegeben annehmen und sich mit seiner Produktion gewinnmaximal anpassen. Der Wettbewerb zwischen den Anbietern besteht darin, daß jeder Anbieter versucht, das homogene Produkt mit den geringstmöglichen Kosten zu erstellen. Gewinne werden dadurch wegkonkurriert, daß alle am Markt existierenden Anbieter die gleichen Techniken anwenden werden, und der Gleichgewichtspreis gerade eine gewinn- und verlustlose Produktion erlauben wird. Die Handlungsmöglichkeiten bei dieser Art des Wettbewerbs liegen allein darin, die Minimalkosten zu finden; das Kriterium oder der Maßstab, mit dem die Handlungen der Konkurrenten gemessen werden, ist allein der Preis, zu dem sie langfristig am Markt existieren können.

Dieser Wettbewerbsbegriff ist allerdings sehr eng. Da die Menschen sachliche, persönliche, örtliche sowie zeitliche Präferenzen und keine vollständige Markttransparenz haben, gibt es praktisch keinen vollkommenen (homogenen) Markt. Darüber hinaus existieren Transaktionskosten in unterschiedlichen Höhen, abhängig von den Technologien und den Produkteigenschaften. Umgekehrt bedeutet dies, daß nicht nur Wettbewerb in bezug auf den Preis besteht – wie im Modell der vollständigen Konkurrenz angenommen –, sondern auch in bezug auf die Aufmachung der Produkte, die Werbung, die Verkaufsorganisation und die Ausstattung der Läden, den Standort und die zeitliche Verfügbarkeit u.a.m.. Wir haben keine homogenen Produkte mehr, sondern heterogene, die sachliche, persönliche, örtliche und zeitliche Merkmale haben und sich untereinander in diesen Merkmalskombinationen unterscheiden. Zusammen mit der unvollständigen Markttransparenz führt dies zu einer Abschwächung der Wettbewerbssituation der Anbieter untereinander (aber unter Umständen auch zu positiv zu bewertenden Ergebnissen, wie von BIERVERT und HELD 1995 dokumentiert wird).

Auch die Annahme, daß viele kleine Anbieter am Markt existieren, stimmt mit der Wirklichkeit im Regelfall nicht überein. Es kann sein, daß nur ein einziger Anbieter (oder ein einziger Nachfrager) vorhanden ist; von Wettbewerb kann dann natürlich nicht mehr die Rede sein. Es kann auch sein, daß nur einige wenige Anbieter (oder Nachfrager) vorhanden sind, von denen jeder einen relativ großen Marktanteil besitzt. Damit erweitern sich die Handlungsmöglichkeiten der Konkurrenten: Sie können kooperieren, also Absprachen treffen oder sich zu einem Kartell zusammenschließen (im Modell der vollständigen Konkurrenz gibt es zu viele Konkurrenten; ein Zusammenschluß wäre entweder zu kostspielig oder sinnlos). In diesem Fall haben wir eine Konzentrationstendenz, die Anzahl der rivalisierenden Konkurrenten wird geringer. Die Folge dieser wettbewerbsbeschränkenden Maßnahme ist, daß die Marktmacht der Anbieter gegenüber den Konsumenten steigt, und der Wettbewerb unter den Produzenten geringer wird. Das Ziel des Leistungswettbewerbs – die Bedürfnisse optimal zu befriedigen –, wie es im Idealmodell der vollständigen Konkurrenz erreicht wird, verschiebt sich hin zu einer Erzielung von Nichtleistungsgewinnen („Behinderungswettbewerb").

Auch die Annahme des offenen Marktes gilt in der Realität nicht. Tatsächlich kann nicht jeder potentielle Konkurrent sofort in einen neuen Markt eintreten: Es existieren Beschränkungen, die den Marktzutritt mit Kosten belegen. Gründe dafür sind vor allem: Die bisherigen Produzenten sind beim Käufer gut eingeführt und bekannt; Patente verhindern die Nachahmung bestimmter Techniken; die bisherigen Produzenten gelten als gutes Risiko und erhalten bessere Kreditkonditionen; rechtliche Zutrittsbeschränkungen bestehen; der Anfangs-Geldkapitalbedarf ist zu groß; der Markt ist zu klein für mehrere Konkurrenten, da steigende Skalenerträge vorliegen. Die Konsequenz hieraus ist, daß Nichtleistungsgewinne nicht wegkonkurriert werden (für einige weitere Konsequenzen vgl. HASLINGER in diesem Band).

Folglich ist der Preiswettbewerb in einer *realen Marktwirtschaft* wesentlich geringer als in der idealen Marktwirtschaft der vollständigen Konkurrenz, wo der Preis allein über die Existenz oder Nichtexistenz von Unternehmungen entscheidet. Dies führt unter realistischen Annahmen dazu, daß nicht mehr die Bedürfnisse zu Kostenpreisen optimal befriedigt werden, sondern daß auch Nichtleistungsgewinne permanent existieren.

Im Idealmodell der vollständigen Konkurrenz erscheint der Wettbewerb als Mengenanpassung bei konstanter Technologie und Produktqualität; Veränderungen in der Technologie und Produktqualität werden lediglich komparativ-statisch berücksichtigt. Tatsächlich ist der Wettbewerb ein Prozeß, der sich darin ausdrückt, daß Produktqualitäten, Technologien, Verfügungsbeschränkungen und Organisationen fortwährend verändert werden; indem man andere Konkurrenten in deren Aktivitäten beschränkt und behindert, d.h. Wettbewerb durch Kampf ersetzt, und veränderte Qualitäten, Technologien und Organisationen einführt, erzielt man bei endlicher Reaktionsgeschwindigkeit der Konkurrenten zusätzliche Gewinne. Diese bilden in einer unsicheren Welt auch den Anreiz für derartige Entwicklungen.

Durch geeignete Setzung und Durchsetzung von Regeln, Gesetzen und Verfügungsbeschränkungen versucht man, den Wettbewerb so zu gestalten, daß Nichtleistungsgewinne verschwinden. Dies gelingt aber nur teilweise. In der Realität schlägt der Wettbewerb oft in Kampf oder Kooperation um, zumeist zuungunsten von Dritten.

6. Zur Evolution von Kooperation

Konkurrenz und Kooperation können sich auf *Intra-* und *Inter-Gruppenverhalten* beziehen. In der Evolution hat sich Kooperation zunächst innerhalb der einzelnen Gruppen entwickelt, während zwischen den Gruppen überwiegend Konkurrenzbeziehungen herrschten. Dabei haben sich die Menschen koevolutiv auch eine Disposition für prosoziales und moralisches Verhalten erworben. Doch reicht diese Disposition nicht aus, unabhängig von der jeweiligen Anreizstruktur der Handlungsumgebung kooperatives Verhalten zu begründen (siehe dazu WEISE 1995).

Wie wir gesehen haben, enthält die altruistische Kooperation nämlich eine bestimmte Vorleistung, die von einem anderen erwidert werden kann oder nicht. Dies heißt, daß man als altruistischer Kooperateur ausbeutbar wird und unter Umständen auf die Dauer und im Durchschnitt nicht auf seine Kosten kommt. Warum entsteht dann aber Kooperation? Wir haben auch gesehen, daß die egoistische Kooperation ein kompetitives Element enthält, da die Kooperateure sich auf das Aufteilungsverhältnis des Kooperationsgewinns einigen müssen. Dieses kompetitive Element kann aber so stark sein, daß das Entstehen von Kooperation verhindert wird.

Daß Menschen kooperieren, d.h. miteinander arbeiten und dabei Vorleistungen erbringen, ist eine unbestreitbare Tatsache. Wozu Menschen dies tun, ist leicht erklärbar: Sie ermöglichen sich durch die Kooperation wechselseitige Vorteile. Aber warum Menschen ihre Eigeninteressen dem Gesamtinteresse unterordnen und dabei auf individuelle Vorteile verzichten, um soziale Nachteile zu vermeiden, bedarf einer theoretisch befriedigenden Erklärung. Und die ist nicht leicht zu geben.

Unterstellt man nämlich a priori den Menschen Kooperationswilligkeit, so hat man das, was erklärt werden soll, bereits als Motiv vorausgesetzt. Ganz analog ist es mit Erklärungen der sozialen Kooperation, die altruistische Präferenzen, prosoziale Neigungen, moralische Einsichten oder bestimmte Gerechtigkeitsvorstellungen unterstellen: Die Erklärungsursache ist jeweils das als Ursache genommene Verhalten selber.

Möchte man diesen zirkulären Erklärungsfallen entgehen, hat man nur zwei Möglichkeiten. Erstens, man löst den Zielkonflikt zwischen Eigeninteresse und sozialem Kooperationsinteresse und versucht zu zeigen, unter welchen Bedingungen prinzipiell eigennützige und rationale Individuen Kooperationsvereinbarungen eingehen und auch einhalten. Zweitens, man zeigt, wie evolutiv in der Menschheitsgeschichte Altruismus, Prosozialität, Moral sowie Gerechtigkeit in das Handlungsvermögen der Menschen Eingang gefunden haben. Im ersten Fall liegt die Lösung in der korrekten Begründung von Instanzen, die nicht-kooperative Verhaltensweisen hinreichend verteuern, so daß die kooperative Verhaltensweise auch aus eigennützigen Motiven zu wählen ist. Im zweiten Fall liegt die Lösung in der korrekten Begründung einer prosozialen Handlungskompetenz, die immer dann, wenn sich Kooperation auf die Dauer und im Durchschnitt lohnt, eine kooperative Verhaltensweise generiert.

Tatsächlich sind diese beiden Möglichkeiten keine Gegensätze, sondern sie ergänzen sich notwendigerweise. Denn strenge Eigennützigkeit und strikte individuelle Rationalität auf der einen Seite läßt eine soziale Kooperation verfehlen. Ein gewisses Maß an prosozialer Handlungskompetenz in Form einer Möglichkeit, sich selbst zu binden oder altruistisch zu sein, ist notwendig für soziale Kooperation. Prosoziale Handlungskompetenz auf der anderen Seite gerät aber in Konflikt mit dem Eigeninteresse des Menschen und wird ausbeutbar durch die Egoismen der anderen Menschen.

In der Tat entwickelte sich der Mensch in einem *Spannungsfeld von Egoismus und Altruismus*. Denn seit etwa drei Millionen Jahren leben die Menschen nicht als isolierte Einzelwesen, sondern in kleinen Gruppen zusammen. Schließen sich Menschen zur Realisierung von Kooperationsgewinnen aber in kleinen Gruppen zusammen, so müssen sie sich *Normen* geben. Diese beziehen sich vor allem auf den Schutz des einzelnen gegenüber allen anderen in der Gruppe; hinzu kommen Normen, die die Aufgabenverteilung, die Nahrungsmittelaufteilung u.a.m. regeln (siehe dazu auch HELMSTÄDTER in diesem Band). Die Evolution setzt dann an zwei Stellen an: (1) Die Gruppen überleben oder gehen unter, je nachdem, ob die Normen einen Selektionsvorteil haben oder nicht. (2) Die genetische Ausstattung des Menschen verändert sich, je nachdem, ob die Gene individuelle Verhaltensweisen bewirken, die zur Reproduktion der vorteilhaften Normen beitragen oder nicht.

Im ersten Fall bewirkt die kulturelle Evolution das Entstehen überlebensdienlicher Normen; im zweiten Fall wirkt die natürliche Evolution in einer menschen-gemachten Umwelt auf die Selektion von Genen für die Ermöglichung von individuellen Verhaltensweisen hin, die das Überleben der Gruppe sichern. Hierdurch entsteht Kooperation auf genetisch eigennütziger Basis. Daneben entsteht Kooperation in Form direkter und indirekter Reziprozität: Das simultane Geben und Nehmen (direkte Reziprozität, Tausch) wird im Zuge der Evolution ausgeweitet auf nicht-simultane Tauschbeziehungen und auf Geben und Nehmen mit unterschiedlichen Partnern, bei dem anderen Personen vergolten wird, was man von bestimmten Personen erhalten hat (indirekte Reziprozität, Norm). Es entstehen also aus der direkten Reziprozität durch die kulturelle Evolution auf individuell eigennütziger Basis Normen und Moral, welche die Verläßlichkeit der wechselseitigen Kooperation auch zwischen Nicht-Verwandten steigern.

Der Mensch entwickelt eine Identität, die Möglichkeit, sich in andere Menschen hineinzuversetzen und deren Ziele zu berücksichtigen, die Voraussicht auf zukünftige Konsequenzen seiner Handlungen, die Fähigkeit der sprachlichen Kommunikation sowie ein Gefühl für das, was andere von ihm erwarten; kurz: Der Mensch hat eine prosoziale Kommunikations- und Handlungsfähigkeit; er besitzt die Disposition sowohl für die Berücksichtigung möglicher Schädigungen anderer bei eigennützig-vorteilhafter Durchführung eigener Handlungen als auch für die Voraussicht eigener zukünftiger Nachteile bei Verfolgen kurzfristiger Vorteile.

Es entsteht Moral als „externe" Einhaltung der Sitte und als „interne" Gewissensinstanz. Es entsteht Moral als die Disposition, das Wohl und Wehe des anderen zu einem eigenen Handlungsmotiv machen zu können und daraus einen Nutzengewinn zu ziehen. Moral führt als Sympathie, Empathie, Mitleid und Mitgefühl mit den anderen zu einer Verknüpfung des eigenen Nutzens mit den Konsequenzen der eigenen Handlungen für andere. Grundlage der Moral in diesem Sinne ist die Verankerung von Normen in den Emotionen; es entstehen Scham und Pein sowie Schuldgefühle als Korrelate der „psychischen Kosten" (siehe auch STURN in diesem Band).

So verbleibt letztlich nur eine Möglichkeit, das Zustandekommen sozialer Kooperation zu erklären. Man zeigt die *Divergenz zwischen individuellem und kollektivem Interesse* auf und bestimmt die *Arten der Verteuerung des nicht-kooperativen Verhaltens:* Dies kann geschehen durch „externe" Kosten wie Normen oder Zwang und durch „interne" Kosten wie Gewissen oder Einsicht. Je nach dem Ausmaß und der Anreizstruktur dieser Divergenz erhält man unterschiedliche und verschieden präferierte Lösungen. Welche Ursachen und Bedingungen bewirken nun im einzelnen das Entstehen von Kooperation? Die folgenden Ursachen und Bedingungen scheinen wesentlich zu sein (siehe dazu MÄKI/GUSTAFSSON/KNUDSEN 1993 sowie SCHENK/WEISE 1995):

a) Bei häufigem Aufeinandertreffen derselben Individuen können sich diese durch Koordinierung ihres Verhaltens gegenseitig zur Kooperation führen. Der Grund liegt darin, daß ein Individuum, das eine altruistische

Vorleistung nicht entgilt, mit Vergeltung rechnen muß. Es entsteht auf diese Weise ein Drohpotential, da jedes Individuum das andere mit dem Entzug des zukünftigen Kooperationsgewinns bestrafen kann.

b) Je leichter und sicherer das Wiedererkennen eines Gegenspielers und dessen früher gewählter Strategie ist, desto eher ist es möglich, Kooperation durch Drohung mit dem Entzug zukünftiger Kooperationsgewinne durchzusetzen. Sind einem Individuum der Partner und dessen frühere Verhaltensweisen bekannt, so geht dieses Individuum erfahrungsgemäß mit einer anderen Einstellung in das Spiel. Dies bedeutet, daß ein Individuum in der Regel einem Bekannten, der es bei vorhergehender Interaktion nicht enttäuscht hat, mit kooperativem Verhalten begegnet.

c) Wenn ein Individuum seinen Willen zur Kooperation anzeigt, kann der Partner darauf reagieren und ebenfalls kooperieren. Durch das Anzeigen der Kooperationsbereitschaft kann für ein anderes kooperationswilliges Individuum der Anreiz für weiteres kooperatives Verhalten gesetzt werden, indem auch an das Gewissen appelliert wird. Allerdings ist dieses Signal zweischneidig: Man macht sich dadurch auch ausbeutbar.

d) Absprachen, Verträge o. ä. bei einem subkritischen Anteil von Individuen können aus einer Kooperationsfalle hinausführen. (Im Koordinationsspiel weiter oben beträgt diese kritische Masse 1/3; ist sie größer als 1/3, wird die Auszahlung 4, 4, ist sie kleiner als 1/3, wird die Auszahlung 2, 2 realisiert.) Eine kleine Gruppe sich kooperativ verhaltender Individuen kann eine sich ansonsten nicht-kooperativ verhaltende Gesellschaft zur Kooperation führen, indem sie einen Kooperationskern etabliert, der dann sich selbst verstärkend wächst.

e) Der Anreiz für nicht-kooperatives Verhalten darf nicht zu stark sein. Je höher der Nutzen der Kooperation im Vergleich zum Nutzen der Nicht-Kooperation und der Ausbeutung ist, d.h. je geringer die Kosten der Kooperation sind, desto größer ist der Anreiz zur Kooperation. Wenn der Anreiz für nicht-kooperatives Verhalten zu groß ist, geht den Individuen die individuelle Rationalität über die kollektive, und sie werden Konkurrenten.

f) Eine Kooperationsregel lautet: Gib nach bzw. vergib einem Partner, der deine Vorleistung nicht erwidert hat, sei aber nicht zu nachsichtig. Wenn ein Individuum nicht vergibt, ist die Gefahr sehr groß, daß die Kooperation in gegenseitigen Vergeltungsschlägen endet. Jedoch darf ein Individuum nicht zu nachsichtig sein, da sonst dem Partner die Ausbeutung leicht fällt und er keinen Anreiz für kooperatives Verhalten hat.

g) Je höher zukünftige Kooperationserträge bewertet werden, je geringer diese diskontiert werden und je sicherer sie sind, d.h. je höher der Erwartungswert der zukünftigen Kooperationsgewinne ist, desto eher ist Kooperation zu erwarten.

h) Je weniger egoistisch jemand ist und je höher er den Nutzen des Gegenspielers schätzt, d.h. je altruistischer er ist, desto eher wird er bereit sein, auf den zusätzlichen Nutzen bei Ausbeutung zu verzichten. Ein zu hohes Ausmaß an Altruismus ermutigt allerdings die Ausbeutung. (Im Chicken-Spiel weiter oben beträgt im evolutionsstabilen Gleichgewicht die optimale Proportion von a 10/11, die von b 1/11; bei dieser Proportion erhalten nicht-kooperative und kooperative Spieler jeweils die gleiche Auszahlung.)

i) Je gerechter jemand in dem Sinne ist, gleiches mit gleichem zu vergelten, desto eher wird er bereit sein, kooperatives Verhalten des anderen mit eigener Kooperation zu entgelten.

7. Schluß

Wir haben gesehen, daß aus dem Problem der Knappheit ein Konflikt resultiert: Kooperation und Konkurrenz sind zwei Verfahren, die diesen Konflikt lösen. Wir haben auch gesehen, daß die Menschen in einem Spannungsfeld von Egoismus und Altruismus existieren: Sie sind fähig, andere auszubeuten, sie sind aber ebenfalls fähig, anderen gegenüber Vorleistungen zu erbringen. Unterscheidet man mithin Handlungen danach, ob ein Individuum egoistisch oder altruistisch handelt, so kann man Kooperation und Konkurrenz exakt definieren und verschiedene Fälle unterscheiden.

Sowohl Kooperation als auch Konkurrenz können sich zu Lasten oder zugunsten Dritter auswirken; der neutrale Fall ist der theoretische (praxisferne) Referenzpunkt. Eine generelle, vom Kontext unabhängige Bewertung von Kooperation und Konkurrenz ist daher nicht möglich. Demzufolge ist die unterschiedliche Einschätzung von Kooperation und Konkurrenz in den verschiedenen Wissenschaften verständlich.

Die Vorteile des ökonomischen Wettbewerbs in der idealen Marktwirtschaft ergeben sich letztlich dadurch, daß der Wettbewerb zwischen Anbietern und Nachfragern mit der Kooperation zwischen Nachfragern bzw. Anbietern so verknüpft ist, daß eine effiziente Ressourcennutzung resultiert. In der realen Marktwirtschaft hingegen existiert im Regelfall kein reiner Wettbewerb: Kooperation und Kampf zu Lasten Dritter ersetzen oft den Wettbewerb zugunsten Dritter.

In der Evolution ist, abhängig von den Umgebungsbedingungen, ein Mixtum aus Kooperation und Konkurrenz entstanden. Menschen kooperieren, sind aber auch Konkurrenten. Ein großes Problem für die Menschheit liegt darin, ein optimales Mixtum von Kooperation und Konkurrenz zu realisieren: Denn zuviel Konkurrenz zerstört die Kooperationswilligkeit, und zuviel Kooperation führt zur Erstarrung.

Literaturverzeichnis

BEYER, H. (1993). *Interne Koordination und Partizipatives Management.* Marburg: Metropolis.

BIERVERT, B. (1991). Menschenbilder in der ökonomischen Theoriebildung. In: BIERVERT, B. und HELD, M. (Hg.). *Das Menschenbild der ökonomischen Theorie.* Frankfurt/New York: Campus, 42-55.

BIERVERT, B. und HELD, M. (Hg.) (1995). *Zeit in der Ökonomik.* Frankfurt/New York: Campus.

GRUNWALD, W. und LILGE, H.-G. (Hg.) (1982). *Kooperation und Konkurrenz in Organisationen.* Bern/Stuttgart: Haupt.

GÜTH, W. und KLIEMT, H. (1995). Elementare spieltheoretische Modelle sozialer Kooperation. In: *Ökonomie und Gesellschaft,* Jahrbuch 12. Frankfurt/Main: Campus, 12-62.

HELD, M. (1991). „Die Ökonomik hat kein Menschenbild" - Institutionen, Normen, Menschenbild. In: BIERVERT, B. und HELD, M. (Hg.). *Das Menschenbild der ökonomischen Theorie.* Frankfurt/New York: Campus, 10-41.

HIRSHLEIFER, J. (1982). Evolutionary Models in Economics and Law: Cooperation versus Conflict Strategies. In: RUBIN, P.H. (Hg.). *Research in Law and Economics,* Vol. 4. Greenwich/London: JAI Press, 1-60.

MÄKI, U., GUSTAFSSON, B. und KNUDSEN, C. (Hg.) (1993). *Rationality, Institutions and Economic Methodology.* London/New York: Routledge.

NUTZINGER, H.G. (1993). Philanthropie und Altruismus. In: RAMB, B.-T. und TIETZEL, M. (Hg.). *Ökonomische Verhaltenstheorie.* München: Vahlen, 365-386.

OLTEN, R. (1995). *Wettbewerbstheorie und Wettbewerbspolitik.* München: Oldenbourg.

SCHENK, S. und WEISE, P. (1995). Zur Evolution von Kooperation. In: *Ökonomie und Gesellschaft,* Jahrbuch 12. Frankfurt/Main: Campus, 129-167.

STIGLITZ, J.E. ET AL. (1991). Symposium on Organizations and Economics. *Journal of Economic Perspectives,* Vol. 5, 15-110.

STÜTZEL, W. (1972). *Preis, Wert und Macht.* Aalen: Scientia.

THOMPSON, G. ET AL. (Hg.) (1991). *Markets, Hierarchies and Networks.* London u.a.: Sage.

TIEMANN, G. (1991). Reziprozität und Redistribution: Der Mensch zwischen sozialer Bindung und individueller Entfaltung in nicht-industrialisierten Gesellschaften. In: BIERVERT, B. und HELD, M. (Hg.). *Das Menschenbild der ökonomischen Theorie.* Frankfurt/New York: Campus, 173-191.

VOGEL, C. (1991). Evolutionsbiologie im kulturellen und sozioökonomischen Kontext des Menschen. In: BIERVERT, B. und HELD, M. (Hg.). *Das Menschenbild der ökonomischen Theorie.* Frankfurt/New York: Campus, 205-222.

WEISE, P. (1995). Elemente einer evolutiven Theorie der Moral. In: WAGNER, A. und LORENZ, H.-W. (Hg.). *Studien zur Evolutorischen Ökonomik,* Vol. III. Berlin:

Duncker & Humblot, 35-57.
WEISE, P., BRANDES, W., EGER, T. und KRAFT, M. (1993). *Neue Mikroökonomie*. Heidelberg: Physica.

Der Verfasser dankt den Teilnehmern an der Tutzinger Tagung, vor allem aber dem Herausgeber Martin Held und Hans G. Nutzinger, für hilfreiche Anmerkungen. Thomas Eger und Roman Jaich haben das Manuskript kritisch durchgelesen und viele Verbesserungsvorschläge gemacht. Ihnen sei an dieser Stelle ganz besonders gedankt.

Gerhard Scherhorn

Die ökonomische Verengung von Arbeit und Konsum - Ist die heimliche Annahme fremdbestimmten Verhaltens überwindbar?

Ich will in diesem Aufsatz darlegen, daß wir in der Ökonomik der Erwerbswirtschaft die Arbeit auf den Gelderwerb und den Konsum auf den Erwerb materieller Güter verengen. Damit die Einengung des Denkens auf den Erwerb möglich wird, denken wir uns den Menschen und seine natürliche Mitwelt als Produktionsfaktoren, abstrahieren also von ihren nichtökonomischen Funktionen. Zu diesem Zweck behandeln wir das Verhalten der Menschen so, als sei es prinzipiell fremdbestimmt, nämlich ausschließlich an äußeren Anreizen orientiert, und als habe es die natürliche Mitwelt zu beliebiger Verfügung. Das erlaubt es, beide dem Geld- oder Finanzkapital gleichzusetzen und sie dem Ziel des Erwerbs, der Akkumulation, zu unterwerfen. Darin liegt die gemeinsame Ursache der Umweltzerstörung und der Arbeitsplatzvernichtung. Sie wäre zu überwinden; aber dazu müßten wir die privaten materiellen Güter, auf die sich die erwerbswirtschaftliche Analyse konzentriert, in ihren Zusammenhang mit den immateriellen (im Gegensatz zu den materiellen) und den Gemeinschaftsgütern (im Gegensatz zu den privaten) stellen. Das hieße, von einer erwerbswirtschaftlichen zu einer bedarfswirtschaftlichen Leitvorstellung überzugehen. Sie wäre nicht weniger normativ als die erwerbswirtschaftliche.

1. Das Prinzip der Bedarfswirtschaft: Integration

Wenn man das Wirtschaften einer archaischen Gesellschaft daran abliest, wie die Teilhabe der einzelnen an den materiellen Gütern des Lebensunterhalts gesichert wurde, die in ausreichender Menge und Kontinuität nur mit gemeinsamer Anstrengung zugänglich waren, dann war dieses Wirtschaften regelmäßig von den folgenden Eigenschaften geprägt: Die Bedarfsvorstellungen waren traditionell gegeben, die meisten Güter wurden in Arbeitsteilung im Haushalt selbst produziert, getauscht wurde in sehr begrenztem Umfang, und das Tauschen hatte eher den Charakter des Teilens.

Die Maxime des Tauschens bestand, wie POLANYI (1941, S. 75 ff.) aus der ethnologischen Forschung ableitete, in Vorstellungen von Reziprozität - oder im Austausch von Gleichwertigkeiten, einer Formel, mit der er die Wirtschaftstheorie des ARISTOTELES charakterisiert (POLANYI 1979, S. 177 ff.). Das Wirtschaften war nicht darauf gerichtet, immer höhere Tauscherträge und Überschüsse zu erzielen, denn die materiellen privaten Güter waren eingebettet in die immateriellen und Gemeinschaftsgüter, die für den Zusammenhalt und die Funktionsfähigkeit der Gesellschaft von mindestens ebenso großer Bedeutung waren.

„Zweck des Tausches war es, alle Haushalter mit Lebensnotwendigkeiten bis zum Grad der Selbstgenügsamkeit zu versorgen; er war institutionalisiert als Verpflichtung der Haushalter, von ihren Überschüssen jedem anderen Haushalter, dem es an diesem spezifischen Gut mangelte, auf dessen Wunsch abzugeben, und zwar in dem Maße, wie es ihm daran mangelte, aber auch nur insoweit." (ebenda, S. 180)

Die Gemeinschaft mußte funktionsfähig bleiben, das war das übergeordnete Ziel. In den Worten des ARISTOTELES: „Die Existenz des Staates ist abhängig von solchen Akten der proportionalen Reziprozität ..., ohne die kein Teilen zustandekommt, und dieses Teilen ist es, was uns aneinanderbindet. Daß wir den Grazien auf einem öffentlichen Platz einen Schrein errichtet haben, soll die Menschen daran gemahnen, eine empfangene Wohltat zurückzugeben; es ist dies ein besonderes Merkmal des Wohltuns, denn nicht nur ist es Pflicht, eine erhaltene Gefälligkeit zu erwidern, sondern auch zu anderer Zeit selbst die Initiative zu ergreifen, einem anderen einen solchen Dienst zu leisten" (ebenda, S. 181).

Ob das Produzieren und Tauschen materiellen oder immateriellen, privaten oder Gemeinschaftsgütern galt, war ohne jede Bedeutung und vermutlich noch gar nicht im Bewußtsein. Die Beschaffung und Verteilung von Nahrung z.B. war in den Gesellschaften der Sammler und Jäger eine Gemeinschaftsaufgabe, die Nahrung also ein *Gemeinschaftsgut*, auch wenn die einzelnen Nahrungsmittel am Ende als private Güter von jeder Familie und Person gesondert verzehrt wurden, war der Verzehr doch so sehr in Gemeinschaftlichkeit eingebettet, daß kein Gruppenmitglied hungern mußte, außer wenn die Gruppe insgesamt Hunger litt. Ebenso ging es bei der Produktion und beim Konsum der Nahrungsmittel mindestens ebensosehr um die Herstellung und Erhaltung *immaterieller Güter* - Hilfsbereitschaft, Wir-Gefühl, Solidarität, Geselligkeit - wie um den Genuß der materiellen Nahrung (TIEMANN 1991).

Hätte es in den prähistorischen Gesellschaften eine Wirtschaftstheorie gegeben, der Gedanke an eine weitere Verringerung des Aufwands für materielle Güter oder eine weitere Erhöhung des Ertrags an materiellen Gütern wäre gar nicht diskutiert worden. Arbeitseinsatz und Arbeitsergebnis dienten so vielen Zwecken zugleich, daß es unangemessen gewesen wäre, sie isoliert unter dem Aspekt der Maximierung materieller Güter zu betrachten. Der Bedarf an materiellen Gütern war Bestandteil eines *integrierten Bedarfs,* in dem es um das Ganze der Güter (SCHERHORN 1997a) ging: Gemeinschaftsgüter und private Güter, immaterielle und materielle Güter waren aufeinander bezogen und miteinander verwoben.

Ganzheitliche Vorstellungen dieser Art haben die steinzeitliche Wirtschaftsweise geprägt (vgl. SAHLINS 1972); ihre Ausläufer haben noch die Agrarwirtschaft der Antike und des Mittelalters beeinflußt. Für einige der frühen Ökonomen war es daher ganz natürlich, sich unter den möglichen Maximen des Wirtschaftens auch mit der Vorstellung auseinanderzusetzen, die man als *Bedarfsprinzip* bezeichnen kann: Deckung eines ausreichenden bis angemessenen Bedarfs an materiellen Gütern zu vertretbaren Kosten, dessen Angemessenheit sich nach den immateriellen und Gemeinschaftsgütern bemißt, denen die materiellen Güter zugeordnet sind. Sie haben daher eine „stationary state economy" immerhin für möglich - allerdings, mit Ausnahme von JOHN ST. MILL, nicht für wünschenswert und notwendig - gehalten.

Denn der sich entwickelnden Industriegesellschaft war eine bedarfsorientierte Wirtschaftsweise, die nur ein sehr langsames Wachstum der Produktion materieller Güter zugelassen hätte, nicht mehr gemäß. Für die Mehrzahl der frühen Ökonomen war der Gedanke an eine Wirtschaft ohne Wachstum denn auch, wie MILL beklagte, ein „unpleasing and discouraging prospect" (MILL 1848, S. 746).

Der tiefere Grund lag sicher darin, daß das Verständnis für die Integration der materiellen und immateriellen, privaten und gemeinschaftlichen Bedarfe im 18. und 19. Jahrhundert bereits verlorengegangen war. Diese Integration hatte ihren Ausdruck zuletzt - nämlich im Mittelalter - in der feudalistischen Vorstellung standesgemäßer Rechte und Pflichten, Ansprüche und Aufwendungen gefunden. Aber der Feudalismus hatte sich durch Willkürherrschaft und Ausbeutung diskreditiert - den Herrschenden war es immer weniger um Verantwortung und immer mehr um Machtzuwachs und Bereicherung gegangen.

So suchten die Bürger ihre Zuflucht im Schutz der Eigentumsrechte (MACPHERSON 1967) und benutzten ihren wachsenden Wohlstand dazu, sich die materiellen Attribute der Herrschenden, zumindest in kleinerer Ausführung, auch selbst zuzulegen (MCKENDRICK ET AL. 1982). Statt wie früher an überkommenen Maßstäben sozial angemessener und sozial verpflichteter Lebenshaltung orientiert zu sein, strebte man nun nach Verbesserung der eigenen Position (REISCH 1995), und suchte sie in der Erhöhung des materiellen Wohlstands (HIRSCHMAN 1977).

2. Das Prinzip der Erwerbswirtschaft: Verengung

So ist aus der Säkularisierung des Feudalismus (seiner allmählichen Überführung in eine nicht religiös fundierte Aufwandskonkurrenz) der Primat des privaten Vorteils und der materiellen Güter entstanden, als dessen Sachwalter sich die Wirtschaftswissenschaft bis heute begreift. Denn für sie geht es nicht um ganzheitliche Bedarfsdeckung, sondern um den Erwerb privater materieller Güter. In der Erwerbswirtschaft ist es das Ziel der einzelnen, mit der jeweils nutzbaren Produktionskapazität eine möglichst große Menge an materiellen Gütern herzustellen, mit den Erlösen die Kapazität weiter zu vergrößern und so immer mehr Geld zu erwerben, bis man den Erwerb schließlich dem zinstragend angelegten Geld allein überlassen kann. Wirtschaftswissenschaft kreist seit ihrer Entstehung um das Problem der knappen Güter, das sie nicht im Sinne des Haushaltens zu lösen sucht, sondern im Sinne der Entknappung, der Vermehrung; um diese Vorstellung ungestört verfolgen zu können, mußte sie die naturgegebenen Produktionsmittel als freie, beliebig verfügbare Güter betrachten, was eine ganzheitliche Auffassung unmöglich machte.

Die Maximierung des Erwerbs ist mit der Vorstellung eines integrierten Bedarfs nicht zu vereinen; sie behandelt die privaten materiellen Güter, als seien die Bedürfnisse, die mit ihrer Hilfe befriedigt werden, von denen abtrennbar, die auf immaterielle bzw. auf Gemeinschaftsgüter gerichtet sind, und als hätten sie Priorität vor diesen. Für frühe Gesellschaften muß das eine ungewöhnliche, destruktive Abstraktion gewesen sein; die Verachtung der einseitig auf materielle Güter gerichteten Tätigkeiten „Arbeit" und „Handel" in der Antike (HUBER 1984, S. 112) war vielleicht davon beeinflußt.

Nach POLANYIs plausibler Erklärung ist die Verengung des Denkens auf die materiellen Güter aus dem Fernhandel entstanden, der mit Angehörigen fremder Völker geführt wurde, denen gegenüber die Rücksicht auf immaterielle und Gemeinschaftsbedürfnisse nicht notwendig erschien. Schon in der Antike griff das im Fernhandel eingeübte Erwerbsprinzip auf den Binnenhandel über, was ARISTOTELES (in POLANYIs Formulierung) zu der Mahnung veranlaßte, der Sinn des Wirtschaftens sei „die Produktion für den Gebrauch und nicht die Produktion für den Gewinn", weshalb „Märkte und Geld bloß Anhängsel eines ansonsten autarken Haushalts" bleiben sollten (POLANYI 1941, S. 85). Aber noch im Zunftwesen des Mittelalters war der Fernhandel vom Binnenhandel strikt getrennt, um die eher am Bedarfsprinzip orientierten heimischen Händler und Handwerker zu schützen. Der Merkantilismus hob die Trennung auf, um die nationale Wirtschaftskraft zu stärken, und schuf so eine Voraussetzung für das Entstehen eines selbstregulierenden Systems von Märkten, das sich in der Folgezeit von der Regelung und Begrenzung durch die Gesellschaft befreite (ebenda, S. 87-112).

Für den Teil der immateriellen und der Gemeinschaftsgüter, die keine Preise haben und nicht verkauft werden können (weil wir sie selbst hervorbringen wie z.B. Nächstenliebe oder Umweltschonung), ist in diesem System kein Platz. Sie können neben ihm existieren, aber wenn die Expansion der materiellen (für Geld produzierten) Waren und Dienste Vorrang hat, werden sie nach und nach verdrängt. Tatsächlich wurden die materiellen Güterwünsche schon in den Anfängen der industriellen Revolution von den Produzenten und Händlern stimuliert. Das moderne Marketing entstand gleichzeitig mit der industriellen Produktion (MCKENDRICK ET AL. 1982). Da es ausschließlich auf den Absatz materieller Produkte und Dienste zugeschnitten war, traten diese in den Vordergrund und drängten die Gemeinschaftsgüter und die immateriellen Güter zurück. Denn sie konkurrieren mit ihnen um die Zeit und die psychische Energie der Menschen.

Immaterielle Güter produzieren wir selbst: durch Einsatz des eigenen Bewußtseins, des eigenen Bemühens um ein Erleben, eine Gesinnung, eine menschliche Beziehung, eine Tätigkeit. Die immateriellen Güter bestehen in den Tätigkeiten, den Beziehungen, dem Erleben und der Gesinnung. *Gemeinschaftsgüter* entstehen durch kollektive Aktion (OLSON 1965; UDÉHN 1993), also durch ein gemeinsames Handeln aller oder vieler. Sie bestehen in dem, was durch das gemeinsame Handeln zustandekommt, z.B. in der Schonung der Umwelt oder in der Befolgung einer gesellschaftlichen Norm.

Damit immaterielle und Gemeinschaftsgüter hervorgebracht werden können, sind im allgemeinen auch materielle Güter nötig. Man kann sogar sagen, daß die materiellen Güter ihren Sinn erst durch die immateriellen bzw. gemeinschaftlichen Befriedigungen erhalten, die mit ihrer Hilfe entstehen (SCHERHORN 1997a).

Sind sie entstanden, so stehen die immateriellen und die Gemeinschaftsgüter unentgeltlich zur Verfügung; wer in ihren Genuß kommt, kann sie nutzen, ohne dafür zu zahlen. Aber damit sie zustandekommen, ist ein aktives Bemühen nötig. Kurz: Beide Güterarten müssen mit dem Einsatz von Zeit, Kraft und materiellen Gütern produziert werden, aber sie können nicht ge- und verkauft werden.

Produziert werden sie teils im Bereich der *formellen* (beruflichen, gewerblichen) Wirtschaftstätigkeit - etwa das Betriebsklima, die Arbeitszufriedenheit, die Solidarität einer Arbeitsgruppe, die Selbstbestimmtheit des Arbeitens - und teils im *informellen Sektor* des Wirtschaftens (SCHERHORN 1983), also in privaten Haushalten, in Vereinen oder Gruppen; man denke etwa an den Familienzusammenhalt, die Geborgenheit von Kindern, die Nachbarschaftshilfe, die Aktivität einer Bürgerinitiative; die Abfallvermeidung, die Verminderung der CO_2-Emissionen im Rahmen der Agenda 21.

In beiden Sektoren haben sie es schwer, sich zu behaupten. Vom formellen Sektor werden sie vernachlässigt, weil in ihm nur Tätigkeiten zustandekommen, die geldwerten Ertrag abwerfen. Im informellen Sektor sind sie gefährdet, weil die materiellen Güter trotz kürzerer Arbeitszeiten immer mehr Zeit und psychische Energie absorbieren - nicht nur die gekauften Güter wie etwa das Fernsehen, auch die abgewälzten. Der formelle Sektor wälzt minderproduktive Erwerbstätigkeiten auf den informellen ab, man denke an die Selbstbedienung im Supermarkt, am Geldautomaten oder an der Waschmaschine; sie werden in den informellen Sektor übernommen, weil auf sie nicht zu verzichten ist, aber sie absorbieren Ressourcen, die dann für die immateriellen und Gemeinschaftsgüter nicht mehr zur Verfügung stehen. Daß diese knapper werden, macht manche von ihnen teurer, die Reparatur der Gesundheit zum Beispiel (andere werden gar nicht erst repariert, wie die Ozonschicht oder das Klima, aber auch das verursacht früher oder später hohe Kosten). Aber der hohe Aufwand etwa für das Gesundheitswesen signalisiert nicht unbedingt den Reichtum einer Gesellschaft, die sich das eben leisten kann, sondern zeigt eher die Hilflosigkeit einer Volkswirtschaft an, die durch unbeherrschte Expansion des materiellen Gütererwerbs ihre eigenen Grundlagen zerstört (vgl. IMMLER 1996, S. 185).

Die Analogie zum Fernhandel kann helfen, die Verengung des Denkens auf die materiellen Güter zu verstehen. Sie öffnet den Blick für die ignorante Einstellung zum Ganzen, die hinter dem Erwerbsprinzip steht. So wie die Handelsherren keine Veranlassung sahen, auf die Bedürfnisse ihrer ausländischen Lieferanten und Abnehmer umfassender Rücksicht zu nehmen als die Wahrung ihrer Umsatzchancen es verlangte, so gilt in der Industriegesellschaft auch gegenüber den inländischen Wirtschaftspartnern die Vorstellung immer weniger, die Produktion der materiellen privaten Güter dürfe deren Einbindung in den Zusammenhang mit den immateriellen und Gemeinschaftsgütern nicht verletzen. In dem Maße, in dem die Rücksicht auf diesen Zusammenhang schwindet, kann das erwerbswirtschaftliche Denken sich auf die materiellen privaten Güter konzentrieren und *das Ganze der Güter* vernachlässigen.

3. Die Verengung der Arbeit auf den Gelderwerb

Das wird sehr deutlich, wenn man sich das Verständnis von Arbeit daraufhin ansieht. In einer bedarfswirtschaftlichen Ordnung kann die Arbeit ganzheitlich aufgefaßt werden. Eine ganzheitliche Auffassung räumt der Arbeit - frei nach E.F. SCHUMACHER (1965) - drei Funktionen ein, denen drei Bedürfnisse der arbeitenden Menschen entsprechen:

– Die Arbeit gibt dem Menschen die Chance, seine Fähigkeiten auszuüben und zu entfalten.

- Sie vereinigt ihn mit anderen Menschen zu einer gemeinsamen, sinnstiftenden Aufgabe.
- Sie verschafft ihm die Mittel für ein menschenwürdiges Dasein. Zum menschenwürdigen Dasein gehört, daß er seinen Lebensunterhalt selbst bestreiten kann, daß er einen angemessenen Aufwand treiben kann und daß ihm Zeit bleibt für Kommunikation, Feiern und Muße.

Alle drei Funktionen beziehen sich auf *die Natur des Menschen* (vgl. BIERVERT/HELD 1991), auf die Gesamtheit der naturgegebenen Bedürfnisse der Arbeitenden. Aber keine dieser Funktionen der Arbeit wird gebraucht, wenn das ökonomische Denken sich auf die Produktion materieller Güter einengt, so daß das Ziel allein in der Maximierung des Ertrags besteht. Denn dann wird *Arbeit* ausschließlich als Produktionsfaktor betrachtet, also als ein ökonomisches Konstrukt, das keine Bedürfnisse hat, sondern allein dazu da ist, zusammen mit zwei anderen Konstrukten, *Natur* und *Kapital*, möglichst effizient private materielle Güter zu produzieren.

Natur bedeutet in diesem Wortgebrauch weder die Natur des Menschen noch die „natürliche Mitwelt" und schon gar nicht „das Ganze der Natur" (zu diesen Begriffen vgl. MEYER-ABICH 1997), sondern lediglich die naturgegebenen Ressourcen, die zur Güterproduktion nützlich sind: Boden, Rohstoffe, Energiequellen. Solange die landwirtschaftliche Produktion im ökonomischen Denken eine Rolle spielte, hat man diesen Produktionsfaktor als *Boden* bezeichnet; in der ersten Hälfte des 20. Jahrhunderts hat man ihn kurzerhand dem *Kapital* zugeschlagen; heute beginnt man allmählich zu erkennen, daß neben den genannten Ressourcen auch Wasser und Luft, Pflanzen und Tiere bei der Güterproduktion verbraucht werden, so daß jetzt gelegentlich vom *Naturkapital* und vom Produktionsfaktor *Natur* gesprochen wird - dies aber erst im Sinne der Gesamtheit der naturgegebenen Ressourcen, was schon ein Fortschritt ist (vgl. BIERVERT/HELD 1994), aber noch keineswegs im Sinne der natürlichen Mitwelt.

Kapital als Produktionsfaktor besteht aus dem Sachkapital (Gebäude, Maschinen, Werkzeuge) und dem Geldkapital. Das Sachkapital entsteht aus der Inanspruchnahme von Natur, Arbeit und Geldkapital. So ist das, was den Produktionsfaktor *Kapital* von den beiden anderen unterscheidet, also sein eigentliches Wesen ausmacht, offenbar das Geld- oder Finanzkapital. *Arbeit* und *Natur* werden demnach als Produktionsfaktoren dem *Geldkapital* gleichgestellt. Geldkapital ist aber kein lebender Organismus wie der Mensch und seine natürliche Mitwelt. Es nutzt sich nicht ab wie diese, es hat keine eigenen Bedürfnisse wie sie, und seine Eigentümer haben mit ihm meist nur eines im Sinn: Es zu vermehren.

Dagegen werden die Bedürfnisse von „Arbeit" und „Natur" durch den Einsatz in der Produktion materieller Güter nicht unbedingt erfüllt. Die Lebensnotwendigkeiten der natürlichen Mitwelt kann man minimalistisch dahin zusammenfassen, daß wenigstens ihre Regenerations- und Absorptionsfähigkeit nicht überfordert wird (DALY 1994). Die Bedürfnisse der arbeitenden Menschen sind, wie mit den drei Funktionen oben schon gesagt wurde, außer auf materiellen Lebensunterhalt auch darauf gerichtet, in der Arbeit Selbstentfaltung, Gemeinsamkeit, Kommunikation, Sinnerleben, Feiern, Muße und Einklang mit der natürlichen Mitwelt zu erleben.

Daß das so ist, werde ich hier nicht beweisen. Jeder/jede kann es fühlen. Generell wird es ja auch gar nicht bestritten, auch von Ökonomen nicht. Nur wird davon abstrahiert, wenn man in der Ökonomik der Erwerbswirtschaft von Produktionsfaktoren spricht und damit zum Ausdruck bringt, daß man sich über die arbeitenden Menschen und über die natürliche Mitwelt im Grunde keine Gedanken machen will:

– Als Produktionsfaktor betrachtet schrumpft *Natur* zu einer Ressource, zu einem Reservoir von Rohstoffen, Energiequellen, Baugrundstücken, Deponieplätzen usw., die zu Produktionszwecken zur Verfügung stehen. Lange Zeit galt sie als ein freies Gut, um dessen Regenerationsfähigkeit und Absorptionsfähigkeit man sich nicht zu kümmern brauchte. Doch immer deutlicher tritt zutage, daß die natürliche Mitwelt ihre eigenen Gesetze hat, die nicht beliebig lange ungestraft vernachlässigt werden können. Erkannt oder zumindest empfunden wurde das auch früher schon. Aber bis heute ist es kein ernsthaftes Thema; denn dann würde man ihr auch eigene Rechte zuerkennen müssen (MEYER-ABICH 1987).
– Als Produktionsfaktor betrachtet schrumpft *Arbeit* zu menschlichen Tätigkeiten, die ausschließlich auf die Hervorbringung von materiellen (geldwerten) Gütern (Sachgütern und Dienstleistungen) gerichtet sind und ausschließlich durch ökonomische Anreize angetrieben werden, also durch den Erwerb von Einkommen. Für Geld, nimmt man an, werden selbst entfremdende Arbeitsbedingungen in Kauf genommen; die Arbeitenden finden sich offenbar mit ihnen ab. Also brauchte die Entfremdung - die Vernachlässigung der eigenen Bedürfnisse der Arbeitenden - bis heute kein zentrales Thema für Ökonomen zu sein. Erkannt und angemahnt wird es zwar schon lange (ISRAEL 1972). Doch in der ökonomischen Diskussion hat man sich meist damit begnügt, im Einkommen den Ausgleich des „Arbeitsleids" zu sehen. Erst das in den letzten Jahrzehnten erwachte Interesse an der Arbeitsmotivation könnte daran allmählich etwas ändern.

4. Anpassung an das Geldkapital

Man versteht das verengte Denken besser, wenn man es als Entsprechung einer historisch entstandenen, also einmaligen und heute wohl zu Ende gehenden Konstellation begreift, in der sich nach der langwierigen Ablösung der feudalistischen Gesellschaftsordnung ein neues Einverständnis zwischen den oberen und unteren Schichten herausbildete, das als „fordistischer Gesellschaftsvertrag" bezeichnet worden ist (GABRIEL/LANG 1995): Die Arbeitenden, durch Landflucht entwurzelt und durch Verstädterung anonymisiert, nahmen entfremdende Arbeitsbedingungen ohne sehr großes Widerstreben hin und akzeptierten ökonomische Anreize als Entschädigung dafür, nämlich stabile Vollzeitbeschäftigung und fortgesetzte Steigerung ihres Lebensstandards.

Dieser Gesellschaftsvertrag wird heute von den Arbeitgebern aufgekündigt (SCHERHORN 1997b). Die Arbeitnehmer in den Industriegesellschaften hatten ihn in den 60er und 70er Jahren gleichsam exzessiv ausgelegt und so hohe Löhne und Lohnnebenkosten ausgehandelt, daß die Ansprüche des *Geldkapitals* an das Produktionsergebnis gefährdet erschienen. Diese steigen schneller als die Ansprüche von *Natur* und *Arbeit*. Denn das Geldkapital nutzt sich nicht ab und kann folglich schneller zunehmen als die beiden anderen Produktionsfaktoren. Seinen steigenden Ansprüchen wurde in der Reagan-Thatcher-Ära durch Liberalisierung des Welthandels Rechnung getragen (Globalisierung): Die Mobilität und damit der Ertrag des Geldkapitals wurde erhöht. Daher sinken die Zuwachsraten der Arbeitseinkommen seit den 80er Jahren, während das Geldvermögen - die Grundlage für die Ertragsansprüche des *Geldkapitals* - weiter exponentiell zunimmt (CREUTZ 1996). Kurz: Die Expansion der Einkommens- und Güterwünsche ist in Konflikt mit den steigenden Ansprüchen des Geldkapitals geraten und in diesem Konflikt unterlegen.

Daß sie unterlag, geht auf die grundlegende Übereinkunft des fordistischen Gesellschaftsvertrags zurück, *Arbeit* ganz so zu behandeln wie *Kapital*, nämlich als Produktionsfaktor; in dieser Funktion aber ist das Geldkapital der Arbeit allemal überlegen. Das liegt nicht nur daran, daß es sich nicht abnutzt und keine eigenen Bedürfnisse hat. Es liegt auch an der Verteilung der Eigentumsrechte:

- *Natur* ist als Produktionsfaktor vergleichsweise billig, denn für ihre Inanspruchnahme - für die Verringerung der verfügbaren Vorräte - muß so gut wie nichts gezahlt werden. Der Ertrag davon aber fließt überwiegend dem *Kapital* zu, teils weil er in die von ihm vorfinanzierten Produktionsanlagen eingeht, teils weil die produzierten Güter dem Eigentum der Kapitaleigner zugeschlagen werden.

– *Arbeit* ist als Produktionsfaktor relativ teuer, weil sie erstens den genannten Vorteil nicht hat und zweitens mit Steuern und Sozialabgaben stark belastet ist. Dementsprechend wird Arbeit mit Hilfe naturausbeutenden, kapitalintensiven technischen Fortschritts verdrängt. So können die Ansprüche des Geldkapitals an das Produktionsergebnis immer größer werden, während für die der Arbeit immer weniger übrigbleibt.

Das war in den 50er und 60er Jahren nicht sichtbar, als der Nachholbedarf der Rekonstruktionsperiode die Steigerung der Nachfrage über die Zuwachsraten der Arbeitsproduktivität trieb und Vollbeschäftigung ermöglichte. Inzwischen aber ist die Nachfrage auf mäßige Steigerungsraten zurückgefallen, und die Produktivität ist ihr weit voraus. Also können die benötigten Güter mit immer weniger Arbeitskräften hergestellt werden. Zugleich sind die Zuwachsraten der Nachfrage auch unter das Niveau der Zinsen und Dividenden gesunken. Das verstärkt den Druck auf die Unternehmen, den technischen Fortschritt zur Einsparung von *Arbeit* einzusetzen, was überwiegend auf Kosten der *Natur* geschieht.

Das wäre anders, wenn Arbeit ganzheitlich behandelt würde. Denn dann wäre sie so organisiert, daß sie den Menschen die Chance gäbe, ihre Fähigkeiten selbstbestimmt auszuüben und zu entfalten; daß sie von ihnen als sinnvoll erlebt werden könnte; daß sie den Charakter eines gemeinsamen Handelns hätte; daß die Arbeitszeit flexibel gewählt werden könnte; daß alle das Recht auf Arbeit hätten, dafür aber bei Ertragseinbußen auf einen Teil ihres Einkommens verzichteten.

Führt man sich das vor Augen, so wird ersichtlich, warum wir von einer ganzheitlichen Auffassung der Arbeit weit entfernt sind: Sie ist mit der Logik der Erwerbswirtschaft nicht vereinbar. Denn die Arbeit würde nicht nur materielle Güterwünsche befriedigen, sondern zugleich auch immaterielle und Gemeinschaftsbedürfnisse; also wären die Anlässe seltener, die Frustration der letzteren durch den Kauf von materiellen Gütern zu kompensieren. Und da bei ganzheitlichem Denken auch der natürlichen Mitwelt ihre eigenen Bedürfnisse zugestanden würden, müßte naturschonender und damit arbeitsintensiver produziert werden. Beides aber würde die kapitalintensive Produktion materieller Güter und damit die Kapitalerträge vermindern.

5. Die Verengung des Konsums auf den Gütererwerb

Wer in den Kategorien der Erwerbswirtschaft denkt, wird die letztgenannte Aussage als unrealistisch abtun, scheint diese doch dem grundlegenden Axiom zu widersprechen, auf das sich die Erwerbswirtschaft berufen kann, dem Axiom der Unersättlichkeit der Güterwünsche. Kein Zweifel: Solange es die Erwerbswirtschaft gibt, also seit maximal 300 Jahren, sind stets neue Güterwünsche aufgetreten, wenn die bisherigen erfüllt waren. Das ist so augenfällig, daß die Unersättlichkeit inzwischen als unbezweifelte Tatsache gilt. Eben das ist ja das Kennzeichen eines Axioms: Es wird dem Denken zugrundegelegt, weil man keinerlei Grund sieht, an seiner Gültigkeit zu zweifeln.

Dennoch ist die Unersättlichkeit alles andere als eine Tatsache. Sie ist eine unbezweifelte Grundannahme, nichts weiter. Daß diese Annahme gültig ist, hat die Erwerbswirtschaft, die auf ihr beruht, selbst hervorgebracht. Vor ihr hat es Unersättlichkeit nur punktuell und sporadisch gegeben, etwa im Mythos von König Midas, und nach ihr wird es ebenso sein. Wie die Unersättlichkeit von der Gesellschaft hervorgebracht wird, habe ich in einem früheren Band dieser Reihe dargelegt (SCHERHORN 1994a), will es hier aber noch einmal kurz wiederholen: Die Gesellschaft erzeugt Kompensationsbedarf, den die materiellen Güter zu befriedigen versprechen, und sie verschleiert das wahre Ausmaß der Kosten, die für die Produktion und den Konsum dieser Güter in Kauf genommen werden müssen. Ich behandle zunächst die Kompensation.

Die einseitige Befriedigung immer weiterer Wünsche nach materiellen privaten Gütern - die verbunden ist mit einer zunehmenden Vernachlässigung immaterieller Bedürfnisse und gemeinschaftlicher Aufgaben - erhöht das Glück der Menschen keineswegs (SCHERHORN 1994b). „Wenn einmal ein gewisses Mindesteinkommen erreicht ist, dann wird das Glücklichsein kaum mehr dadurch gesteigert, daß man etwas mehr Geld hat. Oberhalb der Armutsgrenze ist die Beziehung zwischen Einkommen und Glück bemerkenswert schwach" (FREEDMAN 1978, S. 136). Was auf dem Wohlstandsniveau der breiten Mittelklasse zu einem glücklichen Leben beiträgt, ist nicht, wieviel materielle Güter man hat, sondern „wie man sich verwirklicht, wie reich an menschlichen Beziehungen man ist und wieweit man sich von den Konflikten und inneren Zwängen freihält, die uns daran hindern, das zu genießen, was wir schon haben" (WACHTEL 1989, S. 39).

Es sind eben nicht nur die auf materielle Güter gerichteten Bedürfnisse, deren Befriedigung zu einem sinnvollen und glücklichen Leben verhilft; viele Freuden des Lebens gehen von immateriellen Gütern aus, und viele Notwendigkeiten des Lebens sind auf Gemeinschaftsgüter angewiesen. Wird zu viel an den materiellen und privaten Gütern begehrt, verbleibt nicht genug Zeit, Fähigkeit und Bereitschaft zum Genuß immaterieller Güter und zur Beteiligung an Gemeinschaftsgütern.

Wenn das so ist, warum hören wir dann nicht auf, immer weitere materielle private Güter zu wünschen, und wenden uns zufrieden den immateriellen und Gemeinschaftsgütern zu? Eine Erklärung liegt darin, daß wir unser Begehren auf *Ersatzbedürfnisse* richten, auf Kompensation durch materielle Güter, weil uns die immateriellen und Gemeinschaftsgüter nicht zugänglich sind, die wir zur Befriedigung unserer authentischen Bedürfnisse brauchten (SCHERHORN 1995a).

Daß sie nicht zugänglich sind, ist die Kehrseite der Wachstumserfolge des naturverschwendenden Wirtschaftens. Sie zeigt sich in Umweltzerstörung, Verstädterung, Verkehrsentwicklung, Lärmbelästigung, Wasser- und Luftverschmutzung, Zeitverknappung, Streß, Bewegungsmangel, Fehlernährung, Naturferne, Passivität des Konsums, Vereinsamung. Diese Einflüsse bewirken zum Teil *äußere* Defizite, d.h. umfeldbedingte Fustrationen authentischer Bedürfnisse z.B. nach selbstbestimmtem Handeln oder nach Abenteuer, zum Teil *innere* Defizite, z.B. an Zuwendung oder Gemeinsamkeit. Beide nähren das sich ausbreitende Streben, frustrierende Lebensbedingungen und psychische Beschädigungen durch Ersatzbefriedigungen zu *kompensieren*.

Doch die Befriedigung eines Ersatzbedürfnisses befriedigt kein authentisches Bedürfnis. Wer ißt, weil er sich nicht geliebt fühlt, stillt weder den Hunger, denn der wäre mit viel weniger Nahrung zufrieden, noch das Verlangen nach Liebe oder das Leiden am Liebesentzug. Er lenkt sich von diesem Leid ab, und auch das nur vorübergehend. Weil das zugrundeliegende Bedürfnis nicht gestillt wird, kann es auch nicht zurücktreten und anderen Platz machen, wie es das Normale wäre: Ein Bedürfnis (das Gefühl eines Sehnens, Verlangens, Brauchens oder Wünschens) taucht auf, wird erlebt und erfüllt, tritt zurück, und andere Bedürfnisse, andere Gefühle treten ins Bewußtsein. Das unerfüllte Bedürfnis aber wird zum inneren Defizit, es bleibt dominant, blockiert andere Gefühle oder färbt sie mit seiner Bedürftigkeit ein, so daß vieles oder im Extremfall alles, was einer tut, von dem Defizit geprägt ist.

Die materiellen Güter kommen dem Wunsch nach Kompensation entgegen, sei es weil sich die aus ihrem Gebrauch abgeleiteten Symbolwerte ganz von selbst dazu eignen (so wie eine wertvolle Aktentasche erfolgreiche Geschäfte symbolisieren kann), sei es weil sie mit Symbolwerten angereichert werden, die mit ihrem Gebrauchswert gar nichts mehr zu tun haben. Derartige Symbole werden den Gütern *aufgesetzt*, wie man etwa einem vierradgetriebenen Automobil mit werblichen Mitteln das Image der ungebundenen Bewegung in freier Natur aufsetzt.

Das Produkt symbolisiert dann aber nicht mehr den Gebrauch, den die Konsumenten von ihm machen (wer fährt mit dem „Geländewagen" wirklich ins Gelände?), sondern die Defizite der Konsumenten, an die das Symbol appelliert. Die aufgesetzten Symbole haben meist deutlich erkennbar eine kompensatorische Funktion; ihr zuliebe wurden sie geschaffen.

So verselbständigt sich die Gütersymbolik, der Gebrauchswert tritt in den Hintergrund oder geht ganz unter, weil es nur noch auf den Symbolwert ankommt. An zwei modernen Erscheinungen ist das besonders gut zu beobachten, am Erlebnismarketing und an der Kaufsucht. Gekauft wird in beiden

Fällen nicht mehr, weil das Gut gebraucht wird, sondern weil das Kaufen selbst Befriedigung verschafft. Und die Befriedigung ist in beiden Fällen die gleiche. Es geht den Kaufsüchtigen darum, das niederdrückende Gefühl des „leeren Selbst" mit einem Erlebnis von Grandiosität zu kompensieren (SCHERHORN 1994c), und es geht beim Erlebnismarketing (WEINBERG 1992) darum, den Konsumenten ein Ambiente von Reichtum und Fülle, von Lebendigkeit und Geselligkeit vor Augen zu stellen, in dem sie ihren als grau und flau erlebten Alltag belebt und überhöht fühlen können.

6. Verdrängung der Wohlstandskosten

Die zweite Ursache für die Unersättlichkeit der Güterwünsche ist die Verschleierung des wahren Ausmaßes der Kosten. Es ist logisch und trivial, daß jeder Mensch es besser finden wird, ein attraktives Gut zu haben als es nicht zu haben, wenn es ohne unangemessene Aufwendungen zu erwerben ist. Diese Aussage ist im Begriff „attraktiv" bereits enthalten. Wenn man, wie noch immer üblich, als Aufwendung nur den für das Gut zu entrichtenden Preis in Betracht zieht, wird man es kaufen, denn der Preis ist ja so kalkuliert, daß er für die Käufer-Zielgruppe keine unangemessene Aufwendung darstellt. Die Gültigkeit des Unersättlichkeitstheorems ist also von zwei Bedingungen abhängig:

- Erstens von der Fähigkeit der Unternehmen, immer neue Güter *attraktiv* zu machen, und der Bereitschaft der Konsumenten, immer neue materielle Güter attraktiv zu finden. Diese Bedingung war in den Industriegesellschaften bisher noch immer gegeben. Einen Grund dafür habe ich eben genannt, die Kompensationstendenz. Das muß nicht so bleiben. Es ist dem Menschen möglich, seine Ersatzbedürfnisse zu durchschauen und sich für die authentischen zu entscheiden. Und auch wenn man es vorzieht, die Unersättlichkeit darauf zurückzuführen, daß Menschen phantasiebegabt, begeisterungsfähig, aufgeschlossen für Neues und bedürftig nach Anregung sind, so kann die Anregung doch auch von innen kommen, von immateriellen Gütern; dann brauchen die Wünsche sich nicht fortwährend auf immer mehr und immer neue materielle Güter zu richten. Es ist sehr gut möglich, daß dieses Stadium für immer mehr Menschen erreicht wird.
- Zweitens hängt die Unersättlichkeit auch davon ab, daß das jeweils nächste attraktive Gut *erschwinglich* ist. Die Kosten eines zusätzlichen privaten Gutes bestehen aber nicht nur in dessen Preis, sondern auch in den „sozialen" oder „externen" Kosten der Produktion und des Konsums. Sie bestehen in Ressourcenverschwendung, Umweltzerstörung, Gesundheits-

gefährdung und haben ihre Ursache darin, daß bei der Produktion und dem Konsum privater Güter die naturgegebenen Gemeinschaftsgüter in einem Maße ausgebeutet werden, das die Absorptions- und Regenerationsfähigkeit des Ökosystems übersteigt. Diese Kosten sind dem Käufer verborgen, der daran gewöhnt ist, sich am Preis des Gutes zu orientieren. Sie sind aber inzwischen so gewichtig, daß viele der neuen Güter unerschwinglich erscheinen müßten, würden die vollen Kosten wahrgenommen. Deshalb bemühen sich die Industriegesellschaften mit aller Kraft, diese Grenze zu verschieben, indem sie die externen Kosten aus dem Bewußtsein verdrängen.

Daß es diese Kosten gibt und daß sie gemeinhin nicht zur Kenntnis genommen werden, ist Ökonomen natürlich wohlvertraut; aber man nimmt die Unkenntnis als gegeben hin, statt darauf zu dringen, daß die Kosten transparent gemacht werden. Das mag daran liegen, daß das ganze Ausmaß der externen Effekte selbst von vielen Ökonomen noch immer nicht erkannt wird. Würde es erkannt, so wäre die *Wachstumsillusion* - die Unterschätzung der Kosten und Überschätzung des Nutzens zusätzlicher materieller Güter (FALKINGER 1986) - nicht mehr wirksam (SCHERHORN 1994d). Denn dann dürfte man die externen Effekte nicht nur insoweit für beachtenswert halten, als sie Eigentumsrechte von Menschen („Dritten") berühren, sondern müßte beispielsweise auch das Überleben der Arten oder die Intaktheit der natürlichen Regelungsfunktionen an sich als schutzwürdig betrachten.

Wirksam ist die Wachstumsillusion durchaus noch. Denn es ist eine relativ neue Erkenntnis, daß die Produktion und der Konsum zusätzlicher Güter nur zu überproportional steigenden externen Kosten zu haben sind. LEIPERT (1989) hat nachgewiesen, daß die Defensivausgaben (Kosten der Beseitigung von Schäden und Nachteilen der Güterproduktion) in Deutschland von 1970 bis 1988 dreimal so rasch gewachsen sind wie das Sozialprodukt.

DALY und COBB (1994) haben gezeigt, daß ein von ihnen berechneter Index der Nettowohlfahrt (Privater Verbrauch plus wohlstandssteigernde Staatsausgaben minus wohlstandsmindernde Ausgaben sowie Einbußen an Lebensqualität und Entwertung nichterneuerbarer Ressourcen) in den USA seit 1970 nicht mehr gestiegen ist und seit 1980 fällt, obwohl das Sozialprodukt weiter zunimmt. DIEFENBACHER (1995) hat den Wohlfahrtsindex von DALY und COBB auf die Bundesrepublik angewendet und festgestellt, daß er auch hier seit 1980 nicht mehr steigt.

SCHERHORN ET AL. (1996) haben diesen Ansatz variiert, indem sie die Defensivausgaben („bezahlte Wohlstandskosten") und die nichtkompensierten Einbußen an Lebensqualität und Ressourcen („unbezahlte Wohlstandskosten") addiert und dem Sozialprodukt gegenübergestellt haben. Das Ergebnis ist abermals, daß der Nettowohlstand seit den 70er Jahren nicht mehr steigt, so daß das weitere Wachstum des Sozialprodukts allein auf die

Zunahme der Wohlstandskosten zurückzuführen ist - eine gespenstische Vorstellung. Um das Sozialprodukt zu steigern, wird immer mehr natürliche Mitwelt und menschliche Lebensqualität geopfert, obwohl diese Steigerung zum Selbstzweck geworden ist, denn den Wohlstand vermag sie nicht mehr zu erhöhen. Die Wohlstandskosten aber übersteigen inzwischen die Hälfte des Sozialprodukts!

7. Die heimliche Annahme fremdbestimmten Verhaltens

Nach dem Kalkül der Maximierung des privaten Vorteils ist es nicht zwingend, daß die Wahrnehmung der Wohlstandskosten zu einer Änderung des Nachfrageverhaltens führt. Es verläßt sich darauf, daß der einzelne Mensch mit seiner individuellen Entscheidung das Schicksal der Gesamtheit nicht unbedingt teilen muß, sondern vielleicht eine Nische findet. Die Allgemeinheit, sagen wir eine Gemeinde, hat beispielsweise beschlossen, daß kein weiterer Grund und Boden überbaut werden soll, weil es schon jetzt zu wenig Grünflächen gibt. Der einzelne kann den Beschluß mitgetragen haben und dennoch der Meinung sein, daß es doch auf *ein* zusätzliches Häuschen nun wirklich nicht ankommt; also wird er für sich selbst eine Ausnahme begehren, denn schließlich gehört ihm das Grundstück, und schließlich braucht er dringend eine Wohnung. Wenn sich also jeder an seinem privaten Vorteil orientiert, braucht die Kenntnis der Wohlstandskosten an der Unersättlichkeit der Güterwünsche nichts zu ändern. Das Unersättlichkeitstheorem wäre dann auf die Annahme gegründet, daß jeder seinen Vorteil auf Kosten der Allgemeinheit sucht und zugleich blind genug ist zu glauben, er sei der einzige, der so handelt.

Diese Annahme ist nicht haltbar, wie die neuere Forschung zum Problem der Kollektiven Aktion nachgewiesen hat (UDÉHN 1993). Umso deutlicher enthüllt sie das Menschenbild, das der Erwerbswirtschaft zugrundeliegt. Es ist das Bild eines prinzipiell fremdbestimmt denkenden und handelnden Menschen. Denn das blinde Befolgen dessen, was man für seinen privaten Vorteil hält, kann nicht selbstbestimmt sein. Selbstbestimmt ist nur eine Entscheidung zu nennen, vor der man sich ernsthaft die Frage vorgelegt hat: „Brauche (Will) ich das wirklich?" Wenn die Null-Alternative gar nicht in Betracht gezogen wurde oder, wie beim blinden Verfolgen des scheinbaren privaten Vorteils, gar nicht erwogen werden konnte, weil sie von vornherein ausgeschlossen war, ist das Verhalten fremdbestimmt. Denn nicht nur die Determination durch vorangehende äußere Ursachen, sondern auch die Selbst-Determination ist heteronom. Sie gehört in die Kategorie der Inneren Heteronomie (WATKINS 1978; SCHERHORN 1991).

Man könnte noch eine weitere Blindheit in Betracht ziehen, um das Unersättlichkeitstheorem zu verteidigen. Die Wohlstandskosten entstehen nicht nur aus der Vernachlässigung der *Gemeinschafts*güter, aus der Verschlechterung der Umweltqualität und der Verschwendung nichterneuerbarer Ressourcen. Sie entstehen auch daraus, daß die *immateriellen* Güter unterbewertet werden. Beide, die Gemeinschaftsgüter und die immateriellen Güter, stehen ja in Konkurrenz mit den privaten materiellen Gütern. Damit die Güterwünsche sich ungehemmt auf diese konzentrieren können, müssen beide Konkurrenten ausgeschaltet werden. Das setzt nicht nur den blinden Glauben voraus, als einziger eine Nische zu finden. Es setzt auch voraus, daß man vor der Verschlechterung des Zeitwohlstands die Augen verschließt, die sich aus der Vernachlässigung der immateriellen Güter ergibt (SCHERHORN 1995b). Man müßte also mit Menschen rechnen, die auch auf die Dauer nicht merken, daß die einseitige Steigerung des materiellen Wohlstands ihre individuelle Lebensqualität vermindert. Sicher gibt es sie; aber warum sind sie blind dafür? Können wir wirklich annehmen, daß ihr Denken selbstbestimmt ist, oder wird es nicht vielmehr von den äußeren Reizen bestimmt, die von den materiellen Gütern ausgehen?

Da wir, wie ich annehme, an diese beiden Arten von Blindheit nicht ernstlich glauben können, ist das Unersättlichkeitstheorem nur noch durch eine letzte Annahme zu retten. Es wäre doch möglich, daß die Menschen die Wohlstandskosten nicht aus Blindheit verdrängen, sondern aus innerer Notwendigkeit. Wenn die psychischen Defizite das Verhalten aller Menschen oder wenigstens einer sehr großen Mehrheit unabänderlich bestimmten, dann wäre es plausibel, daß fortgesetzt neue materielle Güter gewünscht werden, weil die bisherigen in ihrer Eignung zur Kompensation nachlassen. Wir könnten dann an der Erwerbsökonomik festhalten - aber um welchen Preis! Sie wäre als eine Theorie charakterisiert, die sich auf das Bild eines in seiner Entwicklung gestörten Menschen stützt. Und auch für diesen gilt, daß sein Denken und Handeln fremdbestimmt ist.

Offenbar läuft alles auf diese Folgerung zu: *Die Ökonomik der Erwerbswirtschaft rechnet mit fremdbestimmtem Verhalten.* Die Verengung der Arbeit auf den Gelderwerb - wie sollte sie anders zustandekommen als durch monomane Orientierung an der Steigerung des Einkommens, also an einem externen Stimulus? Das Abschließen und Befolgen des fordistischen Gesellschaftsvertrags - was anderes steht dahinter als die zunächst durch Not, dann durch Gewöhnung erzwungene Bereitschaft, zugunsten ökonomischer Anreize auf selbstbestimmtes Arbeiten und Leben zu verzichten? Die Kompensation innerer Defizite durch materielle Güter, die Verdrängung der Wohlstandskosten aus dem Bewußtsein - wie könnte man das anders als fremdbestimmt nennen?

Die Ökonomik der Erwerbswirtschaft rechnet mit fremdbestimmtem Handeln, aber *sie trifft diese Annahme heimlich.* Nach außen behauptet sie das Gegenteil. Ihre Modelle sind zwar explizit darauf beschränkt, die Reaktionen der Wirtschafts-„Subjekte" auf die Änderung äußerer Faktoren - Preise, Einkommen, Kosten - zu untersuchen. Aber sie besteht doch stets darauf, daß diese Reaktionen aufgrund selbstbestimmter Präferenz-Rangordnungen zustandekommen. Das gilt schon für die Analyse des Arbeitsverhaltens, in der zwar erkannt wird, daß ein Teil der Arbeitenden unter entfremdenden Bedingungen tätig ist (der Begriff des „Arbeitsleids" und die Beachtung, die der Arbeitsmotivation seit einiger Zeit gewidmet wird, weisen darauf hin); gleichwohl gelten die Entscheidungen für mehr oder weniger Arbeit, für diese oder jene Arbeitsstelle doch im Prinzip als selbstbestimmt. Es gilt erst recht für die Analyse des Konsumverhaltens. Daß man die Präferenzen der Konsumenten als selbstbestimmt betrachten kann, wird hier durch den Verzicht darauf erreicht, zwischen authentischen Präferenzen und nichtauthentischen - Ersatzbefriedigungen, erzwungenen Bedarfen - Präferenzen zu unterscheiden. Da man darauf verzichtet, kann man alles, was Menschen tun, als selbstbestimmt betrachten, hat diesen Begriff aber entleert: Er ist dann unwiderlegbar, weil auf eine Tautologie reduziert.

Es ist von weitreichender Bedeutung, wenn man in der Ökonomik der Erwerbswirtschaft zugeben muß, daß man mit fremdbestimmtem Verhalten gerechnet hat. Denn dann ist zum Beispiel die Aussage obsolet, daß der Wettbewerb in der Marktwirtschaft es den Konsumenten ermöglicht, sich „gemäß ihren Bedürfnissen" zu entscheiden. So wie er derzeit organisiert ist, erfüllt er eine andere Aufgabe noch wirksamer, nämlich es den Konsumenten zu ermöglichen, sich *gemäß ihren Ersatzbedürfnissen* zu entscheiden. Hat man das erkannt, so macht es wenig Sinn, an der alten Doktrin festzuhalten. Würde die Hinwendung zu einem anderen Prinzip des Wirtschaftens, dem Bedarfsprinzip, es den Menschen nicht viel eher ermöglichen, ihren authentischen Bedürfnissen zu folgen?

8. Zurück zur Bedarfswirtschaft?

Die Frage klingt nach einem Totschlagargument, denn man hört dahinter das höhnische „Zurück in die Steinzeit?", das Verfechtern einer ressourcenschonenden Wirtschaftsweise gern entgegengehalten wird. Es geht mir aber gar nicht um die Wirtschaft der Sammler und Jäger, auch wenn ich diesen Aufsatz mit ihr eingeleitet habe, sondern um die Erkenntnis, daß wir den Feudalismus zwar politisch überwunden, wirtschaftlich aber nur säkularisiert haben.

Noch immer ist die Suche nach der optimalen Befriedigung der Bedürfnisse der Menschen so angelegt, daß sie in Wahrheit der Sicherung und dem Geltendmachen gesellschaftlichen Ranges und gesellschaftlicher Macht dient. Politisch haben wir Gewaltenteilung, Rechtsstaat und Demokratie, also Schutz vor Machtmißbrauch und die Chance der Partizipation. Ökonomisch haben wir die Erwerbswirtschaft und den fordistischen Gesellschaftsvertrag, die Vollbeschäftigung und Wohlstand versprechen, aber in Arbeitsplatzvernichtung und Naturzerstörung enden, weil sie den Menschen und seine natürliche Mitwelt den Gesetzen der Kapitalakkumulation unterwerfen.

Nichts anderes drückt sich in der Verengung der Arbeit und des Konsums auf den Geld- bzw. Gütererwerb aus. Denn die Verengung bedeutet, daß die eigenen Bedürfnisse sowohl der natürlichen Mitwelt als auch der Menschen nicht beachtet, sondern verdrängt werden:

— Der uns umgebenden Natur gestehen wir in der Erwerbswirtschaft keine eigenen Rechte zu, die ihr ein artgerechtes Dasein garantieren und sie gegen Überforderung ihrer Regenerations- und Absorptionsfähigkeit schützen, sondern behandeln sie, als hätte sie nur die eine Funktion, zur Güterproduktion und zur Ertragsvermehrung beizutragen.
— Den arbeitenden Menschen behandeln wir, als seien seine Bedürfnisse ausschließlich auf Einkommen und Güterkonsum und nicht auch auf Sinnerleben, Gemeinsamkeit, Selbstbestimmung und Selbstentfaltung in der Arbeit selbst gerichtet.
— Die Menschen als Konsumenten betrachten wir als Käufer und kümmern uns nicht darum, daß der Sinn des Kaufs materieller Güter darin liegt, die Hervorbringung immaterieller und Gemeinschaftsgüter zu ermöglichen, und daß sie, wenn dieser Sinn verfehlt wird, eher der Ersatzbefriedigung dienen als der authentischen Bedürfnisbefriedigung.

Weil wir zulassen, daß die Menschen und ihre natürliche Mitwelt auf die Funktion des Erwerbs reduziert werden, liefern wir sie der Konkurrenz mit dem Geldkapital aus; der aber können sie eben deshalb nicht gewachsen sein. Denn die Eigner von Geldkapital können sich anders als jene ganz auf den Erwerb konzentrieren; je größer das Geldvermögen wird, desto weniger dient es anderen Bedürfnissen als der eigenen Vermehrung.

Aus dieser gemeinsamen Ursache entsteht die Vernichtung der Arbeitsplätze und die Zerstörung der natürlichen Mitwelt. Will man diese verhindern, muß man die Ursache beseitigen, also den nichtwirtschaftlichen Bedürfnissen und Fähigkeiten der Menschen und der natürlichen Mitwelt ihr eigenes Recht zubilligen. Das ist in einem erwerbswirtschaftlichen Rahmen nicht möglich, wohl aber in einem bedarfswirtschaftlichen.

Eine Bedarfswirtschaft, die diesen Namen verdient, unterscheidet sich von der Erwerbswirtschaft in einem zentralen Punkt: In ihr geht es um integrierte Bedarfsdeckung, d.h. der Bedarf an materiellen Gütern hängt mit dem Bedarf an immateriellen und an Gemeinschaftsgütern zusammen; da er *aus diesem Zusammenhang seinen Sinn bezieht,* ist er begrenzt, und die Produktion materieller Güter ist nicht in Gefahr, wie in der Erwerbswirtschaft verselbständigt zu werden. Anders formuliert: Die Menschen suchen im Konsum und in der Arbeit sinnvolle, herausfordernde und befriedigende Tätigkeiten, Beziehungen und Erlebnisse; sie suchen gemeinsames Handeln, menschliche Zuwendung, produktives Tun; sie brauchen materielle Güter insoweit sie dafür erforderlich sind, aber nicht als Selbstzweck. Denn ihr Streben ist auf die Gesamtheit der Befriedigungen gerichtet.

Dieses Streben ist weit eher intrinsisch motiviert als das Streben nach Erwerb, das seiner Natur nach von der Aussicht auf äußere Anreize angetrieben wird. Das Hervorbringen immaterieller und Gemeinschaftsgüter ist wohl immer von der Freude an der Sache, von der Befriedigung im Tun motiviert. Sicher kann diese Motivation durch Geltungs- und Machtstreben überlagert werden. Aber wie TIEMANN (1991) gezeigt hat, hängt das davon ab, ob die Gesellschaft das Geltungsstreben fördert oder dämpft. Wird es geduldet und belohnt, so liegt darin schon der Keim des Erwerbsprinzips.

Eine ähnliche Überlegung mag JOHN ST. MILL vor Augen gestanden haben, als er schrieb: „Der menschlichen Natur am bekömmlichsten ist ein Zustand, in dem, weil niemand arm ist, niemand reicher zu sein wünscht oder zu fürchten braucht, daß er durch das Aufstiegsstreben anderer benachteiligt werden könnte" (1848/1987, S. 748 f.). Ein derartiger Zustand ist möglich; er setzt ein allgemeines Gefühl für Solidarität voraus; und er muß durch gesellschaftliche Normen und soziale Kontrolle aufrechterhalten werden. Ob eine moderne Massengesellschaft sich so organisieren kann, ist eine offene Frage, vor allem aber eine müßige. Denn es kann derzeit nur darum gehen, ob es uns selbst möglich ist, unser Denken in diese Richtung zu bewegen. Das hängt erst einmal davon ab, ob wir das Bedarfsprinzip als ein mögliches Leitbild akzeptieren können.

Sehr schwer sollte das nicht sein. Es dürfte eine attraktive Vorstellung sein, daß in einer Bedarfswirtschaft der Schwerpunkt des Konsums auf der selbstbestimmten Aktivität, der achtsamen Hinwendung, dem Aufwenden psychischer Energie liegen würde, und daß die Arbeit von dem interessierten, verantwortlichen und selbstbestimmten Einsatz für die gemeinsame Aufgabe geprägt wäre (SCHERHORN 1994e).

Man muß sie auch nicht für unrealistisch halten. Menschen sind darauf angelegt, intrinsisch motiviert und kooperativ zu handeln; wo sie es nicht tun, liegt das daran, daß ihnen ein extrinsisch motiviertes Verhalten aufgezwungen wird (KOHN 1990). Wo immer die Arbeitsbedingungen so geändert werden, daß die Mitarbeiter mehr Mitsprache und mehr Mitverantwortung bekommen, da steigen Arbeitszufriedenheit und Produktivität, sinken Ausschußproduktion und Krankenstand. Und wo immer das Konsumverhalten selbstbestimmt und aktiv ist, wie z.B. bei der Ausführung eines Hobbys, da stellt sich ein größeres Wohlbefinden ein, man fühlt sich erfüllter und lebendiger als beim passiven Genuß von Komfort und Unterhaltung, der schal wird, sobald die Neuigkeit des Reizes vergangen ist.

Auch unter dem theoretischen Aspekt ist es nicht unattraktiv, sich mit dem Modell einer Wirtschaft zu beschäftigen, in der die Menschen selbstbestimmt handeln. Das gedankliche Fundament der Marktwirtschaft zum Beispiel bricht keineswegs zusammen, wenn man sich vorstellt, die Marktpartner würden primär nicht von äußeren Anreizen geleitet, sondern von intrinsischer Motivation. Der Wettbewerb ist nicht deshalb ein so wirksames Entdeckungsverfahren (HAYEK), weil er mit Gewinnversprechen operiert, sondern weil er ein selbstbestimmtes Verhalten ermöglicht; nur darin liegt seine Produktivität, nicht dagegen in seinen rivalisierenden Elementen, die eher nachteilige Wirkungen haben (KOHN 1986). Wird das Moment der Selbstbestimmung gewahrt und bestärkt, so ist die Marktwirtschaft mit mehr kooperativen Elementen kombinierbar als man bisher für möglich hält.

Kaum auszudenken auch, wieviel an neuen theoretischen Einsichten daraus zu gewinnen sind, daß man im formellen Sektor intrinsisch motiviertes Arbeiten und im informellen integrierte Bedarfe für möglich hält. Die Entlohnung könnte dem Alimentationsprinzip folgen, die Unterschiede zwischen den beiden Sektoren wären geringer, das Unersättlichkeitstheorem würde obsolet - warum zögern wir eigentlich? Vermutlich weil in einer Bedarfswirtschaft die schrankenlose Kapitalakkumulation in Frage gestellt wäre. Sie ist es ja, die die Überlegenheit des Geldkapitals als Produktionsfaktor ausmacht. Diese Überlegenheit müßte in einer Bedarfswirtschaft beseitigt werden. Dafür kann es verschiedene Möglichkeiten geben: Zinsverbot, Schwundgeld, Besteuerung des Geldvermögenszuwachses, Erbschaftssteuer, Förderung von Realtauschringen. Sie sind in der wirtschaftswissenschaftlichen Diskussion nahezu tabuisiert, ähnlich übrigens wie die Bodenreform. Man beschäftigt sich nicht mit diesen Themen, sie gelten als überholt, abseitig, irrelevant.

Das ist kein Zufall. Die Verwandlung von arbeitenden Menschen und natürlicher Mitwelt in Produktionsfaktoren und ihre Gleichsetzung mit dem Geldkapital war der entscheidende Schritt zur Durchsetzung der Erwerbswirtschaft. Diesen Schritt in Frage zu stellen, kommt einem Sakrileg gleich. Denn wie man über die Produktionsfaktoren denkt, das ist keine Frage der Zweckmäßigkeit, sondern ein Akt des Glaubens, auf den ein ganzes Theoriegebäude aufgebaut ist. Die Frage ist nur, ob wir es uns noch leisten können, die Erwerbswirtschaft als die einzig denkbare Organisation des modernen Wirtschaftens zu betrachten. Erst wenn wir diese Frage verneinen, kann die heimliche Annahme fremdbestimmten Verhaltens im ökonomischen Denken überwunden werden.

Literaturverzeichnis

BIERVERT, B. und HELD, M. (Hg.) (1991). *Das Menschenbild der ökonomischen Theorie.* Zur Natur des Menschen. Frankfurt/M.: Campus.
-"- (1994). *Das Naturverständnis der Ökonomik.* Beiträge zur Ethikdebatte in den Wirtschaftswissenschaften. Frankfurt/M.: Campus.
BINSWANGER, H.C. (1994). Der Frevel des Erysichthon als Anfang der ökologischen Krise. *Conturen, 4/94,* 32-44.
CREUTZ, H. (1996). Die Verschuldung in Deutschland. *Zeitschrift für Sozialökonomie, 33,* 111, 3-18.
DALY, H.E. (1994). Die Gefahren des freien Handels. *Spektrum der Wissenschaft,* Januar 1994, 40-46. Orig. (1993). The perils of free trade. *Scientific American,* November 1993, 51-57.
DALY, H.E. und COBB Jr., J.B. (1994). *For the common good.* New York: Beacon Press. (Überarbeitete und aktualisierte Neuauflage; 1. Auflage 1989).
DIEFENBACHER, H. (1995). Der „Index of sustainable economic welfare". Eine Fallstudie für die Bundesrepublik Deutschland 1960-1992. Heidelberg: *Forschungsstätte der Evangelischen Studiengemeinschaft, Texte und Materialien Reihe B, Nr. 24.*
FALKINGER, J. (1986). *Sättigung.* Tübingen: Mohr.
FREEDMAN, J. (1978). *Happy people.* New York: Harcourt Brace Jovanovich.
GABRIEL, Y. und LANG, T. (1995). *The unmanageable consumer. Contemporary consumption and its fragmentations.* London: Sage Publications.
HIRSCHMAN, A.O. (1977). *The passions and the interests.* Political arguments for capitalism before its triumph. Princeton, N. J.: Princeton University Press. Deutsch (1980). *Leidenschaften und Interessen.* Politische Begründungen des Kapitalismus vor seinem Sieg. Frankfurt/Main: Suhrkamp.
HUBER, J. (1984). *Die zwei Gesichter der Arbeit. Ungenutzte Möglichkeiten der Dualwirtschaft.* Frankfurt/Main: S. Fischer.
IMMLER, Hans (1996). Wie kommt das Geld zu seinem Wert? Zum Verhältnis von Naturwert und Wirtschaftswissenschaft. In: BIERVERT, B. und HELD, M. (Hg.). *Die Dynamik des Geldes.* Frankfurt/M.: Campus, 182-197.
ISRAEL, J. (1972). *Der Begriff Entfremdung.* Reinbek: Rowohlt.
KOHN, A. (1986). *No contest.* The case against competition. Boston: Houghton Mifflin Comp. Deutsch (1989). *Mit vereinten Kräften.* Warum Kooperation der Konkurrenz überlegen ist. Weinheim: Beltz.
-"- (1990). *The brighter side of human nature.* Altruism and empathy in everyday life. New York: Basic Books, insbes. 220-225 und 334-336.
LEIPERT, CH. (1989). *Die heimlichen Kosten des Fortschritts.* Wie Umweltzerstörung das Wirtschaftswachstum fördert. Frankfurt/Main: S. Fischer.
MACPHERSON, C.B. (1967). *Die politische Theorie des Besitzindividualismus.* Frankfurt/Main: Suhrkamp.

MCKENDRICK, N., BREWER, J. und PLUMB, J.H. (1982). *The birth of a consumer society.* The commercialization of eighteenth-century *England.* London: Europa Publ.

MEYER-ABICH, K.M. (1987). *Wege zum Frieden mit der Natur.* München: Hanser (1. Auflage 1984).

-"- (1990). *Aufstand für die Natur.* Von der Umwelt zur Mitwelt. München: Hanser.

-"- (1992). Europas absolutistische Konsumwelt - Die zweite kopernikanische Wende. *Zeitschrift für Didaktik der Philosophie, 14,* 8-15.

-"- (1997). *Praktische Naturphilosophie.* München: Beck.

MILL, J.ST. (1848). *Principles of Political Economy.* London: John W. Parker. Reprint (1987). Fairfield, N.J.: Augustus M. Kelley, Publishers.

OLSON, M. (1965). *The logic of collective action.* Public goods and the theory of groups. Boston, Mass.: Harvard University Press. Deutsch (1986). *Die Logik des kollektiven Handelns.* Kollektivgüter und die Theorie der Gruppen. Tübingen: Mohr.

POLANYI, K. (1941). *The great transformation.* New York: Farrar. Deutsche Taschenbuchausgabe (1978). *Die große Transformation.* Politische und ökonomische Ursprünge von Gesellschaften und Wirtschaftssystemen. Frankfurt/Main: Suhrkamp.

-"- (1979). *Ökonomie und Gesellschaft.* Frankfurt/Main: Suhrkamp.

REISCH, L.A. (1995). *Status und Position.* Kritische Analyse eines sozio-ökonomischen Leitbildes. Wiesbaden: Deutscher Universitäts Verlag.

SAHLINS, M.D. (1972). *Stone age economics.* Chicago, Ill.: Aldine Atherton.

SCHERHORN, G. (1983). Neuverteilung der Arbeit. In: BINSWANGER, H.C. ET AL. (Hg.). *Arbeit ohne Umweltzerstörung.* Frankfurt/Main: S. Fischer, 166-208.

-"- (1991). Autonomie und Empathie. In: BIERVERT, B. und HELD, M. (Hg.). *Das Menschenbild der ökonomischen Theorie.* Frankfurt/Main: Campus, 153-172.

-"- (1994a). Die Unersättlichkeit der Bedürfnisse und der kalte Stern der Knappheit. In: BIERVERT, B. und HELD, M. (Hg.). *Das Naturverständnis der Ökonomik.* Frankfurt/Main: Campus, 224-240.

-"- (1994b). Macht Konsum glücklich? Über den Nutzen psychologischer Forschung für die ökonomische Erkenntnis. In: ALBRECHT, H. (Hg.). *Einsicht als Agens des Handelns.* Beratung und angewandte Psychologie. Weikersheim: Margraf, 143-152.

-"- (1994c). Konsum als Kompensation. In: REINBOLD, K.J. (Hg.). *Konsumrausch. Der heimliche Lehrplan des Passivismus.* Schriftenreihe der Arbeitsgemeinschaft für Gefährdetenhilfe, Bd. 18. Freiburg: AGJ-Verlag, 7-47.

-"- (1994d). Die Wachstumsillusion im Konsumverhalten. In: BINSWANGER, H.C. und FLOTOW, P.v. (Hg.). *Geld und Wachstum.* Stuttgart: Weitbrecht (Thienemann), 213-230.

-"- (1994e). Konsumentenverhalten und Wertewandel. In: HENZE, M. und KAISER, G. (Hg.). *Ökologie-Dialog. Umweltmanager und Umweltschützer im Gespräch.* Düsseldorf: Econ, 196-221.

-"- (1995a). Die Ausbreitung der Ersatzbedürfnisse. *Sozialwissenschaftliche Informationen, 24,* 258-264.

-"- (1995b). Zeitwohlstand versus Güterwohlstand. Über die Unvereinbarkeit des materiellen und des immateriellen Produktivitätsbegriffs. In: BIERVERT, B. und HELD, M. (Hg.). *Zeit in der Ökonomik.* Frankfurt/Main: Campus, 147-168.

-"- (1997a). Das Ganze der Güter. In: MEYER-ABICH, K.M. (Hg.). *Ganzheitliches Denken - Erhaltungswissen statt Zerstörungswissen.* München: Beck (im Druck).

-"- (1997b). Wird der fordistische Gesellschaftsvertrag aufgekündigt? In: WEIZSÄCKER, E.U.v. (Hg.). *Grenzen-los?* Basel: Birkhäuser.

SCHERHORN, G., HAAS, H., HELLENTHAL, F. und SEIBOLD, S. (1996). *Informationen über Wohlstandskosten.* Stuttgart: Universität Hohenheim, Lehrstuhl für Konsumtheorie und Verbraucherpolitik, Arbeitspapier 66, Zweite überarbeitete Auflage (wird 1997 in einer erweiterten Fassung im Druck erscheinen).

SCHUMACHER, E.F. (1965). Buddhist economics. In: WINT, G. (Ed.). *Asia. A Handbook.* London: Blond. 695-701. Abgedruckt in: DERS. (1977). *Die Rückkehr zum menschlichen Maß.* Reinbek: Rowohlt, 48-56.

TIEMANN, G. (1991). Reziprozität und Redistribution: Der Mensch zwischen sozialer Bindung und individueller Entfaltung in nicht-industrialisierten Gesellschaften. In: BIERVERT, B. und HELD, M. (Hg.). *Das Menschenbild der ökonomischen Theorie. Zur Natur des Menschen.* Frankfurt/Main: Campus, 173-191.

UDÉHN, L. (1993). Twenty-five years with the logic of collective action. *Acta Sociologica, 36,* 153-174.

WACHTEL, P. (1989). *The poverty of affluence. A psychological portrait of the American way of life.* Philadelphia: New Society Publishers.

WATKINS, J.W.N. (1978). *Freiheit und Entscheidung.* Tübingen: Mohr.

WEINBERG, P. (1992). *Erlebnis-Marketing.* München: Vahlen.

Hans Peter Widmaier und Christian Wichert

Sozialpolitik als rationale Herrschaft - Staatshilfe statt Selbsthilfe? Vom neoklassischen zum dialogischen Paradigma in der Sozialpolitik

„Die soziale Frage wurde ausschließlich auf die Frage: *'Staatshilfe oder Selbsthilfe'* zugespitzt." (TÖNNIES 1913[2], S. 117)

In Zeiten leerer Kassen und eines zunehmend internationalen Wettbewerbs der Standorte stellt sich die Frage, wie die *sozialpolitischen Bedürfnisse der Individuen,* die im Gefolge der wirtschaftlichen Entwicklung entstehen (WIDMAIER 1976, S. 51 f.) und deren Berücksichtigung Voraussetzung des Wirtschaftens ist (a.a.O., S. 48 ff.), kostengünstiger zu befriedigen sind. Die Lösungsvorschläge liegen innerhalb eines durch die effizientere Sicherung bestimmter Leistungsniveaus, die Senkung bestimmter Anspruchsniveaus und die Privatisierung bestimmter Risiken aufgespannten Raums, setzen also jedenfalls an den bewährten staatlich regulierten Strukturen an. Diese Diskussion läßt *erneut* sozialpolitische Bedürfnisse als Folge der langfristigen Wirkungen der Herrrschaftsverhältnisse an sich (S. 52 f.) und in ihrem Verhältnis zur wirtschaftlichen Entwicklung außer Betracht. Normierung, Monetarisierung und Zentralisierung von Sozialleistungen sind die legalen Instrumente einer bürokratischen Zweckrationalität, deren wahlrationale Komponente *derzeit* primär durch das Ziel gesamtwirtschaftlicher Effizienzsteigerung programmiert ist. Wieder ist die *Art und Weise* der Befriedigung sozialpolitischer Bedürfnisse sowie deren Rückwirkung auf das ökonomische Subsystem der Diskussion weitgehend entzogen: „Durch die systematische Ausblendung sozialer, solidarischer und umfassend partizipatorischer Elemente erreicht der Wohlfahrtsstaat seinen eigenen Anspruch nur bedingt" (S. 86).

Die durch die Säkularisierung der Legitimationsquellen von Herrschaft angezeigte kulturelle und gesellschaftliche Rationalisierung - d.h. die Abnahme eines normativen gesellschaftlichen Hintergrundkonsenses sowie die zunehmende Komplexität von Gesellschaft - macht eine dem jeweiligen phylogenetischen Rationalitätsniveau entsprechende Koordinationsleistungen *funktional* notwendig. Für die staatliche Bürokratie führt diese Entwicklung zum Primat des Rationalitätskriteriums der Legalität. Sachliche

Unpersönlichkeit und Regelgebundenheit spiegeln den legalen Charakter der bürokratischen Mittelrationalität am augenfälligsten. Der funktional notwendige *Legalitätsglaube* der Herrschaftsunterworfenen setzt aber auch der wahlrationalen Komponente bürokratischer Zweckrationalität, d.h. den vom politischen Subsystem vorzugebenden Maßnahmen und damit den dahinterliegenden Zielen, *inhaltliche* Grenzen (vgl. WIDMAIER/WICHERT 1995, S. 152 ff.).

Einerseits ist also der legale Charakter bürokratischer Herrschaft - als ein dem gegenwärtigen Rationalitätsniveau angemessener Herrschaftstypus - positiv zu werten. Andererseits präjudiziert dieser legale Charakter aber eben auch die Perspektive, die *Art und Weise,* in der individuelle Bedürfnisse - gleich welchen Ursprungs - sozialpolitisch in Betracht kommen. *Individuelle* Bedürfnisse werden über *abstrakte* Tatbestandsmerkmale vereinheitlicht und einheitlich befriedigt. Die der Zweckrationalität eingeschriebene, objektivierende Betrachtungsweise ist aber nur sinnvoll in Anschlag zu bringen, wenn die vor dem Hintergrund *gegebener* Präferenzen, Mittel und Randbedingungen abgeleiteten Maßnahmen auch von den Klienten als *problemadäquat* erachtet werden. Tatsächlich bleiben aber individuelle soziale Bedürfnisse, die entweder schon bei der Rekonstruktion dieser Perspektive durch die Politik keine Berücksichtigung finden oder deren Befriedigung durch die der Sozialstaatsbürokratie zur Verfügung stehenden Mittel nicht oder nicht vollständig gelingt, außen vor.

Individuelle Bedürfnisse, die im Gefolge der wirtschaftlichen Entwicklung entstehen und deren Befriedigung Voraussetzung des Wirtschaftens ist, die aber vermittels sozialbürokratischer Herrschaft gar nicht oder nur probleminadäquat berücksichtigt werden (können), wirken auf das ökonomische Subsystem negativ zurück, werden in dieser objektiven Wertsphäre zu Bedingungen ökonomischer Effizienz. Das ökonomische Rationalitätskriterium der Effizienz ist ein Rationalitätskriterium der objektiven Wertsphäre. Die *nicht*-intendierten Nebenfolgen sozialbürokratischer Herrschaft, die ihren Ursprung in der Verletzung individueller normativer oder expressiver Bedürfnisse der Klienten haben, werden hier zur *objektiv gegebenen Voraussetzung* der Anwendung des Rationalitätskriteriums der Effizienz - auf individueller wie gesellschaftlicher Analyseebene. Mit ihnen ist zu rechnen.

Der *erste* Abschnitt unseres Beitrags dient nun primär der Skizzierung eines Begriffsapparates, der diese Problemstellung zu erfassen in der Lage ist und deren Relevanz erweist. Er beschreibt kursorisch die Genese des modernen okzidentalen Weltverständnisses. Das spezifisch Okzidentale dieser Entwicklung liegt in der Selektivität des Musters der gesellschaftlichen Umsetzung eines zunehmenden kulturellen Rationalitätspotentials, das sich in der fortschreitenden Ausdifferenzierung der kognitiven, normativen und expressiven Bestandteile der Kultur auf der Ebene der Bewußtseinsstrukturen äußert. Damit verweisen aber sowohl der historische Prozeß der Herausbildung des zweckrationalen Rationalitätstypus auf der Ebene der Bewußtseinsstrukturen als auch derjenige seiner Etablierung als ein gesellschaftliches Strukturprinzip direkt auf das wertrationale Komplement. Der erste Abschnitt endet dann auch mit der Frage nach dem Schicksal wertrationaler Orientierungen: Sind - vor dem Hintergrund der gesellschaftlichen Rationalisierung, dem Wechselspiel von Bewußtseinsstrukturen und Institutionen - normative und expressive Wertsphäre kollabiert?

Eine mit dieser Frage in der Richtung angezeigte Diagnose ist nachvollziehbar, wenn sich moderne Gesellschaften nicht nur in der Terminologie einer individuell gewendeten zweckrationalen Teilnehmerperspektive beschreiben lassen, sondern anhand ihres Begriffsapparats auch das Funktionieren zu erklären ist. Dagegen plausibilisiert der *zweite* Abschnitt, daß eine - auf der Basis *stets* kontingenter individueller Nützlichkeitserwägungen und damit als nicht an sich intendierte Nebenfolge - eintretende Handlungskoordinierung die Integration der Gesellschaft nicht zu erklären vermag.

Der *dritte* Abschnitt befaßt sich mit der Frage, ob als Ergebnis des Prozesses der selektiven Umsetzung des kulturellen Rationalitätspotentials in die Institutionen einer ökonomisch konstituierten Klassengesellschaft eine Gesellschaftsformation entsteht, die anderen als - aus der Teilnehmerperspektive - utilitaristisch, letztlich also kontingent deutbaren, objektiv aber durch die ökonomische Zweckrationalität determinierten Orientierungen keine Reproduktionsstätten mehr bietet. Die Skizzierung der gesellschaftlichen Rationalisierung seit 1871 deutet zwar auf eine zunehmende quantitative wie qualitative Bedeutung des zweckrationalen Rationalitätstypus als institutionelles Strukturprinzip hin. Jedoch wird weder die bürokratische durch die ökonomische Wahlrationalität ausgelegt, noch können sich Ökonomie bzw. Bürokratie gegenüber wertrational programmierten Randbedingungen bzw. politisch vermittelten wertrationalen Orientierungen emanzipieren. Vielmehr verdeutlicht dieser Abschnitt die „Zufälligkeit", die Selektivität des eingetretenen Musters gesellschaftlicher Rationalisierung.

Der *vierte* Abschnitt umreißt deshalb für den Bereich der Sozialpolitik zum einen ein *dialogisches* Paradigma (vgl. z.B. GOLDSCHMIDT 1964), das neben den kognitiven auch die normativen und expressiven Bedürfnisse der Persönlichkeit in ihrem Eigenrecht zur Geltung bringt, zum anderen die idealtypischen Bedingungen, die für die Entfaltung dieses Rationalitätspotentials erfüllt sein müssen. Über die kognitive Bedürfnissphäre der Teilnehmer behält dieses Paradigma einen direkten Bezug zum objektiven Rationalitätskriterium der Effizienz - in Form „objektiv" richtiger oder subjektiv zweckrationaler Argumente. Diese Argumente werden zu solchen der normativen Richtigkeit und expressiven Wahrhaftigkeit relationiert (vgl. KATTERLE 1991). Das Ergebnis eines derartigen, aus der Perspektive eines virtuellen Teilnehmers rekonstruierbaren Prozesses gibt dann - eingedenk der *inhaltlichen* wie *instrumentellen* Beschränkungen, denen bürokratisches

Handeln unterliegt - Aufschluß darüber, *ob* und gegebenenfalls in welcher *Art und Weise* der Staat einen Beitrag zur Befriedigung individueller sozialer Bedürfnisse leisten *kann*. Die Wiederbelebung von Solidarität und Partizipation im Bereich der Formulierung und Befriedigung sozialer Bedürfnisse steht nicht von vornherein im Gegensatz zu den Erfordernissen einer Effizienzsteigerung des ökonomischen Subsystems. Solidarität ist eine entscheidende Ressource der Sozialpolitik.

1. Die okzidentale Sonderentwicklung von Wirtschaft und bürgerlicher Lebensführung

Zu Beginn lohnt es sich also, einen Blick zurückzuwerfen auf die okzidentale Sonderentwicklung von Wirtschaft und bürgerlicher Lebensführung (MAX WEBER), den damit verbundenen Rationalismus der okzidentalen Kultur als einem „Rationalismus der Weltbeherrschung" (SCHLUCHTER 1991, Bd. 2, S. 406).

In WEBERs Erklärungsversuch entsteht historisch der Begriff der Zweckrationalität aus dem Wechselspiel zwischen der *Form* des Kapitalismus und dem damit verbundenen *Geist*. Dabei mündet die Form ein in die marktmäßige Kapitalverwertung im Rahmen rationaler Betriebsorganisation auf der Grundlage formell freier Arbeit. Es geht zum einen um die Entwicklung des Marktes und die Organisation der Produktion unter besonderer Berücksichtigung der Organisation formell freier Arbeit, um den Wechsel vom Bedarfsdeckungsprinzip zum Erwerbsprinzip. Zum anderen wird die Entstehung des spezifischen Geistes des Kapitalismus als eines Geistes innerweltlicher Askese und Entwicklung hin zu einer säkularen bürgerlichen Lebensführung analysiert.

Dabei stehen Form und Geist, Institution und Motivation weder in einem Verhältnis einseitiger Deduktion noch in einem der einseitigen Determination. Dieser Vorgang des Wechselspiels von Form und Geist muß vielmehr als ein selektives Muster der Umsetzung kulturellen Rationalitätspotentials begriffen werden. Differenzieren sich durch die Rationalisierung der Weltbilder die kognitiven, normativen und expressiven Bestandteile der Kultur aus, so führt die kulturelle Rationalisierung zur thematischen Verfügbarkeit dieser Tatsache sowie zu auf dieser Tatsache aufbauenden Deutungen auf der Ebene der Bewußtseinsstrukturen. Die so mögliche gesellschaftliche Rationalisierung in Form des Wechselspiels von Form und Geist bedeutet dann die dementsprechend angemessene institutionelle Verkörperung dieses kulturellen Rationalitätspotentials.

Zu unterscheiden ist also der jeweilige Grad der Dezentrierung der Weltbildstrukturen von der Systematisierung des einhergehenden status quo. Bildet der Rationalisierungsgrad der Weltbildstrukturen den thematischen Horizont, so geht mit einer weitergehenden Differenzierung die kategoriale Entwertung bestimmter Ideen einher (z.B. heils-charismatisch legitimierter Absolutismus). Selektiv ist die sich einstellende neue Systematisierung des status quo insofern, als die *Möglichkeit* an sich noch nichts über die *Art und Weise* ihrer Nutzung aussagt (vgl. SCHERHORN 1996).

Damit gewinnen wir einen Blick auf die kulturellen, institutionellen und motivationalen Voraussetzungen, die dem Begriff der bürgerlichen Zweckrationalität MAX WEBERs zugrunde liegen. Wir greifen dabei auf ein von ihm entwickeltes Phasenschema zurück, das diesen Prozeß hin zu einem modernen Weltverständnis durch vier Transformationsphasen recht gut illustriert: Ausgangspunkt ist die christliche *Einheitskultur des Mittelalters*. Sie entsteht durch die Überwindung der *inneren* Unverbundenheit von Reichskirche und spätantikem Imperium durch die Patrimonialherren und eine regionalisierte Kirche. Mit der Reichsgründung und der Wiederbelebung der Universalkirche trennt sich die Kirche vom Staat. Der Staat aber trennt sich nicht im selben Maß von der Kirche.

(a) *1. Phase:* Aus der päpstlichen, feudalen und städtischen Revolution im Mittelalter entstehen vom 11. bis 15. Jahrhundert drei Konflikte, die zugleich *ursächlich* sind für den okzidentalen Sonderweg:

– der Konflikt zwischen bürokratischer Kirchenorganisation und politischem Verband;
– der *innerreligiöse* Konflikt zwischen Personalcharismatismus und Amtscharismatismus;
– der *innerpolitische* Konflikt zwischen feudalen Herrschaftsformen und Ständestaat.

Alle drei Konflikte zusammengenommen sprengen die relativ einheitliche mittelalterliche Kultur und stehen für eine Dezentrierung des Weltbildes. Bedarfsdeckungsprinzip und Erwerbsprinzip beginnen, miteinander um die Vorherrschaft zu konkurrieren.

Die Anordnungen der *Zentralgewalt*, die sowohl den einzelnen *Grundherrn* gegenüber seinem in Not geratenen Abhängigen verpflichten als auch die *Kirche* zur Verwendung des Zehnten für die Armen*fürsorge* anhalten, verlieren in dem Maße ihre bindende Wirkung, wie sich eine immer weniger regionalisierte Kirche gegenüber dem obersten Patrimonialherrn emanzipiert und das einhergehende Legitimationsdefizit der politischen Gewalt durch das *Aufkommen des Kontraktstaatsgedankens* ausgeglichen wird. Die sozialpolitische Ausfallbürgschaft dieser Entwicklung übernehmen die - materiell auch nicht gerade üppig ausgestatteten - gesellschaftlichen Primärgruppen vor Ort, die Familien, die Nachbarschaft, die Gemeinden (vgl. HENNING 1985[4], Bd. 1, S. 13 ff.).

Die mit der feudalen *Grundherrschaft* einhergehende erzwungene *Überschußwirtschaft*, dient aber nicht nur der wirtschaftlichen Absicherung der zahlreichen Gruppen der Feudalherren, sondern ist auch eine wichtige Voraussetzung für eine *Arbeitsteilung*, die wiederum die Möglichkeit zur Entwicklung eines selbständigen Gewerbes markiert. Neben einem „Markt" für Agrarprodukte rückt der „Markt" für gewerbliche Produkte in den Bereich der *möglichen* gesellschaftlichen Institutionen. Die in den militärischen und amtlichen Verband eingebundenen politischen und grundherrlichen Gewalthaber konzessionieren Städtegründungen aus primär ökonomischen Motiven (vgl. WEBER 1980[5], S. 803). Die zunehmende Autonomie der Stadt des okzidentalen Mittelalters, die *Verweltlichung des Kontraktstaatsgedankens* in den Mauern der nachkarolingischen Stadt des Mittelalters, ist zum einen darauf zurückzuführen, daß die „außerstädtischen Gewalthaber - das war das einzige *durchgehend* Entscheidende - noch nicht über denjenigen geschulten Apparat von Beamten verfügten, um das Bedürfnis nach *Verwaltung* städtischer Angelegenheiten auch nur so weit befriedigen zu können, als es *ihr eigenes* Interesse an der ökonomischen Entwicklung der Stadt verlangte" (a.a.O., S. 804) und sich insofern der Einmischung in die Angelegenheiten der Bürger enthielten. Zum anderen ist die Machtkonkurrenz der Gewalthaber untereinander, „namentlich aber die Machtkonkurrenz der Zentralgewalt mit den großen Vasallen und der hierokratischen Gewalt der Kirche" von entscheidender Bedeutung, „zumal innerhalb dieser Konkurrenz das Bündnis mit der Geldmacht der Bürger Vorteile versprechen konnte" (S. 804).

Das institutionelle Arrangement der Stadt als Ausdruck eines fortgeschrittenen Rationalisierungsgrads der Weltbildstrukturen bedeutet auch eine diesem phylogenetischen Niveau angemessene Sozialpolitik. Die Städtegründungsperiode wirkt auf die Bindungen innerhalb der die Fürsorge leistenden Primärgruppen destabilisierend, „so daß die Unterstützung der Armen nicht mehr in ausreichendem Maße auf genannte Weise möglich war, zumal da sich in den Städten die Armen auch stärker ansammelten als auf dem Dorfe (wo sie in erster Linie Naturalabgaben, aber keine Geldabgaben erwarten konnten)" (HENNING 1985[4], Bd. 1, S. 122). Zwar ist die Verteilung von kirchlichen Almosen, von Stiftungseinnahmen, von Gaben der Mitbürger, d.h., die Leistung *ohne* vorherige Gegenleistung, das hervorstechendste Charakteristikum der mittelalterlichen Sozialpolitik, doch treten solidarische, an eine *kodifizierte Mitgliedschaftsrolle* gebundene Unterstützungsleistungen hinzu. Diese *politisch-ökonomischen*, also weltlichen Korporationen, deren bekanntestes Beispiel das Zunftwesen darstellt, „erhielten ihre materielle Absicherung durch bei Bedarf festgesetzte Umlagen, seltener durch Vorauszahlungen, d.h. durch beitragsartige Leistungen. Ausgezahlt wurde nur bei Bedürftigkeit, d.h. es entstand kein Anspruch auf Leistung. Auch bei Bedürftigkeit war genau festgelegt, was und wie lange zu zahlen war" (S. 123).

Eine mit der zunehmenden Komplexität von Gesellschaft *funktional* notwendige Rationalisierung der Sozialpolitik äußert sich also im Okzident in einer Formalisierung der Leistungsbedingungen, der Vereinheitlichung individueller Schicksale zu „Tatbeständen". Diese Regelhaftigkeit reproduziert sich auch im instrumentellen Aspekt einer rationalisierten Sozialpolitik, in ihrer Monetarisierung. Grundlage dieser Sozialpolitik ist aber eine *Solidarität*, die sich „einer relativen Offenheit der sozialen Beziehungen nach innen" verdankt, „für die nicht zuletzt das Christentum die ideellen Grundlagen bot" (SCHLUCHTER 1991, Bd. 2, S. 468).

(b) *2. Phase:* Die Transformationsphase vom 16. bis 18. Jahrhundert stellt nun eine Systematisierung, ein selektives Muster gemäß der erreichten Dezentrierung des Weltbildes dar. Sie ist primär eine Gesinnungsrevolution. Es besteht jedoch eine *Wahlverwandtschaft* zwischen dem *Geist* (protestantische Ethik) des entstehenden Kapitalismus und den - mitunter früher entstandenen - *Formen*. So wird z.B. auf der Basis der thematischen Verfügbarkeit der mönchischen Arbeitsaskese der Berufsmensch hervorgebracht, der gezwungen ist, das Leben insgesamt als Materie der Bewährung zur Erlangung eines stets ungewissen Gnadenstandes zu begreifen. Das Ökonomische erlangt damit eine *innere* Verbindung zum Heilsschicksal (vgl. WIDMAIER/WICHERT 1996): „Die innere Vereinsamung des Individuums und das Verständnis des *Nächsten* als eines in strategischen Handlungszusammenhängen Neutralisierten sind die beiden augenfälligsten Konsequenzen" (HABERMAS 1987[4], Bd. 1, S. 310).

Diese veränderte Wahrnehmung des eigenen „Ichs" an sich und in seinem Verhältnis zum Gegenüber, dem „Du", bedeuten die Zerstörung einer aus christlichen Wurzeln gespeisten Solidarität als ungeschriebene, aber gleichwohl tragfähige, weil gesellschaftlich konsentierte Grundlage von Sozialpolitik. Nur über längere Zeit ortsansässige Arme kommen in den Genuß von Hilfsleistungen. Zwar soll die Armenversorgung verstetigt, der arbeitsunwillige Arme aber zum Arbeiten angehalten werden: „Die Bedürftigkeit des Armen und nicht die Erringung des Seelenheils des Spenders waren wichtig" (HENNING 1985[4], Bd. 1, S. 229).

Es ist die Etablierung des Rechts als (zweck-)rationales *gesellschaftliches* Steuerungs*medium*, die die Ausfallbürgschaft eines abnehmenden normativen Hintergrundkonsenses im Alltag einer immer differenzierteren Gesellschaft übernimmt, den subjektivierten, d.h. jetzt kontingenten ethischen Vorstellungen der Individuen gesellschaftliche Handlungswirksamkeit verleiht. Freilich muß ein - dem jeweiligen Rationalitätsniveau angemessener - normativer Konsens bezüglich der Recht*setzung* postuliert werden, nicht aber für die Rechts*durchsetzung*. Bei der Befolgung einer Norm herrscht Motivfreiheit. Recht hat also eine komplexitätserhaltende und eine komplexitätsreduzierende Funktion (vgl. HABERMAS 1992²). Diese Entwicklung bedeutet eine weitere gesellschaftliche Systematisierung des bereits in der Verweltlichung des Kontraktstaatsgedankens zum Ausdruck kommenden kulturellen Rationalitätspotentials: „Denn dadurch kam ein Organisations- und Legitimationsprinzip ins Spiel, das sich nicht mit dem des Lehensfeudalismus, des kirchlichen Amtscharismatismus oder des mönchischen Personalcharismatismus deckte: die anstaltsmäßige Organisation *weltlicher* Verbände und ihre *demokratische* Legitimation" (SCHLUCHTER, 1991, Bd. 2, S. 473).

Es ist also nicht verwunderlich, daß mit dem 16. Jahrhundert die *Juristen* in den *Verwaltungen* der Städte die Armenfürsorge *gesetzlich* regeln. Eine sich vervollkommnende Bürokratie geht hier, unter Beibehaltung der Monetarisierung sozialer Leistungen, mit deren Zentralisierung einher. Schließlich schreiben die *Reichs*polizeiordnungen von 1530, 1548 und 1577 das *Subsidiaritätsprinzip* fest: „Die Landesherrn sollten erst dann zuständig werden, wenn die Gemeinden (einschließlich der Städte) ihre Hilfsmöglichkeiten erschöpft hatten" (HENNING 1985⁴, Bd. 1, S. 230). Die Wirksamkeit der sozialpolitischen Maßnahmen ist aber gering: die Gruppe der hilfsbedürftigen Personen in Stadt und Land wächst stetig.

Erst die gesellschaftsmächtige Entbindung und Zusammenführung des kulturellen Rationalitätspotentials auf den Ebenen von Gesellschaft und Persönlichkeit ermöglicht es also einem Teilnehmer, den Begriff der Zweckrationalität als ein gesellschaftliches Strukturprinzip zu rekonstruieren. Die durch die „2. Phase" WEBERs beschriebene Systematisierung der dezentrierten Weltbildstrukturen mündet demnach in die *inneren* historischen Vorbedingungen. Die kapitalistische Form und der protestantische Geist steigern sich gegenseitig.

(c) *3. Phase:* Die Transformation im 19. und 20. Jahrhundert bedeutet den Sieg des rational organisierten, mechanisierten Betriebskapitalismus bei formell freier Arbeit und Entwicklung der Verkehrswirtschaft (Märkte und nationale Geldschöpfung). Das Bedarfsdeckungsprinzip wird endgültig vom Erwerbsprinzip abgelöst. Die politisch stratifizierte Klassengesellschaft wird durch die ökonomisch konstituierte ersetzt. Es „vollzieht sich die eigengesetzliche Entwicklung der ökonomischen und der politischen Lebensordnung, die die Struktur der bürgerlichen Gesellschaft bestimmen, nach Maßgabe formaler Rationalität" (HABERMAS 1987⁴, Bd. 1, S. 329). Zur Befolgung dieses zweckrationalen Imperativs bedarf es auch keiner protestantischen Ethik mehr. Die Idee der Berufsbewährung, die Idee der Hingabe an eine Sache ist säkularisiert. Die ethische Konnotation dieser Idee wird durch einen instrumentell verstandenen Utilitarismus ersetzt.

Die Industrialisierungsphase der Jahre 1835 bis 1873 geht zunächst mit Verbesserungen der *Arbeitsplatzbedingungen*, wie der *Kinder-* und *Frauenarbeit*, einher. Angestoßen durch die abnehmende Tauglichkeit der preußischen Rekruten wird dort am 9. März 1839 ein *Gesetz* der Ministerial*bürokratie* zum Schutz der Jugendlichen beschlossen. Einmal abgesehen von den ohnehin geringen Einschränkungen, scheitert die Rechts*durchsetzung* zum einen an mangelnder Kontrolle, bilden doch örtliche Beamte, Handwerker, Fabrikanten und Kaufleute sowie vier willkürlich zu bestimmende, kündbare Arbeitnehmer die „Kontrollinstanz" des Gewerberats. Zum anderen begründen zu milde Strafen ihr Scheitern, da die Höchststrafe im Wiederholungsfall durch die einjährige gesetzeswidrige Beschäftigung eines Jugendlichen bereits überkompensiert wird. Seit Mitte des 19. Jahrhunderts eröffnet dann der Staat den Gemeinden die Möglichkeit, Hilfskassen nach dem Versicherungsprinzip einzurichten, die für die gewerbliche Wirtschaft des Ortes obligatorisch werden (vgl. HENNING 1985[4], Bd. 2, S. 198). Hilfe kann der - z.B. im Gefolge der schlechten Arbeitsplatzbedingungen - in Not geratene Lohnarbeiter in dieser Zeit also von der *Gemeinde*, aber auch von „*Arbeiterselbsthilfegruppen*" oder von *betrieblichen* sozialen Einrichtungen erwarten. Während die Gemeinden hauptsächlich die Armen*gesetzgebung* der vorindustriellen Zeit fortführen, bezeichnen die Unterstützungs*kassen* der Arbeiter eine aus individueller Not heraus geschaffene Selbsthilfegruppe, wenngleich die Hilfe primär monetärer Art ist. Obwohl allein in Preußen zwischen 1800 und 1847 insgesamt 66 Unterstützungskassen entstehen, scheitert LASSALLE mit der 1863 erstmals geäußerten Idee ihrer Aufstufung zur „Deutschen Arbeiterversicherungsgesellschaft". Eine nur unzureichend *ausgebildete* Solidarität innerhalb der Arbeiterschaft ist, neben dem Widerstand von MARX und seiner Anhänger sowie den - trotz der Koalitionsfreiheit von 1869 - andauernden staatlichen Pressionen der Grund dafür. Interessant ist, daß die sozialen Einrichtungen vereinzelter Betriebe, die doch insgesamt der Qualitätssicherung des Faktors Arbeit dienen sollen, mehr bieten als *monetäre* Leistungen und Anreize - bis hin zur Seelsorge, zu geistigen und sittlichen Ausbildungen (vgl. HENNING 1985[4], Bd. 2, S. 192 ff.).

Es ist schließlich die Verbindung von *Sozialistengesetz* und *Sozialgesetzgebung*, von Rechtsetzung und professionalisierter Anwendung des Steuerungsmediums Recht auf den Bereich der Sozialpolitik, die die *strukturelle Möglichkeit* des Wachstums einer *Solidarität* innerhalb der Arbeiterschaft in der Phase des Ausbaus der Industrie verstellt. Für die konkreten, sich über das Rechtsmedium - in Form von *Leistungsansprüchen* - mitteilenden Normen der Sozialgesetzgebung kann ein Konsens der Arbeiterschaft behauptet werden. Vor dem Hintergrund dieses großartigen *Zugeständnisses* wird übersehen, daß die staatliche Patronage der Sozialpolitik im Einklang mit dem legalen Charakter des Transformationsmechanismus eben *auch* die Perspektive, die *Art und Weise* präjudiziert, in der individuelle Bedürfnisse auf absehbare Zeit sozialpolitisch in Betracht kommen. Sozialpolitik wird zur sozialen Kontrolle eingesetzt. Die Notwendigkeit, den Bedarf an Sozialpolitik zu decken, ergibt sich aus der Gefährdung des sozialen Friedens, d.h. des politischen und ökonomischen status quo.

Wird also in dieser Zeit das Gehäuse der neuen Hörigkeit geschaffen, wie MAX WEBER vermutet? Der Schlüssel zur Analyse der Versteinerung durch die kapitalistische Entwicklung ist die sich entfaltende *legale Herrschaft* in der Form der *Bürokratisierung*, die nach WEBER alle Teilordnungen einer Ordnungskonfiguration im Zeitalter des Hochkapitalismus ergreift (vgl. SCHLUCHTER 1991, Bd. 2, S. 504 f.).

Reproduziert sie letztlich nur - variantenreich - den formal-rationalen Systemimperativ? Kann also letztlich das *Funktionieren* einer modernen, pluralen Massengesellschaft in einer *konsequenten* individuell zweckrationalen Terminologie rekonstruiert werden?

(d) *4. Phase:* Wie angeführt, kennt schon das Deutsche Reich der „Gründerzeit" die Anfänge des Interventionsstaates als wirtschaftsregulierenden Verband sowie später Teilverbände, wie Gewerkschaften und Arbeitgeberverbände, die Wirtschaftspolitik zur materiellen Wirtschaftsregulierung betreiben. Prima facie entstehen also in Form von „sozialen Besitzständen" Schranken für die formale Wirtschaftsrationalität. Formale und materiale Rationalität fallen auseinander.

Durch die Beteiligung der Arbeiterschaft am Verfahren der Rechtsetzung in der parlamentarischen Demokratie der Weimarer Republik wandelt sich die Sozialpolitik dem Anspruch nach von einer Schutz- zur ausgleichenden Gesellschaftspolitik. Trotzdem wird der eingeschlagene Kurs der Monetarisierung, Bürokratisierung und Zentralisierung staatlicher Sozialpolitik beibehalten. Daran hat sich bis heute kaum etwas geändert.

In der Konsequenz des weberschen Ansatzes gesellschaftlicher Rationalisierung sind wenigstens *zwei Deutungen* denkbar:

– (1) Die vom politischen und ökonomischen System angesonnene objektivierende Einstellung wird vom Individuum übernommen und individuell-utilitaristisch gewendet (Ökonomik). Dies bedeutet die Anwendung *eines* Prinzips auf beliebige Werte, letztlich also den Verlust des *direkten* Bezugs auf gemeinsame Wertorientierungen. Die Anwendung des Prinzips selbst erfolgt also nicht reflexiv. Eine konsequente, d.h., sich ihres individuell-utilitaristischen Charakters bewußte Anwendung dieses Prinzips müßte aber in der Lage sein, das Funktionieren von Demokratie in individuell-zweckrationaler Begrifflichkeit zu erläutern (vgl. den folgenden Abschnitt). Nur wenn dies gelingt, ist die ökonomische Theorie der Demokratie *die* Theorie der Demokratie. Gesellschaftliche Integration kann dann, unter Absehung von - jenseits des Nutzenmaximierungspostulats

liegenden - stets kontingent aufeinandertreffenden Wertorientierungen plausibilisiert werden.
- (2) Die materiale Wirtschaftsregulierung ist letztlich durch die formale Wirtschaftsrationalität begrenzt, d.h., die erwähnten Schranken stellen tatsächlich nur die zweite Seite derselben Medaille dar. Die Art und Weise der Befriedigung *politisch artikulierter Bedürfnisse* kommt dann mit den Erfordernissen eines umfassenden wirtschaftlichen Effizienzbegriffs - der z.B. die Rolle des sozialen Friedens als Produktionsfaktor einschließt - vollständig zur Deckung. Dies bedeutet, daß andere Orientierungen als eine utilitaristisch *gedeutete*, letztlich aber wirtschaftlich *determinierte* Zweckrationalität gesellschaftlich nicht mehr strukturbildend wirken - was eine vollständige ökonomische Konditionierung des Individuums impliziert (vgl. den übernächsten Abschnitt sowie SCHERHORN 1991, S. 161 ff.).

In beiden Fällen stellen weitestgehende Monetarisierung und Zentralisierung sozialer Leistungen in der Tat die Kennzeichen einer rationalen Sozialstaatsbürokratie dar.

2. Das „Teufel-Beelzebub-Dilemma" oder: Die individuell-utilitaristisch gewendete Zweckrationalität als Verhaltenshypothese

In bezug auf die erste Deutung des weberschen Ansatzes machen wir darauf aufmerksam, *daß Form und Geist der ökonomischen Profession über die thematische Verfügbarkeit der Bestandteile von „Zweckrationalität" selbst auf ihre kulturhistorische Bedingtheit verweisen.*

Der historisch entstandene Begriff der Zweckrationalität - entstanden aus der Ehe zwischen kapitalistischer Form und kapitalistischem Geist - wird zum harten Kern der modernen Wirtschaftstheorie, ja zum Leitbild wirtschaftlichen Handelns schlechthin; schließlich wird er überhöht zu einem *allgemeinen* sozialwissenschaftlichen Verfahren im Rahmen des methodologischen Individualismus: „Menschen verhalten sich nicht grundsätzlich anders, wenn sie soziale und politische Probleme lösen, als wenn sie wirtschaftliche oder juristische Aufgaben angehen" (KIRCHGÄSSNER 1991, S. 2).

Hier nimmt der Imperialismus der Nationalökonomie, die „Rationalität der Weltbeherrschung", der - wie wir es nennen möchten - *Pan-Ökonomismus* Gestalt an: Je *mehr* Markt sich im Sinne des Erwerbsprinzips entwickelt, desto *mehr* Staat wird benötigt, und sei es auch nur zur Veranstaltung von Märkten. Marktversagen erzeugt bürokratische, wirtschaftspolitische und sozialpolitische Eingriffe: Marktversagen im Bereich der economies of scale, der Entstehung von Oligopolen und Monopolen, aber auch im Bereich konjunktureller Schwankungen und Wachstumsstörungen sowie der Entwicklung externer Effekte und des Bedarfs an kollektiven Gütern. Dies bedeutet in der Tendenz immer mehr Staat und politische Eingriffe.

Dies ist ein Teufel-Beelzebub-Dilemma! Zeigt uns doch die ökonomische Theorie der Bürokratie eher Politikversagen an. Ähnliches gilt für die ökonomische Theorie kollektiven Handelns, die uns mit einem Unmöglichkeitstheorem konfrontiert: Nur kleine Gruppen organisieren sich freiwillig. Mittelgroße Gruppen benötigen selektive Anreize und/oder Zwang für die Organisation.

Ähnliches vermittelt uns eine ökonomische Theorie der Demokratie. Die Übertragung der ökonomischen Perspektive auf den demokratischen Prozeß gerinnt zur Karikatur, ja zu einer Denunziation von Demokratie und Demokraten als irrational und undemokratisch. Rationalität wird an Effizienz und Demokratie an individuelle (Markt-)Freiheit assimiliert (vgl. HOMANN 1988).

Auf den Punkt gebracht: Im Gleichgewicht der reinen Demokratie geht kein Bürger zur Wahl, bieten alle Parteien das gleiche Programm an; und OLSON (1968), der auszog, die Logik kollektiven Handelns zu entdecken, lehrt uns das Fürchten: Die großen Gruppen eines Landes, die die breiten Interessen vertreten sollten, organisieren sich nicht; sie leiden im stillen.

Generell können wir davon ausgehen, daß Markt und politische Prozesse zusammenhängen, interdependent sind. Wenn wir nun in Anlehnung an GUNNAR MYRDAL (1965, S. 205 ff.) von kumulativen Prozessen der Verursachung sprechen, dann könnte folgende Sequenz entstehen: Marktversagen wird über politische Entscheidungssysteme zu korrigieren versucht. Da aber auch die politischen Systeme, wie Bürokratie, Demokratie und kollektives Handeln, Politikversagen anzeigen, entsteht das oben genannte Teufel-Beelzebub-Problem: Man kann den Teufel nicht mit dem Beelzebub austreiben.

Ohne den Bezug auf *gemeinsame*, d.h. direkt handlungskoordinierende Wertorientierungen ist die Ökonomik nicht in der Lage, das Funktionieren von Demokratie aus der Teilnehmerperspektive zu plausibilisieren. Das Problem löst die ökonomische Vertragstheorie durch die Annahme, daß sich die Individuen das Recht auf gleiche subjektive Handlungsfreiheiten bereits zuerkennen, noch *bevor* der politische Willensbildungsprozeß einsetzt („Schleier des Unwissens"). Behauptet man gar die *ökonomische* Rationalität dieser individuellen Entscheidung, so wird in der Regel übersehen, daß man sich dabei eines Begriffsapparates bedient, der eben diesen politischen Willensbildungsprozeß zur Voraussetzung hat. Es stellt sich also die Frage nach einem Paradigma, das die Genese und Reproduktion gesellschaftlicher

Konsensbedingungen in ihrem Eigenrecht *rekonstruieren* kann, da diese zum einen Bestandteil der Legitimationsgrundlage von Wirtschafts- und Sozialpolitik *überhaupt* sind und zum anderen als „objektive" Bedingungen zur Effizienzsteigerung dieser Instrumente beitragen.

Aber so läßt sich (gemäß der zweiten Deutung des weberschen Ansatzes) fragen: Hat vielleicht die Hypostasierung einer historisch entstandenen Zweckrationalität und ihre Darstellung im Bild des homo oeconomicus ihre Entsprechung in der Realität? Nämlich dann, wenn die Individuen in unserer Gesellschaft systematisch in Richtung einer Verhaltensweise konditioniert würden, die der Verhaltensweise eines homo oeconomicus entsprechen würde? MAX WEBER schreibt dazu: „Die heutige kapitalistische Wirtschaftsordnung ist ein ungeheurer Kosmos, in den der einzelne hineingeboren wird und der für ihn ... als faktisch unabänderliches Gehäuse gegeben ist. Er zwingt dem einzelnen ... die Normen seines wirtschaftlichen Handelns auf. ... Der heutige, zur Herrschaft im Wirtschaftsleben gelangte Kapitalismus also erzieht und schafft sich im Wege der ökonomischen *Auslese* die Wirtschaftssubjekte ... deren er bedarf" (WEBER 1963[5], S. 37; vgl. auch WIDMAIER 1976).

Diese Position ist ja vielen Mitgliedern der ökonomischen Profession keineswegs fremd. Sie unterstellt aber implizit folgendes: Andere Handlungsorientierungen als utilitaristisch deutbare, tatsächlich aber durch die eigenlogische Entwicklung der ökonomischen und politischen Sphäre determinierte finden keine gesellschaftliche Reproduktionsstätte. Andere als diese wirken nicht mehr strukturbildend (Crowding-out-Hypothese intrinsischer Motivationen). Das historisch errungene Rationalitätspotential - auf dem auch Geist und Form der Nationalökonomie aufbauen - wird verspielt.

3. Determinanten des selektiven Musters gesellschaftlicher Rationalisierung

Findet also die am Beispiel der Entwicklung der Sozialpolitik auf deutschem Boden abgelesene gesellschaftliche Systematisierung sich dezentrierender Weltbildstrukturen in Richtung einer Institutionalisierung von Zweckrationalität als gesellschaftliches Strukturprinzip ihre Entsprechung im gesellschaftlich zunehmend strukturbildenden Bereich der Ökonomie? Wird gar die bürokratische durch die ökonomische Wahlrationalität ausgelegt und/oder können sich Ökonomie bzw. Bürokratie gegenüber wertrational programmierten Randbedingungen bzw. politisch vermittelten wertrationalen Orientierungen emanzipieren? Die Frage ist also, ob die gesellschaftliche Institutionalisierung des zweckrationalen Rationalitätstypus über das mit einer modernen pluralen Massengesellschaft einhergehende, *funktional notwendige* Ausmaß hinausgeht, was eine *Kontrolle der Gesellschaft* durch das jeweils evolutionär führende Subsystem impliziert.

1848 scheitert die großdeutsche bürgerliche Lösung. Das mit BISMARCK geschaffene Kaiserreich von 1871 stellt die *kleindeutsche Lösung* dar. BISMARCKs Sozialreform bedeutet eine strukturelle Konterrevolution; sie ist sozialpolitischer Bonapartismus nach dem Herrschaftsmodell des dritten Napoleon, LOUIS BONAPARTE.

„Aus dem ursprünglich sehr umgrenzten Sektor öffentlicher Hilfsleistungen für den Not-, Krankheits-, Invaliditäts- und Altersfall von Minderbemittelten wächst ein *soziales Sicherungssystem* heraus, daß *für immer größere Bevölkerungsgruppen* einen *immer größeren Katalog* von Sozialleistungen anbietet: Die Gesetze und Erlasse der Kranken-, Unfall-, Invaliditäts- und Altersversicherungen zwischen 1883 und 1889; ihre Zusammenfassung und Fortschreibung in der Reichsversicherungsordnung von 1911; die Einrichtung einer Reichsversicherungsanstalt für Angestellte für 1913; die Knappschaftsversicherung 1924; die Arbeitslosenversicherung 1927 (als Schönwetterversicherung); die Altersversorgung der Handwerker 1938; die Einbeziehung der Rentner in den Schutz der gesetzlichen Krankenversicherung 1941, überhaupt die Forcierung der sozialen Versorgungs- und Betreuungsleistungen im Dritten Reich; schließlich der Neuanfang 1949 und der verstärkte Wachstumsschub in der Bundesrepublik bis zur *fast totalen Daseinsvorsorge und Daseinsfürsorge* in der Gegenwart, jüngst *irreversibel festgeschrieben in einem 'Allgemeinen Sozialgesetzbuch'* - das ist die faszinierende Historie eines *unerhört dynamischen Herrschaftsprinzips*" (BAIER 1977, S. 137).

Die Arbeiterbewegung dagegen mit ihren Selbsthilfeorganisationen (Arbeitervereine, Arbeiterbildungsvereine, Genossenschaften, politische Parteien) ist die Antwort *von unten* auf die soziale Frage, das Sozialistengesetz und die Sozialreformen BISMARCKs die *autoritäre* Antwort. Die Sozialdemokraten sind „vaterlandslose Gesellen", selbst die Freisinnigen sind „Reichsfeinde". BISMARCK walzt ohne Rücksicht politische Strömungen platt. Er wirft das *Politische* zwanzig Jahre zurück und hinterläßt bei seinem Ausscheiden ein politisches Vakuum, das von der Bürokratie und einem schwachen und überheblichen Kaiser (WILHELM II.) nicht ausgefüllt werden kann. *Erst jetzt* wird auf deutschem Boden die politisch stratifizierte durch die ökonomisch konstituierte Klassengesellschaft endgültig abgelöst. Bürokratie, wirtschaftliche Konzentration und die Entfaltung der Großindustrie sowie die Entwicklung der Interessensverbände bedeuten wachsende Unmündigkeit. Großsprecherisches Denken, Großraumdenken, Flottenpolitik,

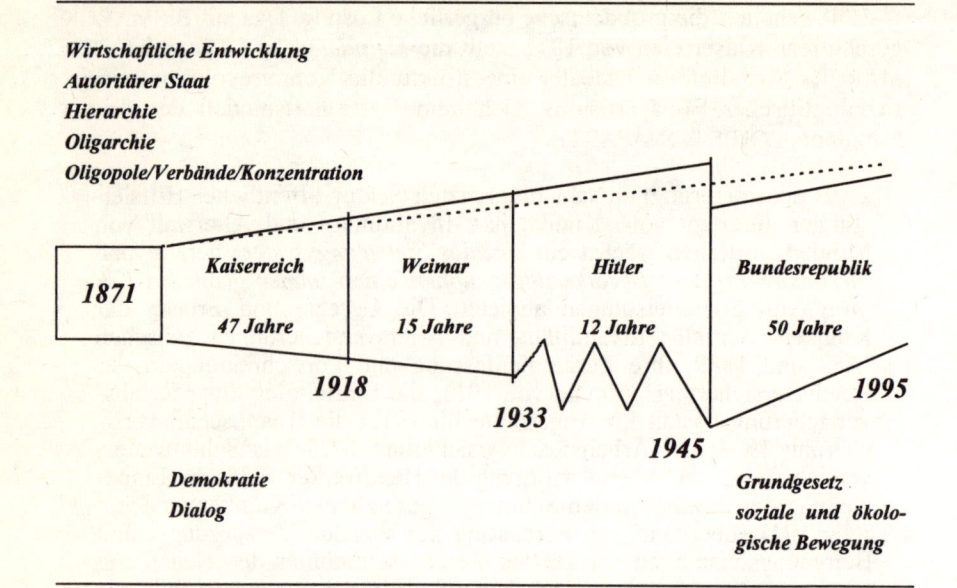

Abbildung: Determinanten des selektiven Musters gesellschaftlicher Rationalisierung

Wirtschaftliche Entwicklung
Autoritärer Staat
Hierarchie
Oligarchie
Oligopole/Verbände/Konzentration

1871	Kaiserreich	Weimar	Hitler	Bundesrepublik
	47 Jahre	15 Jahre	12 Jahre	50 Jahre
	1918	1933	1945	1995

Demokratie
Dialog

Grundgesetz
soziale und ökologische Bewegung

Zick-Zack-Ost-West-Schaukelpolitik sind nur einige Stichwörter auf dem Wege zum Ersten Weltkrieg (vgl. Abbildung).

Die drei Entwicklungslinien bezeichnen im oberen Teil unserer Abbildung die Tendenz der Entwicklung von Bürokratie, autoritärem Staat, Hierarchie. In der zweiten Linie die vermachtete Entwicklung der Ökonomie (Entwicklung der Großkonzerne AEG, Siemens, pharmazeutische und chemische Industrie, Stahlindustrie etc.). Die dritte Linie bezeichnet als abfallende Linie die Entwicklung demokratischer Prozesse: Insgesamt eine sich bis zum Jahr 1933 öffnende Schere, die die breite Straße von der Reichsgründung 1871 zur Machtergreifung ADOLF HITLERs bezeichnet.

Der Erste Weltkrieg bedeutet ökonomisch den Übergang zur Kriegswirtschaft, politisch den sogenannten „Burgfrieden" der Parteien sowie die Entstehung der Legende „im Felde unbesiegt". Schließlich die Entwicklung von Kriegsschulden und damit verbunden die Ausbreitung der Inflation (die Reichsmark wird schon im Prozeß des Ersten Weltkrieges halbiert).

Die Weimarer Republik ist zunächst belastet durch die Umstellung von Kriegswirtschaft auf Friedenswirtschaft mit einhergehender Arbeitslosigkeit. Die Hyperinflation wird erst im Jahr 1923 durch die Währungsreform beseitigt. Die von den Alliierten auferlegten Reparationen will keiner bezahlen. Politisch ist die Weimarer Republik eine „Republik ohne Republikaner". Haß und Mord bezeichnen das politische Klima: „Links gegen Rechts und alle zusammen gegen die Republik". Erneut Zick-Zack-Kurs in der Ost-West-Politik, Goldene Zwanziger Jahre, Weltwirtschaftskrise 1929, Drama der Auslandsverschuldung, Ökonomie auf Pump.

1933 Machtergreifung durch ADOLF HITLER. Relativ rasche Umstellung auf Wirtschaftsdiktatur bei Beibehaltung der Produktionsverhältnisse unter kapitalistischen Bedingungen. Beseitigung von Arbeitslosigkeit. Übergang zur Kriegswirtschaft mit versteckter Inflation. Gleichschaltung der politischen Parteien und Vernichtung des politischen Gegners, der Sozialdemokratie und der Kommunistischen Partei ebenso wie prominenter bürgerlicher Politiker.

1945 Zusammenbruch, aber keine Stunde Null. Wirtschaftliche Ordnung: nach außen Protektionismus, nach innen 1948 Liberalisierung der Preise. Die Entflechtung der großen Konzerne gelingt nicht. Die Konzentration nimmt weiter zu. In der Sozialpolitik rekurrenter Anschluß an das bürokratische System des Deutschen Reiches und der Weimarer Republik. Eine Alternative zum Sozialstaatsmodell wird nicht zugelassen: vielmehr Präjudizierung des Sozialstaatsmodells durch die Politik der Alliierten. Es folgt eine Zeit der Wahlgeschenke. Die Verrechtlichung, Monetarisierung und Zentralisierung der Sozialpolitik nimmt zu.

Dennoch: Perspektivenwechsel. Demokratie wird erstmals als Lebensweise empfunden. Hilfe zur Selbsthilfe, Solidarität bekommt eine Chance. Zugleich begründen Sozialleistungen Statusunterschiede und stigmatisieren (etwa im Bereich der Sozialhilfe, Rentner und Kranke). Soziale Rechtsansprüche verkommen zum Anspruchsdenken. Neue soziale Fragen tauchen auf (GEISSLER 1976): Neue Armut, soziale Hilfe und Arbeitslosigkeit als Dauerbrenner.

Die Vereinigung der Bundesrepublik mit der DDR 1990 bringt neue soziale Probleme: Milliardentransfers, Brüche im Sozialen, Verwerfungen. Allerdings: Auf die demokratische Achse wirken neue soziale Bewegungen, wie die Friedensbewegung, Studentenbewegung, ökologische Bewegung, Frauenbewegung, Selbsthilfebewegung. Sie alle erzeugen einen Druck von unten und bedeuten auch die Möglichkeit einer Nutzung der Chancen des Grundgesetzes zur Demokratisierung. Mehr Demokratie wird gewagt: „Bonn ist nicht Weimar" (ALLEMANN schon 1956).

Zusammenfassend läßt sich in bezug auf die zwei Deutungen des weberschen Ansatzes festhalten:

- (1) Das zu seinem autonom-flexiblen, d.h. postkonventionellen Bewußtsein gekommene Individuum läßt sich *nicht* auf die rigide Anwendung des utilitaristischen Prinzips reduzieren. Die Erklärung von Demokratie

und Gruppenhandeln unter Rekurs auf zweckrationale Begründung gelingt nicht.
- (2) Das Zusammenspiel von politischer und ökonomischer Ordnung hat die normative und evaluative Wertsphäre *nicht* zerstört. Unser historischer Exkurs verdeutlicht, daß es sehr wohl gesellschaftliche Orte gibt, in denen wertbezogene Handlungsorientierungen erzeugt werden, die nicht allein der Logik einer wirtschaftlichen Zweckrationalität gehorchen.

Die Entfaltung demokratischer Strukturen nach dem Zweiten Weltkrieg führt uns in die Richtung eines *Paradigmenwechsels* in der Sozialpolitik. In modernen Gesellschaften, in denen das Individuum Fragen der objektiven Wahrheit von Fragen der normativen Richtigkeit sowie expressiven Wahrhaftigkeit unterscheidet, in denen der Klassenkonflikt institutionalisiert ist, die Märkte und die Produktion segmentiert werden und die Menschen in losen Gruppen und Gruppierungen Rettung suchen vor einer ökonomischen Konditionierung, die krank macht, greift die ökonomische Variante des methodologischen Individualismus allein nicht. Es ist das Netzwerk kleiner Gruppen, temporärer Gruppierungen und sonstiger „Bünde", die zum Erfahrungszentrum unserer Alltäglichkeit werden, zu Sozialisationsinstanzen erster Ordnung (zusammen mit der Familie) (vgl. MAFFESOLI 1996). Mehr noch: Die so erzeugte Sozialität wird weitergetragen in andere Bereiche der Gesellschaft und in soziales Handeln umgesetzt (These von der aufsteigenden Sozialität).

4. Paradigmenwechsel

In Anbetracht dieses Befundes stellt sich *zum ersten* die Frage nach einem Paradigma, das es dem wissenschaftlichen Beobachter vor dem Hintergrund der drei eigenlogischen Wertsphären erlaubt, die - z.B. durch eine dialogische (d.h. fehlbare) Situationsdeutung potentiell (!) indizierte - Veränderung von Präferenzen aus der Perspektive eines virtuellen Teilnehmers zu rekonstruieren (vgl. Abschnitt 'Dialogik als Entdeckungsverfahren' sowie ausführlich: HABERMAS 1987[4], S. 152 ff.).

Zum zweiten stellt sich die Frage nach den Bedingungen, denen ein dialogischer Raum genügen muß, um die - z.B. durch eine Veränderung im Handeln potentiell angezeigte - Präferenzänderung auf den dialogischen Charakter der Situationsdeutung zurückzuführen (vgl. Abschnitt 'Der dialogische Raum').

Die Antwort auf diese *theoretische* Frage gibt zugleich einen ersten Hinweis darauf, *wo* die Struktur eines dialogischen Raumes *empirisch* bereits bewußt oder unbewußt umgesetzt ist bzw. *welche* Institutionen dahingehend aus- und umgebaut werden *können* oder *wo* sie zu implementieren ist.

Es kann also nicht um die „Abschaffung" der Sozialstaatsbürokratie und des einhergehenden Leistungssystems gehen. Rechtsförmige und monetäre bürokratische Steuerungsleistungen sind für eine ausdifferenzierte Gesellschaft aufgrund ihres Rationalitätsniveaus an sich und ihrer einhergehenden Komplexität *funktional notwendig.* Denn daß „es das Du gibt, sich das Ich oder ein Es dem ihnen entgegentretenden Ich oder Es gegenüber als deren Du bewähren können und bei ihnen auf dieselbe Bewährung als ihr Du bauen dürfen, macht weder aus jeder Begegnung eine Dubegegnung, noch aus jeder Auseinandersetzung eine Begegnung in dem tieferen Sinn dieses Wortes" (GOLDSCHMIDT 1964). Dort aber, wo individuelle, sozial induzierte Bedürfnisse von *Teilen des demokratischen Souveräns* bei der Rekonstruktion *seiner* Perspektive durch die Politik keine Berücksichtigung finden, oder wo ihre Befriedigung durch die der Sozialstaatsbürokratie zur Verfügung stehenden Mittel nicht oder nicht vollständig gelingt, ist *potentiell* dialogischer Handlungsbedarf angezeigt.

Die dialogische Lösung sozialpolitischer Probleme *muß* dabei selbst zu einem auf seinen *monetären* Aspekt verengten sozialpolitischen Effizienzbegriff *nicht* in Widerspruch stehen. WUTHNOW (1994) schätzt, daß in den Vereinigten Staaten von Amerika 40% der Bevölkerung Mitglied einer Selbsthilfegruppe sind. Die Selbsthilfegruppen übernehmen dort die Ausfallbürgschaft einer anderen gesellschaftlichen Rationalisierung als derjenigen auf deutschem Boden - gerade auch in sozialpolitischen Bereichen, die bei uns staatlich reglementiert und alimentiert sind (vgl. WIDMAIER 1996).

4.1. Dialogik als Entdeckungsverfahren

Dialogik als Entdeckungsverfahren heißt Berücksichtigung zwischenmenschlicher Beziehungen, Entdeckung zwischenmenschlicher Präferenzinterdependenzen und Finden von Kompromissen: Nicht aus sich selbst ist der Mensch vernünftig, wie der kantianische Autonomiegedanke suggeriert, sondern über das soziale Verhältnis zum anderen.

Der Dialog ist ein Austauschprozeß und gründet in der Tatsache, daß das Gegenüber in seiner Struktur verschieden ist: Damit lebt der Dialog von der Überraschung. Dies begründet die Bezeichnung *Dialogik als Entdeckungsverfahren.* Das dialogische Verfahren ist immer auch zwischenmenschliche Verständigung und damit die Entdeckung neuer Positionen im Kompromiß. Das Gegenüber (das „Du") ist etwas Einmaliges, etwas Besonderes, das es zu entdecken gilt, und das die Überraschung in sich trägt. Er oder sie ist also kein durchschnittlich repräsentatives Individuum, wie es so gern in der Ökonomik verwendet wird. Das Gegenüber ist immer ein Stück Geschichte.

Beide Partner des Dialogs beziehen diese historische Dimension bewußt oder unbewußt in den Dialog ein (vgl. WIDMAIER 1996; WIDMAIER/WICHERT 1996).

Erstarrt die Auseinandersetzung in selbstbezogenen Nützlichkeitserwägungen, erhält das ökonomisch rationale Denken Dominanz, so gerinnt der Zusammenhang zum „Gefangenendilemma". Damit wird einleitend die Frage nach dem Schwerpunkt der Dialogik als Lebensform bezeichnet. Im weiteren fragen wir nach den Umständen, die eine Befreiung der zugehörigen Bedingungen gegenüber den konkreten sozialen Konflikten erlauben. Wie kann man der Dialogik über eine Freilegung der positiven anthropologischen Wurzeln des Menschen den nötigenden Charakter nehmen?

4.2. Der dialogische Raum

Dabei geht es um die Entwicklung einer politischen Moral im Rahmen demokratischer Verfahren und um die Entfaltung einer demokratischen Kultur. Dies setzt voraus, daß Demokraten die *Chance* erhalten, an der dialogischen Auseinandersetzung um politische Werte, Probleme und Bedürfnisse teilzunehmen und an ihrer Lösung und Verwirklichung gemeinsam solidarisch zu partizipieren (vgl. WIDMAIER/WICHERT 1995 sowie die Übersicht). Die Chance bedeutet die Formulierung von Verfahrensbedingungen, unter denen sich das individuelle Sozialitätspotential intrapersonell und beim interpersonellen Zusammenhandeln entfalten und fortentwickeln kann.

Übersicht: Ein Modell des dialogischen Raumes

A. Systematik
- (1) Chance zur dialogischen Auseinandersetzung
- (2) Entwicklung einer politischen Moral im demokratischen Verfahren
- (3) Entfaltung einer demokratischen Kultur

Methodischer Hintergrund:
Zwischen Objektivismus (Marx) und Subjektivismus (Grenznutzenschule), d.h.
- bedürfnisbildende Kraft von Institutionen und
- institutionenbildende Kraft von Bedürfnissen.

Bedürfnisse zwischen inneren Überzeugungen (Ideen) und strategischen Interessen.

B. Demokratische Kultur

(1) Chance der gemeinsamen und solidarischen Partizipation in einer dialogischen Auseinandersetzung; intra-/interpersonelles Handeln.

Bedingungen der Legitimitätsgeltung:

aktive	Spielraum	komplementäres Verhältnis
	Freiheit	
passive	Freiheit vor Eingriffen	

Zugangsbeschränkungen zunächst unzureichend bestimmt.

Spezifikation von Bedürfnissen (gem. A.):
1. Ideen z. B. Demokratie
2. Zeitgemäße Rezeption z. B. Demokratie als dialogische Lebensform
3. Institutionelle Umsetzung z. B. Konzertierte Aktionen, Runde Tische, Selbsthilfe, Initiativen

(2) Entstehung einer politischen Moral

Material der Dialogik:
- Problematisierung eines „Machtanspruchs"
- Brauch, Sitte, Recht als gute Gründe (innerhalb des dialogischen Raums ohne Legitimitätsanspruch „an und für sich")
- weitere gute Gründe
- Statusgleichheit - u. U. nötigend - durch Gleichberechtigung der Gründe
- Stabilitätsgrade durch qualitative Differenzierung der Bedürfnisse

Zugang zum dialogischen Raum:
- Grenzen einer Regelung werden durch die „Reichweite" des problematisierten Machtanspruchs bestimmt.
- Auditorium (Teilnehmer) des Dialogs wird bestimmt durch glaubhaft vorgebrachte Gründe.

(3) Demokratische Lebensform (demokratische Kultur)
- Kleine Gruppe - potentiell - besonders geeigneter dialogischer Übungsraum zur Überwindung des nötigenden Charakters der konstitutiven Elemente des dialogischen Handelns (aktive und passive Freiheit; Statusgleichheit; Zugangsmöglichkeiten für diejenigen, die es angeht).
- *Positive Anthropologie:*

  philosophische Tradition der Dialogik
  ⎱ als Indiz
  demokratische Klassiker

- Gruppen-Sozialität *steigt auf* in die größere Gruppe.

Exemplarisch verwirklicht sich Dialogik als Entdeckungsverfahren in kleinen Gruppen. Dabei verlieren in der Regel die konstitutiven Elemente des dialogischen Raumes, wie aktive und passive Freiheit, Statusgleichheit, Zugangsmöglichkeiten für diejenigen, die es angeht, ihren nötigenden Charakter.

Eine *entsprechende* Übersetzung (dieser Bedingungen), die *angemessene* institutionelle Umsetzung in konzertierte Aktionen, Runde Tische, Selbsthilfegruppen, Initiativen bedeutet die zeitgemäße Rezeption der Idee der Demokratie: Demokratie als dialogische Lebensform. Dialogik fördert damit die Entfaltung des Ichs und des Dus. Die Struktur eines dialogischen Raumes trägt bei zur Lösung konkreter sozialer Probleme. Beide bringen uns demokratischen Werten näher.

5. Schlußfolgerung und Aussicht

Die Selbstorganisation von Menschen ist *gelebte demokratische Praxis*. Die demokratische Frage als soziale Frage des 21. Jahrhunderts findet hier ihre basisnahe Begründung. Sie ist politische Praxis in der Abwendung von einer staatlich reglementierten und oktroyierten, technokratisch exekutierten Sozialpolitik, die keinen Raum läßt für Dialogik und sozial eingebundene individuelle Entscheidungen.

Sozialpolitik als soziale Bewegung mit Dialogik als Entdeckungsverfahren eröffnet die Chancen zur Artikulation von sozialen Bedürfnissen und Interessen durch die Bürger in der Zivilgesellschaft. Sie verbindet die demokratische Frage mit der sozialen Frage im politischen Raum: *Demokratisch* ist daran die Konstruktion einer öffentlichen Arena, in der alle Bürger ihre sozialen Bedürfnisse einbringen und vertreten können; *sozialpolitisch* ist dabei die Ermöglichung einer solidarischen zivilen Hilfe zur Selbsthilfe: Armut, Wohnungsnot, Arbeitslosigkeit, Suchtprobleme wären nicht mehr allein sozialbürokratisch anzugehen, sondern Themen des sozialen Dialogs in einer freiheitlichen dialogischen Auseinandersetzung: *Die soziale Frage als zentrales Thema der demokratischen Frage.*

Demokratie wird als Lebensform verstanden und nicht als Herrschaft einer politischen Klasse, als dialogischer Prozeß, nicht als Herrschaft der Büros. Bürokratische Steuerungsleistungen sind funktional notwendig. Diese Funktionalität fällt mit den Rationalitätsanforderungen eines modernen Weltverständnisses nur zusammen, wenn ihre nach *Inhalt, Art und Weise* aufgezeigten Beschränkungen reflektiert werden.

Es geht eben auch um die Entwicklung einer politischen Moral im Rahmen demokratischer Verfahren und die Entfaltung einer demokratischen Kultur. Dies setzt voraus, daß Demokraten die Chance erhalten, an der dialogischen Auseinandersetzung um politische Werte, Probleme und Bedürfnisse teilzunehmen und an ihrer Lösung und Verwirklichung gemeinsam und solidarisch zu partizipieren. Dies sind für uns die zentralen Fragen der Sozialpolitik der Zukunft. Ökonomische Effizienzargumente sind notwendiger Bestandteil dieses Dialogs. Sie müssen aber zu den *eigenlogischen* Argumenten der wertrationalen Sphäre relationiert werden. Nur so wird die soziale Frage zur demokratischen Frage, kann die demokratische Frage zur sozialen Frage des nächsten Jahrhunderts werden.

Eine Sozialpolitiklehre, die zu diesem Verständnis ihren methodischen Beitrag versagt, verbleibt in der Rolle eines Gehilfen innerhalb des großen kapitalistischen Reparaturbetriebs.

Literaturverzeichnis

ALLEMANN, F.R. (1956). *Bonn ist nicht Weimar*. Köln u.a.: Kiepenheuer & Witsch.

BADELT, C. (1980). *Sozioökonomie der Selbstorganisation*. Frankfurt a.M./New York: Campus.

BAIER, H. (1977). Herrschaft im Sozialstaat. Auf der Suche nach einem soziologischen Paradigma der Sozialpolitik. In: FERBER, CH. VON und KAUFMANN, F.-X. (Hg.). Soziologie und Sozialpolitik. *Kölner Zeitschrift für Soziologie und Sozialpsychologie, Sonderheft 19*. Opladen: Westdeutscher Verlag, 128-142.

DE SOTO, H. (1992). *Marktwirtschaft von unten*. Die unsichtbare Revolution in Entwicklungsländern. Zürich: Orell Füssli.

GOLDSCHMIDT, H.L. (1964). *Dialogik. Philosophie auf dem Boden der Neuzeit*. Frankfurt a.M.: Europäische Verlagsanstalt.

HABERMAS, J. (1987^4). *Theorie des kommunikativen Handelns*. 2 Bände. Frankfurt a.M.: Suhrkamp.

-"- (1992^2). *Faktizität und Geltung*. Frankfurt a.M.: Suhrkamp.

HAUFF, M. VON (1989). *Neue Selbsthilfebewegung und staatliche Sozialpolitik*. Wiesbaden: Dt. Univ.-Verlag.

HENNING, F.-W. (1985^4). *Wirtschafts- und Sozialgeschichte*. 3 Bände. Paderborn u.a.: Schöningh.

HOMANN, K. (1988). *Rationalität und Demokratie*. Tübingen: Mohr.

GEISSLER, H. (1976). *Die neue soziale Frage*. Freiburg i.Br.: Herder.

KATTERLE, S. (1991). Methodologischer Individualismus and Beyond. In: BIERVERT, B. und HELD, M. (Hg.). *Das Menschenbild der ökonomischen Theorie*. Frankfurt a.M./New York: Campus, 153-172.

KIRCHGÄSSNER, G. (1991). *Homo oeconomicus*. Tübingen: Mohr.

MAFFESOLI, M. (1996). *The Time of the Tribes*. The Decline of Individualism in Mass Society. London: Sage Publications Ltd. (französisches Original Paris: Meridiens Klincksieck, 1988).

MYRDAL, G. (1965). *Das Wertproblem in der Sozialwissenschaft*. Hannover: Verlag für Literatur und Zeitgeschehen.

OLSON, M. (1968). *Die Logik des kollektiven Handelns*. Kollektivgüter und die Theorie der Gruppen. Tübingen: Mohr.

SCHERHORN, G. (1991). Autonomie und Empathie. In: BIERVERT, B. und HELD, M. (Hg.). *Das Menschenbild der ökonomischen Theorie*. Frankfurt a.M./New York: Campus, 153-172.

-"- (1996). Der innere Zwang zum Wirtschaftswachstum. In: BIERVERT, B. und HELD, M. (Hg.). *Die Dynamik des Geldes*. Über den Zusammenhang von Geld, Wachstum und Natur. Frankfurt a.M.: Campus, 162-181.

SCHLUCHTER, W. (1991). *Religion und Lebensführung*. 2 Bände. Frankfurt a.M.: Suhrkamp.

TÖNNIES, F. (1913²)*Die Entwicklung der sozialen Frage.* Leipzig: Göschen.
WEBER, M. (1963⁵). *Gesammelte Aufsätze zur Religionssoziologie I.* Tübingen: Mohr.
-"- (1980⁵). *Wirtschaft und Gesellschaft.* Besorgt von WINCKELMANN, J. Tübingen: Mohr.
WIDMAIER, H.P. (1976). *Sozialpolitik im Wohlfahrtsstaat.* Reinbek b. Hamburg: rororo.
-"- (1996). Individuelle Genesung durch Gemeinschaft - Ein Beitrag zur Begründung demokratischer Sozialpolitik. In: BIESECKER, A. und GRENZDÖRFFER, K. (Hg.). *Kooperation, Netzwerk, Selbstorganisation.* Elemente demokratischen Wirtschaftens. Pfaffenweiler: Centaurus, 87-110.
WIDMAIER, H.P. und WICHERT, CH. (1995). Kultur- und demokratietheoretische Begründung sozialer Bedürfnisse. In: GRENZDÖRFFER, K. ET AL. (Hg.). Neue Bewertungen in der Ökonomie. Pfaffenweiler: Centaurus, 149-158.
-"- (1996). Der Weg vom neoklassischen zum dialogischen Paradigma in der Sozialpolitik. Erscheint in: Tagungsband zum Workshop „Neue institutionelle Arrangements für eine zeitgemäße Wohlfahrt", veranstaltet vom *ÖSO-Institut, Universität Bremen,* im Februar 1996.
WUTHNOW, R. (1994). *Sharing the Journey.* Support Groups and America's New Quest for Community. New York u.a.: The Free Press, A Division of Macmillan, Inc.

Ulrich Hampicke

Aufgeklärtes Eigeninteresse und Natur - Normative Begründung des Konzepts Nachhaltigkeit

Nachhaltigkeit, Sustainability, sustainable development - diese Begriffe sind in aller Munde. Die Regierungen der Welt haben sich in zwei wichtigen Dokumenten - dem Brundtland-Bericht schon im Jahre 1987 und der Agenda 21 als Ergebnis der UNCED-Konferenz in Rio de Janeiro 1992 - zur Idee der Nachhaltigkeit bekannt und unternehmen wenigstens manche kleinen Schritte in diese Richtung (GOODLAND ET AL. 1992; BMU 1992). Gefragt, ob jemand für oder gegen Nachhaltigkeit sei - für eine naturschonende Wirtschaftsweise oder dagegen -, so antwortet selbstverständlich jeder spontan: „dafür". Selbstverständlich erscheinendes kann bekanntlich Anlaß dazu geben, einmal nachzufragen, was dahinter steckt, nicht selten mit unerwarteten Ergebnissen. So sei es auch hier versucht.

Das Hauptanliegen dieses Beitrags besteht darin zu begründen, warum wir nachhaltig wirtschaften *müssen*. Es wird die These aufgestellt, daß nachhaltig zu wirtschaften eine *Pflicht* darstellt, der sich moralisch verantwortliche Menschen nicht entziehen können und - bei entsprechender Einsicht - auch nicht entziehen wollen. Wo eine Pflicht besteht, da haben legitimierte kollektive Instanzen das Recht, pflichtvergessene Individuen zu bestimmtem Verhalten zu zwingen bzw. ihnen pflichtwidrige Handlungen zu verbieten. Ich möchte herleiten, daß ein dazu ermächtigter Staat nicht Willkür ausübt und daß daher Assoziationen an sogenannte „Öko-Diktaturen", wie sie gelegentlich in der Diskussion und insbesondere in den Medien auftauchen, in die Irre führen können. Ferner soll gezeigt werden, daß die hier gezogenen Schlüsse keineswegs aus einer neuen, ad hoc postulierten Zukunftsethik folgen, sondern allein Verallgemeinerungen der moralischen Grundsätze sind, welche schon das zivilisierte Zusammenleben von Zeitgenossen untereinander regeln. Es geht darum, die Schwachen zu schützen - die schwachen Gegenwärtigen und die heute noch schwächeren Künftigen.

Die zentralen Argumente hierzu finden sich im Kapitel 3. Leserinnen und Leser, welche allein an ihnen interessiert und mit der bisherigen begrifflichen Diskussion um das Konzept der Nachhaltigkeit sowie seiner inhaltlichen Füllung vertraut sind, können die Kapitel 1 und 2 überschlagen. Es wäre jedoch nicht richtig gewesen, sich nur an diesen Leserkreis zu wenden, vielmehr möchte der Beitrag über alle wichtigen Aspekte des Nachhaltigkeitsgedankens informieren. Daher wird im Kapitel 1 kurz auf die bisherige Evolution verwandter Begriffe und im Kapitel 2 auf seine inhaltliche Füllung eingegangen. Das Kapitel 4 benennt abschließend offene Probleme und weiteren Forschungsbedarf.

1. Das Konzept Nachhaltigkeit und seine Vorläufer

Es ist modern, die beim ersten Hinsehen zweifellos bestehende inhaltliche Offenheit des Nachhaltigkeitsbegriffes zu bemängeln. Eine unübersehbare Literatur, die hier nicht zitiert zu werden braucht, schließt daraus häufig, daß der Begriff nicht präzisierbar, nicht „operationalisierbar" sei - einfach gesprochen, daß ihn jeder so füllen könne, wie ihm selbst beliebt. Dem möchte ich entgegentreten und behaupten, daß die einfache, politische Definition, wie sie schon im Brundtland-Bericht gegeben wurde, zunächst alles Wichtige sagt: Wir können und sollen unsere Bedürfnisse befriedigen unter der *Nebenbedingung*, daß den Nachkommen dieselbe Chance nicht reduziert oder gar genommen wird. In der ökonomischen Optimierungstheorie ist bekannt, daß die Nebenbedingung der „härteste" Teil eines Kalküls ist, nicht etwa die Zielfunktion. Diese Nebenbedingung bedarf natürlich der physischen Ausfüllung. Wie im nachfolgenden Kapitel gezeigt wird, erfolgt diese jedoch keineswegs in beliebiger Weise.

Die Idee der Nachhaltigkeit, bei der ein *Rahmen* eingehalten werden muß, bei der Grenzen nicht überschritten werden dürfen, wird von manchen Autoren als eine unter den Bedingungen ökologischer Knappheit notwendige strukturelle Erweiterung des Prinzips der Sozialen Marktwirtschaft angesehen. Auch in der herkömmlichen Sozialen Marktwirtschaft gibt es Grenzen: (1) Der Markt darf sich nicht selbst abschaffen, und (2) diejenigen, die trotz Bemühens erfolglos darin sind, sich durch Bereitstellung ihrer Ressourcen ein hinreichendes Einkommen zu erwirtschaften, werden unterstützt. Deshalb wird diese Wirtschaftsordnung Soziale Marktwirtschaft genannt.

BONUS forderte schon im Jahre 1979 einen „ökologischen Rahmen" für die Soziale Marktwirtschaft. Dieser war, ohne das Wort zu gebrauchen, nahezu identisch mit der Idee der Nachhaltigkeit. Nach BONUS haben die oben genannten Bedingungen (1) und (2) *plus* die Forderung zu gelten, die physischen Lebensgrundlagen für die eigene Zukunft und für die Nachkommen intakt zu erhalten (ähnlich NUTZINGER 1994). In der Wendezeit haben WICKE ET AL. (o.Jg.) das Konzept einer „Öko-Sozialen Marktwirtschaft" für die neuen Bundesländer entworfen. Es wäre interessant, dies mit der inzwischen real abgelaufenen Entwicklung zu vergleichen. Wie noch erörtert werden wird, besitzt die Parallelisierung von Sozialer Marktwirtschaft und Nachhaltigkeit allerdings eine „Tücke", die nicht übersehen werden darf.

Auf die viel erörterten Wurzeln des Begriffes „Nachhaltigkeit" in der deutschen Forstwirtschaft des 18. und 19. Jahrhunderts brauche ich nicht erneut einzugehen. Anders als in früheren Jahrhunderten mit ihrem Raubbau an Waldressourcen ist das forstliche Prinzip, nicht mehr Holz zu schlagen als nachwächst, heute in Mitteleuropa eine Selbstverständlichkeit. Es wird in der Diskussion gelegentlich mißbräuchlich verwendet, indem suggeriert wird, daß bei einer Wirtschaft nach dieser Regel automatisch sämtliche denkbaren ökologischen Ansprüche an den Wald miterfüllt sein müßten, so daß über jene Ansprüche, noch dazu unter Nicht-Forstleuten, gar nicht mehr zu diskutieren ist. Bei einer holzwirtschaftlich nachhaltigen Waldbehandlung können aber andere Funktionen des Waldes, wie etwa die Bewahrung der Artenvielfalt, zu kurz kommen. Im übrigen ist die Regel, nicht mehr zu schlagen als nachwächst, keineswegs von universeller Gültigkeit in jedem nur denkbaren Einzelfall. In der Schweiz blickt man sorgenvoll auf überalterte, zu vorratsreiche und für Störungen anfällige Wälder, bei denen aus forstlicher Sicht über Jahrzehnte mehr eingeschlagen werden müßte als nachwächst. Dies scheitert unter anderem daran, daß es die Schweizer Sägewerke vorziehen, sich mit preiswerterem Holz aus dem Ausland zu versorgen. Insgesamt ist davon auszugehen, daß im volkswirtschaftlichen und philosophischen Kontext über den forstlichen Hintergrund der Nachhaltigkeitsdebatte genug gesprochen worden ist.

Um so wichtiger ist die Ideengeschichte außerhalb des deutschen Sprachraums. LOCKE erwähnte beiläufig (weil es wohl zu seiner Zeit kein dringendes Problem zu sein schien), daß jedes Wirtschaftssubjekt, welches seinen Nutzen durch Einverleibung von natürlichen Ressourcen in seinen Arbeitsprozeß vermehrt, darauf bedacht sein müßte, daß damit nicht den anderen, auch den späteren, dieselbe Chance genommen würde. Welchen Stellenwert diese Pflicht der Rücksichtnahme auf andere bei ihm wirklich besaß, kann ich nicht sicher beurteilen. Jedenfalls war es zu seiner Zeit noch nicht so eng auf der Welt - wurde es irgendwo lokal eng, so konnte man noch immer woanders hinziehen, besonders in Amerika. Das, was heute allgemein unter Nachhaltigkeit verstanden wird, wird aber von manchen modernen Autoren zuweilen der „Lockean Standard" genannt (z.B. KAVKA 1978; TURNER 1988).

Unbedingt ist in diesem Zusammenhang an den weisen JOHN STUART MILL zu erinnern, der gefordert hat, nicht erst dann zur Vernunft zu kommen, wenn es wirklich eng wird, sondern rechtzeitig vorher. Er sah nicht zuletzt aus ästhetischen Gründen einen Wert darin, sich nicht bis an die äußerste Belastungsgrenze der Biosphäre heranzupirschen, einem autofahrenden Gast im Wirtshaus ähnlich, der gelernt hat, wie man immer gerade unter 0,8 Promille bleibt. Er forderte zur Mäßigkeit, zur Hinwendung zu nichtmateriellen Genüssen auf und hielt es für schrecklich, wenn „jede Baumhecke und jeder überflüssige Baum ausgerottet würde und kaum ein Platz übrig wäre, wo ein wilder Strauch oder eine Blume wachsen könnte, ohne sofort im Namen der vervollkommneten Landwirtschaft als Unkraut ausgerissen zu werden" (MILL 1869, Bd. 1, S. 62 f.). Unsere heutige Agrarlandschaft brauchte er nicht mehr zu erleben.

Schließlich sei als bedeutender, vielfach vergessener Vorläufer der Nachhaltigkeitsdebatte in der Zeit nach dem Zweiten Weltkrieg in den USA der deutsche Immigrant V. CIRIACY-WANTRUP erwähnt (übrigens auch mit land- und forstwirtschaftlichem Hintergrund), der das Prinzip „Safe Minimum Standard", als Kürzel SMS, lehrte (1952). Ein sorgfältig und mit naturwissenschaftlichem Sachverstand erwogenes Minimum muß ihm zufolge von allen Naturbestandteilen unangetastet bleiben. „*Safe* Minimum Standard", weil wir nicht wissen, wie weit wir gehen können. Unter anderem wissen wir nicht, welches heute scheinbar nutzlose Geschöpf nicht doch einmal wertvoll werden könnte. Was hätten frühere Generationen mit primitiver Lebensmittel-Konservierungstechnik dafür gegeben, wenn sie Schimmelpilze hätten ausrotten können! Wäre es ihnen gelungen, so wäre nie das Penicillin entdeckt worden. Vernunft, Mäßigung, Sicherheit im eigenen Interesse, das war CIRIACY-WANTRUPs Botschaft.

2. Inhalte nachhaltiger Wirtschaftsweise

Über Nachhaltigkeit oder „Sustainability" kann man sich nur vernünftig unterhalten, wenn man sich über die damit verbundenen Inhalte verständigt und wenn ein gewisses, gleichartiges Problembewußtsein vorliegt. Noch immer hören zahlreiche Ökonomen der Diskussion überhaupt nicht zu. Dies nicht etwa deshalb, weil sie eine andere ökonomische Theorie besäßen, sondern weil sie den physischen Problemhintergrund ignorieren oder leugnen bzw. ihn zumindest für maßlos übertrieben halten. Bisher wäre bei eintretender Knappheit immer ein Ausweg gefunden worden, die Klimakatastrophe sei etwas für die Medien und die Dinosaurier in der Eiszeit (!), wie mir neulich ein Jurist erklären wollte (tatsächlich verschwanden sie etwa 65 Mio. Jahre früher), seien schließlich auch einmal ausgestorben, was kümmerte uns also die Diversität tropischer Käfer.

Zum Glück nimmt der Anteil der so urteilenden Ökonomen weltweit rapide ab und vergrößert sich der Kreis derjenigen, die wenigstens auf angesehene Fachleute in den physischen Wissenschaften hören, welche die Fakten besser beurteilen können. Unlängst verfaßte ein illustrer Kreis von Wissenschaftlern unter Führung des Nobelpreisträgers ARROW ein Manifest zur ökologischen Belastbarkeit der Erde und die dem angemessenen ökonomischen Reaktionen, das den früheren neoklassischen Optimismus definitiv verläßt (ARROW ET AL. 1995; ausführliche Debatte mit zahlreichen Beiträgen namhafter Ökonomen in „Ecological Economics" 15 (2), 1995). Ein zukunftsweisender Trend in der Umweltökonomik bzw. Ökologischen Ökonomik geht dahin, über das früher einseitig in den Mittelpunkt gestellte Thema der in menschlichen Zeiträumen erschöpflichen Ressourcen (Metalle, andere Bodenschätze, fossile Energieträger) hinauszublicken und komplexere Ressourcen oder Ressourcensysteme zu thematisieren, wie Böden, Klima oder den Reichtum an Lebensformen, die Biodiversität. Dies sind sämtlich regenerierbare Systeme, die aber durch Übernutzung beeinträchtigt oder sogar zerstört werden können. Gerade zur Biodiversität als ökonomischer Ressource ist derzeit eine Flut von interessanten Veröffentlichungen zu verzeichnen (SWANSON 1994, 1995; PERRINGS ET AL. 1995, 1995a; kurze Einführung in HAMPICKE 1994). In Deutschland hat der Wissenschaftliche Beirat zur Arbeitsgruppe „Umweltökonomische Gesamtrechnung" beim Statistischen Bundesamt unlängst eine Stellungnahme verfaßt (BEIRAT „UMWELTÖKONOMISCHE GESAMTRECHNUNG" 1995), in der er der Ressource „Biodiversität" besondere Aufmerksamkeit widmet. Dieses Thema wäre noch vor 10 Jahren so exotisch erschienen, daß sich ihm kaum ein Gremium von Ökonomen gewidmet hätte.

Es ist nur fair, auf die Bewegung in der Wirtschaftswissenschaft hinzuweisen, die vielleicht dazu führt, daß die Ökonomen, die nicht einmal das Wort „Nachhaltigkeit" ertragen können, an Bedeutung verlieren. Verkürzt, aber hoffentlich im wesentlichen korrekt, ist etwa folgendes Meinungsbild in der Nachhaltigkeitsdebatte vorzufinden:

Die typischen *erschöpfbaren Ressourcen*, wie z.B. Erdöl und Erdgas, können natürlich nicht „nachhaltig" genutzt werden, weil sie in menschlichen Zeiträumen nicht nachwachsen. Keine heute verbrauchte Tonne Öl kann ein zweites Mal genutzt werden. Es wäre aber absurd, gar kein Öl zu nutzen, um es für die Künftigen aufzuheben, denn das müßten jene in bezug auf ihre Künftigen auch tun, so daß nie etwas verbraucht werden dürfte. Nachhaltig ist es, die Nutzung solcher Ressourcen mit dem Aufbau von Alternativen zu begleiten, welche die Künftigen an Stelle des Öls werden nutzen können: regenerierbare Energiequellen, Niedrigenergietechniken und effizientere Förderung, Verarbeitung und Nutzung nichterneuerbarer Energieträger. Auf diesem Gebiet ist zwischen herkömmlicher neoklassischer Analyse und Ökologischer Ökonomik kaum eine Differenz zu finden. HARTWICKs Regel gilt voll, und wir hoffen mit SOLOW, daß neben dem technischen Fortschritt die Elastizitäten der Produktionsfunktionen so beschaffen sind, daß sich die Regel segensreich auswirkt (DASGUPTA/HEAL 1979). Erschöpfliche, nicht nachwachsende Ressourcen sind als Kapital mit einer

Zuwachsrate von Null und damit als reine *Vorräte* zu interpretieren. Es gelten alle Regeln, wie man vernünftig mit Vorräten umgeht.

Wie schon erwähnt, sind die *regenerierbaren Ressourcen* viel komplexer. Vielfach stellen sie größere, auch räumlich ausgedehnte Systeme dar. Ihnen gilt die größte Aufmerksamkeit. Wir stoßen unter den Ökonomen hierzu auf zwei Ansichten. Es gibt Anhänger der „weak" und der „strong" Sustainability (TURNER 1993). Einig sind sie sich darin, daß unser Wohlergehen auf der Verfügung über Kapital beruht, das teilweise von der Natur bereitgestellt wird und teils vom Menschen dazugeschaffen wurde, nicht nur in physischer Gestalt, sondern auch in Form von Wissen usw.. Nachhaltig ist nun nur die Entwicklung, die den Bestand an Kapital nicht reduziert - nicht aus der Substanz lebt -, sondern nur von den Zinsen, wie es bei einer Stiftung der Fall ist. Auf die auftretenden, phänomenalen Bewertungsprobleme will ich nicht eingehen; es braucht nur generell darauf hingewiesen zu werden, daß sich die Volkswirtschaftliche Gesamtrechnung mit Vermögens- und damit Bestandsgrößen schon immer viel schwerer getan hat als mit Einkommens- oder Stromgrößen. Nun kommt noch das Bewertungsproblem für spezifisches Naturvermögen hinzu. Es gibt jedoch Ansätze, sich auch diesem Problem erfolgreich zu nähern (z.B. JANSSON ET AL. 1994; FAUCHEUX/NOEL 1995; RADEMACHER/STAHMER 1995).

Die Anhänger der „schwachen" These („weak sustainability") halten es für ausreichend, wenn die *Summe* aus natürlichem und anthropogenem Vermögen konstant gehalten wird. Sie lassen aber Anteilsverschiebungen, insbesondere zu Lasten des natürlichen und zu Gunsten des anthropogenen Teils, zu. Diese Auffassung steht offensichtlich dem neoklassischen Substitutionsdenken noch recht nahe. Sie geht von einem vollwertigen Ersatz natürlicher durch menschengemachte Bestandteile des Vermögens aus. Wenn man einigen empirischen Studien insbesondere hinsichtlich ihrer Bewertungen folgt, so wird die Zuspitzung der weltweiten ökologischen Krise darin deutlich, daß eine große Anzahl von Volkswirtschaften nicht einmal dem Kriterium der schwachen Nachhaltigkeit gerecht wird (PEARCE/ATKINSON 1993).

Um so weniger wären sie es, wenn die Kriterien der „starken" These („strong sustainability") angelegt würden. Die starke These geht davon aus, daß die Natur nicht vollwertig substituierbar ist. DALY (1994) wird nicht müde, sein schönes, wenn auch etwas suggestives Beispiel zu präsentieren: Fische im Meer nützen uns nichts, wenn wir keine Fangschiffe besitzen. Ebensowenig nützt jedoch eine Flotte von Fangschiffen, wenn es keine Fische (mehr) gibt. Hier sind natürliche und anthropogene Vermögensbestandteile komplementär, und so ist es nach DALY auch auf den meisten anderen Gebieten. Folgt man dieser Argumentation, so heißt Sustainability, daß nicht nur die Summe aus natürlichem und anthropogenem Kapital konstant bleiben muß, sondern bereits jeder einzelne Anteil für sich, insbesondere der natürliche.

Es erscheint fraglich, ob eine Debatte darüber sinnvoll ist, wer von beiden „Recht hat". Zweifellos ist es ein Verdienst der Vertreter der „starken" These, auf das in der Ökonomik lange Zeit und nahezu vollständig in Vergessenheit geratene Prinzip der *Komplementarität* wieder aufmerksam gemacht zu haben. Es ist bizarr, wie eine Wissenschaft dieses Prinzip, welches in der Alltagserfahrung für jeden von uns nicht in Frage steht, jahrzehntelang ignoriert hat. Natürlich gibt es wichtige Komplementaritäten; ob aber natürliches und anthropogenes Kapital in *jedem Fall* so stark komplementär ist wie in DALYs Beispiel, und ob daraus die *universelle Gültigkeit* der starken These folgt, ist wiederum nicht sicher.

Die starke These ist zweifellos die vorsichtigere. Es erscheint vernünftig, sofern nicht im Einzelfall triftige Gründe dagegen stehen, wie insbesondere unvertretbare Kosten, im allgemeinen der vorsichtigeren These zu folgen und irreversible Aufzehrungen des natürlichen Vermögens zu vermeiden. Diese Auffassung setzt sich mehr und mehr durch.

Ich selbst habe einmal eine der starken These nahestehende, aber in physischer Hinsicht etwas konkretere Definition für Nachhaltigkeit vorgeschlagen (HAMPICKE 1992, S. 314 ff.). Danach sind alle irreversibel verzehrbaren *Elemente* der Biosphäre zu erhalten, wie z.B. alle Tier- und Pflanzenarten. Ferner ist dafür Sorge zu tragen, daß lebenswichtige *Funktionen*, welche durch technische Substitute nicht oder nur unzureichend, unzuverlässig oder teuer erfüllt werden können, unangetastet bleiben. Diese betreffen vordringlich Stoffkreisläufe, welche nicht selten von Mikroorganismen global gesteuert werden. Die Forderung wird u.a. erfüllt, wenn großräumige Ökosysteme, in denen diese Funktionen ablaufen (z.B. Sümpfe und Gewässersedimente, in denen die Denitrifizierung abläuft), erhalten bleiben. Schließlich enthält die Definition die Forderung nach *Homöostase*, das heißt, bestimmte Zustände der Biosphäre dürfen zumindest nicht zu schnell verändert werden, auch wenn diese Veränderung in einem ökologischen Sinne keineswegs als Zerstörung interpretiert werden muß. Das klassische Beispiel ist das globale Klima. Bei dem Experiment, welches wir gerade mit ihm anstellen, zerstören wir nichts an der Erde, diese selbst erträgt es bestens. Während 95% der paläontologischen Geschichte der Erde war es wärmer als heute und sicher nicht zum Nachteil von Flora und Fauna. Das Problem ist, daß wir Menschen uns wahrscheinlich nicht leicht an Klimazonenverschiebungen anpassen können, vor allem, wenn, wie in den besonders betroffenen Gebieten von Ruanda bis Bangladesch, ohnehin schon schwierige wirtschaftliche und soziale Bedingungen bestehen. Die Forderung nach Homöostase soll uns also selbst schonen.

Die größten Probleme stellen sich nach wie vor bei der Bewertung von natürlichen und anthropogenen Vermögensbestandteilen, ob im monetären oder in anderen Maßstäben. Hier ist in den kommenden Jahren noch viel zu tun, aber es ist zugleich festzustellen, daß die internationale Diskussion in den letzten fünf bis zehn Jahren ein ganzes Stück weiter gekommen ist. Es wäre sehr ungerecht zu sagen, daß in der Nachhaltigkeitsdebatte nur ohne Ergebnis geredet wurde; wir können durchaus etwas vorweisen.

3. Warum Nachhaltigkeit?

3.1. Ist nachhaltiges Wirtschaften eine Pflicht?

Wir kommen nun auf die in der Einleitung aufgeworfene Frage zurück: Warum müssen wir nachhaltig wirtschaften? Ihre Beantwortung wird gewiß etwas erleichtert, wenn nachhaltiges Wirtschaften, wie gezeigt, mit sinnvollen physischen Inhalten gefüllt werden kann. Knüpfen wir an die ebenfalls in der Einleitung erwähnte Erweiterung des Konzepts der Sozialen Marktwirtschaft um eine ökologische Komponente und die dort schon erwähnte „Tücke" an. Letztere besteht in folgendem:

Die Soziale Marktwirtschaft entwickelte sich in der Auseinandersetzung mit einem egalitären System, dem *damals* noch keineswegs sicher anzusehen war, wie kläglich es einst an Effizienzschwund zugrunde gehen würde. Ich erinnere mich, wie die Erwachsenen mit Staunen, Furcht, aber auch Bewunderung den ersten Sputnik, dann den ersten sowjetischen Hund und schließlich den ersten sowjetischen Menschen im All kommentierten. Die Welt zitterte, wenn CHRUSCHTSCHOW Reden hielt. Gewiß ging es den Menschen „drüben" materiell schlechter als im Westen, aber daß das alles aufgeholt werden könnte, war eine reale Möglichkeit. Unter diesen Umständen wäre eine Unsoziale Marktwirtschaft, wie sie heute gelegentlich salonfähig zu machen versucht wird, im westlichen Mitteleuropa eine riskante Politik gewesen. Ist auch nicht zu leugnen, daß der soziale Aspekt *auch* ethisch motiviert war und ist, so kommt doch hinzu, daß es ebenso ein Gebot der Klugheit darstellt, wenigstens ein Minimum an Gerechtigkeit nach Maßgabe von Bedürfnissen, nicht aber orientiert an Leistungen, unter Zeitgenossen walten zu lassen. Am deutlichsten sah dies schon lange zuvor HUME.

Dieser Aspekt gilt jedoch nicht im Hinblick auf Gerechtigkeit zwischen Generationen, denn wir brauchten die Rache Späterer, die wir durch heutige Ausplünderung der Erde durch ein „Soziales Netz" fallen lassen würden, nie zu fürchten. Das ist ein *fundamentaler Unterschied* zwischen intra- und intergenerationeller Gerechtigkeit mit meiner Ansicht nach weitreichenden Folgen: Gerechtigkeit gegenüber Zeitgenossen zahlt sich für die, die mehr besitzen, mindestens teilweise wieder aus, denn damit wird Frieden gestiftet und im Extremfall dem Umsturz vorgebeugt. Gerechtigkeit gegenüber Künftigen, die nie einen Umsturz anzetteln könnten, welcher uns selbst träfe, ist dagegen eine rein selbstlose, pflichtgeleitete Handlung. Ist wer dieser Maxime folgt, nur ein privat „guter Mensch" wie jemand, der Almosen gibt, was jenen zwar ehrt, aber keine Pflicht darstellt und ihm nicht zum Tadel gereichen darf, wenn er es unterläßt? Oder ist nachhaltig zu wirtschaften keine private Entscheidung, die so oder anders ausfallen kann, sondern eine Pflicht, deren Erfüllung moralisch selbstverständlich ist und die daher kein besonderes, zusätzliches Lob verlangen darf?

Diesen Fragen wenden wir uns nun zu - nicht vergessend die Tatsache, daß das, was wir bisher tun, *nicht* nachhaltig ist. Eine Änderung ist nur in Sicht, wenn die Beteiligten wissen, warum sie ihr Verhalten ändern müssen. Die Nachhaltigkeit bedarf einer stringenten Begründung, die sie zu einer *Norm* erhebt, wobei eine solche Norm natürlich nicht ad hoc postuliert werden darf. Entweder wird sie, was nur ein mühseliges Unterfangen sein kann, von Grund auf neu konstruiert, oder wird sie - besser - aus einem schon bestehenden Normengerüst, welches weite Anerkennung genießt, abgeleitet. So soll es hier versucht werden: Gerechtigkeit gegenüber Künftigen ist als eine Verallgemeinerung schon geltender und anerkannter Normen zu verstehen.

Auf eine Begründung kann insbesondere dann nicht verzichtet werden, wenn der Staat, entweder bei fortbestehender Uneinsichtigkeit der Wirtschaftsteilnehmer oder auch bei trotz guten Willens fortbestehender Unorganisierbarkeit nachhaltiger Wirtschaftsweise durch Märkte, dazu legitimiert werden müßte, hoheitliche Maßnahmen im Interesse der Nachhaltigkeit zu treffen, also einzelne zu *zwingen*. Zwar ist davon auszugehen, daß ein kompetenter Staat das nachhaltige Wirtschaften weniger in der Gestalt unablässigen persönlichen Schikanierens einzelner als vielmehr in der Weise herbeiführen würde, daß er Institutionen errichtete, welche einen nachhaltigen Umgang mit der Natur ermöglichen. Er würde Bedingungen schaffen, unter denen mit den für die Nachwelt so wichtigen *Kollektivgütern* rational umgegangen werden könnte. Das Element der *Einschränkung* des einzelnen würde dabei aber nicht fehlen - alle müßten gezwungen werden (besser: alle müßten sich mit dem Instrument ihres Staates dazu zwingen), gemeinsam weniger Ressourcen, z.B. weniger Energie zu verbrauchen. Für die Zukunft zu sorgen, ist eine *kollektive* Handlung - verzichtet jemand auf Aktivitäten, die das Ziel der Nachhaltigkeit verletzen, so muß er davon ausgehen können, daß die anderen ebenso verfahren, soll sein Opfer nicht umsonst sein.

Wäre ein Staat mit Kompetenz und Macht zugunsten der Nachhaltigkeit eine „Öko-Diktatur"? Ab und zu geistert dieser Begriff durch die Diskussion und wird gern mit autoritären Regimes hier und da auf der Welt assoziiert, deren Anführer zufällig ökologische Neigungen besitzen und das Rauchen in der Öffentlichkeit verbieten oder ähnliche Dinge tun. Aber wäre es wirklich eine Diktatur, wenn der Staat zu nachhaltiger Ressourcennutzung zwingen würde? Es wird jedenfalls nicht als Diktatur empfunden, wenn er dazu zwingt, die Regeln der Sozialen Marktwirtschaft einzuhalten, also arme *Heutige* nicht ihrem Schicksal zu überlassen. Warum dasselbe nicht auch zugunsten möglicherweise oder wahrscheinlich armen *Zukünftigen*? Worin besteht der Unterschied?

Es erscheint merkwürdig, hierüber beraten zu müssen, stimmt doch, wie eingangs erwähnt, fast jeder dem Prinzip der Nachhaltigkeit zu. Warum soll man dann zwingen müssen? Nur sehr wenige Philosophen, Vertreter eines misanthropischen Biozentrismus, sind der Meinung, daß es ohne die zweibeinige Evolutionskatastrophe auf Erden bedeutend besser zuginge und daß eine nicht-nachhaltige Wirtschaft, wenn sie dazu beitrüge, die von ihm veranstaltete Orgie abzukürzen, nur willkommen sein müßte. Um so früher könnte man den anderen Erdbewohnern, soweit sie der Ausrottung durch den Menschen entgehen, wieder eine Existenz in Harmonie, Schönheit, ökologischem Gleichgewicht und Evolution in Aussicht stellen - sofern man aus der Sicht des Zebras das Gefressenwerden durch den Löwen als Element dieser Harmonie mitzählt. Meine Kenntnis der zeitgenössischen Philosophie ist zu beschränkt, um Autoren nennen zu können, die eine solche Position explizit vertreten, in Andeutungen und implizit ist jedoch manches davon in holistisch-biozentrischen Ansätzen zu erkennen, wie bei LEOPOLD (1949) und seinem heute bedeutendsten Interpreten CALLICOTT (1980).

Die meisten Stimmen sind für Nachhaltigkeit, und dennoch gibt es sie nicht. Spekulationen darüber, warum das so ist, können sehr unergiebig sein und in Allerweltsweisheiten münden - die Leute seien halt schlecht und leisteten der Nachhaltigkeit nur Lippendienst. Wir kehren vorteilhafterweise zur Diskussion über die Begründung und insbesondere über die Legitimation von Pflichten zurück. Mit welchem Argument kann ich - nicht despotisch, sondern legitim, das heißt in einer Weise, die ich rational nachzuvollziehen in der Lage sein muß - dazu gezwungen werden, die Natur nachhaltig zu nutzen? Nach meiner Kenntnis gibt es zwei Begründungsquellen, von denen die eine leichter einsichtig ist, aber, wiewohl es mir fernliegt und auch überhaupt nicht zukäme, ihre Bedeutung herabzumindern, vielleicht doch der letzten Stringenz ermangelt. Es handelt sich um den Utilitarismus. Aus der zweiten Quelle ist schwieriger zu schöpfen, vielleicht ist sie aber das stabilere Fundament. Hier handelt es sich um die Normen- und Pflichtenbegründung mit KANT (1961) durch Verallgemeinerung des eigenen Interesses. Bei der Gegenüberstellung beider Ansätze möchte ich mich aber RAWLS' (1971, S. 29) Wunsch anschließen, daß künftige Anstrengungen den Graben zwischen Konsequentialismus und Deontologie einebnen und zu einer einheitlichen politischen Philosophie zurückkehren mögen, ähnlich wie in der Physik Korpuskular- und Wellentheorie der Strahlung auch als zwei Ausdrucksformen letztlich derselben Phänomene erkannt wurden.

3.2. Utilitarismus und Nachhaltigkeit

Für den Utilitaristen besteht die moralische Pflicht, die Summe der Freude (pleasure) zu maximieren oder die Summe des Unheils zu minimieren. Man kann auch die Differenz zwischen beiden als das zu Maximierende auffassen und in eine halbwegs konsistente mathematische Form gießen. Wer das zum ersten Mal hört, fragt sich, wie man dagegen sein kann. Dennoch stößt man schnell auf Probleme, welche Anlaß zu Einschränkungen und Verfeinerungen gaben: Durchschnittsnutzen- statt Nutzensummenutilitarismus, Regel- statt Handlungsutilitarismus usw. (vgl. BIRNBACHER 1989; HARSANYI 1994). Der Utilitarismus fordert nachhaltiges Wirtschaften, wenn jenes die Nutzensumme über alle Generationen maximiert. Dabei wird in der Regel stillschweigend davon ausgegangen, daß dem tatsächlich so ist, und man muß in der Tat sonderbare Fälle konstruieren, bei denen dies nicht der Fall ist, bei denen vielmehr eine kurzfristige Konsumorgie zu einem höheren Nutzenintegral über die Zeit führt als nachhaltiges Wirtschaften. Aber solche Szenarien sind *denkbar*, und aus ihrer Denkbarkeit folgt, daß der Utilitarismus Nachhaltigkeit nicht unbedingt fordert, sondern als - in der Regel geeignetes, aber nicht unfehlbares - Instrument zur Erreichung seiner eigentlichen Zielsetzung. Der Zusammenhang ist eine Variante des Grundproblems der utilitaristischen Zukunftsethik: Der Utilitarismus fordert im allgemeinen das Wohlergehen aller künftigen Generationen - aber deswegen, weil in den allermeisten denkbaren Fällen dann auch das intertemporale Nutzenintegral maximiert ist. Würde aber jemand schlüssig beweisen, daß das Integral gerade dann maximiert wäre, wenn bestimmte künftige Generationen wegen nicht nachhaltiger Wirtschaftsweise ihrer Ahnen darben, dann müßte zumindest ein konsequenter Nutzensummen-Utilitarist, welcher keine abschwächende Zusatzannahmen gelten läßt, diese Entwicklung vorziehen. Der symmetrische, zeitlich umgekehrte Fall ist hinreichend bekannt: Der Utilitarismus akzeptiert als unausweichlich, daß in Aufbauphasen *frühe* Generationen im Interesse der Künftigen durch Minimierung ihres Konsums und Maximierung von Sparen und Investieren darben (BIRNBACHER 1988).

Im übrigen ist daran zu erinnern, daß die erwähnten, Elend in der ferneren Zukunft einkalkulierenden Szenarien sehr leicht konstruiert werden können, wenn die verfälschte Form des Utilitarismus herangezogen wird, mit der die ökonomische Wachstumstheorie und anschließend die neoklassische Ökonomik natürlicher Ressourcen jahrzehntelang operiert haben und dies teils noch heute tun, wenn nämlich der Nutzen künftiger Generationen *diskontiert* wird. Hierauf komme ich in Kapitel 4 zurück.

Die übrigen, gravierenden Kritikpunkte am Utilitarismus sind bekannt: seine Grenzen, etwas zur Gerechtigkeit zu sagen, und die schwierige inhaltliche Füllung von Glück und Leid. Die Ökonomik hat sich weit mehrheitlich auch auf diesem umstrittenen Gebiet wieder einmal die fragwürdigste aller Versionen angeeignet: Wenn es das größte Glück ist, 24 Stunden am Tag RTL fernzusehen, dann hat ihr zufolge niemand einen Einwand dagegen zu erheben. MILL urteilte hier anders, wie sein berühmter Vergleich vom unzufriedenen SOKRATES und zufriedenem Narren zeigt. Die weitgehende Geringschätzung von Handlungsmotiven durch den Utilitarismus, dem es nur auf die Konsequenzen ankommt, ruft Kritik hervor: Er kann wenig zu Tugenden, Lastern, Lob, Strafe usw. sagen. Es sei davon ausgegangen, daß alle diese Mängel durch Modifikationen und Zusatzannahmen gemildert werden können, wenn auch zu befürchten ist, daß dabei, wie schon bei MILL, manches resultieren wird, was kaum noch konsequentialistisch genannt werden kann. Auch dann bleibt aber das Problem übrig, ob man Staatsbürger *verpflichten* kann, Utilitaristen zu sein. Wie oben begründet, suchen wir ein Fundament, von dem aus Nachhaltigkeit zur verpflichtenden Norm aufgebaut werden kann, ohne dabei Despotie auszuüben.

Auch die Abstraktheit der Zielsetzung des Utilitarismus, die, wie RAWLS mit Recht beklagt, vom konkreten Schicksal des Individuums zu weit absieht, könnte im vorliegenden Zusammenhang als Mangel erscheinen. Sie besitzt allerdings keineswegs nur schlechte Seiten. Sie zwingt zu Klarheit, Rechenhaftigkeit, Quantifizierung, rationaler Argumentation, läßt Einwände formulieren, so daß ein guter Dialog möglich ist. Dies scheitert bei anderen philosophischen Richtungen, wie Hermeneutik, Sprachphilosophie usw., wie ich einmal respektlos behaupte, nicht nur immer an der Unbildung der Nichteingeweihten. Aber eine abstrakte Zielsetzung kann als Lebensorientierung zuwenig sein und macht eine Lehre auch leicht mißbrauchbar. Daß sich die Ökonomik gerade nicht die Rosinen herausgepickt hat, ist schon erwähnt worden, aber vielleicht ist dies noch ein relativ harmloser Mißbrauch. Könnte es auch sein, daß Weltverbesserungsideen mit verheerenden Konsequenzen, von ROBESPIERRE bis STALIN, letztlich als extreme Zerrbilder des Utilitarismus angesehen werden müssen? - ich möchte das nur als Frage stellen.

Halten wir unter allen Aspekten die beiden fest, welche Zweifel daran säen, daß der Utilitarismus ein tragfähiges und politisch umsetzbares moralisches Fundament einer nachhaltigen Wirtschaft ist (wobei beide in künftigen Diskussionen möglicherweise modifiziert und entkräftet werden können):

— Er fordert Nachhaltigkeit nur als Mittel zu einem Zweck, nämlich dem, die Nutzensumme zu maximieren. Gelänge dies auf andere Weise als durch Nachhaltigkeit besser, dann müßte der Utilitarismus gegen Nachhaltigkeit sein.

– Es erscheint unmöglich, jeden Menschen sanktionsbewehrt dazu zu zwingen, sich den Utilitarismus zu eigen zu machen. Jemand kann sagen, er lasse sich nicht dazu zwingen, Utilitarist zu werden, so wie er sich nicht dazu zwingen lasse, einen religiösen Glauben anzunehmen. Er kann sagen, er sei gegen Gewalt und Leid und für bescheidene Freude für alle, aber er sei dagegen, die Nutzensumme abzüglich Leid oder Kosten zu *maximieren*, noch dazu wenn die Verteilung ungeklärt bliebe. Wie antwortet man diesem Menschen? Seine Position ist durchaus respektabel und würde im übrigen auch der Nachhaltigkeit förderlich sein.

3.3. Deontologie (Pflichtlehre) und Nachhaltigkeit

Der deontologische Zugang hat ähnliche Probleme; wieviel Leid wurde schon aus besten Motiven heraus gestiftet. Im Folgenden möchte ich stark vereinfacht konstruieren, wie sich in einer an KANT orientierten Argumentation der Respekt vor anderen Menschen logisch herleitet. Ich fasse mich kurz, da ich den Gedankengang in einem früheren Band der Tutzinger Tagungen bereits vorgetragen habe (HAMPICKE 1994a). Jeder von uns hat Interessen und erkennt mit dem Verstand, daß die Interessen verschiedener Personen oft gegeneinander stehen und zu einem Ausgleich gebracht werden müssen. Ich wünsche, daß meine Interessen nicht durch andere verletzt werden. Das hat zwei Konsequenzen: Erstens erkenne ich wiederum mit dem Verstand (was Tiere nicht können), daß ich dann die Interessen der anderen auch achten muß. Zweitens erkenne ich, daß es zwei verschiedene Arten von Interessen gibt: Die einen können ausgelebt werden, weil sie verallgemeinerbar sind, jeder kann die dazu nötigen Güter besitzen, ohne anderen zu schaden. Die anderen Interessen sind nicht verallgemeinerbar; würden sie verallgemeinert, so hätte dies die Verletzung meiner Interessen zur Folge. Nicht geschlagen werden zu wollen, ist beispielsweise ein verallgemeinerbares Interesse; gern andere zu schlagen ist dagegen nicht verallgemeinerbar. Die nicht verallgemeinerbaren Interessen dürfen nicht ausgelebt werden. Die verallgemeinerbaren Interessen hingegen konstituieren *Rechte* der Staatsbürger, denen symmetrisch *Pflichten* ihrer Wahrung durch die anderen gegenüberstehen.

Diese vereinfachte Zusammenfassung genügt für das, was hier daraus abgeleitet werden soll. Daß wer seine eigenen Rechte gewahrt wissen will, auch die der anderen respektieren sollte, hat nicht nur KANT, sondern haben auch andere gesagt. Das spezifische und so schwierige an KANT ist seine Begründung. HUME (1972) erteilte den Ratschlag, daß sich jeder in seinem eigenen wohlverstandenen Interesse zivilisiert verhalten sollte. Nur dann könnte er erwarten, daß die anderen ihn auch respektierten. Dies zwang ihn, schon auf dem Papier realitätsfremde Voraussetzungen zu postulieren, die

„Circumstances of Justice", wonach alle Gesellschaftsteilnehmer ungefähr gleich stark wären. Nur wenn das zutrifft, muß ich tatsächlich bei einer Regelverletzung die Antwort der anderen fürchten. Wozu sollte ich mich aber an Regeln halten, wenn ich stärker als die anderen wäre und sie mich nicht strafen könnten? Es geht nicht nur um individuelle körperliche Stärke, sondern auch um Koalitionen (etwa wie die Mafia) und um situationelle Überlegenheiten. Ein geschickter, absolut unbeobachteter Dieb setzt sich über HUMEs Rat hinweg, ihm kann nichts passieren. So ist denn auch HUMEs Ethik treffend als eine Anweisung interpretiert worden, sich nicht erwischen zu lassen (BARRY 1978).

Mit HUME ist Regeleinhaltung, Normenfolgsamkeit, Gerechtigkeit, wie er sagte, letztlich eigennützige Konsequenzenabwägung und damit Teil des individuellen Nutzenmaximierungskalküls. Sie ist nicht Pflicht wie bei KANT. Es kann daher auch nicht folgen, daß wie bei letzterem die anderen Menschen einen von allen instrumentellen Erwägungen befreiten intrinsischen Wert besitzen. Wer mit HUME Normen aus Eigennutz einhält (und sich natürlich die Ausnahmen gestattet, wenn es die Situation erlaubt), der instrumentalisiert die anderen Menschen für seine Zwecke, indem er damit rechnet, daß sie automatisch auch seine Interessen respektieren. Der Respekt anderer Interessen ist bei ihm nur Mittel zu dem Zweck, nicht durch sie wiederum unrespektierlich behandelt zu werden, folgt also in KANTs Worten dem Imperativ der Geschicklichkeit. Der Respekt vor den anderen ist nicht absolute, unbedingte Pflicht unabhängig von den Folgen im Einzelfall entsprechend dem Kategorischen Imperativ, sondern Sache der Erwägung je nach Situation. Man darf sich nur nicht erwischen lassen.

Bei aller Hochachtung vor dem großen HUME, dem wir so viel verdanken - diese Argumentation war eine glatte Bruchlandung, und es führt eine gerade Straße von ihr zu den methodologischen Unklarheiten der modernen Ökonomik im Umgang mit öffentlichen Gütern (HAMPICKE 1994a). Etwas verwundert, daß HUME bei seinen „Circumstances of Justice" stehenblieb, denn gerade er war es doch, der am Beispiel der Wiese, die von mehreren Anrainern zu dränieren gewünscht wurde, wobei jeder den anderen bei der Arbeit vorschicken, aber hinterher deren Früchte genießen möchte, diese Gedankenfigur des „wenn das nun alle tun" zum ersten Mal klar ausdrückte. Wenn alle die anderen vorschicken wollen, wird die Wiese nie dräniert. Wenn alle sich sagen, meine Bananenschale fällt im Park nicht auf, wenn die anderen nur ihre in den Papierkorb bringen, wird der Park zur Müllhalde. Wenn alle sich sagen, ich kann mir eine kleine Unehrlichkeit leisten, bricht Recht und Vertrauen zusammen, und so weiter. Diese Konsequenz ist mehr als bekannt.

Soweit ich sehe, gibt es hier nur den von KANT gewiesenen Ausweg, daß nämlich Ehrlichkeit nicht Teil eines fallabhängigen Nutzenmaximierungskalküls sein darf, daß vielmehr von jeder teilnehmenden Person ein Grenzübergang verlangt ist (was wiederum Tieren nicht gelingt, weshalb sie keine moralischen Subjekte sind), in dem sie die Pflichterfüllung als etwas absolut Notwendiges und von den Folgen im Einzelfall Unabhängiges erkennen. Erst das ist moralisches Handeln, nicht schon die gute Behandlung des Gegenübers mit Voraussicht auf dessen angenehme Reaktion.

Nach meiner Auffassung ist dieser Gedanke von KANT hinreichend, um nachhaltigen Umgang mit der Natur als *Pflicht* für jeden Wirtschaftsteilnehmer zu normieren. Die Grenzen des Utilitarismus werden hier weniger durch die zahlreichen erwähnten Kritikpunkte im Einzelfall markiert, sondern dadurch, daß man niemand zwingen kann, Utilitarist zu sein. Man kann aber dazu zwingen, seine Pflicht zu tun, wenn darauf das eigene Wohlergehen beruht; mit KANT kann man Uneinsichtige legitim zwingen. Dieser Ansatz hat (nicht gegenüber dem Utilitarismus, aber gegenüber anderen Ansätzen) auch den Vorteil, daß keine neue Zukunftsethik entwickelt zu werden brauchte, daß vielmehr aus einem ohnehin gültigen, wenn auch in der Praxis äußerst mißachteten Prinzip nur naheliegende Verallgemeinerungen abgeleitet werden müssen. Es braucht zum einen nur davon ausgegangen zu werden, daß künftige Menschen auf heutiges nachhaltiges Wirtschaften angewiesen sind - das sichern die Fakten aus der physischen Sphäre. Zum anderen ist anzuerkennen, daß künftige Menschen moralischer Anteilnahme würdig sind, auch wenn es sie noch nicht gibt - dies ist mit wenigen Ausnahmen in der Ethik unbestritten, insbesondere ist es auch Bestandteil des Utilitarismus.

Wenn wir das akzeptieren, so gilt: Regeleinhaltung aus Klugheit mit HUME sorgt nicht für künftige Generationen vor, denn jene sind noch schwächer als die schwächsten Zeitgenossen, ihr Sanktionspotential ist Null. Wer Normen nur wegen Sanktionen oder wegen des befürchteten Aufruhrs der Geschädigten einhält, der lebt nach dem Motto „après nous le déluge". Hier hat im übrigen RAWLs die größten Schwierigkeiten, konsistent zu bleiben, der von HUMEs „Circumstances of Justice" ausgeht, aber zu KANT-nahen Schlüssen kommt. „He started with Hume and finished up with Kant" (BARRY 1978, S. 229); er sitzt zwischen den Stühlen. Wird Gerechtigkeit nur aus Furcht vor dem Aufruhr der Unterprivilegierten gewährt, so ist sie, wie schon oben im Zusammenhang mit der Sozialen Marktwirtschaft festgestellt, allenfalls um kurzfristige ökologische Aspekte, nicht aber um die Belange des Naturerhalts für künftige Generationen verallgemeinerbar.

Wer aber mit KANT Normen absolut, ohne Rücksicht auf den Einzelfall und insbesondere ohne Blick auf die gerade waltende Sanktionsgefahr einhält, der macht beim Respekt vor anderen Interessen keinen Unterschied zwischen sanktionsfähigen und -unfähigen Menschen *und damit auch nicht zwischen heutigen und künftigen* Menschen, denn die Sanktionsgefahr ist gerade kein Kriterium. Es sei also zur Diskussion gestellt, daß eine konsequente Auffassung vom Begriff der Pflicht hinreichen müßte, um Beiträge zu nachhaltigem Wirtschaften und - bei Vorliegen bis zu weltumspannender öffentlicher Güter - die Bereitschaft zur Einordnung in sinnvolle und nicht unterdrückende kollektive Arrangements von jedem einzelnen einzufordern.

4. Folgen und weiterer Forschungsbedarf

Aus meinen Ausführungen drängen sich zwei rückblickende Fragen und zwei Folgerungen auf:

- Ist eine so umständliche Begründung wie hier für die Nachhaltigkeit als Norm erforderlich? Wohl doch, denn die intuitive Zustimmung, welche man überall hört, ist ein zu dünnes Eis, oftmals ist sie wirklich nur Lippenbekenntnis. Im übrigen wird manche empirische Erfahrung durch das Vorgelegte zumindest plausibler. Da die Künftigen nicht schreien können, jede lebende und gut organisierte Interessensgruppe sich aber lautstark zu Wort melden kann, wenn von ihr auch nur ein kleines Opfer verlangt wird, kommt es eben zu einer gigantischen Umverteilung von Nutzen zur heutigen und von Kosten zu den künftigen Generationen.
- Besteht überhaupt eine Aussicht, mit subtilen kantischen Argumenten etwas zu erreichen? Wenn diese Frage zu verneinen wäre, so ist nach der Alternative zu fragen. Ich sehe keine. Allerdings ist zuzugeben, daß die analytisch-rationale Begründung durch eine gefühlsnähere, auf Empathie beruhende Komponente ergänzt werden muß. Zukunftsverantwortung wird erleichtert, wenn man sich vorstellen kann, daß auch persönlich nahestehende Menschen von ihr abhängen. Für sich alleingenommen erscheint ein solcher empathischer Zugang, der auf rationale Argumentation verzichtet, allerdings ebenfalls unzureichend zu sein.
- Intergenerationelle Ethik besitzt nicht nur komplizierte, sondern auch einfache Aspekte. Vergessen wir nicht, daß wir von vielen Fragen, die die künftigen Generationen beantworten müssen, entlastet sind. Sie müssen z.B. selbst unter sich für Gerechtigkeit sorgen. Das Problem hat Ähnlichkeiten mit der Vorsorge für die eigenen Kinder: Man kann ihnen nur ein Maximum an Chancen geben; was sie daraus machen, müssen sie selbst wissen.
- Der wohl schwerste politische Bumerang, der aus der Diskussion um Nachhaltigkeit und intergenerationelle Ethik in die gegenwärtige weltweite Verteilungsdebatte zurückgewirbelt kommt, wird langsam in seiner ganzen Bedeutung erkannt: Wenn es moralisch geboten ist, künftige Menschen, denen es vielleicht oder wahrscheinlich schlecht gehen wird, durch heutige Verzichte zu unterstützen, ist es dann nicht mindestens ebenso stark moralisch geboten, heutige Arme, denen es manifest und

beobachtbar schlecht geht, auch zu unterstützen? Natürlich ist es so, und der unlösbare Zusammenhang zwischen inter- und intragenerationeller Ethik trägt mit dazu bei, heutige Verteilungsprobleme neu aufzurollen. So geschickt die Ökonomik auch darin ist, einmal einem methodologischen Prinzip und ein andermal dem Gegenteil zu folgen, so wäre es kaum auf die Dauer haltbar, sich mit der Forderung nach Nachhaltigkeit im *intergenerationellen* Kontext für Verteilungsfragen zuständig zu erklären, sich jedoch im noch näherliegenden *intragenerationellen* Kontext hingegen allein auf Effizienzargumente zurückzuziehen, und die Gerechtigkeit den Predigten zu überlassen.

Mit unserer Zwischenbilanz in diesem Band der Reihe möchten wir Pflöcke setzen für den weiteren Weg. Deshalb stellt sich die Frage nach Maßnahmen der Umsetzung: Wenn akzeptiert wird, daß es eine Pflicht zu nachhaltigem Wirtschaften gibt, worin besteht diese dann konkret? Welche Maßnahmen und Unterlassungen sind im einzelnen geboten? Dies zu erörtern und zu begründen, würde an dieser Stelle zu weit führen; ich verweise nur auf das Feld der biotischen Ressourcen: Es muß dafür Sorge getragen werden, daß (im übrigen im Einklang mit völkerrechtlich wirksamen Selbstverpflichtungen der UNCED-Teilnehmerstaaten) die Artenvielfalt erhalten bleibt, nicht nur im Tropenwald, sondern auch im eigenen Land; eine ausführliche Erörterung findet sich in GEISENDORF ET AL. (1996). In diesem Beitrag möchte ich abschließend allein einige Aufgaben für die *Wissenschaft* formulieren und Gebiete nennen, auf denen nicht alle Probleme „gelöst" werden können, aber doch energisch Fortschritte erreicht werden sollten.

Rechtswissenschaft: Hier argumentiere ich als Laie und nehme jede Erklärung gern entgegen. Mir ist aber vollkommen unverständlich, und ich bin ratlos, daß unter Juristen weitestgehend die Meinung herrscht, daß Menschen, die es noch nicht gibt, die aber mit fast an Sicherheit grenzender Wahrscheinlichkeit unter teils prognostizierbaren Umständen nach uns leben werden, keine Rechte besitzen. Wen es nicht gibt, der kann auch keine Rechte geltend machen, das klingt wohl einfach. Aber was sind die Folgen? Wo keine Rechte bestehen, bestehen auch keine Pflichten. Es ist also rechtens, im Hinblick auf spätere Generationen „après nous le déluge" zu sagen. Vielleicht hangelt man sich mit der Hilfskonstruktion durch, daß die Elemente der Nahverantwortung, also die Rücksichtnahme auf die jeweils schon vorhandene und damit rechtsfähige jüngere Generation - daß diese Überlappung, die im übrigen auch in der Ökonomik diskutiert wird, genügend Kräfte freisetzt, um auch langfristig wirkungsvoll zu sein. Eine Kugel stößt die nächste an, um bis in die ferne Zukunft den Anfangsimpuls weiterzugeben. Abgesehen von der inhaltlichen Fragwürdigkeit dieses Rettungsversuches erscheint mir der juristische Standpunkt fremd und verbohrt-doktrinär. Jedes verantwortungsvolle junge Paar, macht sich, auch wenn es erst in etwa fünf Jahren ein Kind will, jetzt schon Gedanken über dessen Lebensumstände. Aber auf gesellschaftlich-politischer Ebene wird uns eine derartige Vorsorge regelrecht verboten. Die große Ausnahme und mein Klagelied Lügen strafend ist der neue Artikel 20a GG, der den Umweltschutz auch in der Verantwortung für künftige Generationen zum Staatsziel erhebt. Vielleicht wird damit ein Umschwung eingeläutet.

Diskontierungspraktiken in der Ökonomie: Die Nachhaltigkeitsdebatte hat unter anderem Impulse freigesetzt für die Kritik der üblichen Behandlung der Zeit in der Ökonomie mittels der Diskontierung. Ich habe diesen Punkt an anderer Stelle ausführlich behandelt (HAMPICKE 1992). Wenn das Heute mehr zählt als das Übermorgen (obwohl wir mit GEORGESCU-ROEGEN [1979] ganz sicher wissen, daß wir übermorgen ebenso hungrig und durstig sein werden wie heute bzw. es unseren Nachfahren so gehen wird), dann kann man elegante Beglückungsszenarien durch Schnellverbrauch der Natur mit anschließendem Kollaps, aber Maximierung des diskontierten Nutzens, zaubern - zur Bewunderung der Kollegen und zum Kopfschütteln aller vernünftigen Nicht-Ökonomen. Gewiß ist nicht jede Diskontierung moralisch abzulehnen, etwa nicht die mit dem Zins. Eine analytisch begründete Diskontierung ist immer diskutabel, die Minderschätzung künftiger Freude und künftigen Leides *allein wegen ihrer Künftigkeit* besitzt jedoch keine Basis im Utilitarismus, wie bereits bei J.ST. MILL (1976) und SIDGWICK (1890) nachzulesen ist. Immer noch werden dynamische Optimierungsmodelle entwickelt, in denen künftiger Nutzen und Schaden diskontiert wird, auch im Bereich der neueren Treibhausgas-Klimaforschung (am bekanntesten NORDHAUS 1993). Mit der routinemäßigen und unbegründeten Ungleichbehandlung heutigen und künftigen Nutzens sowie Leides wird die Zukunftsvergessenheit auch noch wissenschaftlich abgesegnet (vgl. jüngste kritische Stellungnahmen von AZAR/STERNER 1996 sowie HOWARTH 1996).

Begriffsunklarheit in der Ökonomik: Im Zusammenhang mit dem letzten Punkt ist gefordert, in der theoretischen Diskussion für mehr Begriffsklarheit einzutreten. Es ist erstaunlich, mit welcher Unbekümmertheit in einer mit mathematischen Ableitungen n-ten Grades geführten Diskussion unscharf definierte Begriffe verwendet und zum Schaden des Inhalts miteinander verwechselt werden. Auch heute noch werden die marginale Zeitpräferenzrate und die Rate der subjektiven Myopie oder Kurzsichtigkeit, die sich ein Subjekt (zu seinem Schaden) leistet, in einen Topf geworfen, obwohl sie nichts miteinander zu tun haben. Ich kann völlig unmyopisch sein, mein Budget für das nächste Jahr mit derselben Umsicht wie für das heutige planen und dennoch eine von Eins abweichende marginale Zeitpräferenzrate besitzen, wenn ich z.B. erwarten kann, mehr Einkommen zu beziehen oder eine Erbschaft zu machen. Das hat überhaupt nichts mit Gegenwartspräferenz oder Zukunftsvergessenheit zu tun, die Vermengungen sind aber äußerst zählebig. Es ist, wie wenn ich mit meinem Sohn, der der Physik weniger geneigt ist, die Leistung bei einer Drehbewegung bespreche, die er als die Summe aus „Schwung" und „Wucht" definiert. Sie ist das Produkt aus Drehmoment und Drehzahl. Wann bekommen wir endlich statt „Schwung" und „Wucht" eine verbindliche Begriffsnotation in der Ökonomie, die für alle verbindlich ist?

Der Begriff der Pflicht in der Ökonomik: Es ist zu wünschen, daß die Ökonomik den Begriff der Pflicht neu entdeckt, vor allem im Umgang mit Kollektivgütern, aber nicht nur dort. Es würde ihre moralische Autorität heben, wenn sie davon überzeugen könnte, daß der Markt gerade nicht das ist, wofür er gelegentlich und leider auch in Ländern, die ihn neu entdecken müssen, gehalten wird, nämlich Ellenbogengebrauch und Wildwuchs, sondern genau das Gegenteil. Er ist eine Veranstaltung, bei der die strikte und im kantschen Sinne absolute Regelfolgsamkeit unerläßlich ist. Leider pflegt die angelsächsisch geprägte Ökonomik so wenig Kontakt mit KANT, eine Vertiefung käme nicht allein der Ökonomik, sondern auch der Philosophie zugute. Im Band über ein vor wenigen Jahren (in Deutschland) abgehaltenes Symposium über die ethischen Fundamente der Marktwirtschaft kommt RAWLS auf jeder Seite, kommen LOCKE und HUME ab und zu, aber kommt KANT nicht ein einziges Mal vor (SIEBERT 1994).

Im Markt wird getauscht, und Tausch heißt, daß über anderes Vermögen nur bei akzeptierter Gegenleistung verfügt werden darf. Das Interesse des Gegenübers muß voll geachtet werden. Ist das nicht der Fall, kann ich mir etwas aneignen, ohne äquivalent zu entschädigen, bricht das ganze System zusammen. Man könnte dann gleich zum Diebstahl übergehen, wie es vielfach überall auf der Welt passiert. Das Umsichgreifen der Ellenbogenmentalität ist vielleicht der schlimmste Feind der Nachhaltigkeit und der Interessen der Späteren. Warum soll man auf Spätere Rücksicht nehmen, wenn es chic ist, sich durch Austricksen der Gegenwärtigen zu profilieren? Ich appelliere an unsere ökonomische Wissenschaft, gegenzusteuern, wenn die politischen Kräfte, die sich liberal und individualistisch nennen, dazu nicht in der Lage sind, sondern - ohne Übertreibung formuliert - in einem historischen Ausmaß versagen. Liberalität oder Weltbürgerlichkeit bei KANT heißt zuerst, Rechte zu achten und erst dann, Spielräume für sich zu nutzen. Wenn die Ökonomik davon überzeugen kann, daß der Markt eine Veranstaltung für Pflichtfähige ist, eine Institution mit moralischem Anspruch, dann wird es auch leichter fallen, die uns heute gegenseitig geschuldeten Pflichten auf künftige Menschen zu erweitern.

Literaturverzeichnis

ARROW, K., BOLIN, B., COSTANZA, R., DASGUPTA, R., FOLKE, C., HOLLING, C.S., JANSSON, B.-O., LEVIN, S., MÄLER, K.-G., PERRINGS, C. und PIMENTEL, D. (1995). Economic Growth, Carrying Capacity, and the Environment. *Science* 268, 520-521.

AZAR, C. und STERNER, T. (1996). Discounting and Distributional Considerations in the Context of Global Warming. *Ecological Economics* 19, 169-184.

BARRY, B. (1978). Circumstances of Justice and Future Generations. In: SIKORA, R.I. und BARRY, B. (Eds.). *Obligations to Future Generations*. Philadelphia: Temple University Press, 204-248.

BEIRAT „UMWELTÖKONOMISCHE GESAMTRECHNUNG" (1995). Zweite Stellungnahme des Beirates beim BMU zu den Umsetzungskonzepten des Statistischen Bundesamtes. *Zeitschrift für angewandte Umweltforschung* 8, 455-476.

BIRNBACHER, D. (1988). *Verantwortung für zukünftige Generationen*. Stuttgart: Reclam.

-"- (1989). Neue Entwicklungen des Utilitarismus. In: BIERVERT, B. und HELD, M. (Hg.). *Ethische Grundlagen der ökonomischen Theorie. Eigentum, Verträge, Institutionen*. Frankfurt a.M./New York: Campus, 15-36.

BONUS, H. (1979). Ein ökologischer Rahmen für die Soziale Marktwirtschaft. *Wirtschaftsdienst* 59, 141-146.

BMU (Bundesministerium für Umwelt) (1992). Umweltpolitik. Bericht der Bundesregierung über die Konferenz der Vereinten Nationen im Juni 1992 in Rio de Janeiro. Bonn.

CALLICOTT, J.B. (1980). Animal Liberation: A Triangular Affair. *Environmental Ethics* 2, 319-321.

CIRIACY-WANTRUP, S. VON (1952). *Resource Conservation Economics and Politics*. Berkeley Los Angeles: Univ. of California Div. of Agricultural Sciences.

DALY, H. (1994). Operationalizing Sustainable Development by Investing in Natural Capital. In: JANSSON, A. ET AL. (Eds.). *Investing in Natural Capital*. Washington D.C.: Island Press, 22-37.

DASGUPTA, P. und HEAL, G.M. (1979). *Economic Theory and Exhaustible Resources*. Welwyn: James Nisbet and Cambridge University Press.

ECOLOGICAL ECONOMICS Vol. 15 (2), November 1995.

FAUCHEUX, S. und NOEL, J.-F. (1995). *Économie des ressources naturelles et de l'environnement*. Paris: Armand Colin.

GEISENDORF, S., GRONEMANN, S., HAMPICKE, U. und IMMLER, H. (1996). Die Bedeutung des Naturvermögens und der Biodiversität für eine nachhaltige Wirtschaftsweise. F&E Vorhaben Nr. 101 03 165/02 im Auftrag des BMU/UBA. Universität GH Kassel.

GEORGESCU-ROEGEN, N. (1979). Comments of the Papers by Daly and Stiglitz. In: SMITH, V.K. (Ed.). *Scarcity and Economic Growth Reconsidered*. Baltimore London: Johns Hopkins University Press, 95-105.

GOODLAND, R., DALY, H., EL SERAFY, S. und DROSTE, B. VON (Hg.) (1992). *Nach dem Brundtland-Bericht*. Umweltverträgliche wirtschaftliche Entwicklung. Bonn: MAB

HAMPICKE, U. (1992). *Ökologische Ökonomie*. Opladen: Westdeutscher Verlag.

-"- (1994). Ethics and Economics of Conservation. *Biological Conservation* 67, 219-231.

-"- (1994a). Marktethik, Zukunftsethik und die fragile Natur. In BIERVERT, B. und HELD, M. (Hg.). *Das Naturverständnis der Ökonomik*. Frankfurt a.M./New York: Campus, 125-146.

HARSANYI, J.C. (1994). A Case for Utilitarian Ethic. In: SIEBERT, H. (Ed.). *The Ethical Foundations of the Market Economy*. Tübingen: Mohr, 3-14.

HOWARTH, R.B. (1996). Discount Rates and Sustainable Development. *Ecological Modelling* 92, 263-270.

HUME, D. (1972). *Eine Untersuchung über die Prinzipien der Moral*. Hamburg: Meiner, unveränderter Nachdruck von 1929 (Orig. „An Enquiry Concerning the Principles of Morals" 1777).

JANSSON, A., HAMMER, M., FOLKE, C. und COSTANZA, R. (Eds.) (1994). *Investing in Natural Capital*. The Ecological Economics Approach to Sustainability. Washington, D.C.: Island Press.

KANT, I. (1961). Grundlegung zur Metaphysik der Sitten. Stuttgart: Reclam. Erstveröffentlichung 1785.

KAVKA, G. (1978). The Futurity Problem. In: SIKORA, R.I. und BARRY, B. (Eds.). *Obligations to Future Generations*. Philadelphia: Temple University Press, 186-203.

LEOPOLD, A. (1949, Neudruck 1989). *A Sand County Almanac and Sketches Here and There*. New York/Oxford: Oxford University Press.

MILL, J.ST. (1869). Grundsätze der politischen Ökonomie nebst einigen Anwendungen derselben auf die Gesellschaftswissenschaft. 3. deutsche Aufl., 3 Bände. Leipzig: Fues's Verlag (Orig. „Principles of Political Economy" 1848).

-"- (1976). *Der Utilitarismus*. Stuttgart: Reclam (Orig. „Utilitarianism" 1861).

NORDHAUS, W. (1993). Rolling the DICE: on Optimal Transition Paths for Controlling Greenhouse Gases. *Resources and Energy Economics* 15, 27-50.

NUTZINGER, H.G. (1994). Comment on Partha Dasgupta, „Ethics, Future Generations, and the Market". In: SIEBERT, H. (Ed.). *The Ethical Foundations of the Market Economy*. Tübingen: Mohr, 217-223.

PEARCE, D.W. und ATKINSON, G. (1993). Capital Theory and the Measurement of Sustainable Development: an Indicator of „Weak" Sustainability. *Ecological Economics* 8, 103-108.

PERRINGS, C., MÄLER, K.G., FOLKE, C., HOLLING, C.S. und JANSSON, B.-O. (Eds.) (1995). *Biodiversity Loss*. Economic and Ecological Issues. Cambridge, U.K. u.a.: Cambridge University Press.

-"- (Eds.) (1995a). *Biodiversity Conservation*. Problems and Policies. Dordrecht/Boston/London: Kluwer.

RADEMACHER, W. und STAHMER, C. (1995). Vom Umweltsatellitensystem zur Umweltökonomischen Gesamtrechnung. Umweltbezogene Gesamtrechnungen in Deutschland - zweiter Teil. *Zeitschrift für angewandte Umweltforschung* 8, 99-109.

RAWLS, J. (1971). A Theory of Justice. Cambridge, Mass.: Harvard University Press.
SIDGWICK, H. (1890^4). *The Methods of Ethics*. London: Macmillan.
SIEBERT, H. (Ed.) (1994). *The Ethical Foundations of the Market Economy*. International Workshop. Tübingen: Mohr.
SWANSON, T.M. (1994). *The International Regulation of Extinction*. Houndmills London: Macmillan.
-"- (Ed.) (1995). *The Economics and Ecology of Biodiversity Decline*. Cambridge, U.K. u.a.: Cambridge University Press.
TURNER, R.K. (1988). Wetland Conservation: Economics and Ethics. In: COLLARD, D., PEARCE, D. und ULPH, D. (Eds.). *Economics, Growth and Sustainable Environments*. Essays in Memory of Richard Lecomber. Basingstoke/London: Macmillan, 121-159.
-"- (1993). Sustainability. Principles and Practice. In: DERS. (Ed.). *Sustainable Environmental Economics and Management*. London/New York: Belhaven Press, 3-36.
WICKE, L., DE MAIZIERE, L. und DE MAIZIERE, T. (o. Jg., ca. 1990). *Öko-Soziale Marktwirtschaft für Ost und West*. München: Beck.

Franz Haslinger

Individuum und Verteilung in einer unsicheren Welt - Zur Rolle der Moral in der Ökonomik[1]

1. Problemstellung

Es gibt keine Unschuld in ethischen Fragen. Vielen wirtschaftlichen Problemen kann - je nach (moralischem!) Standpunkt - eine ethische Dimension beigemessen werden. So erscheint es beispielsweise moralisch geboten, angesichts der vielen, an Unterernährung sterbenden Menschen in Afrika „etwas tun zu müssen". Ökonomen zeigen dagegen, daß viele im Namen der Moral ergriffene Maßnahmen sich letztlich gegen die Betroffenen auswirken können. Nahrungsmittelgeschenke bewirken, daß in den betroffenen Regionen die ohnehin kargen Böden verwüsten, weil es sich nicht mehr lohnt, sie zu bebauen. Menschen kaufen keine Lebensmittel, die sie auch geschenkt erhalten können. Den Bauern und langfristig der Gesellschaft insgesamt werden dadurch die Grundlage für eine eigenständige Nahrungsmittelproduktion entzogen und damit die Abhängigkeit von Geschenken perpetuiert. Solche Analysen, die die Wirkungen bestimmter Maßnahmen infrage stellen, werden häufig so gedeutet, als wären sie gegen die moralische Aufforderung zur Hilfeleistung gerichtet. Das ist natürlich unzutreffend, weil es eben nur um die Wirksamkeit bestimmter Maßnahmen zur Erreichung bestimmter moralischer Ziele geht und nicht um die Infragestellung der Ziele selbst.

Dennoch wird den Ökonomen heutzutage oft der Vorwurf gemacht, sie hätten die Moral aus der Ökonomik verbannt. Das Plädoyer vieler Ökonomen für einen Abbau von Steuern und sozialstaatlichen Maßnahmen in der Bundesrepublik zugunsten einer Stärkung der Eigeninitiative der Leistungswilligen und der Marktkräfte verstärkt bei vielen Bürgern diesen Eindruck. Denn erklärtermaßen soll dadurch eine Steigerung der wirtschaftlichen Effizienz bewirkt werden. Fragen der Verteilungsgerechtigkeit bezüglich der Einkommen und Vermögen scheinen bedeutungslos geworden zu sein.

Ziel dieses Beitrages ist es zu klären, daß es trotz gegenteiligem Anschein viele Anknüpfungspunkte für Moral im ökonomischen Denken gibt. Es ist allerdings nicht die Absicht dieses Beitrages, philosophische Streitfragen zu klären und auf die vielschichtigen Auffassungen und Debatten um eine „wahre" Moral, d.h. um eine genaue inhaltliche Bestimmung, einzugehen. Es wird also nicht versucht zu klären, ob die Normen der Moral wohl Zeit-Raum-abhängig (Relativismus) sind oder stets absolute Geltung beanspruchen. Ebensowenig soll und kann hier geklärt werden, ob man die Moral als ein *kognitivistisches Phänomen*, demzufolge sie aus Behauptungen besteht, oder als ein *nicht-kognitivistisches Phänomen* anzusehen hat, demzufolge sie den Charakter von Wünschen hat. Daß dieses Ziel, wie bereits angedeutet, nicht ohne implizite ethische Vorentscheidungen erreicht werden kann, ist nicht zu vermeiden. Allerdings erscheint dieser Umstand insofern wenig problematisch, da Ökonomen sehr oft dezidierte Vorstellungen bezüglich derjenigen ökonomischen Sachverhalte besitzen, an die moralische Maßstäbe anzulegen sind.

Welche ökonomischen Sachverhalte moralische Relevanz besitzen, wird ganz entscheidend geprägt von den Vorstellungen über die Funktionsweisen der Wirtschaft im allgemeinen und von Marktwirtschaften im besonderen. Einer verbreiteten Auffassung zufolge bedarf es beispielsweise „nur" der Setzung einer gerechten Rahmenordnung. Die innerhalb dieser Ordnungsregeln vollzogenen Handlungen und die dabei erzielten gesellschaftlichen Ergebnisse sollen dann einer weitgehenden moralischen Kritik entzogen sein. Man könnte diese Auffassung als *reine Regelgerechtigkeit* bezeichnen.[2] Angesichts der hohen Komplexität der wirtschaftlichen Vorgänge, sind diese Vorstellungen in erheblichem Maße von modelltheoretischen Konzeptionen bestimmt.

Die folgenden Überlegungen sollen verdeutlichen, daß die Berücksichtigung von Unsicherheit und asymmetrische Informationen in ökonomischen Modellen den Bereich der ökonomischen Sachverhalte, die *Gegenstand moralischer Beurteilungen* sein können, wesentlich erweitert. Daß insbesondere neben Fragen *der Gerechtigkeit der Regeln* auch solche nach der *individuellen Moral* bzw. nach *individuellen Tugenden* bedeutsam werden. Das häufig beklagte Fehlen der Moral in der Ökonomik hätte nach dieser Deutung eher mit einer verkürzten theoretischen Sichtweise, denn mit einem grundsätzlichen Fehlen der Moral zu tun. Die *Kernthese* dieses Beitrages läßt sich so fassen:

Gerechte Regeln reichen allein nicht aus, um wirtschaftlich effiziente Zustände zu gewährleisten, es bedarf zusätzlich noch einer funktionsfähigen individuellen Moral.

Dies wird leicht übersehen, wenn man die vorhandenen Unsicherheiten (Ereignis- und Verhaltensrisiken) und asymmetrischen Informationen außer Acht läßt. Nur in einer Welt ohne Unsicherheit und ohne Informationsasymmetrien wären individuelle Tugenden wirtschaftlich bedeutungslos und moralische Bewertungen würden sich nur auf die institutionellen Regeln und die gesellschaftlichen Zustände, die sich aus der Interaktion der Wirtschaftssubjekte ergeben, beschränken.

Der Beitrag ist wie folgt aufgebaut. Nach einer inhaltlichen Klärung einiger grundlegender Begriffe im nächsten Abschnitt, wird im dritten Abschnitt auf die allgemeine Gleichgewichtstheorie als das zentrale Leitbild vieler Ökonomen für die Funktionsfähigkeit von Marktwirtschaften eingegangen und deren moralische Relevanz erläutert. Der vierte und fünfte Abschnitt illustrieren, daß das durch die Gleichgewichtstheorie vermittelte Bild zu eng ist, und daß angesichts beschränkter und asymmetrisch verteilter Informationen die individuelle Moral wirtschaftlich wichtig wird. Eine Zusammenfassung schließt den Beitrag ab.

2. Einige Grundkonzepte

Viele Verständnisschwierigkeiten in Diskussionen ergeben sich aus dem Umstand, daß mit bestimmten *Begriffsnamen* oft unterschiedliche *Begriffsinhalte* assoziiert werden. Es ist daher zweckmäßig, zunächst einige begriffliche Klärungen vorzunehmen. Dies erscheint umso dringender geboten, weil gerade in der einschlägigen philosophischen Literatur viele Begriffe mit durchaus unterschiedlichen Bedeutungen verwendet werden.

Unter Normen werden in diesem Beitrag im Anschluß an KELSEN (1960) Sollvorschriften verstanden, die das Zusammenleben von Menschen regeln. Sollvorschriften gebieten entweder ein bestimmtes Tun, Dulden oder Unterlassen.

Während *Normen des Rechts* mit staatlicher Zwangsgewalt ausgestattet sind, d.h. ihre Befolgung auch gegen den Willen der Normadressaten erzwungen werden kann, gilt das für *Normen der Moral* grundsätzlich nicht. Sie richten sich eher an die Vernunft und die Einsicht von Menschen. Ihre Nichtbefolgung stößt auf Kritik, Zurechtweisung, persönliche Mißachtung oder andere soziale Sanktionsmechanismen.

Es ist weiter zweckmäßig, zwischen den *Moralvorstellungen* einer Gesellschaft (der „gelebten Moral", Verhaltensregularien) und den übergeordneten *Normen der Moral* zu unterscheiden. Die in einer Gesellschaft vorhandenen und gelebten Moralvorstellungen sind zunächst empirisch feststellbar und unterliegen selbst (wie übrigens auch die Normen des Rechts) einer moralischen Prüfung. Demnach kann es ungerechte, d.h. von bestimmten moralischen Standpunkten aus gesehen, falsche Rechtsnormen geben oder „falsche" Moralvorstellungen.

Es ist ferner nützlich, zwischen der *Geltung* und der *Effektivität* von Normen zu unterscheiden. Eine Rechtsnorm ist z.B. effektiv, wenn sie im großen und ganzen befolgt bzw. ihre Befolgung erfolgreich erzwungen wird. Sie gilt, wenn sie rechtmäßig zustande gekommen ist (z.B., wenn ein Bundesgesetz durch den Bundesrat und Bundestag verabschiedet und auf dem vorgeschriebenen Weg verlautbart wird). Demnach kann es Normen geben, die zwar gelten aber nicht effektiv sind. Das wäre z.B. dann der Fall, wenn Abtreibung zwar ein gesetzlicher Straftatbestand bliebe, auf eine Strafverfolgung jedoch verzichtet würde.

Die Geltungsgrundlage der Normen der Moral ist (in nahezu allen philosophischen Theorien) die Vernunft. Man sagt auch, ihre Geltung sei *kategorischer* Natur, einfach weil die vernunftgemäße Einsicht und Erkenntnis auch die Befolgung der Moralnormen gebietet.

Während unter dem Begriff *Moral*, Regeln und Handlungsanweisungen verstanden werden, die „richtig" bzw. „vernunftgeboten" sind, ist die *Ethik* gewissermaßen die *Theorie der Moral*. Danach ist es Gegenstand der Ethik zu fragen, welche Kriterien Normen erfüllen müssen, um als *Moralnormen* gelten zu können. Ungeachtet aller ethischen Differenzen im Detail gilt als ein Hauptkriterium, dem Moralnormen zu genügen haben, deren *Verallgemeinerungsfähigkeit*.

Angenommen, ich würde - nur zur Verdeutlichung des Argumentes - für moralisch vertretbar erachten, daß Schwarze nur eingeschränkte Bürgerrechte haben sollten. Um die moralische Korrektheit dieser Forderung zu prüfen, muß sie einem *Verallgemeinerungsfähigkeitstest* unterzogen werden. Dieser besteht darin, zu fragen, ob ich für die Diskriminierung auch dann noch eintreten würde, wenn ich nicht eine weiße, sondern eine schwarze Hautfarbe hätte. Natürlich würde ich dann anders urteilen. Folglich ist die Forderung nach einer Einschränkung der Bürgerrechte für Schwarze nicht verallgemeinerungsfähig und kann daher moralisch nicht richtig sein. Allerdings besteht dabei ein *praktisches Problem*: Ich weiß, daß ich eine weiße Hautfarbe habe und könnte daher auf meinem Standpunkt beharren. Wenn viele meiner Meinung wären und in den gesetzgebenden Körperschaften die Mehrheit hätten, könnte sich eine Einschränkung der Bürgerrechte für Schwarze durchsetzen oder gar in Rechtsnormen ihren Niederschlag finden. Nichtsdestoweniger wäre ihr Inhalt „unmoralisch". Zur Überwindung dieser praktischen Probleme bei der Findung von Moralnormen, d.h. moralisch richtiger Normen, schlagen Ethiker und Moralphilosophen deshalb hypothetische Verfahren vor, in denen die Eigeninteressen der Beteiligten, die aus der Kenntnis der relevanten persönlichen Umstände resultieren, wie z.B. der Hautfarbe, des Vermögens, der Fähigkeiten oder der körperlichen Befindlichkeit, unberücksichtigt bleiben und somit kein Gewicht erhalten. Varianten derartiger Verfahren sind etwa KANTs kategorischer Imperativ, RAWLS' Urzustand hinter dem Schleier des Nichtwissens oder die Regeln des herrschaftsfreien Diskurses.

Schließlich ist noch zu klären, wozu Moralnormen dienen. Moralnormen formulieren Werturteile bzw. Beurteilungsmaßstäbe. Mit Hilfe von *Individualnormen* kann geprüft werden, ob ein bestimmtes Verhalten, bestimmte Verhaltensmuster oder Intentionen, die dem individuellen Verhalten zugrunde liegen, als moralisch richtig oder aber als falsch zu bewerten sind. *Kollektivnormen bzw. Normen der Gerechtigkeit* dienen dagegen entweder der Beurteilung von *sozialen Zuständen,* als Resultate der Interaktionen einer Vielzahl von Individuen oder aber der Beurteilung von *prozessualen Regeln*.[3] Ziel moralischer Beurteilungen ist daher, erforderlichenfalls durch Änderungen von Regeln oder gezielte Interventionen moralisch gebotene Handlungen, Zustände oder Entwicklungen herbeizuführen. Normadressaten sind somit Individuen, einerseits in ihrer Funktion als Marktteilnehmer und andererseits in ihrer Funktion als Parlamentarier, d.h. als zur Gesetzgebung berufene politische Mandatsträger.

Derartige Beurteilungen haben jedoch (a) eine sorgfältige Situationsbeschreibung aller beurteilungsrelevanten Umstände sowie (b) die Kenntnis von Ursachen- und Wirkungszusammenhängen zur Voraussetzung.

Für beides, die Beschreibung der *relevanten* Aspekte und die Analyse von Wirkungszusammenhängen, ist man auf Erkenntnisse der Theorie angewiesen. Wenn das zutrifft, dann beeinflussen Theorien nicht nur die Beurteilungsergebnisse, sondern auch unser Verständnis für die Sachverhalte, an denen Moralnormen anzuknüpfen haben und die Auswahl der Maßnahmen, die zu ihrer Durchsetzung erforderlich sind. Es ist daher wichtig zu wissen, von welchen Theorien sich Ökonomen leiten lassen, wenn sie darüber befinden, welche Sachverhalte in der Ökonomie - wenn überhaupt - einer moralischen Bewertung unterworfen werden können.

3. Gleichgewichtstheorie und Gerechtigkeit

Die Einstellung gegenüber moralischen Wertungen ökonomischer Sachverhalte ist bei vielen Ökonomen, trotz bedeutender theoretischer Fortschritte, ganz entscheidend durch die Gleichgewichtstheorie geprägt. Dieses *statische Modell* läßt sich in seiner Variante unter Sicherheit und vollkommener Voraussicht als Theorie einer Marktwirtschaft interpretieren. Ziel ist dabei, zu Aussagen über die Funktionsfähigkeit einer Marktwirtschaft zu gelangen. Man kann die Modellergebnisse als eine Bestätigung der Vermutungen von ADAM SMITH deuten, denen zufolge die dezentralen und über Märkte koordinierten Entscheidungen einer Vielzahl von Wirtschaftssubjekten nicht ins

Chaos münden, sondern vielmehr den höchsten Wohlstand zu erreichen vermögen.[4] Das trifft nach SMITH zu, obwohl und gerade weil die Wirtschaftssubjekte dabei lediglich ihre Eigeninteressen verfolgen.[5]

Unter relativ allgemeinen Bedingungen läßt sich zeigen, daß Marktpreise für die Güter existieren, die alle Gütermärkte simultan räumen. Der Beweis der Existenz eines marktkoordinierten Wettbewerbsgleichgewichts zeigt zumindest die Möglichkeit einer befriedigenden Marktsteuerung auf. Die folgenden zwei Wohlfahrtstheoreme nehmen Stellung zur Optimalitätsvermutung von SMITH. Diese beiden Theoreme sind von zentraler Bedeutung.

Erstes Wohlfahrtstheorem: Eine Wirtschaft, die sich im Zustand eines Wettbewerbsgleichgewichts befindet und deren Wirtschaftssubjekte bei ihren Entscheidungen nur ihren eigenen Konsum bzw. Gewinn berücksichtigen, ist (in diesem Zustand!) optimal im Sinne von PARETO.

Diesem Theorem zufolge kann also ein Wirtschaftssubjekt durch eine Umverteilung der vorhandenen Güter nutzenmäßig nur dann besser gestellt werden, wenn gleichzeitig ein anderes schlechter gestellt wird. Natürlich wird die Pareto-Optimalität nur im Gleichgewicht bei vollkommener Konkurrenz und dem Fehlen externer Effekte erreicht. Herrscht auf Märkten unvollkommener Wettbewerb oder existieren externe Effekte (für die definitionsgemäß keine oder nur unvollkommene Märkte vorhanden sind), dann kann durch Umverteilung der Güter mindestens ein Wirtschaftssubjekt besser gestellt werden, ohne daß jemand schlechter gestellt werden müßte.[6]

Ein Zustand, der pareto-optimal ist, muß nicht notwendigerweise gerecht oder moralisch gewollt sein. Wenn ein Individuum im Extremfall sämtliche Güter bekäme und alle Übrigen nichts, dann wäre der Zustand ebenso pareto-optimal wie einer, bei dem alle Güter gleichmäßig auf die Individuen verteilt würden. Das Pareto-Kriterium ermöglicht nur eine *unvollständige Ordnung* gesellschaftlicher Zustände. In vielen Fällen sind Zustände nicht vergleichbar nach diesem Kriterium. Es bedarf somit stärkerer Kriterien als das Pareto-Kriterium, um eine *vollständige Ordnung* von Zuständen und Sachverhalten zu ermöglichen.

Für die Mehrzahl der Ökonomen gilt daher das *Diktum:* Ein Zustand der pareto-optimal ist, muß keineswegs gerecht, ein gerechter Zustand dagegen sollte pareto-optimal sein. Wenn man von „entarteten" Fällen einmal absieht, dann ist die Botschaft klar: Wäre ein gerechter Zustand nicht pareto-optimal, dann würde auf Nutzenverbesserungen einzelner Wirtschaftssubjekte verzichtet, ohne daß dadurch irgendjemand zu Schaden käme; es fiele schwer, einem solchen Zustand das Prädikat „gerecht" zu verleihen. Im Lichte dieser Überlegung erhält das zweite Wohlfahrtstheorem ein spezielles Gewicht.

Zweites Wohlfahrtstheorem: Jeder pareto-optimale Zustand läßt sich, eventuell erst nach einer (kostenlosen!) Umverteilung der Anfangsausstattungen, durch ein Preissystem erreichen, sofern es keine zunehmenden Skalenerträge in der Produktion, und sofern es keine externen Effekte gibt.

Man beachte, daß das Vorhandensein von „Nutzenexternalitäten", wie Neid oder Nächstenliebe, die Gültigkeit beider Wohlfahrtstheoreme zunichte machen kann. Sind also die Individuen nicht egoistisch, dann ist keineswegs mehr gesichert, daß Wettbewerbsgleichgewichte auch pareto-optimal sind und umgekehrt. Man beachte ferner, daß sich ein gerechter oder moralisch wünschenswerter Zustand unter Umständen nur unter Inkaufnahme erheblicher Umverteilungskosten über ein Wettbewerbssystem erreichen läßt.

Dabei stellt sich die grundsätzliche Frage, ob eine Umverteilung der Anfangsausstattungen sich überhaupt kostenlos ermöglichen läßt. Das hat nicht bloß damit zu tun, daß es nur schwer möglich erscheint, z.B. die erforderlichen Steuern kostenlos zu erheben. Viel bedeutender sind die Schwierigkeiten, die sich aus dem Vorhandensein personengebundener „Güter", wie z.B. angeborenen Fähigkeiten, gesundheitlicher Zustand etc., ergeben. Diese lassen sich (im allgemeinen) überhaupt nicht direkt an andere übertragen. Es ist lediglich möglich, über eine Umverteilung von nichtpersonengebundenen Gütern, eventuelle Nachteile in der Ausstattung von personengebundenen Gütern auszugleichen. Eine solche Umverteilung kann unter Umständen nur zu *second best* Lösungen führen. Moralisch-wünschenswerte Zustände müssen somit nicht notwendigerweise auch pareto-optimal sein.

Die Gleichgewichtstheorie läßt uns aber auch in einem weiteren Punkt im Unklaren, nämlich darüber, wodurch ein Wirtschaftssubjekt überhaupt charakterisiert ist. Es ist naheliegend, zunächst von einem Individuum als einem Träger von Eigentum an den Anfangsausstattungen auszugehen und dem Recht, diese freiwillig übertragen zu dürfen. Dies ist unproblematisch, solange die Anfangsausstattungen nur private Güter beinhalten. Sobald die Nutzung dieser Güter externe Effekte verursachen, gelten die Wohlfahrtssätze im allgemeinen nicht mehr. Was jedoch vom moralischen Standpunkt aus zu prüfen ist, ist das Konzept der externen Effekte.[7]

Ökonomen gehen im allgemeinen davon aus, daß die Verursachung externer Effekte entweder technologisch bedingt ist oder aber eine, einem Gut innewohnende (intrinsische) Eigenschaft darstellt; man denke nur an das Zigarettenrauchen. Zigaretten sind ein Gut, dessen normale Nutzung externe Effekte verursacht. Andererseits ist ein Apfel ein typisches privates Gut, dessen Konsum keine externen Effekte verursacht. Oder etwa doch? Angenommen, der exzentrische Herr Müller fühlt sich immer gestört, wenn jemand in seiner Gegenwart einen Apfel ißt; er empfindet, daß das Knacken des Apfels beim Zubeißen sein Wohlbefinden ebenso beeinträchtigt, wie die unvermeidlichen Kaugeräusche. Man könnte nun sagen, Herr Müller könnte sich durch Entfernen dieser Beeinträchtigung leicht entziehen. Aber würde das nicht auch im Falle einer Störung durch eine Zigarettenraucherin gelten? Dann wäre jedenfalls der externe Effekt nicht mehr länger eine intrinsische Eigenschaft von Zigaretten. Das Grundproblem liegt wohl darin, ob Herrn Müller zugemutet werden kann, das Konsumieren einer Zigarette oder eines Apfels in seiner Gegenwart zu ertragen oder nicht.

Es ist eine *gesellschaftliche* Entscheidung, die klärt, welche Störungen des Wohlbefindens durch andere von Individuen grundsätzlich ertragen werden müssen und welche von ihnen generell unzumutbar sind. Externe Effekte resultieren nach dieser Sichtweise im allgemeinen nicht aus bestimmten, den jeweiligen Gütern innewohnenden Eigenschaften, sondern sind Beeinträchtigungen, die von der Gesellschaft als Störungen des individuellen Wohlbefindens anerkannt sind und daher nicht hingenommen werden müssen. Das gilt unabhängig davon, welche Sanktionen mit der Verursachung von externen Effekten verbunden sind, also ob beispielsweise pekuniäre gesetzliche Sanktionen vorgesehen sind oder „lediglich" soziale Mißachtung. Natürlich, so wird man entgegenhalten, regelt das die Rechtsordnung und die Rechte sind dann gewissermaßen Teil der Anfangsausstattung bzw. der ein Individuum erst konstituierenden Charakteristiken. Aber gerade der Umgang mit dem Rauchen in jüngster Zeit macht deutlich, daß ein ursprünglich moralisch-sittlicher Umgang mit externen Effekten („Während des Essens wird nicht geraucht") durch rechtliche Normierung unter die staatliche Zwangsgewalt gestellt wird.[8] Die Rechtsordnung kann das Problem auf verschiedene Weise lösen. Sie kann als Extremfälle entweder Herrn Müller Recht auf Freiheit von Beeinträchtigungen durch Rauchen einräumen oder aber den Rauchern das Recht auf ungestörten Genuß. Natürlich wären auch kompliziertere Kombinationslösungen denkbar. Wie immer aber die Entscheidung im einzelnen aussehen mag, für jede Zuteilung von Rechten und Anfangsausstattungen mit Gütern - und damit für jede Art der Anerkennung von Störungen als gesellschaftlich unzulässig oder nicht - kann es nach dem ersten Wohlfahrtstheorem eine pareto-optimale marktliche Wettbewerbslösung geben.

Im Grunde haben wir uns damit den Inhalt des Coase-Theorems vor Augen geführt. Egal wie immer die rechtlichen Ansprüche für den Umgang mit „Störungen" auch im einzelnen zugeteilt werden mögen, die resultierenden Wettbewerbsgleichgewichte werden, *sofern Verhandlungen und die Durchsetzung der Rechtsordnung keine Kosten verursachen*, pareto-optimal sein (COASE 1960).[9] Allerdings beeinflußt die jeweilige Zuordnung der rechtlichen Ansprüche die Anfangsvermögen (= Anfangsausstattungen) der Individuen. Ist etwa das Rauchen grundsätzlich erlaubt, dann muß der Geschädigte einen Teil seiner Ausstattung aufwenden, um den Raucher dazu zu bewegen, auf die Ausübung seines Rechtes zu verzichten. Dem Raucher als

Berechtigten fließen dadurch - allein aufgrund seines Rechtsanspruches - zusätzliche Mittel zu. Besteht grundsätzliches Rauchverbot, dann hat der Raucher Vermögenseinbußen zu erleiden, wenn er sich das Recht zu rauchen erkaufen muß, während der „Rauchmuffel" sich finanziell besser stellt.

Hinter dem effizienten Marktergebnis stehen somit unterschiedliche Vermögensaufteilungen, je nachdem wie die Rechtsordnung die Rechtsansprüche verteilt. Bei der Entscheidung über die Zuteilung der Rechtsansprüche hilft das Pareto-Kriterium im allgemeinen nicht mehr weiter und erweist sich somit als zu schwach: Die sich unter den alternativen rechtlichen Ausgestaltungen ergebenden pareto-optimalen Wettbewerbsallokationen sind untereinander - nach dem Pareto-Kriterium - nicht mehr weiter vergleichbar. Wie immer man es im einzelnen auch sehen mag, Anfangsausstattungen und die Rechtsordnung bestimmen die Handlungsmöglichkeiten der Individuen und unterliegen somit der moralischen Bewertung. Natürlich bestehen hier definitorische Spielräume. Demnach kann man sagen, ein Individuum sei durch seine Anfangsausstattungen ökonomisch hinlänglich charakterisiert und zur Anfangsausstattung gehörten in einem weiteren Sinn auch die rechtlich zugelassenen Möglichkeiten der Verfügung über die Güter der Anfangsausstattungen im engeren Sinne. Oder man mag es so sehen, daß Individuen erst über die Rechtsordnung konstituiert oder genauer gesagt, erst über sie sozial integriert werden, indem diese die Verfügungsmöglichkeiten für Güter und die Verhältnisse zu anderen Individuen regelt. Die genannten Konzepte stehen jedenfalls in einer engen Wechselbeziehung.

Fazit: Vor dem Hintergrund eines einfachen Gleichgewichtsmodells unterliegen die Zuordnung von Rechten und die Verteilung der Anfangsausstattungen auf Individuen der moralischen Beurteilung. Dies gilt weitgehend unabhängig davon, ob man einer prozeduralen Ethik anhängt (wie z.B. NOZICK [1974] es tut: nach seiner historischen Gerechtigkeitstheorie müssen sowohl der Ersterwerb als auch der Transfer von Eigentum gerecht sein) oder eine konsequentialistische Auffassung (wie z.B. RAWLS 1972) vertritt.

4. Zur Irrelevanz der individuellen Moral

Moralische Urteile, so legen es die vorstehenden Überlegungen nahe, beschränken sich auf die Beurteilungen der Eigentumsregelungen und Anfangsausstattungen bzw. auf die sich ergebenden wirtschaftlichen Zustände. Man mag die Beschränkung der Moral auf diese wenigen Anknüpfungspunkte durchaus als wertvoll erachten. Es erleichtert die ebenso wünschens- wie anstrebenswerte Trennung von positiver und normativer Theorie. Auffallend ist allerdings, daß die Einhaltung moralischer Gebote durch die Individuen in diesem theoretischen Rahmen nicht von Bedeutung ist. Allein die

Normen der Gerechtigkeit (Kollektivmoral) zur Beurteilung von gesellschaftlichen Zuständen und Regeln erscheinen als bedeutsam. Wichtige Konzepte der Individualmoral (individuelle Tugenden), wie das der Verantwortlichkeit, der Vertragstreue, die Rücksichtnahme auf andere oder etwa das der Achtung der Menschenwürde, sind vor diesem theoretischen Hintergrund konzeptionell nicht faßbar. Das liegt an der *Annahme der vollkommenen Information* und der implizit vorausgesetzten *Anonymitätsthese*. Im Zentrum der allgemeinen Gleichgewichtstheorie steht (angesichts ihres statischen Charakters) die Transaktion als Zug um Zug Geschäft.[10] Die Einhaltung der Kontrakte ergibt sich dadurch automatisch. Angesichts der unterstellten Kenntnis der Güterqualität spielen Fragen der Gewährleistung oder der Produkthaftung keine Rolle. Mithin ist es auch gleichgültig, *von wem* ein bestimmtes Gut erworben wird. Die persönlichen Charakteristika der Tauschpartner sind vollkommen unerheblich; die Tauschpartner sind beliebig austauschbar, da es ja nur auf die Güter ankommt. Die Tauschpartner könnten vollkommen anonym sein, ohne daß dies irgendetwas ändern würde.

Die Ursache dafür liegt zum einen im *statischen Charakter* der Theorie und zum anderen in der Annahme *vollkommener Information*. Beide Annahmen erweisen sich als erhebliche Beschränkungen für das Verständnis der Funktionsweise von Marktwirtschaften. Denn nicht nur in Bezug auf moralische und rechtspolitische Fragen besitzt die Theorie des allgemeinen Gleichgewichts bei Sicherheit und vollkommener Information zu wenig Struktur. Auch bei der Erklärung von Institutionen stößt man auf erhebliche Probleme. So hat schon COASE (1937) frühzeitig auf die Anomalie hingewiesen, wonach Unternehmenshierarchien existieren, obwohl - nach dem Gleichgewichtsmodell - Märkte, also Tausch unter Gleichgestellten, effizient funktionieren. Die Existenz von Unternehmen mit einer eigenen internen Struktur, läßt sich vor dem Hintergrund dieser Theorie nicht begreifen. Das gilt beispielsweise auch für die Existenz von Geld (vgl. dazu z.B. HELLWIG 1933 oder HASLINGER 1978 und 1979) oder Banken (siehe dazu z.B. DE GIJSEL/HASLINGER 1987). Erst vor dem Hintergrund von Unsicherheit und asymmetrischen Informationen sind dafür befriedigende Erklärungen möglich.

5. Unsicherheit und Informationsasymmetrien

Erst in einer unsicheren Welt, in der Informationen asymmetrisch unter den Individuen verteilt sind, kann es bedeutsam sein, mit wem man Verträge schließt. In einer solchen Welt spielt die Art der Verträge eine wesentliche Rolle. Insbesondere langfristige Vertragsbeziehungen setzen wechselseitiges

Vertrauen voraus. Denn ein wesentliches Charakteristikum derartiger Kontrakte liegt in ihrer Unvollständigkeit. Veränderte Rahmenbedingungen, deren Eintritt nicht vorhergesehen und somit nicht zum Vertragsgegenstand gemacht wurden, machen Nachverhandlungen erforderlich, in denen Verträge an die neuen Bedingungen angepaßt werden. Die Vertragsparteien werden, sofern sie ihrem Partner vertrauen, Flexibilität aufgeben. Wenn sie *beispielsweise* darauf vertrauen, auch in Zukunft zu ähnlichen Konditionen mit Gas beliefert zu werden wie heute, werden sie eine Gasheizung in ihrem Haus installieren lassen, d.h. eine spezifische Investition vornehmen. Sie werden nicht zusätzlich die Installationskosten für eine etwaige alternative Heizungsform tragen müssen, wenn sie davon ausgehen, ihr Gaslieferant würde eine für ihn wirtschaftlich günstige Situation (ceteris paribus!) nicht dazu benutzen, aus ihrer Inflexibilität Gewinn zu ziehen. Dieses Beispiel führt ungeachtet seiner Einfachheit zu Einsichten, die in den folgenden grundsätzlichen Feststellungen zusammengefaßt werden:

— Vertrauen und die Bereitschaft von Vertragsparteien sich selbst zu binden und durch spezifische Investitionen auf Flexibilität zu verzichten, sind Phänomene, die in der perfekten Welt von Abschnitt 3 keinen Platz haben.[11]
— In Gesellschaften, in denen *individuelle Moraltugenden*, wie z.B. Verantwortlichkeit und Fairness im Umgang mit anderen, einen hohen Stellenwert besitzen und effektiv gelebt und befolgt werden, wird dieses Vertrauen nachträglich bestätigt und die Richtigkeit der getroffenen Entscheidungen gerechtfertigt. Diese Erfahrung trägt im allgemeinen auch dazu bei, sich selbst „moralisch korrekt" zu verhalten und stabilisiert damit die Effektivität der Moralnormen.
— In Gesellschaften dagegen, in denen ein Großteil der Individuen jede sich bietende Gewinnchance zu ihrem Vorteil nutzt, können sich Vertrauen und die Aufgabe von Flexibilität als äußerst kostspielig erweisen. Aufrechterhaltung von Flexibilität oder die Verifikation und Durchsetzung vor Gerichten sind kostspielig und - verglichen mit einer „tugendsamen Gesellschaft" - effizienzmindernd. Es kommt zu einer Bindung von Ressourcen (z.B. in Form der Bereitstellung einer alternativen Heizung mit Strom) oder hoher Beanspruchung der Gerichte, die in tugendsamen Gesellschaften eine effizientere Verwendung finden können.[12]

Die folgenden Beispiele sollen diese Feststellungen zusätzlich illustrieren und verdeutlichen, daß bei Vorliegen von asymmetrischen Informationen, die individuellen Moraltugenden wichtige ökonomische Implikationen besitzen.
Beispiel 1: Herr A läßt seinen leeren Koffer im Zug stehen und meldet dessen Verlust. Er gibt einen Schaden für Kleidung und Accessoires im

Koffer von DM 7000,- an. Die Versicherung kann (infolge der Informationsasymmetrie) den Schadenseintritt und die Schadenshöhe nicht widerlegen und zahlt die Höchstversicherungssumme in Höhe von DM 5000,- aus.

Ökonomische Konsequenz dieses Verhaltens ist, daß die Versicherungsprämie umso höher sein wird, je kleiner der Anteil der ehrlichen Kunden unter allen Reisegepäckversicherten ist.[13] Ist deren Anteil gering, muß die Prämie dem erwarteten Schaden pro unehrlichen Versicherten nahekommen. Da dieser dann kaum noch einen Vorteil aus dem Versicherungsbetrug mehr hat, weil die Versicherungssumme tendenziell gleich der Prämienhöhe ist, wird er keine Versicherung mehr abschließen. Der Markt für Reisegepäckversicherungen kommt dann zum Erliegen. Ist der Anteil der ehrlichen Kunden dagegen relativ hoch, dann sind die Prämien vergleichsweise gering, da die Versicherung wirklich nur in den Fällen und in der Höhe in Anspruch genommen wird, in denen ein Reisender tatsächlich bestohlen wurde. Unehrliche Versicherte bereichern sich dann auf Kosten der ehrlichen; sie nehmen, mit anderen Worten, eine Umverteilung zu ihren Gunsten vor. Für die ehrlichen Versicherten kann der Abschluß einer Versicherung dennoch vorteilhaft sein, solange der Anteil der unehrlichen Versicherten vergleichsweise gering ist. Je mehr Kunden ehrlich sind, desto eher können sie auch mit fairen Versicherungsbedingungen rechnen. Sind im Extremfall alle unehrlich, werden gar keine Versicherungsverträge zustande kommen. Ein Markt für Reisegepäckversicherungen existiert dann nicht.

Beispiel 2: Ein Öltanker transportiert mehrere Millionen Barrels an Rohöl. Um den Transport möglichst billig zu machen, wird ein „verantwortungsloser Reeder" einerseits die Crew sehr klein halten und andererseits die Wartung des Schiffes auf ein Minimum reduzieren. Schadensersatzforderungen im Falle eines größeren Ölaustritts gehen selbst dann, wenn die Schuldfrage eindeutig geklärt werden kann, zumeist ins Leere, weil das Vermögen des Reeders, gemessen an der Schadenshöhe, im allgemeinen zu gering ist. Die Folge davon ist, daß der Reeder ein weit höheres Risiko eingeht, als gesellschaftlich akzeptabel erscheint.

Natürlich kann man Anreize setzen, die das gesellschaftliche Risiko verringern. Das könnte durch Hinterlegung einer hohen Pfandsumme bzw. einer Versicherungsgarantie, bevor das Schiff in See sticht, geschehen. Dieses Pfand würde im Schadensfall bei Erfolgshaftung verfallen oder bei Verschuldungshaftung bis zum Beweis der Unschuld (Verschiebung der Beweislast) einbehalten werden. Derartige Regelungen können das Risiko erheblich mildern, ohne enorme Zusatzkosten zu verursachen. In einer Gesellschaft, in der Reeder aus moralischen Gründen verantwortlich handeln, „spart" die Gesellschaft jegliche Zusatzkosten, wodurch im allgemeinen ein pareto-besseres Ergebnis erzielt werden kann.

Beispiel 3: Ein Pharmaunternehmen produziert ein Medikament, das schmerzlindernde Wirkung besitzt, allerdings einer genauen Dosierung der verwendeten chemischen Substanzen bedarf. Die Herstellungskosten steigen, je genauer die Dosierungen aufeinander abgestimmt werden müssen.

Wiederum ist die Verantwortung des Unternehmens von Bedeutung. Bei geringer Wirkung des Mittels oder unerfreulichen Nebenwirkungen, kann das mit dem Allgemeinzustand des Patienten zu tun haben. Somit ist nicht festzustellen, ob eine schlechte Produktqualität oder die persönlichen Umstände des Patienten für den ausbleibenden Behandlungserfolg maßgeblich sind.

Staatliche Kontrollmaßnahmen sind umso häufiger erforderlich und daher umso kostspieliger, je „verantwortungsloser" sich Unternehmen verhalten. Der moralischen Beurteilung unterliegen in diesem Fall nicht nur die „Unternehmensmoral", sondern auch die Art der Kontrollen und die Ausgestaltung der Haftungsregeln (Verschulden, Beweislast) für den Fall, daß ein Patient zu Schaden kommt.

Beispiel 4: Mancher Ökonom (wie z.B. VON HAYEK) oder Philosoph (wie z.B. ROBERT NOZICK) glaubt an eine „inhärente Vernunft der Praxis", d.h. daran, daß sich in der Realität stets pareto-bessere Zustände durchsetzen werden. Bei Sicherheit erscheint das durchaus plausibel. Die Individuen kennen annahmegemäß alle Alternativen und werden Handlungsmöglichkeiten, mit denen sie ihren Status quo verbessern können, auch durch entsprechende Verträge ausnutzen können, sofern ihre Tauschpartner sich nicht schlechter stellen. Bei asymmetrischen Informationen muß das nicht unbedingt so sein. Wirtschaftssubjekte, die Informationsvorsprünge vor anderen besitzen, haben nicht selten Anlaß, dieses Wissen für sich zu behalten und wirtschaftlich zu ihrem Vorteil zu nutzen. Es ist nicht schwer, sich Situationen vorzustellen, in denen sich Vertragsparteien verbessern könnten, aber angesichts von Informationsasymmetrien und Vertrauensmängeln Veränderungen des Status quo nicht zustimmen, obwohl diese pareto-inferior sind. Der Glaube an die Verbreitung relevanter Informationen an alle, die die Informationen betreffen - wovon HAYEK ausging -, trifft gewiß nicht generell zu, so daß auch die These von der „inhärenten Vernunft der Praxis" nur von begrenzter Reichweite sein kann. Natürlich spielt die individuelle Moral eine bedeutende Rolle dafür, ob Informationsvorsprünge zum individuellen Vorteil genutzt werden oder nicht.

Die obigen Beispiele verdeutlichen, daß bei Vorliegen asymmetrischer Informationen die individuelle Moral bedeutende wirtschaftliche Implikationen haben kann. Beispiel 1 macht deutlich, daß in Extremfällen Märkte bei fehlender individueller Moral gänzlich verschwinden können, obwohl Eigentums- und Strafregelungen existieren. Der Grund liegt in der mangelnden Verifizierbarkeit des individuellen Verhaltens vor Gerichten.

Die Beispiele 2 und 3 illustrieren, daß trotz institutioneller Vorkehrungen, die die negativen Wirkungen von externen Effekten erheblich einzuschränken vermögen, Einzelindividuen der Gesellschaft unerwünscht hohe und kostspielige Risiken auflasten können, wenn sie sich verantwortungslos verhalten.

Dieser Gedanke wird noch einmal allgemein in Beispiel 4 aufgegriffen und erweitert. Es illustriert zusammen mit den anderen Beispielen, daß Rechtsregeln im allgemeinen nicht ausreichen, um pareto-optimale Zustände und Entwicklungen herbeizuführen, sondern daß es dabei in erheblichem Maße auch auf das individuelle Verhalten im Rahmen dieser Rechtsordnung ankommt (siehe dazu auch BAURMANN/KLIEMT 1995).

Hinzu kommt ein weiterer Punkt. Ähnlich wie das bei vielen Verträgen der Fall ist, kann auch die Rechtsordnung nicht Regelungen für alle - insbesondere zukünftige - Eventualitäten treffen. Die Rechtsordnung ist deshalb ebenfalls *notorisch unvollständig*. Individuelles Verhalten kann schon aus diesem Grunde nicht von der Rechtsordnung allein gesteuert und in eine gesellschaftlich erwünschte und effiziente Richtung gelenkt werden.

6. Zusammenfassung

Institutionelle Vorkehrungen sollen verhindern, daß aus Informationsasymmetrien unbillige Vorteile gezogen werden können. Ihre konkrete Ausgestaltung steht anerkanntermaßen auf dem Prüfstand der Moral. Diese Regelungen betreffen ganz allgemein die Vertragsbeziehungen. Sie setzen an bei der Phase der Aushandlung der Verträge (Täuschung etc.), dem Inhalt von Verträgen und der Phase nach Vertragsabschluß (Gewährleistung, Konkursregeln etc.). Fast alle Regeln des Rechts haben verteilungspolitische Implikationen und unterliegen daher schon aus diesem Grund der moralischen Beurteilung.

Da viele Verträge, aber auch die Rechtsordnung selbst, unvollständig, aber auf wechselseitigen längerfristigen Leistungsaustausch hin ausgerichtet sind, spielen individuelle Tugenden wie Vertrauenswürdigkeit, Vertragstreue oder die Achtung der Menschenwürde eine ebenso wichtige Rolle wie die Rechtsordnung und die Qualität der Rechtssprechung, die im Konfliktfalle fehlende Vertragsmerkmale zu ergänzen und etwaige Schäden, dem Grunde und der Höhe nach, festzustellen haben. Dies gilt umso mehr in jenen Bereichen, in denen die Rechtsordnung selbst unvollständige oder in bestimmten Fällen überhaupt keine Regelungen vorsieht.

Es darf allerdings nicht verhehlt werden, daß die Einbeziehung von Unsicherheit und asymmetrischen Informationen auch ihren Preis hat: Die Modelle werden sehr rasch komplex und schwer analysierbar. Die meisten Aussagen werden (zur Zeit noch?) weitgehend aus Partialanalysen gewonnen. Dadurch fehlt ein geschlossenes Totalmodell, das unsere Vorstellungen über die Funktionsfähigkeit von Marktwirtschaften in einer realistischen Weise strukturiert, wie das vordem, wenn auch nur unzureichend, die Theorie des allgemeinen Gleichgewichts getan hat. Die Ausarbeitung eines solcher Art weiter entwickelten Modells wäre für wirtschaftspolitische Analysen und moralische Beurteilungen von erheblicher Bedeutung. Jedenfalls machen die bisherigen Einsichten deutlich, daß der Markt nur ein - wenn auch nach wie vor wichtiger - Allokationsmechanismus unter anderen ist (siehe dazu MIDTTUN/SVINDLAND 1996).

Anmerkungen

1 Für ihre sehr konstruktive Kritik möchte ich mich bei Herrn Kollegen ALBRECHT DIETZ und Herrn MARTIN HELD ganz herzlich bedanken. Natürlich habe sämtliche Mängel des Textes ich zu verantworten.
2 Diese Auffassung läßt sich durch folgendes Beispiel illustrieren: Angenommen, ein Spielleiter wirft nacheinander eine faire Münze. Jeder Mitspieler setzt einen Geldbetrag (z.B. DM 10,-). Der doppelte Geldbetrag wird ausbezahlt, wenn die Münze nach einem Wurf „Adler" zeigt. Der Einsatz verfällt, wenn die Münze „Kopf" zeigt. Jeder Spieler, der sich an diesem Spiel beteiligt, unterwirft sich den so beschriebenen *Regeln*. Vertritt man die Auffassung einer *reinen Regelgerechtigkeit*, dann hat man auch die Ergebnisse dieses fairen Spieles zu akzeptieren, etwa, daß ein Spieler nach wenigen Würfen sein gesamtes Vermögen verloren hat, ein anderer z.B. Millionär geworden ist. Eine nachträgliche Kritik der Ergebnisse ist nach dieser Auffassung unzulässig. Allerdings gilt das nur, wenn sich die Spieler den Regeln freiwillig unterworfen haben.
3 Üblicherweise unterscheidet man im Anschluß an ARISTOTELES Nikomachische Ethik verschiedene Kriterien materialer Gerechtigkeit, insbesondere die *distributive, die kommutative* und die *restributive* Gerechtigkeit. Siehe dazu ausführlicher den Beitrag HELMSTÄDTERs in diesem Band.
4 Diese Herangehensweise an ökonomische Probleme enthält bereits wichtige Vorentscheidungen. Nicht selten sind beispielsweise Anhänger der Spieltheorie eher geneigt, Tauschprobleme grundsätzlich als Gefangenendilemmata zu deuten, vgl. z.B. HARDIN 1982; kritisch dazu z.B. KUBON-GILKE 1995a, b.
5 Die Reduktion auf die Eigeninteressen der Wirtschaftssubjekte bei SMITH und in Teilen der modernen Theorie ist Gegenstand zahlreicher und umfassender Diskussionen. Sehr instruktiv hierzu sind die Ausführungen von WEISE 1995. Siehe dazu auch die Beiträge in dem von BIERVERT und HELD 1991 herausgegebenen Band über das Menschenbild der ökonomischen Theorie, sowie die Beiträge von STURN und WEISE in diesem Band. Vgl. dazu auch HASLINGER und SCHNEIDER 1983 sowie HASLINGER 1985. Die weiteren Überlegungen in diesem Beitrag zeigen, daß egoistisches Verhalten als gesellschaftliches Grundmuster im allgemeinen gesellschaftlich ineffiziente Konsequenzen zur Folge hat. Darüber hinaus wurde in zahlreichen Experimenten nachgewiesen, daß sich die Teilnehmer überwiegend nicht-egoistisch verhalten (vgl. dazu z.B. die zahlreichen Beiträge in den Jahrbüchern 11, 12 und 13 von *Ökonomie und Gesellschaft*, Campus-Verlag).
6 Die Unvollkommenheit und Nichtexistenz von Märkten, auf denen Externalitäten gehandelt werden, lassen sich letztendlich, wie weiter unten ausgeführt wird, auf das Vorhandensein asymmetrischer Informationen zurückführen.
7 Zwei Bemerkungen hierzu. Der Umstand, daß in den folgenden beispielhaften Erörterungen nur von negativen externen Effekten die Rede ist, soll natürlich nicht die Existenz von positiven externen Effekten leugnen. Ökonomisch sind nur die sogenannten

nichtpekuniären externen Effekte, bei deren Vorliegen keine oder unzureichende Entschädigungen bezahlt werden. Danach ist das Vorhandensein externer Effekte auf's Engste mit der Frage der Existenz von Wettbewerbsmärkten verbunden.

8 Natürlich bleibt dabei immer Raum für Detaillierungen, etwa durch Zuordnung der Norm zum Privatrecht (individueller Rechtsanspruch, auf dessen Geltendmachung der Einzelne auch verzichten kann) oder zum öffentlichen Recht (Zuwiderhandeln wird öffentlich verfolgt).

9 Im folgenden wird gezeigt, daß die Rechtsdurchsetzung aufgrund schwieriger Verifikationen in der Regel kostspielig ist. Gerade darin besteht das Problem der externen Effekte: Es ist nicht so sehr ein Problem der Zuteilung von Eigentumsrechten, sondern eines der Durchsetzung von Eigentumsrechten infolge asymmetrisch verteilter Informationen.

10 Die Diskussionen im Zusammenhang mit den Grundlagen der Geldtheorie haben verdeutlicht, daß die Gleichgewichtstheorie streng genommen nur eine Theorie der Kompatibilität von Tauschplänen mittels Preisen liefert. Die Preisbildung selbst und die für die Kontrakterfüllung notwendigen Tauschhandlungen sind explizit nicht Gegenstand der Theorie. Dadurch werden, um ihren Realitätsbezug herzustellen, metaphorische prozessuale Ergänzungen hinzugefügt, wie sie z.B. mit der Vorstellung von Tatônnement-Prozessen einhergehen.

11 Natürlich läßt sich in die allgemeine Gleichgewichtstheorie auch Unsicherheit einbeziehen, indem man - wie das ARROW vorgeschlagen hat - zustandsabhängige Kontrakte einführt, die nur wirksam werden, wenn ein bestimmter Umweltzustand eintritt. Allerdings ist die Bildung von Wettbewerbsmärkten für viele Güter angesichts der auftretenden Verifikations- und moral hazard-Probleme äußerst unwahrscheinlich und in der Realität nicht gegeben. Dadurch ergeben sich praktisch die im Text aufgezeigten Probleme.

12 Ähnliche Überlegungen finden sich auch in den verschiedenen Texten in dem Band *Zeit in der Ökonomik;* insbesondere sei auf die Thesen 1-8 im Beitrag von BIERVERT und HELD 1995, S. 7-32, in diesem Band hingewiesen, die wichtige Grundeinsichten elegant auf den Punkt bringen.

13 In diesem Beispiel wird unterstellt, daß die Versicherungsanbieter in vollkommener Konkurrenz stehen, aktuarisch-faire Prämien verlangen und sich moralisch korrekt verhalten.

Literaturverzeichnis

BAURMANN, M. und KLIEMT, H. (1995). Zur Ökonomie der Tugend. *Ökonomie und Gesellschaft, Jahrbuch 11,* 13-44.

BIERVERT, B. und HELD, M. (Hg.) (1991). *Das Menschenbild der ökonomischen Theorie.* Frankfurt am Main/New York: Campus.

-"- (Hg.) (1995). *Zeit in der Ökonomik.* Frankfurt am Main/New York: Campus.

COASE, R. (1937). The Nature of the Firm. *Economica,* 4, 386-405.

-"- (1960). The Problem of Social Cost. *The Journal of Law and Economics,* 3, 1-44.

DE GIJSEL, P. und HASLINGER, F. (1987). Geld und Erwartungen: Keynes'sche Themen in der neueren Theorie. *Ökonomie und Gesellschaft, Jahrbuch 5,* 161-184.

HARDIN, R. (1982). Exchange Theory on Strategic Basis. *Social Science Information,* 21, 251-272.

HASLINGER, F. (1978). Zur mikroökonomischen Fundierung der Geldtheorie. In: HELMSTÄDTER, H. (Hg.). *Neuere Entwicklungen in den Wirtschaftswissenschaften.* Berlin: Duncker & Humblot, 275-292.

-"- (1979). Money and Barter in General Equilibrium. *Zeitschrift für Nationalökonomie,* 39, 385-400.

-"- (1985). Reciprocity, Loyalty, and the Growth of the Underground-Economy: A Theoretical Note. *European Journal of Political Economy,* 1, 309-323.

HASLINGER, F. und SCHNEIDER, J. (1983). Die Relevanz der Gleichgewichtstheorie als Grundlage der ordnungs- und wirtschaftspolitischen Diskussion. *Ökonomie und Gesellschaft, Jahrbuch 1,* 1-55.

HELLWIG, M. (1993). The Challenge of Monetary Theory. *European Economic Review,* 37, 215-242.

KELSEN, H. (1960). *Reine Rechtslehre.* 2. Aufl., Wien: Deuticke.

KUBON-GILKE, G. (1995a). Nützlichkeit versus Moral. *Ökonomie und Gesellschaft, Jahrbuch 11,* 210-239.

-"- (1995b). Moralische Kosten und die Endogenisierung von Präferenzen in der Neuen Institutionen-Ökonomik. In: SEIFERT, E.K. und PRIDDAT, B.P. (Hg.). *Neuorientierungen in der ökonomischen Theorie.* Marburg: Metropolis, 271-317.

MIDTTUN, A. und SVINDLAND, E. (1996). The Political Economy of Economic Transition. *EMERGO,* 3, 16-33.

NOZICK, R. (1974). *Anarchy, State, and Utopia.* Oxford: Basil Blackwell.

RAWLS, J. (1972). *A Theory of Justice.* Oxford: University Press.

WEISE, P. (1995). Moral: Die Handlungsbeschränkung für die Deppen? In: SEIFERT, E.K. und PRIDDAT, B.P. (Hg.). *Neuorientierungen in der ökonomischen Theorie.* Marburg: Metropolis, 73-105.

Ulrike Knobloch

Effizienz als oberster Wert?
Eine Auseinandersetzung mit den Antworten institutioneller Ökonomik

Aus der Sicht einer Wirtschaftsethikerin kann die Frage „Effizienz als oberster Wert?" nicht anders als rhetorisch verstanden werden. Effizienz kann nicht - und das ist als Positionsbeschreibung gleich am Anfang festzuhalten - oberster Wert einer Gesellschaft sein, will sie nicht zu einer reinen Wirtschaftsgesellschaft degenerieren. Doch wenn schon nicht für die Gesellschaft als Ganzes, kann Effizienz dann zumindest der übergeordnete Wert innerhalb der ökonomischen Theorie sein? Dazu müßten Wirtschaft und Gesellschaft voneinander getrennt werden können - eine Vorstellung, der ein verkürztes Wirtschafts- und Wirtschaftsethikverständnis zugrunde liegt.

Mit diesen wenigen Sätzen befinde ich mich schon mitten im Thema, das ich hier erst langsam entwickeln möchte, indem ich zunächst den Effizienzbegriff der ökonomischen Theorie kläre (1.), ihn mit einer moralischen Position konfrontiere (2.) und seinen Stellenwert in den drei wesentlichen Ansätzen institutioneller Ökonomik herausarbeite (3.). Mit meinen Ausführungen knüpfe ich an einzelne Beiträge dieser Reihe über die normativen Grundfragen der Ökonomik an und folge der Richtung, wie sie schon von BERND BIERVERT und MARTIN HELD im ersten Tagungsband vorgezeichnet wurde (1987, S. 9): Es sollen „verschüttetes Wissen freigelegt und moderne Ansätze der utilitaristischen, vertragstheoretischen, eigentums- und verfügungsrechtlichen sowie neueren institutionalistischen Diskussion analysiert und in Ansätzen weiter entwickelt werden".

1. Effizienzbegriff

Effizienz[1] ist wohl *die* zentrale ökonomische Kategorie schlechthin. Sie ist eng verbunden mit weiteren, für die ökonomische Wissenschaft konstitutiven Begriffen wie Markt, Preis, ökonomische Rationalität, Allokation, Produktivität und Konsumentensouveränität. In der wirtschaftswissenschaftlichen Mainstream-Literatur werden drei Effizienzbegriffe unterschieden: (1) technische, (2) mikroökonomisch allokative und (3) gesellschaftlich allokative Effizienz.

(1) Als *technisch effizient* wird ein Produktionsprozeß bezeichnet, bei dem keine Ressourcen und keine Produktionsfaktoren verschwendet werden. Wenn sich die Betrachtung auf den Energieverbrauch von einzelnen Maschinen oder den Arbeitseinsatz für bestimmte Produkte bezieht, ist die Auswahl der technisch effizienten Alternative bei gegebenem Stand von Technik und Organisation vorgegeben: Es ist diejenige Alternative, bei der die Maschinen möglichst wenig Rohstoffe verbrauchen oder für die Güterproduktion möglichst wenig Arbeitsaufwand erforderlich ist. Da sich der Wirkungsgrad durch technische oder organisatorische Neuerungen erhöhen läßt, ist die Bestimmung der technisch effizienten Alternative viel weniger eindeutig, als dies die einfache Definition zunächst vermuten läßt.

(2) In der *Mikroökonomik* wird mit Hilfe des Effizienzbegriffs die Allokation verschiedener Ressourcen und Produktionsfaktoren vor allem in Unternehmen beurteilt. Die Produktion einer bestimmten Gütermenge wird als effizient bezeichnet, wenn Ressourcen und Produktionsfaktoren so kombiniert werden, daß die Kosten für das Unternehmen minimal sind. Im Produktionsoptimum ist es dann nicht mehr möglich, von einem Gut mehr und von allen anderen Gütern mindestens genausoviel herzustellen. Voraussetzung für das Kriterium mikroökonomisch allokativer Effizienz ist die Bewertung der verschiedenen alternativ einsetzbaren Faktormengen und zu erzeugenden Gütermengen anhand eines einheitlichen Maßstabs. Nur auf der Grundlage einer solchen Bewertung kann die kostengünstigste Kombination ermittelt werden. Die Bewertung erfolgt üblicherweise über die Preise, die sich für die einzusetzenden Faktormengen und zu erzeugenden Gütermengen auf den Faktor- und Gütermärkten bilden. Damit verlagert sich die Untersuchung von der Effizienz zur Frage danach, wie Preise bestimmt werden (CLEVELAND 1978, S. 141).

(3) In der *Wohlfahrtsökonomik* wird der Effizienzbegriff für die Beurteilung der Ressourcenallokation und der Güterverteilung auf nationaler Ebene verwendet.[2] Auf diesen Ergebnissen aufbauend wird der Effizienzbegriff dann auch zur Beurteilung alternativer wirtschaftspolitischer Maßnahmen und ganzer Wirtschaftssysteme verwendet. Es wurde nach einem Kriterium gesucht, das darüber Auskunft gibt bzw. geben soll, ob wirtschaftspolitische Maßnahmen zu Wohlfahrtssteigerungen führen, ohne zu Verteilungsproblemen und den damit verbundenen interpersonellen Nutzenvergleichen Stellung zu nehmen. Ein solches Kriterium ist die heute in der ökonomischen Mainstream-Literatur weit verbreitete *Pareto-Effizienz*. Danach ist ei-

ne optimale Allokation der Ressourcen und Produktionsfaktoren auf gesellschaftlicher Ebene erreicht, wenn niemand besser gestellt werden kann, ohne daß gleichzeitig ein anderer schlechter gestellt wird. Ein Pareto-Optimum ist dann dadurch gekennzeichnet, daß ein Wirtschaftssubjekt eine Wohlfahrtssteigerung nur noch zu Lasten eines anderen Wirtschaftssubjektes erreichen kann. Über wirtschaftspolitische Maßnahmen, die einige oder auch nur einen Menschen zugunsten anderer schlechter stellen, will und kann das Pareto-Kriterium nichts aussagen.

Die ökonomische Effizienz ist in beiden Ausprägungen - als Minimalkostenkombination für die Unternehmen und als Pareto-Effizienz für die Gesellschaft als Ganzes - eng mit dem Ideal der freien Marktwirtschaft verbunden. Unter der Annahme, daß der Markt vollständig funktioniert, erhält man als Ergebnis eine effiziente Allokation aller Ressourcen. Der Glaube, daß ein solcher Markt „ohne institutionelle Struktur" (EATWELL 1994, S. 38) durch die effiziente Ressourcen- und Faktorallokation zugleich auch das Gemeinwohl aller verwirklichen können soll, kann jedoch nicht unhinterfragt bleiben.

2. Effizienz und Moral

In der wirtschaftswissenschaftlichen Literatur finden wir immer wieder Formulierungen und Aussagen, wie: „Effizienz fördert Gerechtigkeit", „Gleichheit steigert ökonomische Effizienz" (z.B. BOHM 1973, S. XIII; EATWELL 1994, S. 47). Daraus könnte zweierlei abgeleitet werden:

- Effizienz steht nicht (immer und automatisch) in Widerspruch zur Moral, zu Gleichheit und Gerechtigkeit.
- Effizienz wäre der oberste Wert und könne Gleichheit und Gerechtigkeit ersetzen.

Während die erste Folgerung, daß Effizienz nicht in Widerspruch zur Moral stehen muß, plausibel ist, ist der zweiten Folgerung vehement zu widersprechen. Denn dem Effizienzbegriff fehlt die Qualität eines obersten Moralprinzips.

Um dies zu verdeutlichen, soll hier einmal von der kontrafaktischen Annahme ausgegangen werden, daß Effizienz oberster Wert sei. Wenn zudem davon ausgegangen wird, daß effiziente Lösungen zwar nicht in Widerspruch zur Moral stehen, aber auch nicht automatisch zu Gerechtigkeit und Gleichheit führen, bleibt die entscheidende Frage offen: Was geschieht dann, wenn gerechte und die Chancengleichheit vergrößernde Maßnahmen nicht effizient sind bzw. wenn eine Maßnahme zwar die grundlegenden Rechte der Menschen schützt, aber ineffizient ist? Effizienz als oberstes Kriterium würde zum einen verlangen, daß effiziente Maßnahmen, die ungerecht sind, durchgeführt werden müssen, und zum anderen, daß ineffiziente Maßnahmen, die gerecht sind, zu unterlassen sind. Wird dann auf die gerechten Maßnahmen um der Effizienz willen verzichtet? Sollen dann sogar grundsätzliche Überlegungen über Menschenrechte und -würde dem Effizienzdenken unterliegen? Können berechtigte Ansprüche der Menschen - *anders* als in der Sprache der Effizienz - dann überhaupt noch zur Sprache gebracht werden?

Diese allgemeinen Betrachtungen sollen jetzt anhand der drei unterschiedenen Effizienzbegriffe spezifiziert werden. Das technische Effizienzkriterium hat einen wohl für jeden plausiblen Inhalt: Knappe Ressourcen und Produktionsmittel sollen nicht verschwendet werden. Ihr wirksamer Einsatz ist daher wünschenswert und sinnvoll. Darüber hinaus sind mit dem Kriterium technischer Effizienz aber auch Fragen verbunden, die über es hinausweisen, die also nicht wiederum mit Hilfe dieses Kriteriums beantwortet werden können, etwa Fragen nach der Sozialverträglichkeit technisch effizienter Lösungen (z.B. bei der Energieerzeugung) oder nach den Grenzen der Instrumentalisierung des Menschen im Namen der betrieblichen Effizienz.

Auch im Zusammenhang mit der mikroökonomischen Allokationseffizienz stellen sich zahlreiche Fragen, die nicht wiederum mit Bezug auf dieses Kriterium beantwortet werden können, sondern die *vorab* - also vor allen Effizienzgesichtspunkten - einer Klärung bedürfen. Dabei handelt es sich vor allem um Fragen, die sich mit den bisher institutionalisierten Regelungen bezüglich der Produktionsfaktoren und Produktionskosten auseinandersetzen: Welche Faktoren sind von den Unternehmen als Produktionsfaktoren zu betrachten und wer entscheidet darüber? Gehören zu den Produktionsfaktoren z.B. auch die Natur und die zahlreichen reproduktiven Tätigkeiten, die das Wirtschaftsleben überhaupt erst ermöglichen? Welche Kosten der Produktion fallen für die Gesellschaft an und welche dieser Kosten werden von den Unternehmen berücksichtigt? Solche und ähnliche Fragen bleiben bei einer reinen Effizienzbetrachtung aus der Untersuchung ausgeklammert und die bisherigen Regelungen werden, auch wenn sie mit Ungerechtigkeiten verbunden sind, beibehalten.

Grundlegende moralisch-ethische Fragen stellen sich dann aber vor allem im Zusammenhang mit dem Pareto-Kriterium, wenn es als alleiniges Entscheidungskriterium über wirtschaftspolitische Maßnahmen herangezogen wird. Denn das Pareto-Kriterium sagt zum einen nichts über die Ausgangsverteilung von Einkommen, Gütern und Ressourcen aus, und zum anderen auch nichts (mehr) über entgegengesetzte Verteilungswirkungen.[3] Das Pareto-Kriterium beschränkt sich auf Aussagen über die Effizienz bei einer als *gegeben* hingenommenen Ausgangsverteilung von Einkommen, Gütern und

Ressourcen. Der Status quo wird nicht in die Untersuchung miteinbezogen. Zentrale Fragen der Verteilungsgerechtigkeit bleiben daher in der paretianischen Wohlfahrtsökonomik von vornherein ausgeklammert. An die Stelle einer verteilungspolitischen Diskussion tritt die Orientierung und Festschreibung des Status quo mit all seinen möglichen Ungerechtigkeiten. Doch wenn ethisch-moralische Fragen anstehen, muß auch der Status quo zur Diskussion gestellt werden können, da er nicht schon von vorneherein als legitim angesehen werden kann. Darüber hinaus läßt das Pareto-Kriterium aber auch innerhalb seines Geltungsbereichs offen, ob nicht weitere Personen - jenseits der reinen Allokationsentscheidungen - von den Handlungen betroffen sind (Stichwort: externe Effekte) und wenn ja, wie diese Betroffenen zu berücksichtigen sind.

Da die ethische Grundlage des Effizienzdenkens die utilitaristische Ethik ist (BIRNBACHER 1989, S. 15), unterliegt das Effizienzdenken den gleichen Schwierigkeiten wie der Utilitarismus. Die neuere Wohlfahrtsökonomik hat sich zwar gegen die utilitaristische Vorstellung der kardinalen Nutzenmessung und interpersonellen Nutzenvergleichbarkeit gewandt und an ihre Stelle die ordinale Nutzenmessung gesetzt, die ohne interpersonelle Nutzenvergleiche auszukommen versucht. Dennoch verbleibt auch das paretianische Konzept durch seine Konzentration auf Nutzenaspekte dem utilitaristischen Denken verhaftet.

Utilitaristische Effizienzüberlegungen sind immer nur Klugheitsüberlegungen. Ein vorgegebener Zweck - z.B. die Maximierung des Gesamtnutzens - wird mit den geeigneten Mittel zu erreichen versucht. Über die Zwecke und deren Erwünschtheit ist damit aber nichts ausgesagt. Die Beurteilung nach Effizienzgesichtspunkten ist abhängig von den gesteckten Zielen. Effizient ist eine Handlung immer nur in bezug auf ein vorgegebenes Ziel. Die Ziele selbst sind durch Effizienzvorstellungen nicht legitimierbar. Wie werden aber dann die *Ziele des wirtschaftlichen Handelns* bestimmt? Wer ist an einer solchen Zielbestimmung beteiligt? Wie wird darüber entschieden, für wen denn überhaupt wirtschaftliches Handeln effizient sein soll? Auf diese Fragen kann die utilitaristische Ethik keine Antwort geben. Hier liegt ihr wesentliches Begründungsproblem, das nur von einer Moral, die Werte an sich in ihre Betrachtung aufnimmt, gelöst werden kann.

Zwar kann auch im utilitaristischen Prinzip eine Art Gerechtigkeitsprinzip gesehen werden, denn jeder Mensch, genauer der individuelle Nutzen jedes Menschen zählt im Utilitarismus gleich viel (TUGENDHAT 1993, S. 326; siehe auch SEN 1992, S. 137). Und zudem liegt der Orientierung am individuellen Nutzen die berechtigte Vorstellung zugrunde, daß jeder am besten selbst weiß, welche Güter und Dienstleistungen er benötigt. Darüber hinaus fließt aber kein weiteres Gerechtigkeitskriterium - etwa das der gleichen Rechte - in die Entscheidungen über wirtschaftspolitische Maßnahmen ein. Als moralisch richtig wird von mehreren Alternativen dann diejenige angesehen, bei der die Summe der individuellen Nutzen am größten ist. Nach dem utilitaristischen Handlungskriterium ist es somit nicht nur zulässig, sondern geradezu moralisch gefordert, Menschen ungerecht zu behandeln oder sogar ihre grundlegenden Rechte zu verletzen, wenn der Gesamtheit daraus ein höherer Nutzen erwächst - eine Position die unhaltbar ist.

In kritischer Auseinandersetzung mit dem Utilitarismus hat der Philosoph JOHN RAWLS (1979) gezeigt, daß das Pareto-Prinzip, das allein keine bzw. nur eine sehr begrenzte Gerechtigkeitsvorstellung enthält, um zwei Gerechtigkeitsprinzipien zu erweitern ist. Diese Gerechtigkeitsprinzipien gewinnt er durch ein Gedankenexperiment. Er nimmt an, daß sich rationale Personen in einem fiktiven Urzustand, in dem sie nicht wissen, welche Position sie in der Gesellschaft einnehmen werden, auf zwei Prinzipien einigen: auf das *Prinzip der maximalen individuellen Freiheit* und das *Differenzprinzip*, welches besagt, daß Ungleichheiten der Verteilung nur dann zulässig sind, wenn die am schlechtesten Gestellten in der Gesellschaft davon einen Vorteil haben. Durch diese beiden Gerechtigkeitsprinzipien gewinnt RAWLS' Theorie in zweifacher Weise moralischen Gehalt. Das Freiheitsprinzip hat immer absoluten Vorrang, so daß das Recht auf gleiche Grundfreiheiten nicht eingeschränkt werden darf, auch nicht zugunsten eines höheren allgemeinen Wohlstands oder größerer wirtschaftlicher Effizienz. Und das Differenzprinzip „beseitigt die Unbestimmtheit des Pareto-Prinzips, indem es eine bestimmte Position auszeichnet, von der aus die gesellschaftlichen und wirtschaftlichen Ungleichheiten der Grundstruktur zu beurteilen sind" (RAWLS 1979, S. 95 f.).

Trotz seiner Kritik am Utilitarismus löst sich RAWLS nicht völlig vom utilitaristischen Denken, wie an seiner Argumentation im Zusammenhang mit dem Differenzprinzip deutlich wird. Dort argumentiert er, daß eine Ungleichverteilung den Gesamtreichtum dann erhöht, wenn die am schlechtesten Gestellten mehr erhalten, als sie sonst erhalten würden. In diesem Fall scheint es sinnvoll anzunehmen, daß die Ungleichverteilung auch aus der Perspektive derjenigen, die weniger erhalten, bevorzugt wird. Dies ist dann aber wiederum nur ein utilitaristischer Standpunkt, und noch kein darüber hinaus gehender moralischer Standpunkt (TUGENDHAT 1993, S. 386). Auch die Einigung auf die beiden Gerechtigkeitsprinzipien erfolgt nicht aus moralischen, sondern nur aus *strategischen* Überlegungen, da in einer Situation der Unsicherheit über die eigene Zukunft jeder in die Lage der am schlechtesten Gestellten geraten könnte (MERAN 1991, S. 120 ff.).

Eine von allen utilitaristischen Argumentationen gelöste Moral basiert demgegenüber in der kantschen Tradition nur noch auf der gleichen Achtung aller Menschen, worin auch das Gebot des Nichtinstrumentalisierens des Menschen enthalten ist (TUGENDHAT 1993, S. 80 ff.). Universelle Achtung und das Gebot des Nichtinstrumentalisierens gelten *an sich* und nicht wiederum mit Blick auf Effizienz und Nützlichkeit.

Von einigen Ökonomen, die die Grenzen der Pareto-Effizienz als wirtschaftspolitisches Entscheidungskriterium erkennen, wird gefordert, daß *neben* das Effizienzkriterium ein weiteres Wertkriterium treten muß. So schreibt z.B. KURT ROTHSCHILD, „daß das Marktpostulat für sich allein noch nicht Anspruch auf Wertpriorität beanspruchen kann, sondern daß ethisch-soziale Kriterien *hinzukommen* müssen" (1992, S. 34, Hvhg. UK). Doch solche Forderungen lassen offen, um welches Kriterium es sich dabei handelt, und welcher Stellenwert ihm innerhalb der Ökonomik zukommen soll. Doch ein Moralkriterium kann nicht einfach *neben* das Effizienzdenken gestellt werden, sondern es ist eine *systematische Verbindung* zwischen beiden Perspektiven anzustreben. Ob die Versuche, die im Rahmen der institutionellen Ökonomik unternommen wurden, dabei helfen können, soll im folgenden untersucht werden.

3. Effizienz in den Ansätzen institutioneller Ökonomik

Es werden hier drei Ansätze institutioneller Ökonomik unterschieden: der (alte) Institutionalismus, die ökonomische Theorie der Institutionen und die kritische Institutionenethik.

3.1. Effizienz im Institutionalismus

THORSTEIN B. VEBLEN, der den Institutionalismus Ende des 19. Jahrhunderts begründete, entwickelte in kritischer Auseinandersetzung mit der damals aufkommenden neoklassischen Ökonomik eine eigene Methode ökonomischer Analyse, die nicht auf dem Utilitarismus basiert, sondern seine Grundlagen im amerikanischen Pragmatismus hat. Zur ersten Generation der Institutionalisten gehören zudem JOHN R. COMMONS und WESLEY C. MITCHELL. Zu den Nachfolgern sind so bekannte Ökonomen wie K. WILLIAM KAPP und JOHN K. GALBRAITH zu rechnen. Heute erlebt dieser Ansatz institutioneller Ökonomik eine Renaissance, wie an zahlreichen neueren Veröffentlichungen auch im deutschsprachigen Raum zu erkennen ist (z.B. REUTER 1994; PALITZSCH 1995; PENZ/WILKOP 1996).

Von den Institutionalisten wird das ganze historisch gewachsene institutionelle Umfeld wirtschaftlichen Handelns als konstitutiv für die ökonomische Theoriebildung mit in die Betrachtung einbezogen. Schon Anfang des Jahrhunderts haben sich die Institutionalisten mit den Eigentums- und Verfügungsrechten sowie anderen Institutionen auseinandergesetzt. Für die ökonomische Theorie von großer Bedeutung ist das damit einhergehende -

im Vergleich zur neoklassischen Mainstream-Ökonomik - grundlegend andere Menschenbild und das andere Verständnis vom Markt: Mensch und Markt werden als in Institutionen eingebunden betrachtet. Die Menschen werden nicht mehr nur als am individuellen Nutzen orientiert handelnde Wesen konstruiert, sondern ihre Handlungen gelten als durch das soziale Umfeld maßgeblich beeinflußt. Dieses soziale Umfeld wird jedoch nicht unhinterfragt als Status quo akzeptiert, sondern die historisch gewachsenen Machtstrukturen werden kritisch beleuchtet. Auch der Markt wird nicht als neutrales Steuerungsinstrument zur effizienten Ressourcenallokation angesehen, sondern die Entstehung der heutigen Besitzverhältnisse wird hinterfragt. Daraus folgt nicht, daß im Institutionalismus der Effizienzgedanke fallengelassen wird, aber es kommt ihm eine weit weniger dominante Bedeutung zu als in der Mainstream-Ökonomik.

Auf die Ausführungen von JOHN R. COMMONS und K. WILLIAM KAPP zur Effizienz und deren Einbettung in ihre Theorie möchte ich hier etwas näher eingehen. Für COMMONS ist Effizienz ein zentraler Begriff; er macht ihn zu einem seiner Grundprinzipien institutioneller Ökonomik (1990, S. 268 ff.). Maßstab für die Effizienz ist bei ihm das Verhältnis von Output per Stunde zu Input per Stunde, wobei die Maßeinheit die Arbeitsstunde ist.[4] Der Effizienzbegriff ist von daher weitgehend auf die Bewertung der Arbeit innerhalb der Unternehmen beschränkt.

Sich entwickelnde Eigentums- und Nutzungsrechte betrachtet COMMONS dagegen nicht unter dem Effizienz-, sondern unter dem Gerechtigkeitsaspekt (COMMONS 1995). Für die Entwicklung von Eigentumsrechten ist entscheidend, daß dadurch allen Menschen ein rechtmäßiger Zugang zu Chancen und Möglichkeiten verschafft wird. Dabei ist mit „rechtmäßig" die Vorstellung verbunden, daß sich die Partizipationsmöglichkeiten für immer größere Bevölkerungskreise kontinuierlich erweitern (REUTER 1994, S. 38). Bei COMMONS wird damit also Chancengleichheit, und nicht Effizienz, zum obersten Wert (DUGGER 1980, S. 46). Allerdings leitet er daraus keine politischen Forderungen ab, sondern er beschränkt sich weitgehend darauf, in der amerikanischen Rechtsgeschichte die Orientierung an bzw. die Abweichung von diesem Kriterium aufzuzeigen.

Im Unterschied zu COMMONS setzt *KAPP* dem Effizienzbegriff kein höherrangiges Kriterium entgegen, sondern erweitert ihn zu einem Begriff sozialer Effizienz, in den ein Moralkriterium einfließt. Ausgehend von den menschlichen Grundbedürfnissen sollen „existentielle Minima" festgelegt werden, die als „grundlegende Normen für eine pragmatisch-rationale Ressourcenallokation" (KAPP 1987, S. 205) zu definieren sind. In die Entscheidungsfindung über die Allokation von Mitteln und die Verteilung von Einkommen fließen dann „pragmatische Kriterien einer Grundgerechtigkeit" (S. 207) ein.

Mit seinem Konzept existentieller Minima möchte KAPP objektive Kriterien der menschlichen Wohlfahrt und Bedürfnisbefriedigung ermitteln, anhand derer die Effizienz gegebener ökonomischer Systeme bestimmt werden kann. Die Befriedigung menschlicher Grundbedürfnisse wird zum Ausgangspunkt der ökonomischen Analyse gemacht, wobei festgestellt werden soll, inwieweit ihre tatsächliche Befriedigung hinter bestimmten Normen zurückbleibt. Diese Orientierung an den tatsächlichen menschlichen Bedürfnissen unterscheidet KAPPs Konzept vom utilitaristischen Nutzenkonzept, das die am Markt geäußerten Bedürfnisse in den Mittelpunkt stellt.

KAPP versucht, die Ungerechtigkeiten des Marktsystems dadurch abzumildern, daß in seinem erweiterten Effizienzbegriff die Befriedigung der Grundbedürfnisse aller Menschen berücksichtigt wird, und somit die Befriedigung dieser Grundbedürfnisse sichergestellt ist. Durch die Einführung solcher objektiver Kriterien soll die sich im Marktprozeß ergebende Verteilung so verändert werden, daß jeder zumindest das zum Leben Notwendige erhält. Doch diese um objektive Kriterien erweiterte Effizienz bringt uns in große Schwierigkeiten. Denn wie sollte eine solche erweiterte Effizienz in den Markt eingebaut werden können? Wie kann im Wirtschaftsgeschehen gewährleistet werden, daß die erweiterte und nicht die enge Effizienzvorstellung verwirklicht wird? KAPPs Ausführungen lassen offen, wie ein solcher Maßstab innerhalb des Marktsystems zum Zuge kommen kann. So einleuchtend die Idee der sozialen Minima auf den ersten Blick ist, so unklar bleibt bei näherer Betrachtung, wie und durch wen sie festgelegt und in das Marktsystem eingebracht werden soll.

Übersicht 1: Einbindung des Effizienzdenkens auf der institutionellen Ebene des Institutionalismus

---

Ebene der institutionellen Regelungen
Einbindung der Effizienzperspektive durch die in den institutionellen Regelungen enthaltenen Moralkriterien

- *Philosophische Grundlage*:
  Pragmatismus (vor allem bei COMMONS explizit)
- *Moralperspektive*:
  Gerechtigkeit, Chancengleichheit als oberster Wert
- *Effizienzperspektive*:
  begrenzte Gültigkeit des Effizienzdenkens, bzw. bei KAPP Erweiterung des Effizienzdenkens um die Moralperspektive

---

Für COMMONS - und so auch für viele andere Institutionalisten - steht nicht der Effizienzgedanke im Vordergrund, sondern, wenn es um die Beurteilung von Institutionen, ihre Entstehung und Gestaltung geht, werden Moralkriterien wie Gerechtigkeit und Chancengleichheit zugrunde gelegt. Dagegen versucht KAPP durch eine Erweiterung des Effizienzkriteriums, moralische Werte - insbesondere den Gedanken der an den Bedürfnissen der Menschen ansetzenden Grundgerechtigkeit - zu integrieren. Für die Institutionalisten sind demnach Fragen der Effizienz wichtig, stehen aber nicht an vorderster Stelle, sondern dem Effizienzdenken sind Moralkriterien vorgelagert, um wirtschaftliches Handeln über den individuellen Nutzen hinaus zu legitimieren. In der Übersicht 1 finden sich die wichtigsten Überlegungen zum Institutionalismus.

3.2. Effizienz in der ökonomischen Theorie der Institutionen

Viel später als der Institutionalismus hat auch die heute vorherrschende, neoklassisch geprägte Ökonomik die Notwendigkeit erkannt, sich mit der Entstehung und dem Wandel von Institutionen zu beschäftigen. Das in den 70er Jahren von HANS ALBERT beklagte „institutionalistische Vakuum" (1977, S. 203) innerhalb dieser Richtung ökonomischer Wissenschaft ist mittlerweile durch eine intensive Beschäftigung mit institutionellen Fragen gefüllt worden. Hier interessieren vor allem die ökonomische Theorie der Verfügungsrechte und die damit zusammenhängende Transaktionskostentheorie sowie die ökonomische Theorie der Verfassung und die darauf aufbauende ökonomische Theorie der Moral. Trotz ihrer Heterogenität sollen diese Ansätze unter dem Begriff „ökonomische Theorie der Institutionen" zusammengefaßt werden.

Der *ökonomischen Theorie der Verfügungsrechte* in der Tradition von RONALD H. COASE (1960) geht es - wie schon dem Institutionalismus - darum, das wirtschaftliche Handeln nicht losgelöst von dem institutionellen Rahmen zu sehen, sondern insbesondere die rechtlichen Regelungen mit in die Betrachtung einzubeziehen. Im Unterschied zum Institutionalismus wird die Fragestellung in der ökonomischen Theorie der Verfügungsrechte dann allerdings stark eingeschränkt: Es wird nur untersucht, wie alternative Ausgestaltungen von Eigentums- und Verfügungsrechten über Ressourcen das Verhalten der Wirtschaftssubjekte beeinflussen. Dem liegt die Annahme zugrunde, daß alternative Institutionen, die hier als Spezifikationen komplexer Verfügungsrechtsstrukturen betrachtet werden, unterschiedliche Anreize bzw. Hemmnisse für die Betroffenen schaffen und damit deren Verhalten beeinflussen. Der Neuigkeitsgehalt der ökonomischen Theorie der Verfügungsrechte liegt dann aber lediglich darin, daß nun auch alternative institutionelle Arrangements unter der Effizienzperspektive betrachtet werden.

Dadurch wird das utilitaristische Kalkül auf die Anreize und Sanktionen, die durch unterschiedliche institutionelle Regelungen bewirkt werden, ausgeweitet.

OLIVER E. WILLIAMSON (1985) integriert die Theorie der Verfügungsrechte in die *Transaktionskostentheorie*.[5] Als Transaktionskosten werden alle Kosten im Zusammenhang mit der Durchsetzung der Verfügungsrechte, dem Erwerb solcher Rechte sowie der damit verbundenen Informationsbeschaffung und -verarbeitung bezeichnet. Auf die Frage, welche Bedeutung die Transaktionskosten für die Herausbildung von Institutionen haben, lautet die Antwort dieser Theorie: Die Senkung der Transaktionskosten ist der entscheidende Antrieb für die Entstehung und den Wandel von Institutionen. Daraus wird dann das folgende Entscheidungskriterium hergeleitet: Unter mehreren möglichen institutionellen Alternativen wird diejenige gewählt, mit der die geplanten Transaktionen am kostengünstigsten, d.h. am effizientesten abgewickelt werden können. Die Transaktionskostenminimierung wird hier also zum obersten Entscheidungsprinzip.

Schon in der ökonomischen Theorie der Verfügungsrechte und der Transaktionskostentheorie wird die später von BUCHANAN klar herausgearbeitete Unterscheidung zwischen Rechtsebene und Handlungsebene angedeutet: Die Rechtsebene, auf der institutionelle Verfügungsordnungen festgelegt werden, ist der Handlungsebene, auf der Individuen von den ihnen verfügbaren Ressourcen ökonomischen Gebrauch machen, vorgelagert. Allerdings bleibt auf beiden Ebenen das Effizienzdenken dominant. Indem die utilitaristische Rationalitätsvorstellung nun auch auf die Beurteilung alternativer institutioneller Arrangements angewandt wird, lebt die Fiktion eines interessenneutralen Kriteriums kollektiver Effizienz, die schon der Wohlfahrtsökonomik zugrunde lag, wieder auf (ULRICH 1993, S. 245 ff. und 1989, S. 74 ff.).

Von diesen beiden Theorieansätzen grenzt sich JAMES M. BUCHANAN (1984) insofern ab, als er in seiner *ökonomischen Theorie der Verfassung* die institutionellen Ordnungen systematisch in politische Institutionen und Prozesse einbindet. Diese nun ethisch-normativ verstandenen institutionellen Voraussetzungen zu bestimmen, ist die praktische Funktion des Gesellschaftsvertrages. Folgerichtig unterscheidet BUCHANAN zwei institutionelle Ebenen: die übergeordnete konstitutionelle Ebene des Gesellschaftsvertrages und die postkonstitutionelle Ebene privater Tauschverträge zwischen freien Wirtschaftssubjekten auf dem Markt. Er macht deutlich, daß die institutionellen Regelungen, in deren Rahmen private Tauschverträge freigestellt und legitimiert sind, nicht selbst auch noch nach dem Effizienzmodell des Tauschvertrages begründet werden können. Denn ein solcher Begründungsversuch würde die ethisch-normative Begründung institutioneller Rahmenbedingungen, um die es hier ja gerade geht, in seinem Effizienzbegriff schon voraussetzen (ULRICH 1989, S. 79).

In Anlehnung an BUCHANAN werden auch in der *ökonomischen Theorie der Moral*, wie sie von KARL HOMANN entwickelt wurde, zwei Ebenen voneinander abgegrenzt: die Ebene der Rahmenordnung bzw. der Spielregeln von der Ebene der Handlungen innerhalb der Rahmenordnung bzw. der Spielzüge (HOMANN/BLOME-DREES 1992, S. 23). Dabei umfaßt die Rahmenordnung allgemeine, dauerhafte Regeln des Handelns, die eingehalten werden müssen. Eine Verletzung dieser Regelungen wird sanktioniert. Die Rahmenordnung ist für HOMANN der systematische Ort der Moral in der Marktwirtschaft. Unter den Bedingungen der modernen Wirtschaft ist die Moral nicht (mehr) in den einzelnen Handlungen zu finden (S. 35).

In diesem zweistufig ausdifferenzierten Handlungssystem kommen Moral und Effizienz auf unterschiedlichen Ebenen zum Zuge: die Effizienz in den Spielzügen, die Moral in den Spielregeln. Moralische Werte sind nur noch bei der Festlegung der Rahmenbedingungen angebracht. Die Spielzüge werden dagegen entmoralisiert. HOMANN geht folglich davon aus, daß moralische Probleme in der Wirtschaft nicht vom einzelnen, sondern nur kollektiv gelöst werden können. Nicht auf individueller Ebene, etwa durch eine Veränderung der Präferenzen, wird bei moralischen Problemen angesetzt, sondern bei der Umgestaltung der wirtschaftlichen Situation durch institutionelle Reformen. Es gilt dann, die Situation so zu gestalten, daß die einzelnen aus eigenem Interesse genau das tun, was dem Gemeinwohl dient. Moralisches Handeln wird dadurch auf die Ebene der Institutionen verschoben.

Wirtschaftssubjekte haben dann zwei grundverschiedene Arten von Handlungsmotivationen: Zum einen verfolgen sie unter den Bedingungen des Wettbewerbs ihre ökonomischen Interessen. Zum anderen können sie an der Gestaltung, Umgestaltung und Weiterentwicklung der Rahmenordnung mitwirken. Fragt man aber danach, welche Motivation die Wirtschaftssubjekte denn haben, an der Gestaltung der Rahmenordnung mitzuwirken, so bekommt man von HOMANN eine eindeutige und ernüchternde Antwort: „Man darf nun nicht in den Fehler verfallen, vorschnell beim politischen Agieren auf andere, am Gemeinwohl orientierte Motive zu schließen; *Unternehmen können auch hier nicht anders, als ihren eigenen Vorteil im Auge zu behalten.* Das eine Mal [auf der Ebene der Spielzüge, UK] versuchen sie, direkt ökonomischen Erfolg zu erzielen, das andere Mal [auf der Ebene der Spielregeln, UK] versuchen sie, die politischen Voraussetzungen des ökonomischen Erfolgs zu beeinflussen, indem sie die Rahmenordnung ändern; letzteres ist also eine *indirekte Strategie zur Erzielung ökonomischer Erfolge*. [...] Die langfristige Veränderung und Weiterentwicklung der Regeln durch politische Spielzüge wird deutlich von ökonomischen Spielzügen unterschieden, auch wenn bei den politischen Spielzügen die *gleiche „Motivation"* bzw. Interessenlage zugrunde gelegt wird" (HOMANN/ BLOME-DREES 1992, S. 41, Hvhg. UK). Die Moralperspektive, die auf die

Ebene der Rahmenordnung verschoben wurde, wird also auch dort auf eine reine Effizienzperspektive verkürzt. Bei der Ausgestaltung der übergeordneten Spielregeln orientieren sich alle wiederum nur an den eigenen Interessen. Der Versuch, zwei Ebenen deutlich voneinander zu unterscheiden, ist dann allerdings gescheitert.[6]

In der Übersicht 2 werden die wichtigsten Überlegungen zur ökonomischen Theorie der Institutionen zusammengefaßt.

Übersicht 2: Dominanz des Effizienzdenkens auf beiden Ebenen der ökonomischen Theorie der Institutionen

---

Konstitutionelle Ebene des Gesellschaftsvertrages/Ebene der institutionellen Rahmenordnung

- *Philosophische Grundlage:*
  Vertragstheorie
- *Effizienzperspektive:*
  effiziente Gestaltung der Eigentums- und Verfügungsrechte sowie anderer Institutionen
- *(Verkürzte) Moralperspektive:*
  am Gemeinwohl bzw. dann doch wieder nur an den eigenen Interessen orientierte Gestaltung der Rahmenordnung

---

Postkonstitutionelle Ebene des Tauschvertrages/Ebene des privatwirtschaftlichen Handelns

- *Philosophische Grundlage:*
  Utilitaristische Ethik
- *Effizienzperspektive:*
  effizienter Ressourceneinsatz auf der Grundlage der durch den Gesellschaftsvertrag bestimmten bzw. durch die Rahmenordnung festgelegten Eigentums- und Verfügungsrechte

---

Die Unterscheidung zwischen konstitutionellen und postkonstitutionellen Begründungsproblemen ist schon von BUCHANAN nicht konsequent zu Ende gedacht. Das hat auch für HOMANNs darauf aufbauende ökonomische Theorie der Moral Folgen. Das Konzept der Wirtschaftsethik ist bei HOMANN zwar grundsätzlich zweistufig, aber es wird dann doch wieder auf eine Ebene verkürzt. Es wird unterstellt, daß die Rahmenordnung die Wirtschaftssubjekte von jeder autonom zu verantwortenden, freien Entscheidung entlastet. Die ökonomischen Handlungen innerhalb der Rahmenordnung des Marktes werden als „moralfrei" angesehen. Die Orientierung an nichts als ihren eigenen ökonomischen Interessen scheint den Wirtschaftssubjekten von der Rahmenordnung vorgegeben zu werden. Als Abgrenzung gegen nur individualethisch argumentierende Ansätze der Wirtschaftsethik wird von HOMANN zwar zu Recht auf den Vorrang institutioneller Problemlösungen durch Veränderungen in den Spielregeln vor moralischen Ansprüchen an die Spielzüge der einzelnen Wirtschaftssubjekte verwiesen. Doch daraus kann nicht die vollständige Entlastung der Wirtschaftssubjekte von allen unmittelbaren Moralansprüchen im Marktgeschehen abgeleitet werden.

Die von BUCHANAN und HOMANN eigentlich angestrebte Institutionenethik reduziert sich auf eine weitere Ausprägung der ökonomischen Theorie der Institutionen, die ethische Legitimation auf ökonomische Effizienz verkürzt und Politik nach dem strategischen Rationalitätsmuster konzipiert (ULRICH 1994, S. 12 f.). Anstelle einer konsequent durchgehaltenen Moralperspektive spielen individuelle Nützlichkeitsüberlegungen weiterhin die zentrale Rolle. Das Effizienzkriterium wird nicht nur auf Allokationsentscheidungen angewendet, sondern (ungerechtfertigterweise) auch auf gesellschaftsvertragliche Entscheidungen.

3.3. *Effizienz in der kritischen Institutionenethik*

Ein dritter Ansatz institutioneller Ökonomik, auf den ich hier näher eingehen möchte, ist die integrative Wirtschaftsethik von PETER ULRICH. Die Institutionenethik war von Beginn an ein Bestandteil der integrativen Wirtschaftsethik, die es sich zur Aufgabe gemacht hat, ethische und ökonomische Fragen wieder zusammenzudenken (ULRICH 1987). In kritischer Auseinandersetzung mit BUCHANANs ökonomischer Theorie der Verfassung und HOMANNs ökonomischer Theorie der Moral hat ULRICH in den letzten Jahren aber verstärkt eine *kritische Institutionenethik* herauszuarbeiten begonnen (z.B. ULRICH 1994).

In seinem Beitrag zum Tagungsband von 1989 hat ULRICH gezeigt, daß BUCHANAN das ordnungspolitische Problem mit dem Problem einer effizienten, funktionsrationalen Struktur der Verfügungsrechte gleichsetzt (ULRICH 1989, S. 91 ff.). Auf konstitutioneller Ebene wird dadurch das ethischpolitische Legitimitätsproblem auf die ökonomische Kategorie der Effizienz verkürzt. Der Gesellschaftsvertrag wird geschlossen, weil sich jeder dadurch besser stellt. Diese Idee des Gesellschaftsvertrages, so wie sie auf THOMAS HOBBES zurückgeht, wird dann mit der Idee eines ethisch gerechtfertigten Gesellschaftsvertrags im Sinne KANTs gleichgesetzt. Diese Verkürzung vermeidet die kritische Institutionenethik, indem sie die kategoriale Differenz zwischen den beiden Vorstellungen über den Gesellschaftsvertrag hervorhebt.

Sowohl in BUCHANANs als auch in HOMANNs zweistufiger Konzeption institutioneller Ökonomik wird der Verfügungsordnung bzw. Rahmenordnung zuviel aufgeladen. Deshalb entwickelt ULRICH eine dreistufige Konzeption, indem er auf der konstitutionellen Ebene jetzt *zusätzlich* zwischen der politisch-ökonomischen Verständigungsordnung und der Verfügungsordnung des ökonomischen Systems differenziert. Die Ebene der Verständigungsordnung ist die Ebene der Moral und nur der Moral. Hier wird der Rahmen abgesteckt, innerhalb dessen sich das Handeln auf den beiden nachgeordneten Ebenen entfalten kann, das dann jeweils sowohl durch die Moralperspektive als auch - innerhalb der definierten Grenzen - durch die Effizienzperspektive geprägt ist.

Die den beiden anderen Ebenen vorgelagerte Verständigungsordnung basiert auf den Grundnormen des menschlichen Zusammenlebens, die ihre Begründung durch nichts anderes als durch sich selbst erhalten. In der auf der kommunikativen Ethik aufbauenden kritischen Institutionenethik ist diese Grundnorm das Prinzip verallgemeinerter Gegenseitigkeit, das in der argumentativen Kommunikation miteinander immer schon enthalten ist.[7] Die kommunikative Ethik stützt ihr Moralprinzip damit auf den normativen Gehalt, den wir, bevor wir zu argumentieren beginnen, immer schon als vorhanden voraussetzen müssen.

Das Prinzip der verallgemeinerten Gegenseitigkeit als Grundnorm des menschlichen Zusammenlebens kommt nun dadurch zum Ausdruck, daß auf der Ebene der Verständigungsordnung z.B. eine Auseinandersetzung mit den Anliegen aller Beteiligten und Betroffenen des Wirtschaftsgeschehens erfolgen kann und muß. Die sogenannten externen Effekte des Wirtschaftens können auf dieser Ebene zur Sprache gebracht werden, damit Regelungen gefunden werden, bei denen die Geschädigten des Wirtschaftsprozesses nicht weiterhin benachteiligt werden. Durch diese Auseinandersetzung mit den berechtigten Interessen aller Wirtschaftssubjekte werden die Eigentums- und Verfügungsrechte sowie andere Institutionen legitimiert.

Auf der Ebene der nachrangigen Verfügungsordnung sind die Handelnden dann von der Notwendigkeit der (gesellschaftlichen) Konsensfindung mit allen am Erfolg nicht Beteiligten, wohl aber von den externen Kosten Betroffenen entlastet, und es besteht Raum für Formen systemischer Handlungskoordination des Wirtschaftens. Die Möglichkeiten systemischer Steuerung sind hier aber institutionell begrenzt, da sie den vorrangigen Legitimationsvoraussetzungen untergeordnet sind (ULRICH 1989, S. 92). Auf der Ebene personalen Handelns ist Raum für das Effizienzdenken eigeninteressierter Wirtschaftssubjekte. Darüber hinaus wird den Menschen aber auch die Übernahme bestimmter Formen der ethischen Selbst- und Mitverantwortung zugemutet.

Übersicht 3: Systematische Einbindung des Effizienzdenkens auf den drei Ebenen der kritischen Institutionenethik

---

Konstitutionelle Ebene des Gesellschaftsvertrages

1. Ebene der vorrangigen Verständigungsordnung
(Kommunikationsrechte)

- *Philosophische Grundlage:*
  Kommunikative Ethik
- *Moralperspektive:*
  Legitimation institutioneller Arrangements

2. Ebene der nachrangigen Verfügungsordnung
(Struktur der Eigentums- und Verfügungsrechte)

- *Philosophische Grundlage:*
  Vertragstheorie
- *Effizienzperspektive:*
  effiziente Gestaltung der durch die Verständigungsordnung legitimierten Eigentums- und Verfügungs rechte sowie anderer Institutionen

---

Postkonstitutionelle Ebene des Tauschvertrages/ Ebene des privatwirtschaftlichen Handelns

- *Philosophische Grundlage:*
  Utilitaristische Ethik
- *Effizienzperspektive:*
  effizienter Ressourceneinsatz auf der Grundlage der Verständigungs- und Verfügungsordnung
- *Moralperspektive:*
  Übernahme von Selbst- und Mitverantwortung

Durch dieses Drei-Ebenen-Modell wird das Effizienzdenken in die übergeordnete Moralperspektive auf der Verständigungsordnung eingebettet. Das Effizienzdenken spielt weiterhin eine wichtige, aber wie schon im Institutionalismus nicht die dominierende Rolle. Darüber hinaus wird in der kritischen Institutionenethik deutlicher als im Institutionalismus unterschieden zwischen vorab öffentlich zu klärenden moralischen Fragen und nachgelagerten Fragen der Ausgestaltung legitimierter institutioneller Regelungen und des privatwirtschaftlichen Handelns, bei denen das Effizienzdenken zum Ausdruck kommen kann. In der Übersicht 3 werden die wichtigsten Gesichtspunkte der kritischen Institutionenethik gebündelt.

4. Perspektiven

Mit seinem institutionellen Drei-Ebenen-Modell, in dem systematisch zwischen Moral- und Effizienzperspektive unterschieden wird, hat ULRICH einen wesentlichen Beitrag geleistet, um das Effizienzdenken in die Moralvorstellung der Diskursethik einzubinden. Die Moral, die auf der Ebene der Verständigungsordnung begründet wird, wirkt sich auch auf die beiden untergeordneten Ebenen aus. Auf diesen Ebenen der Verfügungsordnung und des privatwirtschaftlichen Handelns verbleibt im legitimierten Rahmen dann auch Raum für die Orientierung am Effizienzkriterium.

Die Moralbegründung, wie sie von der kommunikativen Ethik und auch von RAWLS geleistet wird, ist innerhalb der praktisch-politischen Philosophie kritisiert und modifiziert worden. Aufgabe einer Wirtschaftsethik, die den dringend notwendigen „Brückenschlag von der praktischen Philosophie zur Ökonomie" (ULRICH 1987, S. 126) wagt, ist es nun, die wesentlichen Erkenntnisse aus diesen Diskussionen in ihre Untersuchung aufzunehmen. Für eine solche Wirtschaftsethik wichtig sind neben der kritischen Weiterentwicklung der Diskursethik und dem in Auseinandersetzung mit RAWLS' Gerechtigkeitstheorie entstandenen Kommunitarismus vor allem die wieder auflebende Diskussion um eine nicht konservative, sondern an die kantsche Tradition anknüpfende Ethik des guten Lebens.[8] Durch die Aufnahme dieser Weiterentwicklungen und Modifikationen innerhalb der praktisch-politischen Philosophie könnte es besser als bisher gelingen, die Position eines reinen Effizienz- und Nützlichkeitsdenkens in der Ökonomik in eine fundierte moralische Position einzubinden.

Anmerkungen

1 Effizienz kommt vom lat. *efficientia* - Wirksamkeit; *efficiens* - bewirkend, wirksam.
2 Mikroökonomische und gesellschaftliche allokative Effizienz können durchaus in Widerspruch zueinander stehen, z.B. im öffentlichen Transportwesen, wenn Strecken stillgelegt werden, weil auf ihnen Verluste erwirtschaftet werden, während auf gesellschaftlicher Ebene die Stillegung durchaus einer Verschwendung von Ressourcen gleichkommen kann.
3 Während die Utilitaristen aufgrund ihrer Annahme des sinkenden Grenznutzens davon ausgingen, daß eine Gleichverteilung der Einkommen anzustreben ist, wird diese Forderung von der paretianischen Wohlfahrtsökonomik wegen der damit verbundenen interpersonellen Nutzenvergleiche aufgegeben.
4 Die Formulierung lautet bei COMMONS: „The ratio of output per hour (physical use-values) to input per hour (average labor) is the measure of efficiency. [...] The unit of measurement of efficiency is the man-hour", 1990, S. 66. Mit diesem Effizienzbegriff steht COMMONS ganz in der Tradition seiner Zeit. Unter dem Stichwort „efficiency of labour" findet sich im Palgrave's Dictionary of Political Economy von 1925 folgende Erklärung: „Efficiency of labour is the resultant of combined (1) strength, (2) skill, (3) diligence and care on the part of the labourer. [...] his efficiency [...] lies in the physical, mental, und moral energies of the man's own being", S. 682.
5 WILLIAMSON übernimmt zwar den Begriff „Transaktion" von COMMONS, nicht aber den ursprünglich viel komplexeren Inhalt; siehe COMMONS 1995, Kap. 4 und 1990, S. 52-93.
6 In seinem Beitrag zum Tagungsband von 1989 hat HOMANN an BUCHANANs Theorie demgegenüber noch deutliche Kritik geübt: Die Vertragstheorie räume dem Status quo einen - empirisch und normativ - bevorzugten Status ein. Als einziger Effizienzmaßstab gelte die Zustimmung der Betroffenen, die aus den geoffenbarten Präferenzen abgeleitet werde: „Das, was ist, ist dann sowohl effizient wie auch legitim, denn sonst wäre ja etwas anderes", HOMANN 1989, S. 55. Das Problem der Vertragstheorie - so erkennt auch HOMANN 1989, S. 61 - besteht in ihrer Voraussetzung, daß die faktische Zustimmung der einzige Maßstab für Effizienz und Gerechtigkeit ist.
7 Siehe dazu KNOBLOCH 1994 und die dort angegebene Literatur, insbesondere von KARL-OTTO APEL und JÜRGEN HABERMAS.
8 Zur *Weiterentwicklung der Diskursethik* in Richtung auf eine geschichtsbewußte universalistische Ethik siehe BENHABIB 1992; zum *Kommunitarismus* und seiner Auseinandersetzung mit RAWLS' Gerechtigkeitstheorie siehe HONNETH 1993; zur *Ethik des guten Lebens* in der kantschen Tradition siehe TUGENDHAT 1993.

Literaturverzeichnis

ALBERT, H. (1977). Individuelles Handeln und soziale Steuerung. Die ökonomische Tradition und ihr Erkenntnisprogramm. In: LENK, H. (Hg.). *Handlungstheorien - interdisziplinär*. Band IV. München: Fink, 177-225.

BENHABIB, S. (1992). *Selbst im Kontext*. Kommunikative Ethik im Spannungsfeld von Feminismus, Kommunitarismus und Postmoderne. Frankfurt am Main: Suhrkamp.

BIERVERT, B. und HELD, M. (Hg.) (1987). *Ökonomische Theorie und Ethik*. Frankfurt am Main/New York: Campus.

-"- (1989). *Ethische Grundlagen der ökonomischen Theorie*. Eigentum, Verträge, Institutionen. Frankfurt am Main/New York: Campus.

-"- (1991). *Das Menschenbild der ökonomischen Theorie*. Zur Natur des Menschen. Frankfurt am Main/New York: Campus.

BIRNBACHER, D. (1989). Neue Entwicklungen des Utilitarismus. In: BIERVERT, B. und HELD, M. (Hg.). *Ethische Grundlagen der ökonomischen Theorie*. Eigentum, Verträge, Institutionen. Frankfurt am Main/New York: Campus, 15-36.

BLAAS, W. (1982). Zur Rolle der Institutionen in der ökonomischen Theorie. In: LEIPERT, CHR. (Hg.). *Konzepte einer humanen Wirtschaftslehre*. Beiträge zur institutionellen Ökonomie und zur Integration der Sozialwissenschaften. Frankfurt am Main: Haag und Herchen, 263-292.

BOHM, P. (1973). *Social Efficiency*. A Concise Introduction to Welfare Economics. New York: John Wiley & Sons.

BONNER, J. (1995). *Economic Efficiency and Social Justice*. The Development of Utilitarian Ideas in Economics from Bentham to Edgeworth. Aldershot/Brookfield: Edward Elgar.

BUCHANAN, A. (1985). *Ethics, Efficiency, and the Market*. Oxford: Clarendon Press.

BUCHANAN, J.M. (1984). *Die Grenzen der Freiheit*. Zwischen Anarchie und Leviathan. Tübingen: Mohr (Paul Siebeck) (Orig. 1975).

CLEVELAND, H.B.v. (1978). The Meaning of Efficiency (Appendix B). In: GEIGER, TH. (Hg.). *Welfare and Efficiency*. Their Interaction in Western Europe and Implications for International Economic Relations. Washington D.C.: NPA Committee on Changing International Realities, 141-144.

COASE, R.H. (1960). The Problem of Social Cost. *The Journal of Law and Economics*, 1-44.

COMMONS, J.R. (1990). *Institutional Economics*. Its Place in Political Economy. With a New Introduction by RUTHERFORD, M., 2 Bände. New Brunswick/London: Transaction Publishers (Orig. 1934).

-"- (1995). *Legal Foundations of Capitalism*. With a New Introduction by BIDDLE, J.E. and WARREN, J.S., New Brunswick/London: Transaction Publishers (Orig. 1924).

DUGGER, W.M. (1980). Property Rights, Law and John R. Commons. *Review of Social Economy*, 41-53.

-"- (1983). The Transaction Cost Analysis of Oliver E. Williamson. A New Synthesis? *Journal of Economic Issues*, 95-114.

EATWELL, J. (1994). Institutions, Efficiency, and the Theory of Economic Policy. *Social Research*, 35-53.

HOMANN, K. (1989). Vertragstheorie und Property-Rights-Ansatz. Stand der Diskussion und Möglichkeiten der Weiterentwicklung. In: BIERVERT, B. und HELD, M. (Hg.). *Ethische Grundlagen der ökonomischen Theorie*. Eigentum, Verträge, Institutionen. Frankfurt am Main/New York: Campus, 37-69.

HOMANN, K. und BLOME-DREES, F. (1992). *Wirtschafts- und Unternehmensethik*. Göttingen: Vandenhoeck und Ruprecht.

HONNETH, A. (Hg.) (1993). *Kommunitarismus*. Eine Debatte über die moralischen Grundlagen moderner Gesellschaften. Frankfurt am Main/New York: Campus.

KAPP, K.W. (1987). *Für eine ökosoziale Ökonomie*. Entwürfe und Ideen - Ausgewählte Aufsätze. Hrsg. v. LEIPERT, CHR. und STEPPACHER, R., Frankfurt am Main: Fischer Taschenbuch Verlag.

KNOBLOCH, U. (1994). *Theorie und Ethik des Konsums*. Reflexion auf die normativen Grundlagen sozialökonomischer Konsumtheorien. Bern/Stuttgart/Wien: Verlag Paul Haupt.

KÜLP, B. und KNAPPE, E. (1984). *Wohlfahrtsökonomik I: Die Wohlfahrtskriterien*. Düsseldorf: Werner-Verlag.

LOCKWOOD, B. (1987). Pareto Efficiency. In: EATWELL, J., MILGATE, M. and NEWMAN, P. (Hg.). *The New Palgrave: A Dictionary of Economics*. London u.a.: Macmillan, 811-813.

MERAN, J. (1991). Wohlstand und Gerechtigkeit. Die Wirtschaft als Thema der praktischen Philosophie. In: BAYERTZ, K. (Hg.). *Praktische Philosophie*. Grundorientierungen angewandter Ethik. Reinbek bei Hamburg: Rowohlt, 89-133.

PALITZSCH, A. (1995). *Entstehung und Gegenstand der evolutionär-institutionellen Ökonomie*. Das Werk T.B. Veblens bis zur Publikation der „Theory of the Leisure Class"'. St. Gallen/Berlin: WIV Wissenschaftlicher Verlag.

PENZ, R. und WILKOP, H. (Hg.) (1996). *Zeit der Institutionen - Thorstein Veblens evolutorische Ökonomik*. Marburg: Metropolis.

PRIDERIT, J.J. (1993). *The Ethical Foundations of Economics*. Washington D.C.: Georgetown University Press.

RAWLS, J. (1979). *Eine Theorie der Gerechtigkeit*. Frankfurt am Main: Suhrkamp (Orig. 1971).

REUTER, N. (1994). *Der Institutionalismus*. Geschichte und Theorie der evolutionären Ökonomie. Marburg: Metropolis.

ROTHSCHILD, K.W. (1992). *Ethik und Wirtschaftstheorie*. Tübingen: Mohr (Paul Siebeck).

SEN, A. (1992). *Inequality Reexamined*. Cambridge MA: Harvard University Press.

TUGENDHAT, E. (1993). *Vorlesungen über Ethik*. Frankfurt am Main: Suhrkamp.

ULRICH, P. (1987). Die Weiterentwicklung der ökonomischen Rationalität - Zur Grundlegung der Ethik der Unternehmung. In: BIERVERT, B. und HELD, M. (Hg.). *Ökonomische Theorie und Ethik*. Frankfurt am Main/New York: Campus, 122-149.

-"- (1989). Diskursethik und Politische Ökonomie. In: BIERVERT, B. und HELD, M. (Hg.). *Ethische Grundlagen der ökonomischen Theorie*. Eigentum, Verträge, Institutionen. Frankfurt am Main/New York: Campus, 70-99.

-"- (1993^3). *Transformation der ökonomischen Vernunft*. Fortschrittsperspektiven der modernen Industriegesellschaft. Bern/Stuttgart/Wien: Verlag Paul Haupt.

-"- (1994). Integrative Wirtschaftsethik als kritische Institutionenethik. Wider die normative Überhöhung der Sachzwänge des Wirtschaftssystems. *Beiträge und Berichte des Instituts für Wirtschaftsethik* Nr. 62. St. Gallen.

WILLIAMSON, O.E. (1985). *The Economic Institutions of Capitalism*. New York: The Free Press.

Andreas Suchanek

Erfolgreiche Therapie ohne gute Diagnose? Zum Zusammenhang von normativer und positiver Analyse in der Ökonomik

1. Problemstellung

Ein Kennzeichen der bisherigen Tagungen in der Reihe „Normative Grundfragen der Ökonomik" war die Reflexion der normativen Grundlagen ökonomischer Theorien. So wurde beispielsweise gefragt, welches Verständnis vom Menschen, der Natur, der Zeit oder dem Geld ökonomischen Theorien zugrundeliegt. Oft ging es dabei um den Nachweis, daß normative Prämissen ökonomischer Theorien unklar oder in Vergessenheit geraten waren, und daß - oft als Folge - jeweils wichtige Dimensionen der jeweiligen Phänomene - besser: der *Probleme*, die mit diesen Phänomenen angesprochen waren - in verkürzter, nicht adäquater Weise theoretisch erfaßt werden.

Die folgenden Ausführungen thematisieren den Zusammenhang von Normativität und positiver Analyse aus einer anderen Perspektive, der Implementationsproblematik, d.h. der Analyse der *relevanten realisierbaren Alternativen*. Ausgangspunkt ist die Frage, wie normative Intentionen unter den jeweils gegebenen empirischen Bedingungen zur Geltung gebracht werden können. In der kritischen Auseinandersetzung mit verschiedenen Konzeptionen soll die Problematik einer *systematischen* Vermittlung normativer Überlegungen mit jenen Theorien, in denen die empirischen Realisierungsbedingungen erforscht werden, verdeutlicht werden. Ein stark vereinfachtes Beispiel mag einen ersten intuitiven Zugang zu dieser Problemstellung vermitteln:

Wenn jemand krank ist, nutzt es wenig, ihm mit noch so viel Emphase nahezulegen, er möge doch wieder gesund werden. Und man wird jemanden, der den Kranken ermahnt, nun doch unverzüglich gesund zu werden, da „die Pflicht" dieses gebieten würde („Du kannst doch jetzt nicht krank sein!"), mit gutem Grund nicht ernstnehmen. Man wird auch kein Vertrauen zu einem Arzt haben, der sein Wissen über Krankheiten nicht aus medizinischen Fachbüchern gewonnen hat, sondern aus abstrakten Überlegungen, was denn wünschenswert wäre; am Rande vermerkt sei, daß auch ein nur akademisch gebildeter Arzt nicht vertrauenerweckend ist wegen der fehlenden Konfrontation mit der Praxis und den dabei erlangten Erfahrungen.

Nötig ist offenbar statt Empfehlungen, die nur von Wunschvorstellungen hergeleitet worden sind, eine Theorie, mit der die Ursachen seiner Krankheit *diagnostiziert* werden können, um auf dieser Grundlage eine angemessene *Therapie* verordnen zu können. Und diese Theorie sollte auch ermöglichen, eventuelle Nebenwirkungen der Therapie zu berücksichtigen. Zu beachten ist dabei, daß die positive Analyse von Krankheitsbildern und deren Ursachen ihrerseits ihre Ausrichtung erhält von der normativen Frage nach dem Wohlbefinden der Patienten.

Dieses zunächst geradezu banal anmutende Beispiel erhält seine Bedeutung dadurch, daß bei der Analyse gesellschaftlicher Problemfelder - Armut, Arbeitslosigkeit, Umweltprobleme usw. - die Schwierigkeiten weniger in der Formulierung von Zielen liegen als vielmehr in der Analyse der Restriktionen, also dem (fehlenden) empirischen Wissen darüber, welche Faktoren und Zusammenhänge die Grundlage der Probleme sind und wie gesellschaftliche Ziele - Beseitigung von Armut, Vollbeschäftigung, Umweltschutz usw. - *unter diesen empirischen Bedingungen* rational verfolgt werden können, ohne daß unerwünschte Nebenfolgen eintreten; die „Therapie" bedarf einer guten „Diagnose". Um Mißverständnissen vorzubeugen sei angemerkt, daß die Begriffe „Diagnose" und insbesondere „Therapie" metaphorisch zu verstehen sind; Wissenschaftler sind - aus guten Gründen - nicht mit der Umsetzung ihrer Vorschläge betraut. Ebenfalls sei darauf hingewiesen, daß die Komplexität der Probleme angesichts der zeitlichen wie kognitiven Restriktionen menschlichen Denkens und Handelns oft pragmatische Vorgehensweisen erzwingt (vgl. SUCHANEK 1994). Doch wäre es nicht zweckmäßig, deshalb die grundlegenden methodischen Zusammenhänge zu vernachlässigen.

Die Ausführungen gliedern sich in folgende Schritte: Im nächsten Abschnitt werden allgemeine Überlegungen zum Zusammenhang von positiver und normativer Theorie angestellt. Die dabei in ihrer Bedeutung herausgestellte Mikrofundierung wird im dritten Abschnitt näher erörtert. Im vierten Abschnitt werden auf dem Hintergrund dieser Überlegungen drei verbreitete Formen normativer Theorie kritisch betrachtet, um anschließend die Grundlinien einer integrativen normativen Ökonomik, genauer: einer normativen Institutionenökonomik, zu skizzieren. Den Abschluß bilden einige zusammenfassende Bemerkungen.

2. Der Zusammenhang normativer und positiver Theorie

Normative Theorien sind letztlich darauf ausgerichtet, Handlungsempfehlungen, evtl. in sehr abstrakter Form, abgeben bzw. vorliegende Empfehlungen beurteilen zu können. In der Ökonomik beziehen sich solche Empfehlungen oder Beurteilungen weitgehend auf politische Reformmaßnahmen, also v.a. Entscheidungen über institutionelle Festlegungen - Verfassungsfragen, Gesetze, Steueränderungen, sozialpolitische oder umweltpolitische Instrumente usw.. Sie können konkrete Gestalt annehmen (z.B. Empfehlung der Einführung eines Road-pricing-Systems für Großstädte) oder allgemeiner bzw. eher indirekter Art sein (z.B. die Relativierung wettbewerbspolitischer Bedenken bei branchenweiten Selbstverpflichtungen mit Hinweis auf die Vorteilhaftigkeit für Konsumenten).

Solche Empfehlungen oder Beurteilungen können grundsätzlich weder nur aus normativen Prämissen noch nur aus empirischen Hypothesen abgeleitet werden. Vielmehr bedarf es der Integration normativer und positiver Annahmen bzw. Aussagen. Schematisch läßt sich der grundlegende methodische Zusammenhang wie folgt darstellen:

(1) normative Vorgaben
(2) Status-quo-Analyse („Diagnose")

---

(3) abgeleitete Handlungsempfehlungen („Therapie")

Die normativen Vorgaben (1) stellen so etwas wie einen Selektionsfilter oder eine Heuristik für die Suche und Formulierung *relevanter* Probleme bzw. deren Lösungen dar. Sie können - je nach Kontext - in sehr unterschiedlicher Form gegeben sein: In der allgemeinsten Form handelt es sich um moralische Prinzipien wie Solidarität oder Gerechtigkeit, den kategorischen Imperativ oder das Paretokriterium usw.. Es können allerdings auch Konkretionen der normativen Vorgaben vorgenommen werden, so etwa in der Wohlfahrtsökonomik im Modell des vollkommenen Marktes oder in der Ecological Economics in den sog. Management-Regeln als Versuch einer Präzisierung des - normativen - Konzepts „sustainability". Schließlich können auch konkrete Ziele vorliegen, bei deren Formulierung bereits spezifische empirische Bedingungen berücksichtigt wurden, etwa bei dem Ziel, in Deutschland eine Minderung von flüchtigen organischen Verbindungen (VOC) bis zum Jahr 2005 um 80% bezogen auf das Jahr 1987 zu erreichen. Zu beachten ist, daß solche konkreten Ziele ihrerseits in der Regel in einem vorherigen Stadium als „Handlungsempfehlungen" allgemeinerer Überlegungen gewonnen wurden.

Im folgenden wird nur der Fall sehr allgemeiner normativer Vorgaben betrachtet. Diese sind in der jeweiligen Analyse als gegeben und unproblematisch anzusehen, was natürlich nicht heißen soll, daß sie nicht problematisch sein könnten. In diesem Fall wären sie selbst wiederum zunächst zu klären. Beispielsweise könnte das festgelegte Ziel zunächst lauten: „Grundrecht auf Arbeit für jedermann", doch würde man bald feststellen, daß diese Vorgabe zu erheblichen Schwierigkeiten führt, weil der Staat als Garant dieses Rechts entweder nicht über die Kontrolle der Mittel zur Durchsetzung verfügt, oder, sofern er die Kontrolle hat, dies mit weitreichenden unerwünschten Konsequenzen verbunden ist. In der Folge könnte dann dieses Ziel ersetzt werden durch die weniger spezifische und insofern unproblematischere Vorgabe „möglichst weitgehende Minderung von Arbeitslosigkeit".

Aus normativen Vorgaben allein lassen sich nun noch keine Handlungsempfehlungen ableiten. Ebenso wie bei der Frage nach der Verfolgung von Zielen nach den verfügbaren Mitteln zu fragen ist, sind im Ausgang von der normativen Vorgabe zunächst anhand positiver Theorie die relevanten (realisierbaren) Alternativen zu analysieren (2), um jene Erkenntnisse zu gewinnen, auf deren Grundlage dann Empfehlungen (3) abgeleitet werden können.

Um Mißverständnisse zu vermeiden: Das skizzierte Schema ist nicht mit dem altbekannten Ziel-Mittel-Schema früherer wirtschaftspolitischer Konzeptionen gleichzusetzen. Es dient vielmehr zur Problematisierung der *Interdependenz* von Zielen und Mitteln (HOMANN 1980). D.h. mit Bezug auf methodologische Zusammenhänge: Es geht um die *theoretische Integration* positiver und normativer Analyse. Weder „reine" positive Theorien, die nur auf (2), die Analyse empirischer Zusammenhänge ausgerichtet sind, noch „reine" normative Theorien (1) lassen Schlußfolgerungen im Hinblick auf (3) zu; und ihre Integration ist alles andere als trivial.

Wenn aus reinen positiven Ansätzen normative Schlüsse gezogen werden, handelt es sich um den bekannten *naturalistischen Fehlschluß*. Implizit wird dabei auf normative Prämissen rekurriert, die indes nicht reflektiert bzw. methodisch sauber vermittelt sind. Zwei Beispiele mögen das illustrieren:

Im Rahmen von Diskussionen zu Umweltproblemen wird gelegentlich der Eindruck erweckt, als ob aus (empirischen) ökologischen Zusammenhängen direkt Vorgaben für politische Maßnahmen erwachsen würden. Doch die Natur gibt keine Ziele vor, sondern nur Restriktionen bei der Verfolgung von Zielen, die wir Menschen uns setzen. *Ohne von Menschen gesetzte Werte lassen sich keine Handlungsempfehlungen herleiten.* Schon die Beschreibung, daß die Natur im Gleichgewicht oder Ungleichgewicht ist, oder daß die „Tragfähigkeit" ab einem bestimmten Wert überschritten wird, ist bereits eine Rekonstruktion aus menschlicher Sicht, in der mehr oder weniger implizit menschliche Wertvorstellungen zum Ausdruck kommen, auch wenn diese eine ökozentrische, pathozentrische o.ä. Grundlage haben mögen. *Wir* müssen bewerten, ob wir etwa die Überschreitung bestimmter Schwellenwerte in Kauf nehmen, oder ob *uns* das „zu teuer" ist. Ökologische Erkenntnisse sind zwar ohne Frage wichtig für normative Problemstellungen, doch kann aus ihnen *allein* keine normative Aussage hergeleitet werden.

Am Rande sei vermerkt, daß bei Vertretern des Sustainability-Konzepts indes oft eher umgekehrt argumentiert wird mit expliziter Betonung der Bedeutung von Werturteilen; nicht selten liegt dann hier nicht ein naturalistischer, sondern ein normativistischer Fehlschluß (s.u.) vor (vgl. HOMANN 1996).

Ein anderes Beispiel betrifft die evolutorische Ökonomik. Sie ist als solche nicht geeignet, systematisch Handlungs- bzw. Politikempfehlungen herleiten zu können. Die Analyse, wie Verhaltensweisen, Regeln, Institutionen usw. sich im Zeitverlauf herausgebildet haben, gibt keinen Aufschluß darüber, wie bestimmte Ziele unter den gegebenen Bedingungen (besser) erreicht werden können. Auch hier können „nur" Erkenntnisse darüber gewonnen werden, daß bestimmte Restriktionen zu beachten sind, nicht aber, *wie* sie im Hinblick auf das (bessere) Erreichen der Ziele zu berücksichtigen sind. Die gewonnenen Erkenntnisse sind nicht systematisch vermittelt mit den normativen Vorgaben, und diese Vermittlung ist theoretisch anspruchsvoller als oft unterstellt wird.

Ebenso wie reine positive Theorien sind auch reine normative Theorien, die sich nur auf (1), die normativen Prämissen beziehen, für Aussagen zu Empfehlungen oder Beurteilungen von Handlungsempfehlungen unzureichend. Will man nicht einem *normativistischen Fehlschluß* erliegen, der vom Wünschenswerten direkt auf die Realisierbarkeit, von (1) auf (3), „schließt", bedarf es der sorgfältigen Berücksichtigung der Bedingungen des Status quo.

Reine normative Theorien sind insofern beschränkt auf die Fragen der Begründung und Explikation der normativen Vorgaben (1) unter Verzicht auf systematische Überlegungen zur Implementation der wie auch immer begründeten normativen Prinzipien. Klassischerweise sind hier Ansätze aus der normativen Ethik zu verorten. Doch gibt es auch in der Ökonomik derartige Ansätze, etwa in der Social-Choice-Theorie. Unmöglichkeitstheoreme wie das von ARROW oder SEN's sogenanntes Paradox des paretianischen Liberalen befassen sich ausschließlich mit formalen Überlegungen zu normativen Prämissen, nicht aber mit den Ursachen gesellschaftlicher Probleme (vgl. dazu SUCHANEK 1995).

Im Rahmen solcher Theorien können nur Aussagen gemacht werden zu Kriterien oder Maßstäben *unabhängig* von den jeweiligen empirischen Bedingungen. Darin liegt zwar zunächst die Attraktivität solcher Ansätze, da sie - eben wegen ihrer Unabhängigkeit von kontingenten Umständen - *unbedingte* Geltung zu beanspruchen scheinen, doch erweist sich dieser Vorzug bei genauerer Betrachtung als methodisch fundamentale Schwäche, da damit im Rahmen der Theorie keine differenzierte Vermittlung mit den empirischen Bedingungen mehr möglich ist (vgl. GERECKE/SUCHANEK 1996).

Insofern ist es zunehmend fraglich, ob solche normativen Ansätze, die sich auf die Ausarbeitung und „Begründung" der normativen Grundlagen (1) beschränken, noch etwas beitragen können zur Lösung von Problemen der heutigen Gesellschaft. Gerade weil sie *konzeptionell nichts sagen können zu den Ursachen der Probleme*, sind sie wenig fruchtbar im Hinblick auf brauchbare Implikationen für politische Empfehlungen bzw. Beurteilungen entsprechender Reformen. Man erschöpft sich dann leicht in Spekulationen, was wünschenswert - oder ethisch gefordert - wäre, statt die realen Möglichkeiten zu untersuchen; hier ist zu erinnern an den guten Ratschlag für Patienten, doch umgehend gesund zu werden.

Das Problem derartiger „dualistischer" Ansätze (vgl. HOMANN 1994) liegt somit darin, daß sie keine Aussage darüber treffen können, wie mit empirisch bedingten Hindernissen bei der Realisierung der erwünschten Ziele und (moralischen) Ideale *rational umzugehen* ist; positive (Diagnose) und normative (Therapie) Analyse sind nicht systematisch vermittelt mit der Folge, daß diese Ansätze sich entweder in der Irrelevanz verlieren oder Gefahr laufen, bei der inhaltlichen Konkretisierung der normativen Vorgaben aufgrund der fehlenden Diagnose willkürliche und nicht selten verfehlte „Therapien" zu generieren.

Als Folgerung ergibt sich, daß normative Theorien, mit denen Aussagen zu (3) angestrebt werden, systematisch darauf angewiesen sind, den methodischen Zusammenhang der normativen Vorgaben (Ziele, Prinzipien, Kriterien) mit der Analyse der positiven Bedingungen herzustellen. Eine grundlegende Bedingung dieses methodischen Zusammenhangs wird im folgenden Abschnitt erörtert: die Mikrofundierung.

3. Mikrofundierung

Die in der normativen Ökonomik verbreitetste Formulierung von (1), den normativen Vorgaben, ist - aus guten Gründen, die gleich zur Sprache kommen - das Paretokriterium. Es lautet bekanntermaßen: Niemand darf durch die Reform schlechtergestellt, mindestens einer muß bessergestellt werden.

Dieses Kriterium dürfte für sich genommen weithin unstrittig sein. Fraglich erscheint jedoch vielen, ob es überhaupt Anwendung finden kann. Diese Frage hängt indes davon ab, wie bestimmt wird, was Besser- und Schlechterstellung meint. Gibt es Instanzen, vom lieben Gott über die Geschichte bis hin zur Vernunft, die dies verbindlich vorgeben können?

Geht man von der m.E. angemessenen Voraussetzung aus, daß es heute keine allgemeinverbindliche Instanz mehr gibt, die die normativen Kriterien extern vorgibt, ergibt sich, daß diese Bewertung „intern", von den betroffenen Individuen selbst, bestimmt werden muß; in den Worten von J.M. BUCHANAN: „individuals are the ultimate source of values." (1987, S. 586) Damit impliziert das Paretokriterium, daß die von einer Reform Betroffenen zustimmen müssen gemäß den Wertmaßstäben, die *sie selbst* zugrundelegen. Das so verstandene Paretokriterium („Paretosuperiorität") ist als Kriterium der Zustimmungsfähigkeit im Sinne von BUCHANAN im übrigen *nicht* gleichbedeutend mit dem Effizienzkriterium („Paretooptimum") der Wohlfahrtsökonomik (vgl. hierzu PIES 1993, S. 123 ff.). Das Effizienzkriterium ist ein voraussetzungsreicher Spezialfall, bei dem insbesondere von strategischen Interdependenzen abstrahiert wird mit Folgen, die noch zur Sprache kommen.

Eine solche normative Mikrofundierung hat weitreichende Implikationen für die Frage, wie Diagnose und Therapie anzusetzen sind. Schematisch läßt sich dieser Zusammenhang folgendermaßen darstellen (vgl. COLEMAN 1991, Kap. 1):

Bedingungen → Handlungen → Folgen

Ausgangspunkt der Analyse sind gesellschaftliche Probleme, die sich in Form unerwünschter *Folgen* einer Vielzahl individueller *Handlungen* darstellen. Diese Handlungen werden im Rahmen der Analyse rekonstruiert als Reaktionen auf die situativen *Bedingungen* („Restriktionen"), die den Handlungsraum der Akteure definieren. Aus sozialphilosophischer Sicht ist in diesem Kontext wichtig, daß die Bedingungen nicht nur als *Einschränkungen* der Handlungsfreiheit zu verstehen sind, sondern auch - und grundlegender - als *Bedingungen ihrer Möglichkeit* (vgl. HOMANN 1988).

Zu den Restriktionen gehören Budgetbeschränkungen, Technologien und Institutionen, aber auch „interne" Beschränkungen wie Gewohnheiten (Dispositionen), „Willensschwäche" oder beschränkte Fähigkeiten zur Informationsverarbeitung, die in bezug auf die jeweilige Handlung als gegeben anzusehen sind; im Rahmen des „ökonomischen Ansatzes" können solche Restriktionen mit dem Konzept „Humankapital" rekonstruiert werden (vgl. BECKER 1996).

Im Rahmen dieses Schemas setzt eine Diagnose gesellschaftlicher Probleme bei den Restriktionen an. Mit den dabei gewonnenen Erkenntnissen kann der für eine Therapie zweckmäßigste Ansatzpunkt gesucht werden, wobei Erkenntnisse der positiven Theorie auch dazu benötigt werden, um

Abschätzungen über die zu erwartenden Folgen der veränderten Bedingungen treffen zu können (vgl. PIES 1993, S. 192 ff.).

Allerdings reichen Aussagen über die zu erwartenden Folgen der Reformvorschläge nicht aus. Gemäß dem oben entwickelten Verständnis des Paretokriteriums ist zu zeigen, daß die (ggf. langfristigen) Folgen für alle Betroffenen - im Vergleich zum Status quo - zustimmungsfähig sind. Daraus folgt, daß hinsichtlich der relevanten Alternativen auch empirisch gestützte Vermutungen über die faktischen (relativen) Wertschätzungen der Individuen anzustellen sind. Zu betonen ist, daß es dabei nicht um abstrakte Zielvorstellungen der Akteure geht, sondern um ihre Bewertungen der im Status quo *realisierbaren Möglichkeiten*, also um die Ziel-Mittel-Relationen. Dieser Zusatz erweist sich insbesondere bei den oft überaus komplexen gesellschaftlichen Problemen als sehr wichtig, weil die bewertende Einschätzung der Individuen maßgeblich abhängt von ihrer Kenntnis der relevanten Umstände, Möglichkeiten, Nebenwirkungen usw.. Hier genau ist nach meiner Auffassung die zentrale Funktion normativer Theorie zu sehen: die *verständliche* Rekonstruktion problemrelevanter Zusammenhänge und Alternativen, so daß die Betroffenen sich ein Urteil bilden können.

Für die Diagnose ergibt sich daraus folgende Problemvorgabe: Unter der Annahme, daß die Individuen selbst bewerten, was sie präferieren, ist zunächst zu *erklären*, warum sie in einer Situation sind, von der vermutet wird, daß es zu ihr eine paretosuperiore Alternative gibt. Will man die inhärente Vernunft der Praxis nicht unterbieten, ist den Akteuren zuzubilligen, daß sie am besten wissen, was sie in ihrer jeweiligen Situation am ehesten - d.h. unter den gegebenen Restriktionen - wollen; durch diese Voraussetzung wird es möglich, die (relativen) Bewertungen zu erschließen, die sie den *für sie erreichbaren Möglichkeiten* zumessen. Und nur unter dieser Voraussetzung lassen sich die *strukturellen Ursachen* der gesellschaftlichen Probleme adäquat diagnostizieren, denn diese Ursachen liegen in den situativen *Anreizen*, d.h. den *(Kosten-)Gründen*, mit denen die Akteure konfrontiert sind.

Die Notwendigkeit eines genauen Verständnisses des Status quo bezieht sich indes nicht nur auf die individuellen Verhaltensweisen, sondern auch und vor allem auf die institutionellen Bedingungen, die qua Anreizen diese Verhaltensweisen zeitigen. Auch hier gilt, daß vor Änderungsvorschlägen zunächst die Funktion der jeweiligen Institutionen zu verstehen ist, um zu prüfen, ob normativ begründete Eingriffe nicht kontraintentionale Folgen nach sich ziehen können.

Ein aus der Wirtschaftsethik bekanntes Paradebeispiel für die Notwendigkeit einer solchen Funktionsprüfung ist der Wettbewerb. Einem Unternehmer, der unter Konkurrenzdruck steht, zu empfehlen, moralischen Forderungen nachzukommen, auch wenn er damit Verluste macht, ist aus normativer Sicht in dreifacher Hinsicht verfehlt:

- *Erstens* werden ihm Kosten zugemutet ohne hinreichende Kompensation - der Verweis auf die moralische Qualität seines Handelns ist in den seltensten Fällen eine ausreichende Entschädigung;
- *zweitens* werden, solange die Konkurrenten nicht mitmachen, die erwünschten moralischen Ziele weiterhin nicht erreicht; und
- *drittens* wird damit ein Funktionsprinzip moderner Gesellschaften ausgehöhlt, das selbst moralische Qualität hat (HOMANN/BLOME-DREES 1992).

Methodische Voraussetzung für eine solche Diagnosemöglichkeit ist die Annahme, daß die Menschen rational auf die (Anreiz-)Bedingungen ihrer Situation reagieren, wobei anzumerken ist, daß diese Rationalitätsannahme eine theoretische Rekonstruktion ihres Handelns ist, die keineswegs der Sichtweise entsprechen muß, die die Akteure von ihrem eigenen Handeln haben; allerdings ist für eine normative Argumentation grundsätzlich erforderlich, daß die Akteure diese Rationalisierung nachvollziehen können, da sie auch die Grundlage für die Begründung der Therapie bildet. Am Rande vermerkt sei, daß dieser Zusammenhang eine Kritik an instrumentalistischen Begründungen für das ökonomische Erklärungsschema impliziert, bei denen nicht berücksichtigt wird, daß die ökonomischen Erklärungen auch dazu dienen sollen, den Akteuren die (aggregierten) Folgen ihrer eigenen Handlungen verständlich werden zu lassen (vgl. SUCHANEK 1994, S. 31 f.).

Ziel der Diagnose ist indes nicht nur eine Erklärung, aus welchen (Kosten-)Gründen rationale Akteure so handeln, daß die Probleme entstehen. Um einen Ansatzpunkt für eine Therapie zu finden, bedarf es der begründbaren Vermutung, daß es (paretosuperiore) Verbesserungen gibt, die die Individuen bislang nicht gesehen haben, und es ist im Rahmen der Theorie zu zeigen, wie diese Verbesserungen erreicht werden können (vgl. dazu Abschnitt 5.).

Für die Therapie(empfehlungen) ergeben sich aus der Mikrofundierung ebenfalls weitreichende Konsequenzen: Es reicht gemäß dem Paretokriterium ja nicht aus, daß die *allgemeine* Vorteilhaftigkeit der Therapie nachgewiesen werden kann. Das Kriterium verlangt, daß im Prinzip *jedem einzelnen* gezeigt werden kann, daß er nicht schlechtergestellt wird; nur dann kann die Empfehlung wirklich als begründet - und das heißt: legitimierbar - gelten. Für eine solche Vorgehensweise gibt es gute Gründe:

M. OLSON (1985) hat überzeugend dargelegt, daß ein gemeinsames Interesse vieler Beteiligter allein nichts impliziert im Hinblick auf die Realisierung dieses Interesses. Nur dann, wenn der Beitrag des einzelnen *für ihn* einen Unterschied macht und auszahlt, kann erwartet werden, daß er diesen Beitrag zur Verwirklichung des gemeinsamen Interesses auch leistet.

Noch deutlicher zeigt sich die Problematik der Verwirklichung gemeinsamer Interessen im Gefangenendilemma. Die Struktur der Situation führt dazu, daß jeder Akteur seinen Beitrag zur Realisierung der paretosuperioren Lösung, d.h. des gemeinsamen Interesses, nicht leisten wird, wenn und solange er nicht hinreichend sicher weiß, daß sein Beitrag nicht von dem (den) anderen ausgebeutet wird bzw. wegen deren fehlender Mitwirkung nicht die gewünschten Wirkungen erzielt (HOMANN 1994a; SUCHANEK 1996).

Damit ist impliziert, daß der alleinige Verweis auf das Gemeinwohl, soziale Gerechtigkeit, Umweltschutz oder ähnliche Begriffe, mit denen sehr allgemeine gemeinsame Interessen formuliert werden, als Argument für ihre Umsetzung nicht ausreicht. Wenn ein Entscheidungsträger in Politik, Wirtschaft oder wo auch immer bei einer empfohlenen Reform mitwirken soll, muß ihm gegenüber begründet werden können, warum er einen Vorteil davon hat resp. von der Nicht-Mitwirkung einen Nachteil; es bedarf „selektiver Anreize" (OLSON 1985). Zu beachten ist, daß solche selektiven Anreize keineswegs gleichzusetzen sind mit materiellen Anreizen; soziale Anerkennung und unter Umständen auch die Übereinstimmung des Handelns mit eigenen Wertvorstellungen („Identität") können wichtige Formen von Anreizen darstellen. Es ist insofern keineswegs auszuschließen, daß bei einzelnen Akteuren die Verwirklichung sozialer Gerechtigkeit oder ähnlicher Ziele handlungsmotivierend wirken kann, jedoch nur dann, wenn es nicht „zu teuer" wird, wobei wie erwähnt die (Nicht-)Mitwirkung anderer eine zentrale Rolle spielt.

Insofern kann das Paretokriterium auch als Implementationsbedingung in Form der *Anreizkompatibilität* für die an der Reform Beteiligten interpretiert werden: Jeder, dessen Mitwirkung eine Erfolgsbedingung für das Gelingen der empfohlenen Reform, der „Therapie", darstellt, muß überzeugt werden können, daß die Reform auch in seinem Sinne ist, oder mit Bezug auf das Paretokriterium formuliert: daß er nicht schlechtergestellt wird.

An dieser Stelle wird oft als Einwand formuliert, daß eine derartige Auffassung stark konservative Züge trägt. Das ist indes allenfalls zum Teil richtig. Zutreffend daran ist, daß die Rolle von Wissenschaft nicht darin bestehen kann, durch flammende Appelle zu Veränderungen aufzurufen, sondern vielmehr zunächst durch die Entwicklung eines besseren Verständnisses von Restriktionen verfehlte Vorschläge auszuschließen (und insofern entsprechende Veränderungsvorschläge abzulehnen). Das führt aber nun keineswegs dazu, wie anscheinend gelegentlich unterstellt, daß nunmehr praktisch kein Raum für (paretosuperiore) Reformen bliebe. Allerdings hängt *sehr* viel davon ab, wie die relevanten Alternativen spezifiziert werden. Bei einem zu eng angesetzten Horizont ergeben sich in der Tat Probleme, jenen, die unmittelbar bei Reformen verlieren, Kompensationen offerieren zu können. Nimmt man indes, wie in Abschnitt 5 angedeutet, die institutionellen Spielregeln und insofern auch längerfristige Wirkungen von Reformen in den Blick, kommen Bindungswirkungen bestehender und zustimmungsfähiger Spielregeln in den Blick, die den Individuen Kompromisse abnötigen, wenn sie weiterhin in den Genuß der Vorteile dieser Spielregeln kommen wollen.

Zusammenfassend: Mikrofundierung ist bei der Diagnose wichtig als *Erklärung*, worauf die Probleme zurückgehen, um die der Praxis inhärente Vernunft, die sich im individuellen Handeln und in bestehenden Institutionen zeigt, nicht zu unterbieten und um den Ansatzpunkt für erfolgversprechende Reformen adäquat zu bestimmen. Mikrofundierung ist bei der Therapie wichtig a) als *Begründung*, da angesichts des Fehlens externer Instanzen nur die Zustimmungsfähigkeit der Betroffenen als Legitimationsgrundlage dienen kann, und b) als *Implementationsbedingung*, da für den Erfolg einer Reform die Mitwirkung der Beteiligten sichergestellt werden muß, wofür ihnen gegenüber gezeigt werden können muß, warum sie einen Vorteil bzw. keinen Nachteil von ihrer Mitwirkung haben.

4. Theorienkritik

Mit dem so explizierten Kriterium der Mikrofundierung können nunmehr verschiedene Ansätze kritisch beurteilt werden. Im folgenden werden drei Formen normativer Theorien diskutiert: Makrotheorien, präferenztheoretische Ansätze und die Wohlfahrtsökonomik. Makrotheorien weisen das generelle Defizit einer fehlenden Mikrofundierung auf. Demgegenüber rekurrieren präferenztheoretische Ansätze zwar auf individuelle Handlungen und Bewertungen, jedoch analysieren sie diese nicht mehr im systematischen Zusammenhang mit den situativen Bedingungen, so daß die Ursachenanalyse unzureichend bleibt. Bei der Wohlfahrtsökonomik schließlich wird zwar der Zusammenhang von situativen Bedingungen und individuellen Reaktionen systematisch analysiert, jedoch in einer Form, in der der Zusammenhang von positiver und normativer Analyse unklar bleibt. Dies kann auf die Vernachlässigung der institutionellen (Anreiz-)Bedingungen individueller Handlungen zurückgeführt werden.

4.1. (Normative) Makrotheorien

Die Struktur (normativer) Makrotheorien läßt sich mit Bezug auf das im vorigen Abschnitt skizzierte Schema folgendermaßen darstellen:

Makrobedingungen → Makrozustände

Im Unterschied zu mikrofundierten Ansätzen werden Makrozustände, z.B. Arbeitslosigkeit, Unterentwicklung usw., direkt zurückgeführt auf strukturelle Bedingungen der Gesellschaft, ohne *systematisch* danach zu fragen, wie Bedingungen und Ergebnisse verknüpft sind durch die Handlungen der Akteure. Zwar wird im Einzelfall immer wieder auf die Mikroebene verwiesen, jedoch nicht in einer methodisch präzisen Weise, die die Anreizwirkungen der Bedingungen als Gründe für die die Folgen verursachenden Handlungen betrachtet. Dementsprechend wird auch bei den Therapieempfehlungen nicht systematisch gefragt, welche Anreizwirkungen von den empfohlenen Änderungen der (Makro-)Bedingungen ausgehen.

Als paradigmatische Beispiele für eine solche Vorgehensweise seien marxistische und frühe keynesianische Ansätze angeführt.

Bei MARX werden Arbeitsteilung und in deren Folge v.a. Privateigentum und Wettbewerb als strukturelle Ursachen gesellschaftlicher Probleme diagnostiziert; die Therapie besteht - jedenfalls beim frühen MARX - in der Überwindung dieser Entfremdung stiftenden Institutionen (vgl. MARX/ENGELS 1990, S. 69 f. u. pass.). So scharfsinnig die Diagnose ist, hat sich doch geschichtlich gezeigt, welch fatale Folgen eine fehlende Mikrofundierung zeitigen kann. Sie führte zu einer verfehlten Einschätzung der Bedeutung solcher Institutionen wie das Privateigentum, private Unternehmen, (wirtschaftlicher und politischer) Wettbewerb usw., indem deren Funktion, individuelle Interessenskonflikte rational zu kanalisieren bzw. produktiv werden zu lassen, nicht erkannt wurde.

Ähnlich läßt sich mit Bezug auf den Keynesianismus argumentieren. Auch hier liegt mit der „Allgemeinen Theorie" von KEYNES ein beeindruckendes Theoriegebäude zugrunde. Ausgehend vom Problem der Arbeitslosigkeit wurden *makro*ökonomische Bedingungen wie Preisrigiditäten auf dem Arbeitsmarkt, zinsunelastische Investitionen usw. als Ursachen dieses Problems diagnostiziert. Doch wurde nicht erklärt, inwiefern diese Bedingungen zu Reaktionen (rationaler) Akteure führen, die dann ihrerseits die problematisierten Makrozustände erklärbar machen. Die Folgediskussion hat deutlich gemacht, zu welchen Problemen die fehlende Mikrofundierung führt. So merkt M. OLSON in bezug auf die keynesianische Ungleichgewichtstheorie an, daß sie nicht erklärt, „welche Motive oder Anreize von vornherein Ungleichgewichte entstehen lassen, die zu solch unerwünschten Ergebnissen führen. So interessant sie in anderer Hinsicht sein mag, in diesem Punkt ist die Keynessche oder Ungleichgewichts-Makroökonomie so unbefriedigend wie ein Kriminalroman, in dem das Mordopfer ohne jeden Grund um sein Leben kommt." (1991, S. 111) Und W. VOGT führt - ebenfalls mit Bezug zur keynesianischen Theoriebildung - an, daß „die ökonomische Theorie ... ohne Rückgriff auf das Rationalitätsprinzip gerade dann nicht auskommen kann, wenn sie an praktisch bedeutsamen Aussagen und Urteilen interessiert ist. Das bedeutet keineswegs, daß sie damit von vornherein als rein normative Theorie definiert wäre. Sie ist zunächst einmal positive Theorie, die zu erklären versucht, welche Rückwirkungen die ökonomischen Zusammenhänge, die von individuellen Entscheidungen bestimmt sind, auf die Nutzen der Individuen haben." (1993, S. 40 f.)

Es sei noch einmal ausdrücklich betont, daß damit nicht behauptet wird, diese Theorien hätten nicht wertvolle Einsichten zu bieten; das ist zweifellos der Fall. Doch kann - und das ist die These - von diesen Einsichten nicht direkt auf Handlungsempfehlungen geschlossen werden, weil die Konzeptionen nicht auf einen Vergleich der relevanten realisierbaren Alternativen angelegt sind, dessen Beurteilungskriterien offenliegen und bei Bedarf begründet werden könnten.

4.2. Präferenztheoretische Ansätze

Das Schema sieht hier folgendermaßen aus:

Gesinnungen → Handlungen → Handlungsfolgen

Ausgangspunkt sind wiederum gesellschaftliche Probleme wie Umweltverschmutzung, Arbeitslosigkeit, Armut usw.. Im Unterschied zu Makrotheorien werden diese Probleme verstanden als Resultat einer Vielzahl individueller Handlungen, die ihrerseits zurückgeführt werden auf die Gesinnungen (Moti-ve, Präferenzen, Dispositionen) der Handelnden. Die grundlegenden Ursachen werden somit nicht in strukturellen Bedingungen der Situation gesehen, sondern (letztlich) auf der Mikroebene bei den Akteuren verortet.

Eine solche - intuitiv eingängige - Form der Zurechnung findet sich typischerweise in Argumentationen, in denen die Bedeutung von Moral, „moralischen Präferenzen", Werten usw. für die Erhaltung der sozialen Ordnung betont wird. Daraus folgt für die Diagnose sozialer Probleme, daß die grundlegende Ursache im Verfall der Moral und der Werte resp. der Zunahme des Egoismus, der Profitgier, des Machtstrebens usw. zu suchen ist; entsprechend besteht die Therapie in einem Appell an das Verantwortungsbewußtsein, den Gerechtigkeitssinn usw. der Akteure bzw. in der Erziehung zu den richtigen Werten (vgl. exemplarisch ETZIONI 1989, S. 149).

Bemerkenswerterweise läßt sich ein solches Denken auch bei Ökonomen finden. Zu verweisen ist hier v.a. auf die Forderung nach starken Politikern, die die dringend benötigten und Wohlfahrtsgewinne zeitigenden Reformen durchführen (Politikversagen als Politikerversagen!), oder die verbreitete Klage über die Interessensgruppen, die nur nach Renten suchen, statt sich an der Erstellung des Bruttosozialprodukts zu beteiligen. Auch das schon genannte Problem des paretianischen Liberalen von SEN geht auf problematische Präferenzen, sogenannte „meddlesome preferences" zurück, und er schlägt als Lösung folgerichtig die Ausbildung geeigneter Metapräferenzen vor (vgl. dazu SUCHANEK 1995). In all diesen Fällen werden die Probleme letztlich zurückgeführt auf den fehlenden Willen oder die verfehlten Motive von Akteuren.

Doch obwohl hier eine Mikrofundierung vorzuliegen scheint, zeigt sich bei näherem Hinsehen, daß sowohl die Diagnosen wie die Therapien verfehlt sind. Die Diagnosen sind verfehlt, weil die vielfältigen strukturellen Bedingungen, insbesondere Wettbewerbsdruck und institutionelle „Sachzwänge", nicht genauer analysiert und praktisch immer in ihrer Kanalisierungswirkung auf die Akteure vernachlässigt werden; nicht nur, daß sie als Ursachen der Probleme nicht in den Blick kommen, es wird auch nicht verstanden, daß viele dieser „Sachzwänge" *funktional* sind, so daß ihre Veränderung oder Abschaffung z.T. erhebliche Kosten zeitigt. So wird z.B. oft vernachlässigt, daß Politiker nicht aus Machtgier auf Wählerstimmen bedacht sind, sondern weil sie sonst angesichts der Parteienkonkurrenz nicht gewählt werden; und daß diese Konkurrenz wünschenswert ist, da sie die Möglichkeit der politischen Partizipation der Regierten verbessert (vgl. PIES 1996). Die ungenügende Rekonstruktion der Handlungsbedingungen der Akteure führt ferner dazu, daß bewertungsrelevante Faktoren und bestehende Zielkonflikte vernachlässigt werden.

Um verfehlte Therapien handelt es sich, weil die Vernachlässigung dieser strukturellen Bedingungen oft zu Forderungen führt, die die Adressaten angesichts der Restriktionen, mit denen sie in ihrer Situation konfrontiert sind, gar nicht oder nur unter für sie unzumutbaren Kosten erfüllen können. Insbesondere wird nicht beachtet, daß immer dann, wenn bei der Implementation aufgrund von Handlungsinterdependenzen Probleme der Koordination und der Anreizkompatibilität auftreten - und das ist bei allen relevanten gesellschaftlichen Problemfeldern der Fall -, der einzelne Akteur *prinzipiell* nicht in der Lage ist, das gewünschte Ergebnis herbeizuführen - und er somit auch nicht dafür verantwortlich gemacht werden kann -, sondern daß das ein *institutionelles* Problem darstellt. Wenn indes institutionelle Reformen zum Ansatzpunkt der Therapie gewählt werden, muß aus methodischen Gründen auch die Diagnose darauf statt auf individuelle Gesinnungen ausgerichtet werden. Damit soll nicht ausgeschlossen werden, daß nicht auch Gesinnungen als informelle Institutionen im Sinne von D.C. NORTH (1992) betrachtet werden können, aber eben nicht als grundlegender oder gar einziger Ansatzpunkt.

4.3. Die Wohlfahrtsökonomik

Der methodisch vielleicht interessanteste Fall problematischer Diagnose und Therapie ist die Wohlfahrtsökonomik. Interessant ist dies schon deshalb, weil hier, wie es scheint, von denselben normativen Grundlagen ausgegangen wird, die oben genannt wurden: dem normativen Individualismus und dem Paretokriterium; zugleich werden die strukturellen Handlungsbedingungen systematisch berücksichtigt in Form der jeweiligen Konstellation von Produktions- bzw. Angebots- und Nachfragebedingungen. Gleichwohl zeigen sich bei näherem Hinsehen Defizite im Hinblick auf eine adäquate Mikrofundierung, da wesentliche - nämlich institutionelle - Anreizbedingungen konzeptionell vernachlässigt werden.

Die Wohlfahrtsökonomik präzisiert die normativen Vorgaben dahingehend, daß sie eine explizite Fokussierung auf das Problem der Allokation knapper Ressourcen vornimmt, das analytisch von anderen Problemfeldern, insbesondere vom Verteilungsproblem, isoliert wird. Aus der Tatsache, daß die Individuen bei der Verfolgung ihrer Ziele nur begrenzte Ressourcen zur Verfügung haben, resultieren Zielkonflikte und die Notwendigkeit, zwischen den möglichen Alternativen einen Kompromiß zu finden, der einen paretooptimalen Einsatz der Ressourcen ermöglicht.

Die Wohlfahrtsökonomik kann nun zeigen, daß - sofern eine Reihe von Voraussetzungen gegeben ist - der Wettbewerbsmarkt die beste institutionelle Lösung für das Allokationsproblem ist, da jedes Konkurrenzgleichgewicht paretooptimal ist (erstes Fundamentaltheorem); jede Ressource wird dorthin alloziert, wo sie - als Konsumgut - den größten Nutzen stiftet, oder - als Produktionsfaktor - die größte Produktivität entfaltet. Jeder Akteur sieht sich (im Modell) konfrontiert mit Anreizen in Form von Marktpreisen, die die relativen Knappheitsrelationen der Ressourcen korrekt widerspiegeln; seine Reaktion führt dazu, daß der Gesamtproduktionswert maximiert wird.

Daraus wird nun gefolgert, daß der vollkommene Markt das geeignete normative Referenzmodell zur Ableitung von Handlungsempfehlungen darstellt, wo immer es um das Problem der Allokation knapper Ressourcen geht, wobei die Beschränktheit der Perspektive durchaus eingestanden wird (vgl. etwa FRITSCH/WEIN/EWERS 1993). Das gesamte Referenzmodell wird zur normativen Vorgabe - d.h. es ist im Schema von Abschnitt 2 unter (1) zu subsumieren - mit der Folge, daß es selbst nicht mehr zur Disposition steht. Dieses Modell gibt somit die Perspektive bzw. den Ansatzpunkt für die Diagnose (2) vor, um dann Maßnahmen (3) abzuleiten, mit denen die Differenz von Idealmodell und Status quo verringert werden kann.

Folgerichtig werden Probleme diagnostiziert als Marktversagen, beispielsweise in Form externer Effekte; der Status quo ist, gemessen am Referenzmodell des vollkommenen Wettbewerbsmarktes, defizitär, da die Bedingung der Separierbarkeit der einzelnen Tauschakte verletzt ist, die sicherstellt, daß der für die Tauschpartner (per definitionem) paretosuperiore Tauschakt keinen Dritten schlechter stellt. Andere Beispiele für Marktversagen sind Verletzung der Informationsbedingungen, Subadditivität der Kosten in der Produktion usw..

Die Therapie wird entwickelt entlang der Heuristik, die Bedingungen des vollkommenen Marktes soweit wie möglich zu realisieren durch Definition geeigneter, d.h. universeller, exklusiver, durchsetzbarer und transferierbarer property rights, durch staatliche „Simulation" des Marktes, etwa durch die Setzung geeigneter Steuersätze, die jeden Akteur mit den richtigen Preisen konfrontieren, sowie dadurch, daß die theoretisch benannten Voraussetzungen vollkommener Märkte, z.B. im Hinblick auf Verhinderung von Marktmacht, Erhöhung der Transparenz usw., möglichst weitgehend durch die Ordnungspolitik hergestellt werden.

Ich will hier nicht auf die zahlreichen einzelnen Problempunkte eingehen, die auch Wohlfahrtsökonomen bekannt sind, sondern auf konzeptionelle Probleme in bezug auf Diagnose und Therapie hinweisen, die sich aus einer defizitären Form der Mikrofundierung ergeben; im Anschluß an Abschnitt 3 lassen sich hier die Problemfelder der ungenügenden Erklärung (Diagnose) einerseits sowie der fehlenden Begründung und der Implementation (Therapie) andererseits nennen.

In seinem berühmten Aufsatz von 1960 hat R. COASE auf ein grundlegendes theoretisches Defizit der Wohlfahrtsökonomik hingewiesen: Im Referenzmodell ist das Vorliegen externer Effekte gleichbedeutend mit möglichen, aber nicht realisierten Wohlfahrts- bzw. Tauschgewinnen. Geht man nun von der Annahme rationaler, eigeninteressierter Akteure aus, so bedarf es zunächst einer *Erklärung*, warum diese Tauschgewinne nicht realisiert sind, d.h. es sind die oben bereits angeführten (Kosten-)Gründe zu analysieren, bevor eine Aussage darüber getroffen wird, worin die Ursachen der Probleme liegen. Die Grundaussage des oft mißverstandenen Aufsatzes von COASE bestand darin, die Idee der *Transaktionskosten* als allgemeinen Begriff derartiger individueller Kostengründe und, darauf aufbauend, eine Theorie der institutionellen Strukturen als zentrale Einflußgröße dieser Kosten zu entwickeln (vgl. COASE 1992, S. 717 f.). Die Tatsache, daß diese Kosten und ihre Bedingungsfaktoren, die Institutionen, im Rahmen der Wohlfahrtsökonomik vernachlässigt werden, führt dazu, „that both the analysis [Diagnose] and the policy conclusions [Therapie] are incorrect" (COASE 1988, S. 149).

Allgemein formuliert besteht das Problem der wohlfahrtsökonomischen Problemperspektive darin, daß die Analyse auf einen institutionellen Spezialfall beschränkt wird: „Was immer über eindeutige Markttransaktionen hinausgeht, wird nicht modelliert." (RICHTER/FURUBOTN 1996, S. 12) Strukturell ähnelt das Vorgehen dem des Psychoanalytikers, der bei all seinen Patienten als Einheitsdiagnose eine durch ödipale Fixierung verursachte Neurose konstatiert und als Therapie eine Psychoanalyse empfiehlt.

Im Hinblick auf die Therapie liegt das vielleicht bemerkenswerteste Defizit der Wohlfahrtsökonomik in der fehlenden *Begründung* der Reformmaßnahmen gegenüber den potentiellen Verlierern dieser Reform, also jenen, denen höhere Steuern, Eingriffe in ihre property rights usw. zugemutet werden. Der Verweis auf *allgemeine* Wohlfahrtserhöhungen reicht als Begründung gerade nicht aus, wenn man das Kriterium der Mikrofundierung ernst nimmt, denn dann muß *dem einzelnen* eine Kompensation offeriert werden, und sei es in Form eines (ihn überzeugenden!) Arguments, warum er Einschränkungen seiner property rights hinnehmen soll.

In wohlfahrtsökonomischen Texten finden sich folgerichtig auch häufig Argumentationen, die implizit unterstellen, daß Verursacher negativer externer Effekte in gewissem Sinne nicht legitim handeln: der Verursacher negativer externer Effekte *soll* diese internalisieren (FRITSCH/WEIN/EWERS 1993, S. 66). Begründet wird diese normative Aussage mit dem *allgemeinen* Wohlfahrtsgewinn, der sich nach der Theorie erwarten läßt, doch ist dieser Wohlfahrtsgewinn, wie gezeigt, eben nicht gleichbedeutend mit der Zustimmung aller. Vor dem Hintergrund einer strikt individualistischen Wertlehre wie sie oben skizziert wurde („individuals are the ultimate source of values"), bleibt in der Wohlfahrtstheorie unklar, aufgrund welcher Form von Kompensation eine solche Zustimmung jedes einzelnen, *insbesondere von den Verursachern der negativen externen Effekte,* erfolgen könnte. Die einzige Kompensation besteht im Hinweis auf die Gewinne anderer, aber das ist beispielsweise für Unternehmen, die im Wettbewerb stehen, in der Regel nicht bilanzierungsfähig. (Anders kann es sein, wenn die durch das Unternehmen bewirkten Gewinne anderer zu einer Reputationssteigerung führen, die ihrerseits absatzfördernd wirkt.)

Wie bereits oben ausgeführt, liegt die Bedeutung einer Begründung vor allem darin, daß eine erfolgreiche *Implementation* davon abhängt, daß die an einer Reform Beteiligten zur Mitwirkung überzeugt werden können. Haben Entscheidungsträger den Eindruck, daß sie durch die Reform - *relativ zu erreichbaren Alternativen* - verlieren, werden sie ihre Mitwirkung versagen, was zur Konterkarierung der erwünschten Wirkungen führen kann. Zu beachten ist der Hinweis auf die Alternativen, die stets wesentlich von den bestehenden Institutionen mitbestimmt werden; man kann die hier vorgebrachte Kritik an der Wohlfahrtsökonomik auch so formulieren, daß sie die relevanten Alternativen nicht adäquat modellieren kann wegen der systematisch unzureichenden Berücksichtigung der Funktion und der Anreizwirkungen von Institutionen.

Die Implementationsproblematik wird im Rahmen wohlfahrtsökonomischer Überlegungen wegdefiniert, indem einerseits unterstellt wird, daß die von der Reform betroffenen wirtschaftlichen Akteure *Preisnehmer* sind, und daß andererseits die Politiker als jene Akteure, die die Reform umsetzen, allwissend und wohlwollend sind, und daß sie alle relevanten Bedingungen kontrollieren, die für die Setzung der richtigen Anreize nötig sind. Die Kompensationsproblematik wird somit implizit dadurch gelöst, daß die im Markt Agierenden entweder durch Markttransaktionen kompensiert werden oder aber - als Verursacher negativer externer Effekte - gar keine Berechtigung auf Kompensation haben, und die Politiker keiner Kompensation bedürfen, da sie wohlwollend sind. In beiden Fällen werden Probleme strategischen Verhaltens und daraus resultierender Anreizinkompatibilitäten vernachlässigt, die eine genauere Begründung der *individuellen* Vorteilhaftigkeit der Reform nötig werden lassen würden, und mehr noch: die die Funktion von Institutionen verständlich machen würden.

Nun könnte demgegenüber eingewandt werden, daß die zahlreichen Kritikpunkte den Wohlfahrtstheoretikern wohlbekannt sind, und in vielen, z.T. sehr aufschlußreichen Erweiterungen der Theorie Berücksichtigung gefunden haben. Dies trifft indes im Rahmen einzelner Analysen zu, hat jedoch dazu geführt, daß *der systematische Zusammenhang von positiver und normativer Analyse zunehmend unklar wurde*, da mit der Einführung strategischer Interdependenzen und daraus resultierender Kosten und insbesondere der Berücksichtigung von Institutionen der Status des Referenzmodells unklar wird, da in ihm beides nicht berücksichtigt wird. Pointiert könnte man formulieren, daß die Wohlfahrtsökonomik wegen ihres Defizits von Analysemöglichkeiten institutioneller Arrangements keine adäquate Theorie der Ordnungspolitik hat, da sie die Kosten der Gestaltung der (institutionellen) Bedingungen von Märkten bzw. funktionalen Äquivalenten nicht berücksichtigt.

Es gibt meines Wissens bis heute in der Wohlfahrtsökonomik keine konzeptionelle Lösung der hier angesprochenen Probleme. Man behilft sich pragmatisch, indem einzelne Probleme untersucht und im Hinblick auf die Realisierbarkeit der Reform ad hoc verarbeitet werden. Der systematische Zusammenhang von positiver und normativer Theorie ist jedoch nicht mehr zu erkennen mit der Folge, daß die Begründung von Reformvorschlägen - zumal angesichts der inneren Unklarheit des Zusammenhangs von normativem Individualismus und *Gesamt*wohlmaximierung - unzureichend bleibt und die Bedingungen einer erfolgreichen Implementation eher zufällig gegeben sind. Ergänzend zu dieser Kritik ist allerdings anzufügen, daß die theoretische Fruchtbarkeit des methodischen Instrumentariums damit nicht geleugnet werden soll, die Kritik bezieht sich auf die *Verwendung* dieses Instrumentariums im Rahmen normativer Argumentationen.

5. Normative Institutionenökonomik

Nach all diesen Überlegungen stellt sich die Frage, wie eine ökonomische Theorie aussehen sollte, die Diagnose und Therapie systematisch verknüpft und dem Kriterium der Mikrofundierung genügt. Ich kann hier nur die Grundzüge andeuten, doch kann man sagen, daß im Rahmen der Entwicklung der „Neuen Institutionenökonomik" wichtige Grundlagen zu einer solchen Theorie bereits gelegt sind (vgl. zum folgenden PIES 1993, mit weiterer Literatur).

Normative Theorie kann, wenn sie das „Faktum des Pluralismus" ernst nimmt (RAWLS 1993; vgl. PIES/LESCHKE 1995), den Individuen nicht ihre (grundlegenden) Ziele vorschreiben, sondern kann sie „nur" aufklären über die realisierbaren Möglichkeiten, wie sie ihre selbstgesetzten Ziele angesichts der bestehenden Interessenskonflikte besser verfolgen können. Diese Möglichkeiten werden im wesentlichen bestimmt von Regeln, institutionellen Arrangements, die Interaktionen koordinieren, von der Verfassung über den Markt bis hin zum Verbot der Ausbringung spezifischer Gefahrstoffe in Umweltmedien.

Für die Theoriebildung folgt daraus die Ausrichtung auf komparative Institutionenanalysen. Ausgehend vom Status quo stellt sich die Frage, ob es zum bestehenden Zustand bzw. zur erwarteten Entwicklung eine paretosuperiore Alternative gibt, die durch institutionelle Reformen realisiert werden kann. Dieser Zusammenhang läßt sich sehr gut am Gefangenendilemma erläutern (siehe hierzu den Beitrag von WEISE in diesem Band):

		II	
		k	d
I	k	3, 3	1, 4
	d	4, 1	2, 2

Bekanntermaßen stellt d für jeden Spieler die dominante Strategie dar mit der Folge, daß beide eine Auszahlung von 2 erhalten. Der resultierende Zustand läßt sich somit (mikrofundiert) *erklären* als Folge individuell rationalen Handelns. Zugleich läßt sich *im Rahmen der Theorie* eine Möglichkeit aufzeigen, die die Beteiligten besserstellen kann, d.h. paretosuperior ist (zur Vereinfachung der Argumentation gehe ich auf mögliche Wirkungen auf Dritte nicht ein). Um sie zu realisieren, bedarf es allerdings einer institutionellen Reform, die jedem Spieler hinreichende Verläßlichkeit darüber ermöglicht, daß sein Beitrag (k) nicht von dem (bzw. den) anderen ausgebeutet wird; zudem muß gezeigt werden können, daß die Implementationskosten der Reform die Tauschgewinne nicht übersteigen.

Das Gefangenendilemma ist hier nicht im üblichen Sinne als eines unter mehreren Spielen zu verstehen, sondern als grundlegende *Heuristik*, mit deren Hilfe die problematisierte Situation strukturiert wird. Seine Leistungsfähigkeit gewinnt es insbesondere durch die Verknüpfung realisierbarer gemeinsamer Interessen („Ziele"), wie sie durch die potentiellen paretosuperioren Kooperationsgewinne modelliert werden, mit der Existenz konfligierender Interessen, die aus den situativen Bedingungen resultieren und der in der Matrix nicht erfaßten institutionellen Möglichkeiten, durch die Änderung der Auszahlungen die Kooperationsgewinne zu realisieren.

Es ist immer wieder kritisch gegen das Gefangenendilemma vorgebracht worden, daß es nicht realistisch sei; die Menschen seien nicht so egoistisch und wären durchaus in der Lage, derartige Situationen zu überwinden. Eine solche Argumentation verkennt die angesprochene heuristische Funktion dieses Schemas (vgl. HOMANN 1994a; SUCHANEK 1996). Diese Funktion läßt sich illustrieren anhand des folgenden aus der Geschichte der Physik entnommenen Beispiels:

Das Fallgesetz GALILEIs sagt aus, daß im Vakuum alle Gegenstände gleich schnell fallen. Das ist offenbar eine unrealistische Theorie; erstens ist es offensichtlich, daß die Gegenstände unterschiedlich schnell fallen, zweitens gibt es normalerweise auf der Erde kein Vakuum. Dennoch erwies sich diese Theorieleistung GALILEIs als ein entscheidender Fortschritt gegenüber der Physik des ARISTOTELES; denn nunmehr war es möglich, die verschiedenen *Bedingungen*, unter denen Gegenstände unterschiedlich schnell fallen, präzise zu spezifizieren und auf eine einheitliche Theorie zu beziehen, so daß Vergleiche und Messungen in allgemeinerer *und* spezifischerer Weise als zuvor möglich wurden (vgl. dazu WEIZSÄCKER 1990, S. 107 f.; SUCHANEK 1994, S. 25 ff., 92 f.).

In gleicher Weise läßt sich beobachten, daß die Menschen in vielfältiger Form problematische Situationen vom Typ des Gefangenendilemmas erfolgreich überwinden *oder gezielt etablieren* (vgl. PIES 1995). Der unbestreitbare Sachverhalt, daß Menschen immer wieder erfolgreich Interaktionsprobleme vom Typ des Gefangenendilemmas gelöst haben, ist eben nicht als trivial, sondern als erklärungsbedürftig anzusehen. Die grundlegende Bedeutung des Gefangenendilemmas für die *positive* Analyse besteht deshalb darin, systematisch danach zu fragen, unter welchen Bedingungen welche Lösungen für einen rationalen Umgang mit sozialen Dilemmata entwickelt worden sind (z.B. wiederholte Spiele, Informationsbedingungen und externe Bindungsmöglichkeiten usw.). Bei der *normativen* Analyse kann dann genauer gesagt werden, welche Bedingungen erfüllt sein müssen, damit bestehende Interaktionsprobleme gelöst werden können: Gibt es institutionelle Arrangements, die zu den erwünschten Folgen führen? Sind die Kosten dieser Arrangements geringer als die damit erzielten Tauschgewinne? usw..

Ins Zentrum der Betrachtung rücken dann *Institutionen* als im Prinzip veränderbare situative Bedingungen, die den Alternativenraum der Akteure und damit ihre Anreize bzw. Opportunitätskosten verändern. Im einfachsten

Fall einigen sich beide Spieler *glaubwürdig* auf den wechselseitigen Verzicht von d; diese Abstimmung kann als informelle Institution interpretiert werden, die den Charakter eines *Kapitalgutes* hat (vgl. BUCHANAN 1984, Kap. 7). Rationale Akteure werden unter bestimmten Bedingungen in dieses institutionelle Kapital *investieren*, da es die Voraussetzung für die Aneignung von Kooperationsgewinnen darstellt (vgl. SUCHANEK 1997). Dies ist v.a. im Hinblick auf das Pareto-Kriterium von Bedeutung, weil auf dieser Grundlage für Verlierer konkreter Reformmaßnahmen Kompensationen *hergeleitet* werden können mit Verweis auf die Zustimmungsfähigkeit der institutionellen Verfahren, nach denen die Reformen beschlossen und durchgeführt wurden.

Eine der wichtigsten Fragen einer normativen Ökonomik lautet dann: Wann und unter welchen (Anreiz-)Bedingungen bzw. aus welchen (Kosten-)Gründen sind Individuen bereit, Regeln zu folgen, die ihnen im Einzelfall Nachteile zumuten, und wann ist dies nicht (mehr) der Fall? Anhand der dabei gewonnenen Erkenntnisse kann dann im zweiten Schritt nach den *Opportunitätskosten unterschiedlicher institutioneller Arrangements für die betroffenen Individuen* gefragt werden, um schließlich drittens Aussagen darüber machen zu können, ob - und wenn ja, welche - paretosuperiore institutionelle Alternativen zum Status quo bestehen, die als Handlungsempfehlung formuliert werden können.

6. Abschließende Bemerkungen

Es ist hier nicht der Ort, auf die zahlreichen Beiträge einzugehen, die im Rahmen der Institutionenökonomik und verwandter Theorierichtungen bereits geleistet sind, um die unterschiedlichen Situationskonstellationen und ihre Implikationen zu erforschen (s. dazu z.B. RICHTER/FURUBOTN 1996). Deutlich sollte nur werden, daß die methodische Vermittlung von normativer und positiver Analyse keine Trivialität ist. Wo eine geeignete konzeptionelle Vermittlung ausbleibt, kommt es entweder zu einem unfruchtbaren Moralisieren, das den empirischen Bedingungen nicht gerecht wird, oder zu empirischer Forschung, deren Relevanz für gesellschaftliche Probleme zwar vermutet werden kann, deren normative Implikationen jedoch im dunkeln bleiben. Positive Theorie bedarf einer normativen Heuristik als Vorgabe für die Problemstellung, die normative Theorie bedarf der positiven Theorie, da die Formulierung von Zielen noch nichts über deren Realisierungschancen aussagt.

Die Diskussion der verschiedenen Theorierichtungen sollte - neben der Herausarbeitung der Bedeutung einer methodisch präzisen Mikrofundierung - insbesondere die Problematik einer Vorgehensweise verdeutlichen, bei der die Therapie nicht von den relevanten Möglichkeiten, die in der jeweiligen Situation existieren, her entwickelt wird, sondern von abstrakten Zielvorstellungen, deren Realisierbarkeit jedoch gerade bei hochkomplexen gesellschaftspolitischen Problemstellungen in keiner Weise mehr intuitiv abgeschätzt werden kann.

Schwierigkeiten resultieren dabei nicht nur aus der Art und Weise, wie - gemäß dem Schema von Abschnitt 2 - von (1) auf (3) (kurz-)geschlossen wird, sondern auch aus dem Umstand, daß die normativ festgelegten Vorgaben in der Regel nicht mehr zur Disposition stehen, also nicht mehr kompromißfähig bzw. revidierbar sind. Das hat im Prinzip seinen Sinn, wird aber dort problematisch, wo notwendige Differenzierungen unterbleiben.

So könnte beispielsweise eine Forderung lauten, Kooperationen im Umweltschutz zwischen Behörden und Unternehmen generell zu stärken, doch ist eine solche Forderung u.U. zu revidieren bzw. zu differenzieren, wenn man feststellt, daß es unerwünschte Kooperationen, z.B. in Form von Korruption, gibt. Nötig ist dann eine Präzisierung des normativen Begriffs Kooperation. Im Laufe der Zeit werden so die normativen Begriffe bzw. Prämissen zunehmend allgemeiner gefaßt und ihre Konkretisierung wird immer stärker von den spezifischen empirischen Bedingungen abhängig, wobei es durch die Komplexität dieser Bedingungen immer wieder zu Formulierungen (z.B.: „Privateigentum und Gewinne dienen vor allem den Nicht-Eigentümern bzw. Nicht-Gewinnern"; HOMANN 1994b, S. 25) kommen kann, die verbreiteten normativen Vorstellungen prima facie widersprechen. Die Bedeutung der methodischen Vermittlung normativer und positiver Analyse liegt nicht zuletzt darin, die *Lernfähigkeit* normativer Intuitionen bzw. Entwicklungsfähigkeit entsprechender Konzeptionen zu ermöglichen bzw. zu erhalten. Es geht darum, die normativen Intentionen wie Solidarität, Gerechtigkeit usw. zu bewahren, zugleich aber ihre je unterschiedlichen Realisierungsbedingungen in den je unterschiedlichen gesellschaftlichen bzw. historischen Situationen erkennen und verarbeiten zu können.

Literaturverzeichnis

BECKER, G.S. (1996). *Familie, Gesellschaft und Politik - die ökonomische Perspektive.* Tübingen: Mohr (Siebeck). (im Druck).
BUCHANAN, J.M. (1984). *Die Grenzen der Freiheit.* Tübingen: Mohr (Siebeck) (Orig. 1975).
-"- (1987). Constitutional Economics. *The New Palgrave. A Dictionary of Economics*, Bd. 1. London: Macmillan, 585-588.
COASE, R.H. (1988). The Problem of Social Cost. In: DERS. *The Firm, the Market, and the Law.* Chicago u.a.: Univ. of Chicago Press, 95-156 (Orig. 1960).
-"- (1992). The Institutional Structure of Production. *American Economic Review* 82, 713-719.
COLEMAN, J.S. (1991). *Grundlagen der Sozialtheorie*, Bd. 1. Handlungen und Handlungssysteme. München: Oldenbourg.
ETZIONI, A. (1989). Toward Deontological Social Sciences. *Philosophy of Social Sciences* 19, 145-156.
FRITSCH, M., WEIN, T. und EWERS, H.-J. (1993). *Marktversagen und Wirtschaftspolitik: mikroökonomische Grundlagen staatlichen Handelns.* München: Vahlen.
GERECKE, U. und SUCHANEK, A. (1996). Pluralismus und seine Folgen für eine Ethik der modernen Gesellschaft. In: GUCKES, B. und RIPPE, K.P. (Hg.). *Angewandte Ethik in der pluralistischen Gesellschaft* (im Druck).
HOMANN, K. (1980). *Die Interdependenz von Zielen und Mitteln.* Tübingen: Mohr (Siebeck).
-"- (1988). Die Rolle ökonomischer Überlegungen in der Grundlegung der Ethik. In: HESSE, H. (Hg.). *Wirtschaftswissenschaft und Ethik.* Berlin: Duncker & Humblot, 215-240.
-"- (1994). Ethik und Ökonomik. Zur Theoriestrategie der Wirtschaftsethik. In: DERS. (Hg.). *Wirtschaftsethische Perspektiven I:* Theorie - Ordnungsfragen - Internationale Institutionen. Schriften des Vereins für Socialpolitik, N.F. Bd. 228. Berlin: Duncker & Humblot, 9-30.
-"- (1994a). Homo oeconomicus und Dilemmastrukturen. In: SAUTTER, H. (Hg.). *Wirtschaftspolitik in offenen Volkswirtschaften.* Festschrift für Helmut Hesse zum 60. Geburtstag. Göttingen: Vandenhoeck & Ruprecht, 387-411.
-"- (1994b). Die moralische Qualität der Marktwirtschaft. *List Forum* 20, 15-27.
-"- (1996). Sustainability: Politikvorgabe oder regulative Idee? In: GERKEN, L. (Hg.). *Ordnungspolitische Grundfragen einer Politik der Nachhaltigkeit.* Baden-Baden: Nomos, 33-47.
HOMANN, K. und BLOME-DREES, F. (1992). *Wirtschafts- und Unternehmensethik.* Göttingen: Vandenhoeck & Ruprecht.
MARX, K. und ENGELS, F. (1990). Die deutsche Ideologie. In: *MEW,* Bd. 3. Berlin: Dietz, 9-530 (Orig. 1845-46).

NORTH, D.C. (1992). *Institutionen, institutioneller Wandel und Wirtschaftsleistung.* Tübingen: Mohr (Siebeck) (Orig. 1990).
OLSON, M. (1985, 2. Aufl.). *Die Logik des kollektiven Handelns.* Tübingen: Mohr (Siebeck) (Orig. 1965).
-"- (1991). Ein mikroökonomisch-evolutorischer Ansatz der Makroökonomie. In: DERS. *Umfassende Ökonomie.* Tübingen: Mohr (Siebeck), 110-128 (Orig. 1984).
PIES, I. (1993). *Normative Institutionenökonomik.* Zur Rationalisierung des politischen Liberalismus. Tübingen: Mohr (Siebeck).
-"- (1995). Normative Institutionenökonomik - Zur Problemstellung eines Forschungsprogramms demokratischer Politikberatung. *Zeitschrift für Wirtschaftspolitik* 44, 311-340.
-"- (1996). *Autokratie versus Demokratie:* Die politischen Voraussetzungen wirtschaftlicher Entwicklung. Vortrag auf dem 29. internat. Forschungsseminar Radein, Februar 1996 (Veröff. in Vorb.).
-"- und LESCHKE, M. (Hg.). *John Rawls' politischer Liberalismus.* Tübingen: Mohr (Siebeck).
RAWLS, J. (1993). *Political Liberalism.* New York: Columbia Univ. Press.
RICHTER, R. und FURUBOTN, E. (1996): *Neue Institutionenökonomik.* Tübingen: Mohr (Siebeck).
SUCHANEK, A. (1994). *Ökonomischer Ansatz und theoretische Integration.* Tübingen: Mohr (Siebeck).
-"- (1995). *Demokratie, Liberalismus und normative Ökonomik.* Diskussionsbeiträge der Wirtschaftswissenschaftlichen Fakultät Ingolstadt der Katholischen Universität Eichstätt Nr. 61, Ingolstadt.
-"- (1996). Verdirbt der homo oeconomicus die Moral? In: LOHMANN, K. und PRIDDAT, B.P. (Hg.). *Ökonomie und Moral - Beiträge zur Theorie ökonomischer Rationalität.* München: Oldenbourg (im Druck).
-"- (1997). Anreize, Interaktionen und Institutionen: eine konstruktive Kritik der Konzeption Mancur Olsons. In: PIES, I. und LESCHKE M. (Hg.). *Mancur Olsons Logik des kollektiven Handelns.* Tübingen: Mohr (Siebeck) (Veröff. in Vorb.)
VOGT, W. (1993). Über die Rationalität der ökonomischen Theorie. *Jahrbuch für Ökonomie und Gesellschaft* 10, 32-59.
WEIZSÄCKER, C. F. v. (1990, 6. erw. Aufl.). *Die Tragweite der Wissenschaft.* Stuttgart: Hirzel (Orig. 1964).

Richard Sturn[1]

Moral, Normen und ökonomische Rationalität

1. Normen begründen, Normen erklären: Die zwei Ebenen des Themas

Dieser Aufsatz beschäftigt sich mit dem Verhältnis von Normen, Moral und Rationalität. Im Zentrum steht jenes Rationalitätskonzept, welches der axiomatische Angelpunkt der ökononomischen Theorie ist. Das Thema berührt zwei Ebenen. Die eine ist die der philosophischen Ethik. In wichtigen ethischen Doktrinen, etwa kantianischen, stoischen und aristotelischen, nimmt Rationalität in irgendeiner Form einen konstitutiven Platz ein. Auf dieser Ebene ergibt sich folgende Fragestellung: Angenommen, wir verstehen „Rationalität" - wie für die Ökonomik typisch - als instrumentell rationale Verfolgung des „Eigeninteresses". *Kann eine so verstandene Rationalität moralische Normen konstitutiv oder kausal begründen?* Wie tragfähig ist jene auf HOBBES' zurückgehende Paraphrase der Konfiguration von Moral und Rationalität, welche genau dieses versucht? Auf welche Zusatzprämissen sind solche kontraktualistischen Moraltheorien allenfalls angewiesen? Eine solcherart deduzierte hobbesianische Moral würde freilich von vielen (z.B. von Kantianern und Aristotelikern) nicht als Moral erkannt.

Eine Untersuchung der Beziehung zwischen ökonomischer Rationalität und Moral legt also einen umfassenden Moralbegriff nahe, der jedenfalls die hobbesianische Moral einschließt. Moralische Normen in diesem umfassenden Sinn unterscheiden sich von nicht-moralischen Normen dadurch, daß ihre Befolgung mit alltagsmoralischen Begriffen (also: ehrlich, fair, unparteiisch, gesamtwohldienlich) qualifizierbar ist. Die positive Ebene ist jene, auf der Normen - seien es moralische oder nicht-moralische - als soziale Phänomene verstanden und erklärt werden. Diese Ebene wird im Mittelpunkt dieser Arbeit stehen und umfaßt eine kritische Einordnung der Rolle, welche Ansätze einer methodologisch-individualistischen Sozialtheorie - also etwa der Spieltheorie - innerhalb einer Normenerklärung spielen können. Die akzentuierte Trennung dieser beiden Ebenen ist eine argumentationspragmatische Nutzanwendung von DAVID HUMEs Warnung vor naturalistischen Fehlschlüssen. Sie ist u.a. hilfreich, um Konfusionen zu vermeiden, wie sie im multikulturellen Kontext als Relativismus-Problematik besonders virulent wird. Für meine Problemstellung ist sie unerläßlich, weil ohne diese Trennung zwei zusammenhängende Fragen nicht klar analysiert werden können: Erlaubt die Ökonomik neue Antworten auf die alte, vom Zyniker THRASYMACHOS in PLATONs „Politeia" vorgetragene Herausforderung, daß „moralisches" Verhalten typischerweise auf einer situationsspezifischen Adaption des Eigennutzkalküls beruhe?[2] Welches ist der systematische Ort von Moral im Gefüge der sozial-ökonomischen Institutionen und Mechanismen moderner Marktgesellschaften?

Im Zuge der Erörterung von Normen als soziale Tatsache werde ich zwei wesentliche Fragestellungen, die bei den vergangenen Tagungen dieser Reihe zur Sprache gekommen sind, wieder aufgreifen: (1) Jene nach dem „Menschenbild" der Ökonomik. (2) Jene der normativen Grundlagen oder „Rahmenbedingungen" ökonomischen Handelns. Gleichzeitig soll deren innerer Zusammenhang deutlich gemacht werden.

Die Botschaft des Aufsatzes läßt sich folgendermaßen *zusammenfassen*. Der theoretische Umgang mit dem Komplex „Normen und Moral" gewinnt durch eine Anreicherung des Akteursmodells gegenüber jenem instrumentell rationalen Egoisten, von dem die Ökonomen ausgehen, an Erklärungspotential. Hobbesianische „morals by agreement", wie sie zuletzt von DAVID GAUTHIER (1985) auf faszinierende Weise unter Verwendung von Elementen der kooperativen Spieltheorie rekonstruiert wurden, scheitern als allgemeine Moralbegründung. Jedoch werfen sie Licht auf die Rolle von Konzepten wie Unparteilichkeit und Fairneß als potentielle Schlüsselbegriffe jener Diskurse, die gewöhnlich Alltagsmoralen stützen. Um ein besseres Bild von der Rolle und Entwicklung solcher Schlüsselbegriffe zu gewinnen, schlage ich eine Substitution des Reduktionismus à la GAUTHIER und HOBBES zugunsten einer aus drei Elementen bestehenden Strategie vor:

– Normenerklärung über „konventionelle" Spieltheorie und evolutionäre Spieltheorie;
– Verwendung eines reicheren Konzepts menschlicher Identität, welches die Rolle moralischer Gefühle einbezieht sowie
– eine normative Psychologie, welche Hypothesen darüber formuliert, wie jene Kräfte, welche die Qualität und Richtung moralischer Gefühle bewirken, im sozialen Raum - und vermutlich sprachlich vermittelt - entstehen.

Der unmittelbare Ertrag dieses Unterfangens ist ein besseres Verständnis von Moral und Ethik in ihrer Funktion für menschliches Zusammenleben. Insbesondere kann der prekäre Platz von Moral in modernen Gesellschaften, welche nach einem verbreiteten Verständnis durch eine Hegemonie des Marktes charakterisiert sind, besser erfaßt werden. Schließlich ergibt sich auch ein methodologisches Argument: Die individualistische Methodologie ist hinreichend elastisch, um irreduzibel soziale Phänome nicht auf imperialistisch-reduktionistische Weise in die Analyse einzubeziehen, sondern auf dem Weg einer qualifizierten Arbeitsteilung. Diese Argumentslinien paraphrasieren - wie schon angedeutet - einen bekannten antiken Disput. PLATON läßt in der „Politeia" SOKRATES den Reduktionismus des THRASYMACHOS kontern, indem er den Gedanken vom Staat als „Menschen im Großen" entwickelt. Dies schließt die Idee des Menschen als kleine Republik ein, das heißt, ein reicheres Akteursmodell. Ich werde die Argumentation gewiß nicht zu jenem Ende führen, welches in PLATONs Manier eine staatlich verordnete Moral zur Lösung der Gegenwartsprobleme vorsehen würde. Daß PLATONs (bzw. SOKRATES') *Lösung* für uns inakzeptabel ist, heißt jedoch nicht, daß seine Argumentationsrichtung nicht brauchbare Einsichten bereithält.

Der Aufsatz ist folgendermaßen aufgebaut: Abschnitt 2 hat Probleme der entscheidungslogischen Grundlagen der Mikroökonomik zum Gegenstand, die auf ein Anreichern des Akteursmodells hinauslaufen. Sodann (3.) wird GAUTHIERs hobbesianisches Modell kritisch gewürdigt. Dem wird (4.) die evolutorisch-spieltheoretische Erklärung von Normen gegenübergestellt. Danach wird (5.) die Rolle moralischer Gefühle im Kontext einer positiven Erklärung von Normen ausgelotet - eine in SMITHs *Theory of Moral Sentiments* (1759) angelegte Sicht. Dies wird ergänzt durch die Skizze einer normativen Psychologie (6.) Damit wird ein reicheres Konzept menschlicher Akteure jenseits des sprachlosen, asozialen und entpsychologisierten *homo oeconomicus* skizziert. Ich schließe mit Bemerkungen zur Relevanz des Ausgeführten für die ökonomische Theoriebildung und zum systematischen Ort von Moral in modernen Gesellschaften.

2. „When Norms Matter":
Normen und der *homo oeconomicus*

In diesem Abschnitt werden die Grenzen eines reduktionistischen Modells menschlicher Akteure thematisiert. *Instrumentell rationaler homo oeconomicus vs. normengesteuerter homo sociologicus:* Damit ist so etwas wie eine methodologische Demarkationslinie zum Ausdruck gebracht. Die VertreterInnen des *homo oeconomicus* können nun folgendes Argument vorbringen: Es gibt viele Normensysteme, jedoch nur einen *homo oeconomicus*. Angenommen, wir könnten Normen in ihrer *Funktion* und ihrer *Entstehung* und ihrer *Durchsetzung ausschließlich* auf der Basis eigeninteressierter instrumenteller Rationalität erklären, dann besäßen wir eine überlegene Sozialtheorie. Soziale Erscheinungen bestehen immer aus dem Zusammenwirken von Individuen. Von daher sind Prämissen in bezug auf individuelles Handeln Kandidaten für die Basis einer allgemeinen Sozialtheorie. Nun sind jedoch Handlungsziele vielfältig und psychologische Dynamiken komplex. Die „wahren Motive" sind schwer durchschaubar, und die theoretische Konzeptualisierung des gesamten Bereichs wird immer einen prekären Status haben. Die Möglichkeit des methodologischen Individualismus beruht daher auf einer Abstraktion von psychologischer Komplexität. Für das Projekt einer allgemeinen Sozialtheorie wäre eine möglichst weitgehende Abstraktion wünschenswert. Eine sehr sparsame Prämisse in diesem Sinn wäre die instrumentelle Rationalität der Individuen. Dies würde es ermöglichen, über Handlungsziele und deren Struktur überhaupt zu schweigen, Psychologie auszugrenzen. Denn, so kann man argumentieren, über die Ziele zu urteilen, liegt nicht in der Reichweite der Wissenschaft, wohl aber das Urteilen über die Zweckmäßigkeit von Mitteln und Wegen.

Wo liegen die Schwierigkeiten dieser Position?[3] HUME (1739) erläutert sein Konzept reiner instrumenteller Rationalität mit dem berühmten Satz, die Vernunft sei Sklavin der Leidenschaften, und es sei nicht gegen die Vernunft, die Zerstörung der Welt einem Kratzer am kleinen Finger oder sein eigenes Schlechtgehen dem eigenen Wohlergehen vorzuziehen. Dies wirft offenbar die Frage auf, ob die Beobachterin jemals die Irrationalität einer Wahl-Handlung diagnostizieren kann. Gemäß einer radikalen Interpretation HUMEs kann sie dies auch nicht - eine Sichtweise, die innerhalb der Ökonomik etwa von LUDWIG VON MISES vertreten wurde. Einer gemäßigten Interpretation zufolge (die implizit einem erheblichen Teil des modernen Räsonnements über rationale Auswahl-Theorie zugrundeliegt) kann jedoch instrumentelle Rationalität an der Konsistenz von Wahlakten *über Menüs hinweg* festgemacht werden. Eine solche Theorie - sie hat ihren kanonischen Ausdruck in SAMUELSONs (z.B. 1938) Arbeiten über *revealed preferences* gefunden - beruht auf nichts anderem als beobachtbaren Wahlakten und wäre damit völlig wertfrei und entpsychologisiert. In diesem Sinn wird in der modernen Auswahltheorie instrumentelle Rationalität durch Konsistenzaxiome eingefangen. Angenommen jedoch, wir beobachten ein Individuum, welches bezüglich der Alternativen x, y und z in den Entscheidungssituationen *("Menüs")* I und II wie folgt auswählt:

I: $\{x\} = C(\{x,y\})$
II: $\{y\} = C(\{x,y,z\})$

Den Alternativen x, y, und z möge die Wahl von Kuchenstücken unterschiedlicher Größe (z > y > x) entsprechen. Das beobachtete Muster von Wahlakten verletzt häufig verwendete Konsistenzaxiome, wie etwa jenes der Kontraktionskonsistenz: in I wird x gewählt, obwohl in II y gewählt wird und y trotz der Kontraktion des Menüs auch in I erhältlich ist. In welchem Sinn und unter welchen Voraussetzungen können wir nun sagen, das beobachtete Handeln sei irrational? Wir könnten dies sicher dann sagen, wenn wir wüßten, daß die Größe der Kuchenstücke im Hinblick auf die relevanten materialen Evaluationskriterien des Akteurs eine umfassende Beschreibung der jeweiligen Alternativen darstellt. Dies würde etwa zutreffen, wenn das betreffende Individuum eine monistisch-hedonistische Kuchenliebhaberin ist und stets mehr Kuchen lieber hat als weniger. Als Theoretiker, die eine Auswahl-Theorie auf reiner instrumenteller Rationalität etablieren wollen, kennen wir ihre Ziele aber nicht, und diese Möglichkeit der Diagnose von Irrationalität entfällt. Man könnte aber auch auf die Idee kommen, dieses Muster durch folgende Geschichte gleichsam zu „rationalisieren". Angenommen, es ist (wie vorhin schon unterstellt) richtig, daß die Person i umso glücklicher ist, je mehr Kuchen sie verzehren kann. Der betrachtete Handlungskontext sei jedoch eine Party, bei der sich die Gäste selbst bedienen. i hält es strikt für unhöflich, für sich das eindeutig größte Stück zu wählen. Somit macht das Muster I & II durchaus Sinn. Es mag auch andere Geschichten geben, welche dieses Handlungsmuster als „sinnvoll" zu rekonstruieren vermögen, indem sie andere subjektive Handlungsgründe (*internal reasons*, wie BERNARD WILLIAMS diese nennt) ins Spiel bringt.

Was können wir aus irgendeiner dieser Geschichten für den Status von Konsistenzaxiomen lernen? Im Hinblick auf die relevanten Evaluationskriterien ist nun nicht mehr die Kuchengröße der einzige relevante Aspekt der Beschreibung der Alternativen, sondern es kommt der Aspekt der Normenkonformität des Auswahl-Verhaltens selbst hinzu. Im Ergebnis tendiert i zwar immer zum größeren Stück, wählt aber nie das eindeutig größte der zur Auswahl stehenden Stücke.[4] Dies heißt doch aber wohl: Bei einer vollständigen Berücksichtigung aller relevanten Aspekte der Alternativen - man könnte einen von JOHN BROOME eingeführten Terminus verwendend auch sagen: durch eine geeignete Individuation der Alternativen - wäre also das Problem (nämlich die scheinbare Inkonsistenz) gar nicht entstanden. Jedoch stellt sich nun die Frage, in welchem Sinn die ökonomische Auswahltheorie damit gerettet ist. Zum einen ist festzuhalten, daß die eben skizzierte Argumentation Aussagen über Handlungsziele verwendet, die sich klar jenseits instrumenteller Rationalität bzw. reiner interner Konsistenz von Wahlakten befindet. Um Aussagen darüber zu treffen, was relevante Aspekte der Alternativen seien, mußten ja gerade Erwägungen im Hinblick auf hedonistische Ziele oder normengeleitete Ziele des Wählens angestellt werden. Man braucht also eine Theorie über diese Ziele. Ad-hoc Hypothesen, die beliebig konstruierbar sind, um Inkonsistenzen zu „sanieren", würden die Theorie hingegen auf unzulässige Art immunisieren. Ohne eine solche Theorie scheint daher die Idee, Konsistenzbedingungen im Hinblick auf das Auswahl-Verhalten über verschiedene Menüs hinweg zu formulieren, nicht tragfähig. Um sagen zu können, was eine umfassende Beschreibung einer Alternative in einem bestimmten Kontext darstellt, benötigt man einen Einblick in jene Kriterien des Wählens, die man unter dem Begriff *normative Psychologie* zusammenfassen kann. Konsistenz ist also nicht zu denken als reine interne Konsistenz des Wählens, sondern als Konsistenz, die nicht unabhängig von den je zugrundeliegenden materialen Bewertungsprinzipien ist, ja in diesen möglicherweise enthalten ist oder deren formale Struktur zum Ausdruck bringt. AMARTYA SEN (1993) spricht in diesem Zusammenhang von der Unvermeidlichkeit, sich auf eine externe Referenz des Wählens zu beziehen.

Damit ist reine instrumentelle Rationalität als Basis einer Sozialtheorie abgetan, jedoch nicht andere Interpretationsversionen des *homo oeconomicus*. Zwar wird man nicht auf die in der frühen Neoklassik wichtige andere Version rekurrieren, welche man als psychologischen egoistischen Hedonismus umschreiben könnte (vgl. STURN 1994). Denn im Kuchenbeispiel ist offenkundig eine Pluralität von Zielen im Spiel, welcher der monistische Hedonismus nicht gerecht wird. Ein wichtiges theoretisches Problem dieser Variante ist die von KIRCHGÄSSNER (1996) kürzlich prägnant resümierte Unmöglichkeit, alltagsmoralisches Verhalten auf der Basis eines solchen monistischen Hedonismus allgemein zu erklären. Am meisten Erfolg verspricht die Strategie, unter Beibehaltung der konsequentialistischen Struktur diese Pluralität reduktionistisch, d.h., durch die Vorstellung des Abwägens zwischen den einzelnen Handlungszielen, aufzulösen. Man stelle sich etwa vor, daß i den hedonistischen Extragenuß aus dem größeren Kuchenstück abwägt gegen das schlechte Gewissen (die Mißbilligung durch andere etc.), welche aus einer Normverletzung resultieren. Moralische Gefühle sind mit einem derartigen Reduktionismus vereinbar.

Daß ein solcher Reduktionismus in gewisser Weise erfolgversprechend ist, heißt jedoch nicht, daß er die einzige oder gar die stets beste Antwort auf das im Beispiel angedeutete Problem ist. Kehren wir noch einmal zu diesem Problem zurück. Es lautet: *Es gibt Muster von Wahlakten, die nicht als Maximierung einer Präferenzordnung rationalisiert werden können* und gleichwohl in gewisser Weise „Sinn machen". Neben der oben skizzierten reduktionistischen Antwort kann - und muß - man mit diesem Problem in manchen Kontexten auch auf andere Weise umgehen. Denn es ist durchaus möglich, daß gewisse Handlungskriterien nicht über Abwägungsprozesse handlungstreibend wirken. Etwa ist es plausibel, daß praktisch wirksame Akteur-zentrierte Beschränkungen des Handelns (wie gewisse Rechte/Pflichten) lexikographisch (in einer bestimmten Abfolge) wirksam werden. In diesem Fall wäre es auch sozialtheoretisch falsch, diesen Vorgang als Abwägungsprozeß zu rekonstruieren. Das berühmte tragische Wählen im antiken Drama etwa ist nach allgemeinem Verständnis gerade nicht ein solches Abwägen in Form eines reduktionistischen trade-off. Denn letzterer ist nie tragisch, weil man nie auf Möglichkeiten verzichtet, deren Wert unversöhnt und inkommensurabel gegenüber dem Wert der tatsächlich gewählten Handlung präsent bleibt. Eine Beschränkung auf Abwägen schließt somit einen *irreduziblen* Pluralismus der Bewertungskriterien aus. Sofern ein solcher das Handeln charakterisiert - und weshalb sollte dies nicht, wie ISAIAH BERLIN und andere kraftvoll argumentieren, der Fall sein -, lassen sich Wahlakte nicht korrekt als Abwägungsprozesse rekonstruieren. Es gibt darüber hinaus eine Fülle philosophischer Kritik an der konsequentialistischen Struktur einer solchen Evaluation, die den Gehalt vergangenheitsbezogener Handlungskriterien und Akteur-zentrierter Beschränkungen nicht zum Ausdruck bringen kann, weil Wert ausschließlich in Zuständen der Welt lokalisiert wird.[5]

Als Konklusion ergibt sich daher folgendes: Die Idee der *rein internen Konsistenz* von Wahlakten und damit der puren instrumentellen Rationalität versagt als Prüfstein zwischen „rationalem" und „irrationalem" Handeln. Psychologischer Hedonismus in der Version der frühen Neoklassik ist für die Analyse von Norm-Phänomenen wegen seines Monismus unplausibel. Eine mikroökonomische Analyse von Norm-Phänomenen wird sich daher nicht auf reinen Instrumentalismus oder auf Hedonismus festlegen können. Vielmehr wird sie am ehesten reduktionistisch in der Art operieren anzunehmen, daß die verschiedenen im Kontext von Normen auftretenden materialen Motive/Ziele vom Akteur über Abwägungsprozesse kommensurabel gemacht werden. Diese Annahme hat sowohl eine psychologische Dimension wie auch - sofern es sich nicht um einen ethisch neutralen Entscheidungsraum handelt[6] - eine ethische Dimension. Um die Plausibilität der Annahme auszuloten, bedarf es daher eines theoretischen Rahmens, in dem beide Dimensionen thematisiert werden können. Innerhalb dieses Rahmens mag sich dann in vielen Fällen Reduktionismus als plausibel erweisen. Aber es besteht die Chance, daß sich anderes als plausibel erweist. Dies ist sowohl *methodologisch* (Tautologievorwurf) als auch *inhaltlich* (nicht immer überzeugt die Neoklassik) ein Vorteil. Der Philosoph und Ökonom ALAN GIBBARD (1990) hat einen solchen Rahmen als „normative Psychologie" zu etablieren versucht. Ich werde darauf zurückkommen.

Eine letzte Bemerkung zur Reichweite des eben Ausgeführten. Nicht nur Normensysteme sind vielfältig, sondern auch die Normentypen. Die angesprochenen Probleme wiegen bei unterschiedlichen Typen von Normen verschieden schwer. Wichtige Normen basieren auf Reputationsmechanismen. Ein „guter Ruf" in kommerziellen Dingen bietet oft die Aussicht auf einen

Strom von Quasi-Renten, welcher die entsprechenden Normen (Verläßlichkeit, Ehrlichkeit) stützen kann. Sodann bereiten wichtige Aspekte sanktionsbewehrter gesetzlicher Normen dem mikroökonomischen Standardansatz kaum Probleme, im Gegensatz zu den weiter unten thematisierten sozialen und moralischen Normen. Sanktionsmuster sind als nichtlineare Preise mit stochastischen Elementen abzubilden. Freilich wird dies ebenfalls nicht immer adäquat sein. Auch das kodifizierte Rechtssystem ist typischerweise durch Moral mitgestützt, oder durch das, was HEGEL Sittlichkeit nannte. Von internalisierten Normen schließlich kann angenommen werden, daß sie in der gleichen Weise zum stabilen Teil menschlicher Handlungsmotive gehören wie das restliche Präferenzsystem. Damit aber fehlen jene mit der Präferenzendogenität zusammenhängenden Interdependenzen, welche eine neoklassische Analyse - die stabile Präferenzen annimmt - unzulässig machen.[7] Antworten, die einen elaborierteren Reduktionismus beinhalten, wie sie Standard-Mikroökonomen auf solche Probleme bereithalten, sind somit unterschiedlich nützlich. Auch setzen die mikroökonomischen Erklärungen an unterschiedlichen Stellen (Funktion, Entstehung, Durchsetzung) an.

3. Moralische Normen ohne *moral sentiments*: GAUTHIERs expansive instrumentelle Rationalität

DAVID BRAYBROOKE (1986) nennt DAVID GAUTHIERs *Morals by Agreement* „Social Contract Theory's fanciest flight." Diese Einschätzung verdient GAUTHIER, weil sein originärer Beitrag dort beginnt, wo verwandte kontraktualistische Ansätze aufhören. Er stellt sich dem gerade erwähnten Problem, daß monistisch-egoistischer Hedonismus viele - zu viele - Formen (alltags)moralischen Verhaltens nicht stützen kann. Kooperation zwischen den Akteuren, oder auch nur der von THOMAS HOBBES (1651) ins Zentrum gestellte Frieden, also das Unterlassen von Akten der Aggression, verschafft in vielen für menschliches Zusammenleben typischen Situationen (die meisten davon sind als Probleme öffentlicher Güter darzustellen) die Aussicht auf einen sozialen Surplus und schafft die Möglichkeit einer Besserstellung aller Beteiligten. Diese kooperationsbedingte Besserstellung ist aber wegen des Verteilungsproblems nur eine Möglichkeit, nicht eine Notwendigkeit. Ebenso kontingent ist daher das individuelle Interesse an Kooperation. Die Frage ist, ob bei individuell nutzenmaximierenden Akteuren auch in Abwesenheit eines kollektiven Durchsetzungsmechanismus solche Kooperationsmuster spontan entstehen können. Der Kontraktualismus vom GAUTHIER-Typ ist letztlich darauf aus, zu zeigen, daß instrumentelle *self-interest*-Rationalität es Akteuren *immer* ermöglicht, Kooperationsvorteile auszuschöpfen. Anders gesagt: Sind die Akteure in einem wohlverstandenen Sinn instrumentell rational im Sinn ihres Eigeninteresses, dann werden sie nie jener von HOBBES (1651) bemühte „Foole" sein, dessen „enge" individuelle Rationalität ihn in soziale Dilemmata führt. Kontraktualistische moralische Normen sind daher *self-enforcing*.

GAUTHIER gelangt zu dieser Botschaft mit einer Transformation des Konzepts instrumenteller Rationalität, welches zwar ausschließlich auf individuelles Wählen bezogen bleibt, aber in dieses individuelle Wählen Aspekte inkorporiert, die letztlich von den Erfordernissen sozialer Interaktion bestimmt sind. Er versucht zu zeigen, daß Fairneß im Sinne von Unparteilichkeit eine *individuell* rationale Beschränkung von Verhandlungsprozessen darstellt. D.h., er leitet die Gerechtigkeit von Verhandlungsprozessen aus individuellen Vorteilen ab. Und zwar aus jenen Vorteilen, welche genau *durch* diese Verhandlungsprozesse - also durch sozialen Austausch, Kooperation oder sonstige Abstimmung individueller Handlungsmuster - möglich werden. Es geht also, zusammenfassend gesagt, um eine kollektiv und individuell rationale Moral, deren objektive Grundlage potentielle Kooperationsvorteile sind. Es sollte klar sein, daß eine solche Moral über jeden Appellitis-Verdacht erhaben wäre und ihre Vertreter sich über deren systematischen Ort keine Sorgen machen müßten.[8]

Dieser Vorteil hat freilich eine Kehrseite. Im Hinblick auf GAUTHIERs Moralbegriff ist klar, daß Einspruch von den VertreterInnen anderer moralphilosophischer Systeme kommen muß. Beispielsweise wird man aus kantianischer Sicht kritisieren, daß der Komplex der Moral von Grund auf falsch konzeptualisiert sei, würden doch andere Menschen ausschließlich unter dem Aspekt gesehen, als Mittel der je eigenen Ziele zu dienen. Allgemeiner gesagt, werden diese Kritiken jene von ihnen als ethisch verstandenen Bereiche anmahnen, welche durch kontraktuell begründete Normensysteme *jedenfalls außer Betracht fallen*. Ich werde diese Kritiken hier nicht zusammenfassen, sondern nur einen Punkt betonen: Eine hobbesianisch-kontrakttheoretische Argumentation kann keine moralischen Beschränkungen gegenüber Individuen konstruieren, von denen nicht erwartet werden kann, daß sie mit vorteilhaften Kooperationsangeboten oder glaubwürdigen Drohungen am Verhandlungstisch erscheinen. Diese können auf jede Art zum eigenen Vorteil benutzt werden. Dies ist auch der grundlegende - und nicht immer ganz klar gesehene - Unterschied zwischen einem hobbesianischen Kontraktualismus und einer habermasianischen Diskursethik, der oft hinter der Rhetorik der „Zustimmung aller" in Vergessenheit gerät. Anzumerken ist dabei freilich, daß HOBBES diesen Fall per Annahme ausschließt; die Individuen sind von Natur aus hinreichend gleich, so daß keines ohne Drohpotential ist. Jedoch ist die Inklusivität im Hobbesianismus kontingent, weil vom Drohpotential abhängig, während sie bei HABERMAS konstitutiv ist.

Und dies ist GAUTHIERs Argument: Rationale Kontraktparteien werden sich durch fair zustandegekommene Kontrakte - und nur durch faire - gebunden fühlen. Dies wird auch allgemein bekannt sein, weswegen Fairneß die Aussicht hat, sich tatsächlich durchzusetzen. Die Begründung dafür lautet wie folgt: Individuen, deren Kontrahenten glauben, daß sie sich kontraktlichen Verpflichtungen gegenüber opportunistisch verhalten, werden als Kontraktpartner nicht in Frage kommen. Dadurch begeben sie sich aber der Vorteile kontraktlich vermittelter Kooperation. Rationale Individuen werden daher nicht wünschen, als Opportunisten eingeschätzt zu werden. Opportunisten brechen Kontrakte, die ex ante für sie vorteilhaft sind, immer dann, wenn es sich für sie ex post als individuell besser erweist, sie zu brechen. In einer Gesellschaft von Opportunisten kommen aus diesem Grund jene wechselseitig vorteilhaften Kooperationen nicht zustande, die auf dem moralisch motivierten Einhalten eingegangener Verpflichtungen beruhen. Sie ist - um solche Arten von Kooperation zu ermöglichen - auf *kostspielige* ressourcenverzehrende Selbstbindungsmechanismen angewiesen. Eine solche Gesellschaft von Opportunisten lebt aus diesem Grund schlechter als sie unter gegeben Umständen (Ressourcenverfügbarkeit, Technologien) leben müßte. Rationale Individuen werden andererseits aber auch nicht wünschen, als *unter allen Umständen* („naiv") kontrakttreu eingeschätzt zu werden. Wenn die Kontrahenten nämlich glauben, daß man auch unfaire Kontrakte einhalten würde, sehen sie sich dazu veranlaßt, Ausbeutungsstrategien zu wählen; genauer gesagt: sie werden versuchen, solchen unbedingt kontrakttreuen Individuen Kontrakte aufzudrängen, welche ihnen den gesamten durch die Kooperation erzeugten Surplus zufließen läßt. *Faire* Beschränkungen - *und nur faire* - sind damit *rationale* Beschränkungen.

GAUTHIERs kontrakttheoretische Argumentation ist in wichtige Aspekten jenen mikroökonomischen Modellen sehr ähnlich, die mit Reputationsmechanismen und Quasi-Renten die Durchsetzung ehrlichen und verläßlichen Verhaltens rekonstruieren. In den entsprechenden Modellen kann man nachvollziehen, daß solche Mechanismen nur unter bestimmten Annahmekonfigurationen „funktionieren" können (Information, Transaktionskosten, Frequenz der Transaktionen, etc.). Schon ADAM SMITH hat auf eine Implikation einer solchen Annahmenvariation hingewiesen.[9] Holländische Geschäftsleute sind ehrlicher als englische und englische ehrlicher als schottische, weil in Holland die Frequenz der Transaktionen größer ist als in England und in England größer als in Schottland. Solche Fragen sind Thema zahlreicher Arbeiten im Bereich der Industrie- und Institutionenökonomik.[10]
D.h., GAUTHIERs Argumentation wäre auf ganz bestimmte mikroökonomische Annahmekonfigurationen angewiesen. Ist die Geltung seiner Moraltheorie insofern eine rein empirische Frage? Diese Schlußfolgerung wäre voreilig, weil GAUTHIER im Vergleich mit einer konventionellen mikroökonomischen Behandlung dieser Fragen zwei zusätzliche Argumente

parat hat. Diese haben folgende „Funktion" innerhalb seiner Theorie: Sie machen sie zu einer Moraltheorie, und sie dehnen die *Reichweite* der „Morals by Agreement", also der Überwindung sozialer Dilemmata durch individuell rationale Normen aus. GAUTHIER kann damit alle normerzeugenden Mechanismen nachvollziehen, die unter den Annahmenkonfigurationen mikrökonomischer Modelle funktionieren. Darüber hinaus rekonstruiert er Motive „moralischen" Verhaltens in Konfigurationen, wo die Reputationsmechanismen der Standard-Mikroökonomik nicht funktionieren würden. Jene zwei Postulate, welche diese Arbeit verrichten, werden jetzt kritisch relativiert.

Behauptung 1: Moralische (d.h., faire, unparteiische) Beschränkungen sind die einzig rationalen (uniquely rational) Beschränkungen.

SUGDEN (1990) und andere haben gezeigt, daß dieser Aspekt der gauthierschen Argumentation nicht allgemein haltbar ist. Die Kritik läßt sich wie folgt skizzieren: Wenn Individuen miteinander strategisch interagieren, dann muß die rationale Strategie-Wahl eines jeden auf den Erwartungen über das Verhalten der anderen beruhen. Es wird im allgemeinen viele sich selbst reproduzierende Erwartungsmuster geben. Sobald sich eines davon eingestellt hat (und dies mag ein mit Fairneß kompatibles sein oder nicht), ist es für den einzelnen rational, sich entsprechend diesem Muster zu verhalten.

Die Erkenntnis, daß faires Verhalten unter Umständen nicht individuell irrational zu sein braucht, kann eine wichtige Rolle bei der kollektiven Konstitution einer normativen Psychologie spielen. Jedoch scheitert der Versuch, der individuellen instrumentellen Rationalität die Aufgabe zuzuweisen, *kausal* dafür zu sorgen, daß es nur Fairneß-kompatible Muster von sozialen Beziehungen gibt. Wenn unterstellt wird, daß dies möglich wäre, dann ist die Gefahr einer normativen Privilegierung des Status-quo gegeben.

Behauptung 2: Wohlverstandene instrumentelle Rationalität schließt „rationale Dispositionen" oder „rationale intentionale Strukturen" ein. D.h., früher gefaßte Intentionen sind Handlungsgründe im Sinn instrumenteller Rationalität.

Kontrakttheoretische „morals by agreement" sind von ihrer Logik her als Antwort auf soziale Dilemmata konzipiert, deren Hintergrund typischerweise ein öffentliches-Gut-Problem ist. Da eine solche Moral nicht nur als kollektiv funktional, sondern auch als individuell rational verstanden wird, muß der Theoretiker die Individuen mit einer Art Rationalität ausrüsten, die mit solchen Problemen fertig wird. Dies ist bekanntlich unter den herkömmlichen Annahmen der Erwartungsnutzenmaximierung nicht allgemein der Fall. Diese Art von Rationalität führt etwa egoistisch motivierte Individuen von Gefangenen-Dilemmasituationen in einen Pareto-dominierten sozialen Zustand. Dem zugrunde liegt ein Problem der rationalen Selbstbindung. Daher eignet jenen Ansätzen, die auf eine umfassende reduktionistische Begründung moralischer Normen aus sind, die Tendenz, den Begriff individueller Rationalität auf eine Weise auszudehnen, daß Selbstbindung in bestimmter Weise als individuell rational aufgefaßt wird. Und zwar besteht diese Ausdehnung darin, daß Absichten, die in der Vergangenheit gefaßt wurden, in der Gegenwart rationale Handlungsgründe sein können, sofern sie „part of a life that goes best for me" sind. Angenommen, Odysseus will „eigentlich" heim nach Ithaka, aber er will heute die Sirenen hören. Jedoch ist ihm bekannt, daß der Sirenengesang seine Intentionen modifizieren wird, und zwar in einer Weise, die mit dem Ziel Ithaka inkompatibel ist. Es ist bekannt, welche Maßnahmen HOMERs Odysseus getroffen hat. Ein instrumentell rationaler Odysseus à la GAUTHIER würde hingegen vor Passieren der Sirenenfelsen nicht den Matrosen die Ohren verstopfen und sich am Mast festbinden lassen. Denn Wachs, Taue und das Anheuern des Maats als Erfüllungsgehilfen sind kostspielig. Die Strategie des homerischen Odysseus ist zwar klug, aber höchstens eine zweitbeste Lösung. Der Odysseus von GAUTHIER & CO. übertrifft den homerischen an Klugheit und realisiert beide Ziele ohne externe Hilfsmittel, weil er eine rationale intentionale Struktur adoptieren kann.

Genauer gesagt, ist das Adoptieren einer intentionalen Struktur, welche ein notwendiger „part of a life that goes best for him" ist, *konstitutiv* für die Rationalität (GAUTHIER 1994). Damit werden Typen von Selbstbindung als rational verstanden, die nach konventionellem Verständnis für egoistische Akteure irrational sind. Sie können in vielen jener sozialen Dilemmasituationen eine Rolle spielen, in denen rationales Verhalten im traditionellen Sinn dazu führt, daß die einzelnen Akteure ihre Ziele schlechter erreichen, als dies bei einem alternativen Handlungsmuster möglich wäre - (rational fools-Paradox). GAUTHIER umgeht das rational fool-Paradox, in dem er das Rationalitätskonzept modifiziert. Er verlagert (1) vergangenheitsgerichtete Aspekte des Handelns und (2) aus der Struktur sozialer Interaktionen sich ergebende Aspekte in ein Konzept zukunftsgerichteter und individueller - instrumenteller - Rationalität. Er opfert damit die Kohärenz der Axiomatik der mikroökonomischen Rational choice-Theorie (für welche Zukunftsorientierung essentiell ist), ohne vergangenheitsgerichtete und soziale Aspekte so gut erfassen zu können wie Theorien, die dieses Paradox mit einem reicheren Bild der Ziele/Motive und der Identität der Person aufzulösen versuchen. Man kann deshalb argumentieren, daß diese Erweiterung der instrumentellen Rationalität ein Fehler ist, weil sie Aspekte ins Konzept instrumenteller Rationalität „hereinholt", die unstrittig wichtig sind, aber besser auf anderen Ebenen behandelt werden.

„Morals by Agreement" sind nicht irgendwelche beliebigen Normen. GAUTHIER (1985) versucht vielmehr auf heroische Weise, aus der instrumentellen Rationalität faire Restriktionen/Normen herzuleiten, wobei weder eine faire hypothetische Ausgangsposition noch ein fairer Naturzustand vorausgesetzt wird. Moralische Beschränkungen werden ohne moralkonnotierte Prämissen von einer bestimmten Idee instrumenteller Rationalität hergeleitet. Was für ein Resümee läßt sich im Hinblick auf diesen Versuch ziehen? Die Verbindung zwischen instrumenteller Rationalität und moralartigen Beschränkungen ist nicht zwingend, umfassend und robust, sondern allenfalls kontingent, lokal und brüchig. „Social contract theory's fanciest flight" ist um den Preis einer „Erweiterung" der ökonomischen Auswahltheorie erkauft, welche die Kohärenz derselben unnötig preisgibt. Viel plausibler wird, wie ROBERT SUDGEN argumentiert, nicht die Verbindung zwischen Moral und Rationalität, sondern zwischen nichtmoralischen Normen und Rationalität sein. Und was ist der Ertrag des gauthierschen Unternehmens? In erster Linie hat dieser wohl mit dem zu tun, was man als die soziale Funktion von Fairneß bezeichnen könnte. Sein Ansatz geht auf Fragestellungen jenseits der Standard-Mikroökonomik und auch jenseits der evolutionären Spieltheorie ein wie: Unter welchen Umständen, d.h., vor allem bei welchen Arten von Kooperation und Koordination, kommen der *Fairneß oder anderen moralischen Dimensionen* von Normen besondere Bedeutung zu? Wie und warum setzen sich solche Normen in sozialen Milieus durch, und was für eine Rolle spielt dabei die moralische Dimension?

4. Evolutionäre Spieltheorie und Normen

Philosophisch weniger anspruchsvoll ist die Erklärung von *sozialen* Normen, also Normen, die nicht notwendigerweise Kriterien der Fairneß erfüllen müssen. Angelpunkt ist hier nicht die Ebene der sozialen Funktion von Normen im Kontext sozialer Dilemmata, sondern die Entstehung und Durchsetzung von Normen. Prominentestes Erklärungskonzept ist dabei jenes der evolutionären Stabilität. PETER WEISE hat in früheren Beiträgen dieser Reihe ausführlich darauf Bezug genommen. Betrachten wir zu Beginn eine reine Koordinationsnorm („Rechtsfahren im Straßenverkehr"). Angenommen, die Straßen seien gerade ausreichend breit, damit zwei entgegenkommende Autos einander kollisionsfrei passieren können. Unter diesen Voraussetzungen werden zwei Autofahrerinnen offenkundig einander genau dann passieren können, wenn beide Fahrerinnen die Strategie „Rechtsfahren" oder wenn beide die Strategie „Linksfahren" wählen. In allen anderen Fällen kollidieren sie, was Kosten verursacht. Angenommen nun, die Fahrerinnen bewegen sich schon eine Zeitlang im Straßenverkehr. Sie haben bisher die Erfahrung gemacht, daß die Verkehrsteilnehmer in solchen Situationen immer rechts fahren. Folglich werden sie rationalerweise annehmen können, daß entgegenkommende Fahrzeuge rechts fahren. Unter diesen Annahmen ist es für beide rational, tatsächlich rechts zu fahren. Von der Strategie „links fahren" können sie keine Vorteile erhoffen. Die Norm des Rechtsfahrens setzt sich damit durch. Unter einer Population von Individuen, die über einen gemeinsamen Erfahrungshintergrund im Hinblick auf eine bestimmte soziale Situation verfügen, können sich so Erwartungsmuster herausbilden, denen nachzuleben rational ist, und die sich auf diese Weise selbst stützen. Übrigens umfaßte die Herausbildung der Rechtsfahr-Regel auf dem Kontinent tatsächlich spontane Prozesse, obschon sich die Akteursebene mit der Zeit auf immer größere kollektive Akteure (zuletzt Nationalstaaten) verlagerte.[11] Auch die Durchsetzung dieser Regel ist in wesentlichen Aspekten spontan.

Die meistdiskutierte Spiel-Konstellation ist aber das sogenannte Gefangenendilemma. Dieser Typus von Spiel stilisiert eine soziale Situation, in der nicht-kooperatives Verhalten die individuell beste Strategie ist, unabhängig vom Verhalten der anderen „Spieler". Die Wahl dieser individuell besten Strategien durch alle führt aber zu einem sozial ineffizienten (Paretodominierten) Ergebnis. Kooperation in einer solchen Situation ist prekär, da starke Kräfte von der Kooperation wegführen, während der Nicht-Kooperation starke Beharrungstendenzen eignen: Nicht-Kooperation ist ein Nash-Gleichgewicht. Die Entstehungs- und die Durchsetzungsebene werfen angesichts dieser Struktur besondere Probleme auf. JOHN LOCKE (1993, S. 182) hat in den *Essays on the Law of Nature* (VIII.) das zugrundeliegende Spannungsverhältnis und seine Auflösung durch normengesteuertes Handeln folgendermaßen zusammengefaßt: „Self-interest is not the foundation of the law of nature, or the reason for obeying it, although it is the consequence of obedience to it." Spontane Kooperation kann hier *bei individuell rationalem* Verhalten nur dann zustandekommen, wenn es ein ganz bestimmtes, sich selbst reproduzierendes Muster individueller Erwartungen gibt. Und zwar, wenn die Individuen glauben, das Handeln der anderen sei in einer ganz bestimmten Weise von ihrer eigenen Strategiewahl abhängig.

Die Durchsetzung von Normen selbst ist in solchen Fällen typischerweise ein öffentliches-Gut-Problem. Individualistische Normenerklärungen müssen von der Logik der Situation her genau an dieses Problem anknüpfen. Sie werden Mechanismen einer spontanen, individuell-dezentralen Lösung des *Durchsetzungsproblems* aufzuspüren versuchen. Die bekannteste Arbeit aus dieser Gruppe von Ansätzen ist jene von AXELROD (1984). Dieser zufolge sind durch tit-for-tat Verhalten[12] gestützte Normen evolutionär stabile Lösungen gewisser sozialer Dilemmasituationen. Grundmodell ist dabei das mehrperiodige Gefangenendilemma bei Unsicherheit über den Zeithorizont. Tit-for-tat ist somit in vielen Fällen ein Verhalten, das Normendurchsetzung auf eine sehr plausible Weise gewährleistet. In anderen Fällen ist tit-for-tat als Normendurchsetzungsmechanismus nur schwer vorstellbar, weil es den Gehalt der Norm zu stark unterminieren würde. Denn eine tit-for-tat gestützte Norm ist ja nicht völlig äquivalent zu einer Norm mit derselben Grundfunktion ohne tit-for-tat. „Versprechen zu halten" ist etwas anderes als „Versprechen unter tit-for-tat-Bedingungen zu halten". Ein anderes Problem für tit-for-tat sind soziale Situationen mit vielen Beteiligten, in denen der negative Effekt einer einzelnen Normabweichung unmerklich ist. Hier ist es fraglich, ob Individuen einander glaubhaft machen könnten, tit-for-tatter zu sein. Denn dies würde bedeuten, daß wegen vereinzelter Abweichler mit unmerklichen negativen Effekten ein Kooperationsmuster aufs Spiel gesetzt wird, dessen sozialer Wert möglicherweise groß ist und das nach einer Destabilisierung kaum wiederherzustellen ist. Aus diesen Problemen heraus ergibt sich das Motiv, nach anderen Momenten zu suchen, die bei der Entstehung und Durchsetzung von Normen eine Rolle spielen könnten. Es sind dies moralische Gefühle, wie sie etwa von ADAM SMITH (1759), ROBERT FRANK (1988) und PHILIPP PETTIT (1990) thematisiert wurden.

5. Adam SMITH revisited: Normenbegründung mit *moral sentiments*

Moral sentiments sind komplex und vielfältig und umfassen etwa Schuld, Groll und Empörung. Im folgenden wird aus dieser Vielfalt das Gegensatzpaar: Billigung-Mißbilligung herausgegriffen. Vorab ist eine Definition sozialer Normen zweckmäßig (vgl. PETTIT 1990): Ein regelmäßiges Verhalten R von Mitgliedern einer Population P, die als Akteure in einer wiederkehrenden Situation S in Erscheinung treten, ist dann und nur dann eine soziale Norm, wenn für jede in P auftretende S gilt:

a) fast jede/r verhält sich gemäß R konform;
b) fast jede/r billigt das normenkonforme Verhalten der anderen und mißbilligt Abweichungen irgendwelcher Akteure;
c) das normenkonforme Verhalten wird zumindest zum Teil durch das Muster von Billigung/Mißbilligung laut b) gestützt.

Und dies ist die Struktur des Arguments: Angenommen, es liegt die Interaktionsstruktur eines sozialen Dilemmas vor. Man stelle sich etwa eine durch Überweidung bedrohte Allmende vor. Das heißt, das Befolgen eine Überweidung verhindernder Norm durch ein Individuum i stellte alle anderen Individuen j ≠ i besser. Weiter sei angenommen, daß die Normverletzung nicht unbemerkt erfolgt und daß jene, welche Normenverletzungen bemerken, auch um die Nutzenkonsequenzen für sich selbst und die Allgemeinheit wissen.

Unter dieser Konfiguration von Annahmen wird in vielen Fällen die weitere Annahme plausibel sein, daß normenkonformes Verhalten die Billigung und normenverletzendes Verhalten die Mißbilligung fast aller MitbürgerInnen auf sich zieht. Billigung und Mißbilligung durch andere kann aber, wie ADAM SMITH in der *Theory of Moral Sentiments* (1759) argumentiert, ein mächtiges handlungstreibendes Motiv sein. Es wird allerdings nicht das einzig wirksame Motiv sein, und in vielen Fällen wird es durch andere Motive in seiner handlungstreibenden Kraft relativiert oder aufgehoben. Für eine smithianische Normenerklärung muß daher gelten: Wir sind mit einem Fall konfrontiert, in dem die Vermeidung von Mißbilligung bzw. das Attrahieren von Billigung andere Motive „dominiert", und zwar dominiert in dem Sinne, daß im Endeffekt aufgrund dieses Motivs normenkonformes Verhalten induziert wird. Eine solche Motivationskonfiguration ist zumal in jenen sozialen Situationen plausibel, die KIRCHGÄSSNER (1996) Kleinkostensituationen nennt, d.h. Situationen, in denen die Kosten des individuell irrationalen kooperativen Handelns im Vergleich zu den sozialen Vorteilen klein sind. *Das Zustandekommen der Norm wird mithin aus den (Miß-)Billigungsneigungen heraus erklärt.* Mißbilligungsneigungen treiben somit in manchen Fällen eine Form der spontanen Lösung des sozialen Dilemmas der Normendurchsetzung.

6. „Ein Tier, das versprechen darf"[13] - Akzeptierte Normen: Normative Psychologie und die Rolle der Sprache

Ein Problem des smithianischen Modells besteht in der Frage: Wie bilden sich moralische Gefühle, und wie stellt sich deren Gerichtetheit her? Was bewirkt, daß man Schuldgefühle, oder Mißbilligungsgefühle in Situation A für angemessen hält, nicht aber in Situation B? Kann man sich auf die Aussage zurückziehen, soziale Nützlichkeit attrahiere die Billigung anderer? Dies kann man nicht. Denn einerseits ist diese Nützlichkeit typischerweise lokal und kontingent. Andererseits mag es auch unnütze Normen geben, die man erklären möchte. Schließlich ist auch die Zeitdimension des Prozesses der Herausbildung zu berücksichtigen. Die smithianische Normenerklärung zeichnet sich ja gerade dadurch aus, daß die (Miß-)Billigungsneigungen die Norm selbst erzeugen - und nicht nur die Konformität mit einer bestehenden Norm stützen, deren Vorteile bereits sichtbar sind. Wie kann also eine noch gar nicht bestehende Norm, deren Nützlichkeit nicht evident ist, Billigung attrahieren? Wir haben bis jetzt noch keine Idee darüber vorgestellt, was den Prozeß der Entstehung der (Miß-)Billigungsneigungen anbelangt.

Hier ist diese Idee: Sprachliche Kommunikation hat den Vorteil, daß hypothetische Situationen thematisiert werden können. Z.B. können in Abwesenheit einer Norm für Rechts-(Links)fahren die Vorteile, aber auch andere Aspekte einer solchen Norm thematisiert werden. Man stelle sich eine Wirtshausdiskussion unter Fuhrleuten (eine Woche) nach einem Zusammenstoß von Fuhrwerken in der Zeit vor der Entstehung einer allgemein verbindlichen Regel betreffend die Wahl der Straßenseite beim Passieren vor. Es bedarf nicht allzuviel Phantasie, um sich eine mögliche Funktion solcher Diskussionen bei der Normenentstehung und -durchsetzung vorzustellen. ALAN GIBBARD (1991) hat versucht, diese Überlegungen für eine naturalistische Theorie auch komplexerer moralischer Normen zu verallgemeinern, und zwar durch Einführen des Begriffs einer „akzeptierten Norm". Das *Akzeptieren einer Norm* ist nach GIBBARD ein Bewußtseinszustand, der durch folgende Eigenschaften definiert wird:

– Die Disposition, diese Norm in einer unbeschränkten („unconstrained") normativen Diskussion[14] zu vertreten („to avow it").
– Die Tendenz, sich von dieser Norm im Handeln und im Emotionalen leiten zu lassen.

Die zentrale Rolle in GIBBARDs Begriff des „Akzeptierens einer Norm" spielt die normative Diskussion, welche real in anspruchsvollen Formen, bis hin zum philosophischen Diskurs, und weniger anspruchsvollen Formen wie Alltagsklatsch *(gossip)* anzutreffen ist. Es sind diese normativen Diskussionen, in denen das Akzeptieren einer Norm als sozialer Prozeß sprachlich vermittelt wird, schreibt GIBBARD (1990, S. 75):

„The state of accepting a norm ... is identified by its place in a syndrome of tendencies toward action and avowal. - A syndrome produced by the language-infused system of coordination peculiar to human beings. The system works through discussion of absent situations, and it allows for the delicate adjustment of coordination human social life requires ... Accepting a norm is something that we do primarily in the context of normative discussion, actual and imaginary. We take positions, and thereby expose ourselves to demand for consistency."

Das Verhältnis von Normen und Rationalität wird dadurch auf eine in mancher Beziehung überraschende Weise gewendet: „In trying to decide what is rational, we are engaging our normative capacities to try to decide what norms to accept." Aber warum sollten diese komplexen Mechanismen der normativen Diskussion überhaupt existieren? Eine Antwort darauf läßt sich wie folgt skizzieren: Gewisse für den Menschen typische Formen der normativen Koordination von Handlungen und Erwartungen sind vermutlich nur über diese sprachlich vermittelten Kanäle vorstellbar. Dies gilt insbesondere auch für die Adjustierung der Muster einer solchen Koordination, bei der ja oft auch eine ziemlich feine und subtile Abstimmung von Bedeutungsgehalten eine Rolle spielt. Sonst kommt es zu Mißverständnissen und Fehlkoordination. Mit anderen Worten, normative Koordination, die in dieser komplexen Form durch eine sprachlich gestützte normative Psychologie vermittelt ist, bringt Vorteile. Die Bedingungen für diese Vorteile sind nicht auf individuelle Entscheidung reduzierbar. Um sie zu erfassen, bedarf es sozialer Kontexte und das Denken in evolutorischen Prozessen mit Zeitdimension. Forschungsstrategisch müßte ein Umgehen mit normativer Psychologie wohl aus drei Elementen bestehen:

- *Erstens* wäre die Frage zu stellen: Was läßt sich über solche Dispositionen allgemein sagen? Was sind allgemeine Charakteristika? Solche Charakteristika lassen sich vor allem von der Koordinationsfunktion der normativen Diskussion und ihren prozeduralen Erfordernissen her erschließen. Die Koordinationsfunktion der normativen Diskussion setzt zweierlei voraus: Erstens eine Tendenz zum Konsens und zweitens, daß Normen interne Handlungsgründe generieren. Dabei spielen Dispositionen wie eine gewisse Offenheit gegenüber Konsistenzforderungen, aber auch zum Vertreten des eigenen Standpunkts eine funktionale Rolle.
- Die Bedeutung und Relevanz solcher Dispositionen könnte *zweitens* dann empirisch - vor allem auch in kontrollierten Experimenten - getestet werden. ERNST FEHR und seine Gruppe an der Universität Zürich haben schon einiges zutage gefördert, was als experimentelle Evidenz für die motivationale Bedeutung von Momenten wie Fairneß interpretiert werden kann. Daran ließen sich Forschungen knüpfen, welche die soziokulturelle Bedingtheit von Fairneß ausloten.
- *Drittens* schließlich könnten die zur Stützung normativer Diskussionen nötigen Dispositionen in geeigneten Modellen der evolutionären Spieltheorie auf ihre evolutionäre Stabilität hin untersucht werden.

Fazit: Eine normative Psychologie bietet die Möglichkeit, die Art und Weise, wie Normen handlungstreibend wirken, in einer allgemeinen Weise zu thematisieren, welche Festlegungen etwa in Richtung Abwägungsprozesse vermeidet.

7. „... und dann kommt die Moral": Zum systematischen Ort der Ethik in modernen Gesellschaften

Welche Typen von Handlungen sind heute potentiell in der Reichweite *moralischer* Handlungskriterien? Sind sie, wenn überhaupt irgendwo, in einem nebulosen Reich der Freiheit jenseits ökonomischer Sachzwänge zu verorten? Oder ist damit gemeint, Moral sei ein Luxusgut jenseits des Ernstfalls, oder eine theatralische Überhöhung angesichts des stählernen Gehäuses spätkapitalistischer Abhängigkeiten? Wie verhält sich die Dimension des Moralischen zu jenen Rezepturen für Lebensführung und Selbst-Entwicklung, die heute über Märkte - etwa jene für Psychotherapien - zugänglich sind? Wogegen richtet sich andererseits die Kritik am Moralisieren und Moralin, die auch hundert Jahre nach NIETZSCHE ein Topos bleibt, obwohl die Therapien gewiß zugenommen haben und die Sachzwänge - definiert über die Reichweite der technisch-instrumentellen Rationalität - vermutlich ebenso?

Nun, der systematische Ort der Ethik in modernen Gesellschaften ist durch zwei Pole gekennzeichnet, die in je verschiedener Weise Querverbindungen zur Ökonomik aufweisen. Der eine, hier kaum thematisierte Pol[15] ist das Markenzeichen der progressiven Aufklärung, mit der die Idee einer weitgehenden rationalen Gestaltbarkeit sozialer Institutionen und Beziehungsmuster auf den Plan getreten ist; eine Idee, welche zum bestimmenden Moment moderner Ansprüche an politische Prozesse wurde und insofern - wie problematisch sie auch sein mag - eine *positive Dimension* hat. Sofern diese Idee des bewußten, kollektiven politischen Eingriffs in die Geschichte im Sinne einer *Verbesserung* der Lebensumstände nicht (a) mit einem abwegigen szientistischen Determinismus verknüpft wird, wie er gewisse Versionen des marxistischen Historischen Materialismus auszeichnete, oder (b) zu reinem dezisionistischen Technokratismus degeneriert, bedarf sie (c) der Ergänzung durch eine Ethik neuer Art, welche die *Ergebnisse sozio-politischer Prozesse* einer normativen Evaluation mit reformpolitischen Implikationen unterwirft. Wie sonst sollte man ein Motiv für diesen Eingriff finden, wie dessen Richtung und Qualität bestimmen?

Diese aufklärerisch-progressive Sichtweise findet ihre Entsprechung in der Art und Weise, wie in der walrasianischen allgemeinen Gleichgewichtstheorie der Import normativer Gehalte vorgestellt wird. Dieser Import beruht auf der Trennung von Allokation und Verteilung bzw. Effizienz und Gerechtigkeit. Gerechtigkeit kann unter den Prämissen des 2. Hauptsatzes der Wohlfahrtsökonomik durch eine politische Kollektiventscheidung hergestellt werden.[16] Die Social choice-Theorie thematisiert die Bedingungen für solche Kollektiventscheidungen auf kohärenter individualistischer Basis. Sie bringt die moderne Auffassung von Ethik auf den Punkt, indem sie die

Objekte der ethischen Evaluation als „soziale Zustände" konzeptualisiert. Diese sind als Beschreibung aller für die Individuen relevanten Aspekte des Zustands der Welt zu denken. Ein wesentlicher Strang der Social Choice-Theorie beschäftigt sich dementsprechend damit, in diesen Rahmen passende individualistisch-konsequentialistische Ethiken, etwa den Utilitarismus oder ein in die Dimension des Nutzens transponiertes rawlsianisches Leximin-Prinzip axiomatisch zu charakterisieren.[17] Die Social Choice- und die Wohlfahrtstheorie gehören in einer wesentlichen Interpretation systematisch zu jenen modernen rationalistischen Ansätzen einer individualistisch orientierten ethischen Evaluation jenseits der Lebenswelt, welche soziale Zustände und nicht individuelle Handlungen zum Objekt moralischer Bewertung machen. Die Social Choice-Theorie steht damit auch für eine historische Tendenz im Kontext der Aufklärung, welche genuin moderne Auffassungen über den systematischen Ort ethischer Bewertung geprägt hat. Die aufklärererisch-rationalistische Sichtweise geht typischerweise einher mit dem Postulat der vernunftgemäßen Transformation lebensweltlicher Handlungsorientierungen, der Emanzipation von traditionellen sozialen Normen.[18] Die starken normativen Konnotationen eines solchen Programms sind offenkundig. Jedoch können innerhalb dieses Programms Informations- und Anreizbeschränkungen (also die Implementationsproblematik) thematisiert werden, wie dies etwa in der von LEON HURWICZ begründeten Theorie des *mechanism design* getan wird.[19]

Diesem technokratisch-konstruktivistischen Programm liegt das orthodox neoklassische Handlungsmodell des *homo oeconomicus* und eine scharfe und in ihrer Einfachheit von der modernen Philosophie kritisierten Dichotomie zwischen Tatsachen und Wertungen zugrunde. Demgegenüber drängt der in diesem Aufsatz thematisierte andere Pol, die Beziehung von lebensweltlichen Normen und Moral als individueller Handlungsorientierung, über dieses orthodoxe Handlungsmodell hinaus und gibt ein komplexeres Bild der Beziehung von Tatsachen und Wertungen. Der systematische Ort von Moral in diesem Sinn sind intermediäre soziale Bereiche, deren wichtigste die „Familie" und die (kapitalistische oder bürokratische) „Firma" sind.[20] Betrachten wir etwa ein relativ ephemeres, aber für die vorliegende Fragestellung interessantes Phänomen wie „Wirtschaftsethik" (*business ethics*). Erhebliche Teile der Wirtschaftsethik - etwa jene, die in Ethik-Kodices von Firmen und anderen intermediären sozialen Bereichen kulminieren - sind letztlich von der Vorstellung getragen, es gelte Ethik als Mechanismus sozialer Vermittlung zu *forcieren*.[21] NIKLAS LUHMANNs (1993) sarkastisches Verdikt zum aufgekommenen (Wirtschafts-)Ethikboom („Appellitis") hat insofern eine gewisse Berechtigung, als in Teilen der kritisierten Literatur oft die Frage der Argumentationsebene nicht reflektiert wird. Typischerweise ist der Eindruck unabweisbar, es würden den Akteuren irgendwelche Maximen von außen zugedacht, von denen unklar ist, auf welcher Ebene, in welcher Weise und wodurch vermittelt sie in einem von „Gewinnmaximierung" dominierten Milieu als handlungstreibend gedacht werden können. In einem bestimmten Sinn verfehlt LUHMANNs Kritik jedoch ihr Ziel, auch wenn der Vorwurf der philosophischen und der sozialtheoretischen Naivität öfter treffen mag, als man wünschen würde. Denn *business ethics* ist nicht als naturalistisch-sozialtheoretisches Unternehmen zu verstehen. Ihre Funktion grenzt vielmehr eher an jene einer Therapie, und insofern sie eine solche ist, geht der Naivitäts-Vorwurf ins Leere. Wie andere Therapien zielt sie darauf ab, daß Normen des Verhaltens, Wahrnehmens und Deutens erlernt, entlernt oder korrigiert werden. Allgemein kann man *business ethics* als Beitrag zu einer *milieuspezifischen normativen Diskussion* vor dem Hintergrund eines milieuspezifischen normativen Defizits auffassen.

Dieser Aufsatz konnte nicht mehr als eine Klärung von Argumentationsebenen bezwecken. Forschungsstrategische Implikationen aus einer Anreicherung des Akteursmodells betreffen nicht nur die Erklärung von Normenphänomenen im engeren Sinn, sondern auch Bereiche wie Familie und Arbeitswelt, für welche die imperialistisch-reduktionistische Herangehensweise der neoklassischen Ökonomik nicht mehr als ein erster Versuch sein kann. Implikationen könnten sich auch für die Wohlfahrtsökonomik ergeben, wenn dieses reichere Modell persönlicher Identität als Quelle von Wert im ethischen Sinn aufgefaßt wird. Auf einen anderen Erkenntnisgewinn sei noch hingewiesen. Eine zentrale Rolle in der normativen Psychologie spielt die normative Diskussion, welche real anspruchsvolle Formen - bis hin zum praktisch-philosophischen Diskurs - und weniger anspruchsvolle Formen wie *business ethics* - bis hin zum Alltagsklatsch - einschließt. Dieses Konzept ermöglicht es, den systematischen Ort von Normen und von Moral im sozialen Kontext allgemein zu charakterisieren, was gerade angesichts der Diskussionen um „Moralisieren" und den systematischen Ort von Moral in der Moderne relevant ist. Insbesondere ermöglicht es die Einordnung von Phänomenen wie *business ethics* oder des seit langem problematisierten Phänomens des „Moralisierens", bei denen viele andere Kategorisierungen hilflos wirken.

Daneben kann die normative Psychologie dazu beitragen, mit einem die Dimension sprachlicher Kommunikation einbeziehenden Akteursmodell Normen und die Gerichtetheit moralischer Gefühle zu erklären. Dies alles kann sie in einem theoretischen Kontext tun, der keineswegs auf die analytischen Errungenschaften etwa der evolutorischen Spieltheorie zu verzichten braucht, sondern dazu vielmehr komplementär ist. Es gibt also keinen Grund, sich einer qualifizierten (Re-)Psychologisierung der Sozialtheorie entgegenzustellen, die auch die an Bedeutung gewinnende experimentelle Methode in der Ökonomik fruchtbar macht. Im Bereich der Normen wird - so hoffe ich, plausibel gemacht zu haben - kaum darauf zu verzichten sein.

Anmerkungen

1 Universiät Graz und University of Minnesota in Minneapolis. Diese Arbeit wurde während einer Gastprofessur am Dept. of Economics der Univ. of Minnesota verfaßt, dem ich für die guten Arbeitsmöglichkeiten danke. Für wertvolle Anregungen danke ich den DiskussionsteilnehmerInnen bei Präsentationen des Papiers in Tutzing und Graz sowie NICK BAIGENT, GUDRUN HABERL, MARTIN HELD und KURT ROTHSCHILD.
2 Vgl. dazu auch SCHÜSSLER, 1991.
3 Eine luzide Kritik aus kantianischer Sicht hat unlängst CHRISTINE KORSGAARD 1996 vorgelegt. Vgl. aber auch JOHN BROOMES 1991 „Weighing Goods".
4 Vgl. dazu NICK BAIGENTS und WULF GÄRTNER's Aufsatz „Never Choose the Uniquely Largest", 1993.
5 BERNARD WILLIAMS 1985, S. 76 f., faßt die entsprechenden Argumente so zusammen: „This has the result that ... agency comes in only secundarily: our basic ethical relation to the world, as agents, is that of being the cause of desirable or undesirable states of affairs." Vgl. auch den klassischen Text von ELISABETH ANSCOMBE 1958 sowie SAMUEL SCHEFFLER 1988 und ELISABETH ANDERSON 1993, 1996.
6 GAUTHIER 1985 hält z.B. den Markt für eine moralisch neutrale Zone; vgl. kritisch dazu NELSON 1988.
7 Warum internalisierte Normen für die Standard-Sicht ziemlich problemlos sind, kann man mit ELSTER 1990, S. 865, wie folgt begründen: „Habits begin as intentional behavior which later, as a result of repetition, loses its conscious, deliberate character." Dies bedeutet im übrigen nicht, daß nicht evolutionstheoretische Erklärungen mit Rational-choice Elementen eine große Rolle in der Erklärung der Genese auch solcher Normen spielen können. Es heißt nur, daß die Ökonomin in vielen sozialwissenschaftlichen Kontexten keinen Fehler macht, wenn sie diese Normen in einer sehr simplen Weise - analog etwa zu technologisch gegebenen Beschränkungen - behandelt.
8 Darauf scheint auch HOMANN 1993, S. 49 sowie vgl. auch 1989 zu zielen, wenn er meint, es gelte, „moralische Ideen in positiver Analyse abzuarbeiten"; vgl. auch den Beitrag von ANDREAS SUCHANEK in diesem Band.
9 Vgl. STURN 1996, Kapitel VII, wo die entsprechenden „neoklassischen" Modellargumentationen SMITHs (Annahme u.a.: Nicht-Anonymität) mit dessen an anderer Stelle präsentierter positiven (und, wie ich zeige, nicht-neoklassischen) Erklärung der sozioökonomischen Funktion protestantischer Denominationen diskutiert wird, welche Ehrlichkeit etc. unter *anderen Annahmenkonfigurationen* (Anonymität) zu stützen vermögen.
10 Für zusammenfassende Darstellungen vgl. TIROLE 1989 und MILGROM/ROBERTS 1992; vgl. auch SCHÜSSLERs 1991 instruktiven Beitrag zu einem früheren Tagungsband.
11 PEYTON YOUNG 1996 hat hierzu jüngst eine theoretisch informierte historische Skizze vorgelegt.
12 Tit-for-tat Verhalten heißt: Verhalte dich kooperativ in der ersten Runde. In allen weiteren Runden wähle jene Strategie, die deine „Spielpartnerin" gewählt hat.

13 „Ein Tier heranzüchten, das *versprechen darf* - ist das nicht gerade jene paradoxe Aufgabe, die sich die Natur in Hinsicht auf den Menschen gestellt hat? Ist das nicht das eigentliche Problem *vom Menschen*?", NIETZSCHE 1887, II.1.
14 Dieser Ausdruck mag Assoziationen an die habermassche Diskursethik bzw. apelsche Transzendentalpragmatik wecken; vgl. z.B. APEL 1982. Trotz gewisser begrifflicher Übereinstimmungen - vgl. GIBBARD 1990, S. 195 - sind indes die fundamentalen Unterschiede evident. GIBBARD geht es nicht darum, ein universales Grundgerüst prozeduraler diskursethischer Normen (als „Apriori der Kommunikationsgemeinschaft" aus „nicht hintergehbaren Argumentationsvoraussetzungen") zu erschließen.
15 FRANZ HASLINGER und ANDREAS SUCHANEK nehmen in ihren Aufsätzen in diesem Band ausführlich und z.T. (bei SUCHANEK) mit kritischem Akzent auf diesen Pol Bezug.
16 Vgl. dazu auch den Beitrag FRANZ HASLINGERs in diesem Band.
17 Wie insbesondere Arbeiten PETER HAMMONDs z.B. 1996 (vgl. aber auch ROBERTS 1980 und SEN 1986) verdeutlichen, verhält sich dieser Strang der Social choice-Theorie zu diesen Ethiken wie eine Metaethik. Als Metaethik zielt sie auf die Charakterisierung einer kohärenten Struktur des Guten, während sich die Ethik an sich dann der Frage nach dem Inhalt des Guten oder der Identifizierung anzustrebener Ziele widmet.
18 Dies heißt jedoch nicht, daß diese Richtungen nicht auch gewisse Dimensionen einer lebensweltlichen Moral betont hätten, z.B. die Bürgertugend des Citoyen oder Formen eines progressiven Kommunitarismus, wie er in verschiedenen sozialistischen Bewegungen gepflogen wurde. Jedenfalls werden sie zur Erreichung ihrer Ziele oft darauf angewiesen sein, wie PETTIT 1987 exemplarisch herausarbeitet.
19 Vgl. dazu den Aufsatz von ANDREAS SUCHANEK in diesem Band. SUCHANEK vertritt die Ansicht, daß das positive „Abarbeiten" des Normativen nur im Rahmen des kontraktualistischen Kriteriums der Zustimmungsfähigkeit aller (Pareto-Verbesserung) legitim sei. Er setzt somit einen engeren, in gewisser Weise polit-ökonomisch plausibleren und konservativeren Rahmen für das, was die Neoklassikerin Implementationsprobleme nennt.
20 Vgl. dazu den Aufsatz von JOSEF WIELAND in diesem Band.
21 Ein instruktives Beispiel sind auch die *Ethical Codes*, welche in verschiedenen *scientific communities* eingeführt wurden oder diskutiert werden, um die Flut kostspieliger Prozesse um Plagiarismus einzudämmen, welche für Gerichte aus naheliegenden Gründen ein schwieriges Gebiet sind.

Literaturverzeichnis

ANDERSON, E. (1993). *Value in Ethics and Economics.* Cambridge (MA): Harvard University Press.
-"- (1996). Reasons, Attitudes, and Values: Replies to Sturgeon and Piper. *Ethics*, Vol. 106, 538-554.
ANSCOMBE, E. (1958). Modern Moral Philosophy. *Philosophy*, Vol. 32, 1-19.
APEL, H. (1982). Sprechakttheorie und transzendentale Sprachpragmatik zur Frage ethischer Normen. In: APEL, H. *Sprachpragmatik und Philosophie.* Frankfurt: Suhrkamp, 10-173.
AXELROD, R. (1984). *The Evolution of Cooperation.* New York: Basic Books.
BAIGENT, N. und GÄRTNER, W. (1993). *Never Choose the Uniquely Largest: A Characterization.* Research Memorandum Nr. 9306 der Nationalökonomischen Institute der Universität Graz.
BRAYBROOKE, D. (1986). Social Contract Theory's Fanciest Flight. *Ethics*, Vol. 97, 750-764.
BROOME, J. (1991). *Weighing Goods.* Oxford: Basil Blackwell.
ELSTER, J. (1990). Norms of Revenge. *Ethics*, Vol. 100, 862-885.
FRANK, R. (1988). *Passions Within Reason: The Strategic Role of Emotions.* New York: W.W.W. Norton & Comp.
GAUTHIER, D. (1985). *Morals by Agreement.* Oxford: Clarendon Press.
-"- (1994). Assure and Threaten. *Ethics*, Vol. 104, 690-721.
GIBBARD, A. (1990). *Wise Choices, Apt Feelings. A Theory of Normative Judgment.* Oxford: Clarendon Press.
-"- (1990a). Norms, Discussion, and Ritual: Evolutionary Puzzles. *Ethics*, Vol. 100, 787-802.
HAMMOND, P. (1996). Consequentialist Decision Theory and Utilitarian Ethics. Erscheint demnächst in: FARINA, F., HAHN, F. und VANNUCCI, S. (Hg.). *Ethics, Rationality, and Economic Behaviour.* Oxford: Oxford University Press.
HOBBES, T. (1651). *Leviathan.* London: Andrew Crooke.
HOMANN, K. (1989). Vertragstheorie und Property-Rights-Ansatz. In: BIERVERT, B. und Held, M. (Hg.). *Ethische Grundlagen der ökonomischen Theorie.* Frankfurt: Campus, 37-69.
-"- (1993). Wirtschaftsethik. Die Funktion der Moral in der modernen Wirtschaft. In: WIELAND, J. (Hg.). *Wirtschaftsethik und Theorie der Gesellschaft.* Frankfurt: Suhrkamp, 32-53.
HUME, D. (1739). *Treatise of Human Nature.* London: Thomas Longman.
KIRCHGÄSSNER, G. (1996). Bemerkungen zur Minimoral. *Zeitschrift für Wirtschafts- und Sozialwissenschaften*, Vol. 116, 223-252.
KORSGAARD, C.M. (1996). *The Normativity of Instrumental Reason.* Harvard University: Mimeo.

LOCKE, J. (1993). *Political Writings* (D. Wootton, ed.). London/New York: Mentor Books.

LUHMANN, N. (1993). Wirtschaftsethik - als Ethik? In: WIELAND, J. (Hg.). *Wirtschaftsethik und Theorie der Gesellschaft*. Frankfurt: Suhrkamp.

MILGROM, P. und ROBERTS, J. (1992). *Economics, Organization and Management*. Englewood Cliffs: Prentice Hall.

NELSON, A. (1988). Economic Rationality and Morality. *Philosophy & Public Affairs*, Vol. 17, 149 ff.

NIETZSCHE, F. (1887). *Zur Genealogie der Moral*. Leipzig: Naumann.

PETTIT, P. (1987). Towards a Social Democratic Theory of the State. *Political Studies*, Vol. 35, 42-55.

-"- (1990). Virtus Normativa: Rational Choice Perspectives. *Ethics*, Vol. 100, 725-755.

ROBERTS, K.W.S. (1980). Interpersonal Comparability and Social Choice Theory. *Review of Economic Studies*, Vol. 47, 421-439.

SAMUELSON, P.A. (1938). A Note on the Pure Theory of Consumer's Behaviour. *Economica*, Vol. 5, 61-71.

SCHEFFLER, S. (1988). *Consequentialism and its Critics*. Oxford: Oxford University Press.

SCHÜSSLER, R. (1991). Unterminiert der Markt sein normative Basis? In: BIERVERT, B. und Held, M. (Hg.). *Das Menschenbild der ökonomischen Theorie*. Frankfurt: Campus, 94-110.

SEN, A. (1986). Social Choice. In: ARROW, K.J. und INTRILIGATOR, M.D. (Hg.). *Handbook of Mathematical Economics*, Vol. III. Amsterdam/New York u.a.: North-Holland, 1073-1120.

-"- (1993). Internal Consistency of Choice. *Econometrica*, Vol. 61, 495-521.

SMITH, A. (1759). *The Theory of Moral Sentiments*, 6 th ed. 1790, Vol. I der Glasgow Edition of the Work and Correspondence of A. SMITH. Oxford: Clarendon Press.

STURN, R. (1994). Review of: Values and Economic Theory by S.A. Drakopoulos. *European Journal of the History of Economic Thought*, Vol. 1, 362-367.

-"- (1996). *Individualismus und Ökonomik, Grenzen, ideengeschichtliche Rückblenden*. Marburg/Lahn: Metropolis.

SUGDEN, R. (1990). Contractarianism and Norms. *Ethics*, Vol. 100, 768-786.

TIROLE, J. (1988). *The Theory of Industrial Organization*. Cambridge (MA): MIT Press.

WILLIAMS, B. (1985). *Ethics and the Limits of Philosophy*. London: Fontana Press.

YOUNG, P. (1996). The Economics of Convention. *Journal of Economic Perspectives*, Vol. 10, 105-122.

Josef Wieland

Die langen Wellen institutionellen Wandels - Ökonomische Theorie und Theorie der Gesellschaft

1. Die langen Wellen institutionellen Wandels

Ich möchte im abschließenden Beitrag an den Anfang der Tagungsreihe zurückkehren. Konzeptionell interessierten wir uns damals für die Beziehung der ökonomischen zur ethischen Theorie. Dieses Interesse drückt sich sehr gut im Titel der Publikationsreihe „Normative Grundfragen der Ökonomik" aus. War die erste Tutzinger Tagung noch stark auf die theorieimmanente Bedeutung der Ethik für die Ökonomik zugeschnitten, so rückte die zweite Veranstaltung die normativen Begründungsmöglichkeiten gesellschaftlicher Institutionen in den Vordergrund (vgl. BIERVERT/HELD 1987, 1989). Beide hatten ihren gemeinsamen Problemhorizont in den Konsequenzen der funktionalen Ausdifferenzierung der Institutionen moderner Gesellschaften. Genauer gesagt, ging es um zwei komplementäre Entwicklungen. Einerseits interessierte uns die Auflösung der ganzheitlich ansetzenden alteuropäischen „oikonomike" in die spezialisierten und autonomem Theorien Ethik und Ökonomik. Andererseits war da der Wandel der institutionellen ökonomischen Ordnungen der europäischen Gesellschaften, der sich in der Ablösung der *oikonomia*, der Wirtschaft des ganzen Hauses, durch das Marktsystem, das Organisationssystem "Firma" und durch rational kalkulierende individuelle Personen unmißverständlich zur Sprache brachte.

Es hat etwas irritierendes zu bemerken, daß die Agenda der ersten beiden Tagungsbände und natürlich auch viele Beiträge der noch folgenden Publikationen der Reihe strukturiert war durch die Suche nach Antworten auf Fragen, die der im 17. Jahrhundert losgetretene Prozeß der funktionalen Differenzierung der europäischen Gesellschaften gezeitigt hat. Ich neige zu der Vermutung, daß die nunmehr etwa 15 Jahre anhaltende Renaissance des Themas „Ökonomie und Ethik", neben anderen Faktoren, auch darin ihre Erklärung erfährt, daß erst am Ende dieses Jahrtausends so langsam klar wird, wie weit der im 17. Jahrhundert begonnene gesellschaftliche Umbau in seinen institutionellen und organisatorischen Konsequenzen wirklich reicht. Moral gehört zu den informalen Institutionen einer Gesellschaft, die ein hoher Persistenzgrad und eine geringe Wandlungsdynamik auszeichnet (NORTH 1990). Nicht ohne Grund schließt seine Analyse mit der Bemerkung:

> „Informal constraints matter. We need to know much more about culturally derived norms of behaviour and how they interact with formal rules ..." (S. 140).

Nicht das „Ende der Geschichte" scheint erreicht, sondern nur das Eröffnungsspiel einer uns noch lange beschäftigenden Partie ist seit 1989 abgeschlossen. Es geht um die Neubestimmung des Stellenwertes moralischer Kommunikation in den Subsystemen der Gesellschaft, der seit dem Untergang des alten Europas nie mehr dessen Grad an Eindeutigkeit und Gewißheit in moralischen Dingen erreichte.

Diese Sensibilität der Reihe für die Resultate der langen Wellen des institutionellen Wandels in den westlichen Gesellschaften zeigte sich vor allem in der Hauptfrage der Diskussion, die lautete: *Wo also ist der systematische Ort der Ethik in der Ökonomie?* Das Denken des alten Europas hätte diese Frage überhaupt nicht verstanden, weil es für ausgemacht hielt, daß es gerade umgekehrt um den systematischen Ort von Ökonomie und Ökonomik in der Ethik gehe, und daß dieser Ort seit Menschengedenken unzweifelhaft feststehe: Nämlich dort, wo sich die Wirtschaft dem ethischen, politischen und religiösen Primat des guten Lebens der Gemeinschaft unterordnet. Man vergleiche damit die Antworten, die in den beiden ersten Bänden gegeben wurden. Sie lauteten:

- in den Kategorien der ökonomischen Theorie,
- in der durch kollektive Selbstbindung geschaffenen Rahmenordnung der Gesellschaft, sowie
- in den diskursiven Bedingungen für ökonomische Kommunikation.

Schon das Spektrum dieses Antwortensets zeigt, daß wir es mit Arbeitsthesen zu tun hatten, deren Brauchbarkeit sich erst noch erweisen mußte. Daran hat sich bis heute wenig geändert. Die seither geführte wirtschaftsethische Diskussion hat zwar einiges an Klarheit erbracht, aber keine Klärung über den Ort der Moral in funktional differenzierten Ökonomien. Vielleicht ist dieses Ergebnis nicht so enttäuschend, wie es auf den ersten Blick scheinen könnte, wenn wir es in eine historische Perspektive bringen. 1844 notierte KARL MARX seinen erheblichen Klärungsbedarf hinsichtlich der „Beziehung der Nationalökonomie auf die Moral" in differenzierten Gesellschaften. Seine eigene Antwort lautete: Dies „kann doch nur die Beziehung der nationalökonomischen Gesetze auf die Moral sein" (1981, S. 550 f.). 150 Jahre später haben Frage und Antwort nichts an Plausibilität verloren, sondern eher dazugewonnen. Ich führe dies indes nur an, um eine Vorstellung davon zu geben, wie sehr der Wandel der informalen Handlungsbeschränkungen dem der formalen *in langen Wellen nachläuft*.

Lange Wellen des institutionellen Wandels seien definiert als die Bemühungen einer Gesellschaft, ihre informalen Handlungsbeschränkungen - also ihre Theorien, Denkformen, moralischen Standards, implizite Regeln, kulturelle Mentalitäten usw. - auf den längst vollzogenen Umbau der formalen Handlungsbeschränkungen - Organisationen, Gesetze, kodifizierte Regeln, Standards, Verfahren usw. - hin zu justieren. Natürlich laufen beide Prozesse in einem bestimmten Umfang parallel; sonst hätte sich das Marktsystem nicht stabilisieren können. Auch scheint der intellektuelle Umbau der informalen Handlungsbeschränkungen einer Gesellschaft früher zu beginnen als der der formalen. ALBERT O. HIRSCHMANN hat uns auf die bedeutende Rolle politischer „Begründungen des Kapitalismus vor seinem Sieg" hingewiesen (1977; auch APPLEBY 1978).

Der Wandel der informalen Institutionen vollzieht sich in einer anderen Dynamik und in anderen Zeiträumen als der Wandel der formalen Institutionen. Einerseits muß er diesem nicht abbildend folgen, sondern geht ihm teilweise konstituierend voraus. Andererseits vollzieht er sich offensichtlich entschieden langsamer. Diese eigentümliche Entwicklungsdynamik scheint eine der Stabilitätsressourcen jeder neuen Gesellschaftsordnung zu sein, aber die Drift zwischen den formalen und den informalen Regeln einer etablierten Ordnung darf nicht zu groß werden. Vielleicht sind aufkommende wirtschaftsethische Diskussionen in einer Gesellschaft ein Indikator dafür, daß genau dies möglich scheint oder bereits geschehen ist. Wie auch immer, wir wissen nur sehr wenig über diese Prozesse.

2. Ökonomische Theorie und Gesellschaftstheorie

Die soeben skizzierten Zusammenhänge, obgleich nicht immer so systematisch formuliert, waren das Hintergrundthema der beiden ersten Bände der Reihe. Im Hinblick auf die Wirtschafts- und Unternehmensethik kreiste die Diskussion damals und in vielen der folgenden Publikationen (vgl. exemplarisch SCHÜSSLER 1991 sowie den Beitrag von WEISE in diesem Band) um die Frage, wie die Marktgesellschaft die Koordination und Kooperation ihres Wirtschaftssystems dauerhaft auf Stabilität stellen könnten. Während KARL HOMANN seine mittlerweile zum Theoriestandard gehörende Auffassung entwickelte, daß „in einer komplexen, modernen Gesellschaft mit anonymen Austauschprozessen eine Korrektur (der Resultate des Wirtschaftssystems) nur über die Gestaltung der Rahmenordnung erfolgen" (1989, S. 38) kann, hatte PETER ULRICH gegen eine komplex arbeitsteilige Wirtschaftsordnung nur „an sich nichts einzuwenden" (1989). Solche Formulierungen leiten natürlich immer ein „aber" ein, und das sah so aus: Die den Individuen zugefallenen „Property Rights" sollten, so ULRICH, durch einen „gesellschaftsvertraglichen Basiskonsens legitimiert" (S. 92) sein. Dessen ethischer Sinn bestehe darin, die hermetische ökonomische Rationalität „der fairen Mit- und Einsprache aller Betroffenen zu öffnen. (...) Damit wird die falsche Totalität der funktionalistischen Systemsteuerungsperspektive überwunden", wie auch die Herrschaft „sprachlos und moralfrei funktionierender Systemsteuerungsmechanismen..." (S. 93).

Beide Autoren setzen funktionale Differenzierung als unhintergehbares Strukturierungsprinzip moderner Gesellschaften voraus. Aber während HOMANN die prinzipielle Gleichrangigkeit von Ökonomik und Ethik akzeptiert und sich daher den Einbau moralischer Kommunikation in die Prozesse der Wirtschaft nicht gegen, sondern nur im Kontext funktionalistischer Strukturvorgaben vorstellen kann, konzipiert ULRICH moralische Kommunikation als das „alter ego" der ökonomischen Vernunft, das dieser vor- und übergeordnet ist. Für ihn liefert die übergeordnete Ebene eines kommunikativethisch erwirkten Gesellschaftsvertrages die Vorgaben für ein nur relativ autonomes Wirtschaftssystem.

Ich zitiere diese Diskussion nicht in der Absicht, in ihre Bewertung einzutreten. Mit geht es nur um den Punkt, daß die angeführten unterschiedlichen Reaktionen auf die Mechanismen der modernen Gesellschaft eine grundlegende gesellschaftstheoretische Differenz beider Autoren markieren. Dabei geht es sowohl um Fragen des Typs „In welcher Gesellschaft leben wir?" als auch um Fragen des Typs „In welcher Gesellschaft sollten wir leben?". Aber weder die Feststellung der regelhaften Struktur- und Prozeßvorgaben noch die Gestaltung der Ordnung sind, soweit ich sehe, zum expliziten Gegenstand der seitherigen moralökonomischen Diskussion geworden.

Diese gesellschaftstheoretische Defizienz hat eine Vorgeschichte, die uns interessieren sollte. Denn ich glaube, daß wir in den Diskussionen der beiden ersten Tutzinger Tagungen und auch in der Folge nicht klar genug gesehen haben, welche *gesellschaftstheoretischen Voraussetzungen* eine Integration des Parameters *Moral in die Ökonomik der Moderne* erfordert. Ich befürchte, daß ohne diese Klärung der Stellenwert des Forschungsprogramms „Wirtschafts- und Unternehmensethik" sowohl für die ökonomische Theoriebildung als auch für die praktische Gestaltung der Transaktionsarrangements der Wirtschaft zweifelhaft bleiben wird.

Ökonomische Theorie hat sich, vereinfacht formuliert, bis zur frühen Neoklassik immer als Theorie der Gesellschaft verstanden als eine Theorie, die ausgehend von der Hauswirtschaft, dem Außenhandel, der Landwirtschaft, der Marktallokation oder dem Produktionsprozeß begründete Schlüsse zog für die Totalität des menschlichen Handelns und Zusammenlebens, dieses Zusammenleben erklärte oder bei Bedarf für Veränderung plädierte.

Institutionenökonomisch gehören ökonomische Theorien nicht nur zum Wissenschaftssystem, sondern auch zu den informalen Handlungsbeschränkungen einer Gesellschaft. Sie gehört damit zu demjenigen institutionellen Set, das die erlaubten und erwünschten Handlungen definiert und die Leistungsfähigkeit einer Wirtschaft bestimmt. Daß Theorien institutionenökonomisch auch zu den „informal constraints" einer Gesellschaft zählen, darf nicht verwechselt werden mit den Fragen, ob sie „wahr" oder „unwahr", „falsch" oder „richtig" sind. Antworten auf diese Fragen gibt es nur entlang der Standards im Wissenschaftssystem. Gesellschaftlich geht es darum, daß ökonomische Theorien zum Kultur- und Wissensbestand einer gegebenen Gesellschaft gehören und in dieser Funktion den Korridor mitdefinieren, was regelgerechtes Wirtschaften im Hinblick auf die Ordnung der Institutionen und Organisationen einer Gesellschaft jeweils ist.

Die Klassiker haben diese Funktion ökonomischer Theorie stets realisiert und innovativ interpretiert. Darin bestand gerade ihr gesellschaftstheoretischer Anspruch. Erst mit dem Übergang von der „Political Economics" zur „Economics" hat die Mehrzahl der Ökonomen diese Ambitionen in einer methodologischen Wende offiziell aufgegeben (PARETO 1980, S. 267).

Der englische Methodenstreit in den 70er und 80er Jahren des 19. Jahrhunderts spielt in diesem Zusammenhang eine wichtige Rolle, die ich an dieser Stelle nicht weiter erläutern kann (vgl. ausführlich WIELAND 1996, S. 47-64). Am Ende dieser Diskussion faßte HENRY SIDGWICK die siegreiche zweite Option wie folgt zusammen:

„When the general science of society has solved the problems which it has as yet only managed to define more or less clearly (...) it will not require any formal admission to the discussion of this section ... . It is our business in the meantime to carry on our limited and empirical studies of society in as scientific a manner as possible." (1885, S. 55 f.)

Diese knappen Andeutungen müssen genügen, um die frühen gesellschaftstheoretischen Vorgaben der modernen ökonomischen Theorie wie folgt zu bestimmen:

- (1) Die intellektuelle Durchsetzung der Marktgesellschaft gegen die alteuropäische und merkantilistische Oikonomia gilt als gelungen und abgeschlossen. Institutionenökonomisch existiert ein wirksames System informaler und formaler Handlungsbeschränkungen.
- (2) Normative Ökonomik der Gesellschaft ist daher, so die Neoklassik, jetzt als Positive Ökonomik der Operationsbedingungen eines Subsystems der Gesellschaft, eben der Wirtschaft fortzuführen und zu vertiefen.

- (3) Die in den beiden ersten Punkten unterstellte Marktgesellschaft basiert auf der funktionalen Trennung politischer, moralischer und ökonomischer Subsysteme. Eine umfassende, ganzheitliche und gesellschaftstheoretische Orientierung der Theorie führt daher, so die Annahme, weder zu brauchbarem, funktional orientiertem Wissen, noch zu einem wissenschaftlichen Kriterien standhaltenden Theoriedesign. Der Differenzierung der Gesellschaft muß daher die Differenzierung der Wissensbestände dieser Gesellschaft folgen. Dies führt dazu, daß vormals gesellschaftstheoretische Fragen, etwa die über die Eigenschaften des ökonomischen Akteurs, zu methodologischen Fragen werden.

Abb. 1: Die Welt der oikonomike

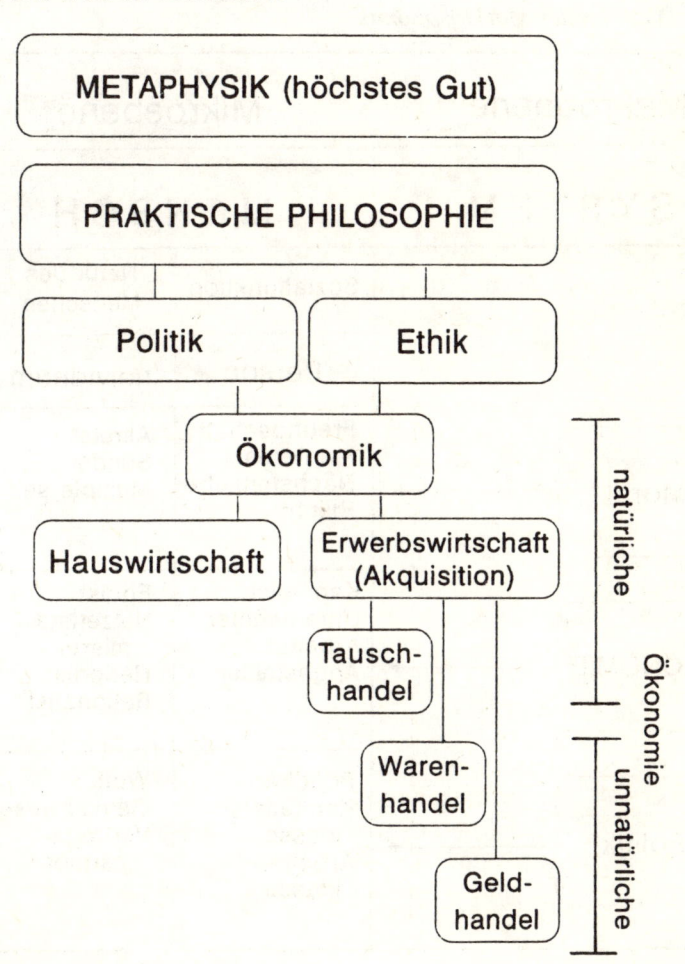

```
                METAPHYSIK (höchstes Gut)

                PRAKTISCHE PHILOSOPHIE

             Politik              Ethik

                              Ökonomik

        Hauswirtschaft    Erwerbswirtschaft       ⎤
                            (Akquisition)         │ natürliche
                                                  │
                              Tausch-             ⎦         ⎤
                              handel                        │ Ökonomie
                                                  ⎤         │
                              Waren-              │         │
                              handel              │ unnatürliche
                                                  │         │
                              Geld-               │         │
                              handel              ⎦         ⎦
```

243

- (4) Der Abstraktionsgrad dessen, was unter der Wirtschaft der Gesellschaft zu verstehen ist, steigt enorm. Es geht fortan in der Theorie nicht mehr um konkrete Märkte, real handelnde Personen und existierende Organisationen, sondern um die Form des Marktes und die diese konstituierende und in Gang haltende Relationen. Es geht um ein Netzwerk von Produktions- und Konsumtionsfaktoren.

In den Abbildungen 1 und 2 sind die gesellschaftstheoretischen Eckdaten der alteuropäischen Oikonomia und der durch die ökonomische Diskussion des 18. und 19. Jahrhunderts herauspräparierten Marktökonomie visualisiert.

Abb. 2: Die Welt der Marktökonomik

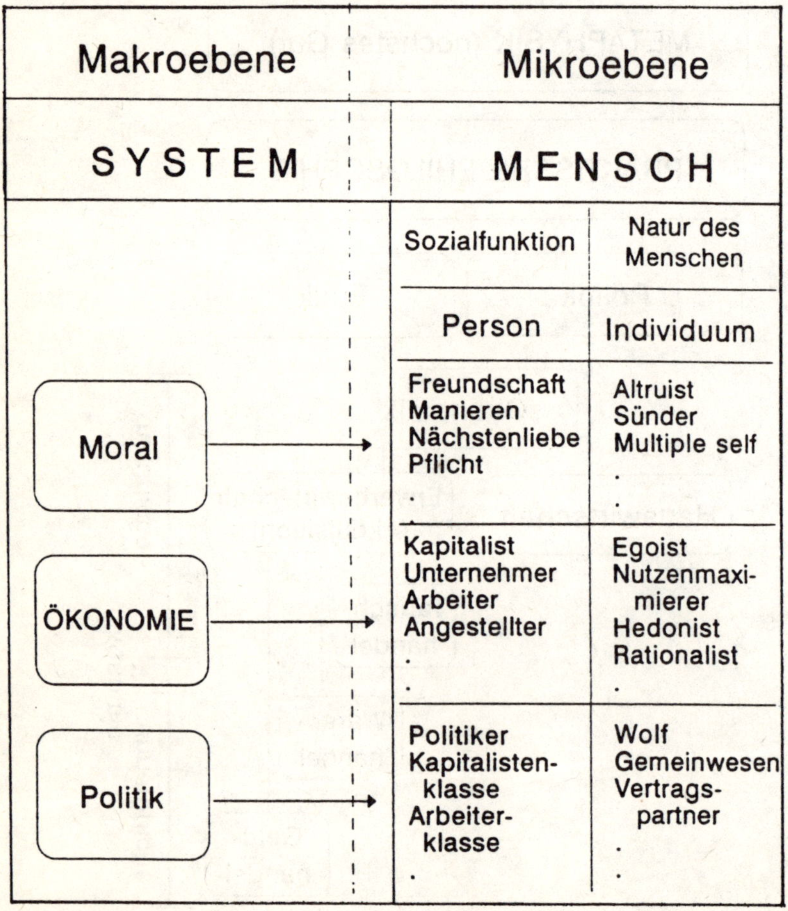

Makroebene	Mikroebene	
SYSTEM	MENSCH	
	Sozialfunktion	Natur des Menschen
	Person	Individuum
Moral →	Freundschaft Manieren Nächstenliebe Pflicht .	Altruist Sünder Multiple self .
ÖKONOMIE →	Kapitalist Unternehmer Arbeiter Angestellter .	Egoist Nutzenmaximierer Hedonist Rationalist .
Politik →	Politiker Kapitalistenklasse Arbeiterklasse .	Wolf Gemeinwesen Vertragspartner .

Abbildung 1 zeigt die Ökonomik der Alten Welt. Diese Ökonomik ist strikt hierarchisch differenziert, findet ihren steuernden Bezugspunkt in einem höchsten Gut und situiert die Wirtschaft relational, der Politik und der Ethik dienend. D.h., das Organisationshandeln (Polis, Oikonomia) ist dem Markthandeln (Waren- und Geldtausch) übergeordnet. Obgleich das Schaubild den Darlegungen des ARISTOTELES im I. Buch der „Politik" und im V. Buch der „Nikomachischen Ethik" folgt, haben wir es nach meiner Überzeugung mit dem Prototyp aller hierarchischen Ordnungsmodelle bis in die heutige Zeit zu tun. Ob das „höchste Gut" dabei moralisch, politisch oder religiös definiert ist, macht in dieser Hinsicht keinen Unterschied.

Abbildung 2 zeigt die funktional differenzierte Welt der Marktökonomie. Gleichberechtigte und autonome Systemzusammenhänge auf der Makroebene sorgen für funktional spezialisierte Leistungen. Dies hat zwei Konsequenzen:

- Was Ökonomie ist und sein sollte, wird jetzt nur noch systemintern, also nicht mehr durch andere Systeme, definiert.
- Da dies für alle Systeme gilt, ist ein alle anderen Systeme repräsentierendes oder umfassendes Gesellschaftssystem wissenschaftlich nicht mehr erreichbar. Analysierbar hingegen ist das System der Ökonomie als ein abstrakter Kreislauf von Nachfragen und Angeboten.

Plausibilisiert werden soll mit diesen Andeutungen das folgende Argument: Was die heutige unternehmensethische Diskussion zunächst einmal zeigen muß ist, daß es die gesellschaftstheoretischen Voraussetzungen ihres Themas überhaupt gibt. Solange eine funktionalistische Marktgesellschaft die informale Beschränkung der Theoriebildung ist, können Ökonomen in der Tat nur zu der Feststellung gelangen, daß der systematische Ort der Moral in der Rahmenordnung oder in den Präferenzen, also jeweils ökonomieextern, liegt. Ersatzweise herangezogene Diskussionen über den moralischen Zerfall der Gesellschaft sowie die gängigen Katastrophenszenarien bestätigen als externe Effekte diesen Befund nur. Vor allem sind sie kein funktionales Äquivalent für den erst zu erbringenden Nachweis, daß in der Wirtschaft tatsächlich strukturelle Voraussetzungen existieren, an die moralische Kommunikation als internes Ereignis andocken kann. Mit anderen Worten: Diese Welt muß sich von der in Abbildung 2 fixierten gesellschaftstheoretisch unterscheiden. Es kann daher der Gegenstandsbereich der Ökonomie auch nicht auf Marktoperationen eingeschränkt werden.

3. Marktökonomie und Organisationsökonomie

Es fällt auf, daß in der Welt der Marktökonomik die bedeutendste Organisation der modernen Wirtschaft, nämlich die *Firma*, fehlt. Es sind atomisierte Individuen, die dort in einer arbeitsteiligen und anonymen Gesellschaft über Marktsignale ihre Handlungen koordinieren. Wenn Produktion und Distribution allein über Preissignale gesteuert werden, dann ist Allokationseffizienz eine firmenexterne Eigenschaft des Marktsystems. Die Bedeutung firmeninterner Allokation kann dann kaum noch Forschungsinteresse auf sich ziehen. Organisationen mutieren zu Clearingstellen für input/output-Beziehungen mit entsprechenden Produktions- und Gewinnfunktionen. Auch diese Geschichte in der Geschichte des ökonomischen Denkens fängt bei ADAM SMITH an, der bekanntlich an diversen Stellen seines „Wealth of Nations" (1979, I.i.2, IV.ix.29-37) massive wettbewerbstheoretische Vorbehalte gegen organisiertes Unternehmertum hegte. Sein Ideal war der Eigentümerkapitalismus, der Organisation nur nutzt, um neue Märkte zu konstituieren und Produktivitätswachstum zu forcieren. Liberale und atomisierte Märkte, so SMITH, seien als Allokationsmedien Organisationen überlegen. Er hatte dabei das Principal-Agent-Problem als Folge der Trennung von Eigentum und Management vor Augen und zog daraus die Schlußfolgerung, daß die vor seinen Augen entstehende Form der Aktiengesellschaft keine Zukunft habe. Diese Prognose war nicht nur falsch, sondern sie war auch eine konsequente Deduktion aus den gesellschaftstheoretischen Prämissen der Marktökonomik.

Die Neoklassik hat diese Position in der ihr eigenen Logik als methodologisches Axiom ausgebaut. Es ist daher gesellschaftstheoretisch auch nur konsequent, wenn die heutige Industrial Organization Forschung sich paradigmatisch gehalten sieht, Firmen als Märkte, Quasimärkte und so weiter zu verstehen. So unterschiedliche Autoren wie COASE (1972, S. 60), HART (1990, S. 150) und PORTER (1991, S. 555) stellen daher fest, daß die Ökonomik sich schwer tut bei der Entwicklung einer Theorie der Firma, der kein wie auch immer modifizierter Markt- sondern ein Firmenbegriff zu Grunde liegt. Ökonomen sind sich darüber einig, daß in der Textbuchökonomik ein Institutionendefizit herrscht. Was sich zusätzlich anzeigt, ist das dort ebenfalls herrschende *Organisationsdefizit*.

Bekanntlich ist die ältere Institutionenökonomik andere Wege gegangen. Vor allem SCHMOLLER (1901), SOMBART (1987) und COMMONS (1990) verdanken wir wesentliche Beiträge für eine Integration der Firma als Allokations- und Kooperationsform in die Ökonomik.

In dieser Hinsicht ist von Interesse, daß vor allem der deutsche Institutionalismus die Unternehmung als eine Wirtschaftsform gefaßt hat, deren Verhalten und Steuerungsmöglichkeiten über den simultan wirkenden Mechanismus von Marktfunktionalismus und Organisationsform determiniert sind.

Die funktionale Autonomie und die prinzipiell infinite Rekursivität des Marktsystems wird dabei ganz wie bei der englischen Neoklassik über die zunehmende Abstraktion aller wirtschaftlichen Verhältnisse und die Exklusion des Individuums aus den Systemoperationen plausibilisiert. Allerdings ist die Methode weniger mathematisch-naturwissenschaftlich als vielmehr philosophisch-gesellschaftstheoretisch.

Die Abhebung der Organisationsform gegenüber der Marktform läuft im Theoriedesign des Institutionalismus über die Unternehmensverfassung. Durch Vertrag konstituiert sich das Unternehmen als eine von der Marktform zu unterscheidende Einheit, die sowohl den Preissignalen des Marktes als auch den Erfordernissen technisch-persönlicher Organisation zu folgen hat. Es ist dieser zweite Steuerungskorridor von Unternehmen, der zum Markt *zusätzliche* Entscheidungslogiken nicht nur möglich, sondern notwendig macht. Technik, Recht, organisatorische Regeln, Sozialpsychologie und Moral, um nur die wichtigsten zu nennen, sind Parameter, entlang deren ein Unternehmen mit den oder gegen die Preissignale des Marktes entscheiden kann und auch entscheiden können muß. Anders als das Marktsystem ist die Organisation „Firma" nicht mono- sondern polylingual. Der Markt kommuniziert nur in Preisen, die Firma hat prinzipiell die Möglichkeit, alle für sie relevanten Ereignisse in einer Reihe von Sprachspielen - technische, rechtliche, organisatorische, sozialpsychologische und moralische - zu reformulieren, zu strukturieren, und dann auch zu entscheiden. Zwar bleibt das Marktsystem der Referenzpunkt für alle anderen Optionen, aber daraus folgt keineswegs der deterministische Zwang, alles entlang ökonomischer Rationalität zu entscheiden. Wir werden vielmehr im folgenden noch näher sehen, daß die Ablehnung rigider ökonomischer Codierungen und das Umstellen auf andere Entscheidungsalgorithmen zu den Gleichgewichtsbedingungen der Unternehmensorganisation gehören. Genau das macht die Unternehmung, so schon früh SCHMOLLER, zu einer „gesellschaftlichen Form" (1987, S. 457); eine Form, in der sich nicht nur Wirtschaft, sondern immer auch Gesellschaft vollzieht. WILLIAMSON hat zu Recht darauf hingewiesen (1985), daß wir COMMONS die *Umstellung der Untersuchungseinheit der Ökonomik* von Waren auf Transaktionen verdanken. Ich möchte eine Stelle hierzu anführen, weil ich glaube, daß sie eine zusätzliche Dimension enthält, die für unser Problem entscheidend ist. COMMONS definiert dort:

> „A transaction, with its participants, is the smallest unit of economics. ... Transactions, as thus defined, are not the 'exchange of commodities', in the physical sense of 'delivery', they are the alienation and acquisition, between individuals, of the rights of future ownership of these physical things ... The transfer of these rights must therefore be negotiated between the parties concerned, according to the working rules of society" (1990, S. 58).

Ich hebe hervor, daß die Grundeinheit der ökonomischen Analyse die Transaktion von Property Rights an Waren und Dienstleistungen durch Individuen ist. Damit ist das bilaterale Kooperationsproblem im Kontext gesellschaftlicher Regelsetzung konstitutiv für die ökonomische Analyse. Ökonomen sollten daher beachten, daß der Transaktionsbegriff die Abstrahierung des Waren- und Güterbegriffs voraussetzt, und daß jede Transaktion in die Komponenten des Transaktionsgegenstandes und der Transaktionspartner zerfällt. Es ist gewiß richtig zu sagen, daß mit der Institutionenökonomik auch eine Wiedereinführung des Indidividuums und der Person in die Ökonomik verbunden ist. Das ökonomische Problem der Institutionenökonomik besteht darin, Knappheit kooperativ zu überwinden.

Abb. 3: Die Welt der neuen Organisationsökonomik

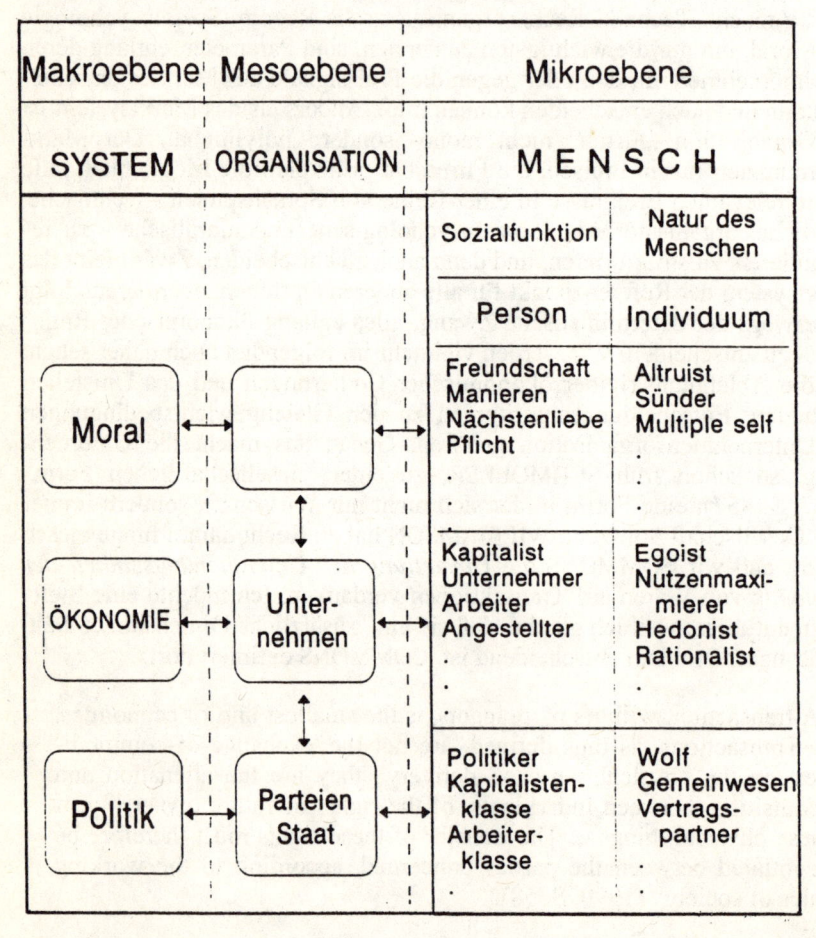

Makroebene	Mesoebene	Mikroebene	
SYSTEM	ORGANISATION	MENSCH	
		Sozialfunktion	Natur des Menschen
		Person	Individuum
Moral		Freundschaft Manieren Nächstenliebe Pflicht ⋮	Altruist Sünder Multiple self ⋮
ÖKONOMIE	Unternehmen	Kapitalist Unternehmer Arbeiter Angestellter ⋮	Egoist Nutzenmaximierer Hedonist Rationalist ⋮
Politik	Parteien Staat	Politiker Kapitalistenklasse Arbeiterklasse ⋮	Wolf Gemeinwesen Vertragspartner ⋮

Wir halten diese Diskussion in Abbildung 3 so fest, daß zwischen die Makroebene der Systeme und die Mikroebene der Individuen bzw. Personen *die Mesoebene der intermediären Organisationen* tritt, die sowohl abhängig als auch autonom gegenüber den beiden anderen Ebenen ist. In unserem Fall: Die Firma ist ein auf das Funktionssystem Wirtschaft bezogenes Organisationssystem, aber sie ist zugleich eine eigenständige Form der Organisierung von Wirtschaft durch Individuen und Personen. Die Person ist ein intraindividueller, die Firma ein interindividueller und ein interpersonaler, kollektiver Akteur.

4. Koordination und Kooperation in Transaktionen

Wie bekannt, haben später RONALD COASE (1988) und OLIVER WILLIAMSON (1975) vorgeschlagen, diese Differenz zwischen Markt und Organisation entweder über den Entscheidungsmechanismus, also Preissignale versus „entrepeneur-co-ordinator" oder über die Governancestruktur, also Markt versus Hierarchie, in die ökonomische Theorie einzubauen. Das setzt die Akzeptanz der Idee voraus, daß nicht nur Märkte knappe Güter alloziieren und Leistungen koordinieren und überwachen, sondern auch Unternehmen. Die Wahl der Allokationsform für wirtschaftliche Leistungen oszilliert daher nicht exklusiv zwischen Markt- und Staatsversagen, sondern zum Spektrum der Möglichkeiten gehört auch die Unternehmung.

Was aber Märkte von Organisationen neben dem erreichbaren Set von Kommunikationsmöglichkeiten *unterscheidet*, ist, daß Märkte reine Koordinationsmechanismen, Organisationen aber darüber hinaus auch Kooperationsformen sind. Koordinationsmechanismen rechnen erstellte Leistungen (Angebote) ex post auf Nachfragen zu. Das Problem besteht in der „sachlichen Abstimmung". Kooperation ist die Kunst, die Interaktion individueller Personen entlang von ex ante vereinbarten Regeln zur Erbringung von Leistungen zu ermöglichen, deren beider Einhaltung ex post zum Problem werden kann. Das Problem besteht im „personalen Angewiesensein". Die Koordination von Transaktionen führt durch Standardisierung zu effektiveren und effizienteren Kooperationen. Die Kooperation von Transaktionspartnern aber ist die Voraussetzung dafür, daß es überhaupt zu koordinierende Leistungen gibt. Firmen sind produzierende Einheiten, aber sie sind dies nur solange, wie ihnen die Kooperation

– im Team,
– zwischen Teams und
– zwischen Teams und allen potentiellen Kooperationsadressaten einer Gesellschaft

gelingt oder erreichbar ist. Unternehmen steuern in der Konsequenz nicht allein über unpersönliche Koordinationsmeachanismen wie Preissignale, Unternehmensverfassungen, formale Organisationsregeln, Vertragsarrangements und so weiter, sondern ebenso über diejenigen Parameter, die sich aus der personalen Identität der Kooperationspartner ergeben oder auf diese wirken. Im Dualismus von sachlichem Zwangscharakter des Koordinationsprozesses und personaler Identität des Kooperationsprozesses liegt die *Unausweichlichkeit* moralökonomischer Fragen für die Unternehmung. Unpersönliche Koordinationsmechanismen haben die Tendenz, personale Identität durch Generalisierung aufzulösen. Es gilt zugleich, daß nur Personen, denen eine Identitätsbildung gelingt, kooperationsfähig sind. Mit anderen Worten: Koordination und Kooperation sind wechselseitig sowohl Voraussetzungen als auch zerstörende Prinzipien. Diesen paradoxen Zusammenhang so zu gestalten, daß er zu komparativen Produktivitäts- und Wettbewerbsvorteilen führt, ist das, was wir ökonomisch eine Unternehmung nennen wollen. Es ist offensichtlich, daß aus dieser Definition folgt, daß Unternehmen nicht allein entlang von Koordinationsmechanismen - Markt und Organisationregeln - ihr Verhalten und Handeln steuern können, wenn sie nicht in gefährliche Turbulenzen geraten wollen. Der Kooperationsaspekt läuft immer mit und damit auch konstitutiv Fragen der moralischen Regeln für Kooperation.

Es scheint evident, daß nur in der Welt der Organisationsökonomik (und nicht in der Tugend- und Rahmenordnungskonzeption) Fragen der Moral direkt ökonomieinterne Ereignisse sind, ohne dabei ihre moralische Identität einzubüßen. Sie wandern mit den kooperativen Anstrengungen der Personen, der Teams und der Durchlässigkeit für gesellschaftliche Kommunikation, die sich aus der Erreichbarkeit potentieller Kooperationsadressaten rational begründet, in die Unternehmen ein. Mit der Moral als konstitutivem Element wirtschaftlicher Organisationen gewinnen wir demnach einen weiteren Zugriff auf den Gegenstand, der sich aus den Eigenschaften der Mesoebene der Gesellschaft ergibt. Wie weit die theoretischen Konsequenzen dieses Befundes reichen, möchte ich nun mit zwei Beispielen andeuten.

Organisationen sind eine Alternative zum Markt. Ihr Steuerungsmechanismus sind nicht Preissignale in anonymen Interaktionsbeziehungen, sondern Autorität in *personalen Kooperationen*. Autorität ist aber im Gegensatz zur Annahme in der neoklassischen Firmentheorie kein Prozeß beobachtender Kontrolle der Einhaltung und Durchsetzung von Verträgen. Autorität, so HERBERT SIMON (1991), gibt Ziele und Prinzipien vor, muß also Diskretionsspielräume lassen. Von einem Teammitglied die wortgetreue Umsetzung eines vollständig spezifizierten Vertrages zu erwarten, ist nichts anderes, als den permanenten Bummelstreik zum Organisationsprinzip zu erheben. Es geht vielmehr um die Beeinflussung des Diskretionsspielraumes, um die kooperative „Atmosphäre" (vgl. WIELAND 1996). Die Bereitstellung individueller Initiative, Arbeitsethos, Corporate Identity und so weiter spielen in diesem Zusammenhang eine entscheidende Rolle (vgl. AKERLOF 1980). Diese kooperativen Ressourcen können weder vertraglich kontrahiert noch auf Märkten separiert und gehandelt werden. Sie werden im Zusammenhang von Transaktionen wechselseitig als moralische Güter zugewiesen. Wir können daher feststellen, daß kaum ein Arrangement so unproduktiv wäre wie eine durch vollständige Verträge und vollständiges Monitoring strukturierte Teamordnung, die also alle explizit vereinbarten Leistungen erbringt *sonst aber nichts*. Die Fixierung der neoklassischen Firmentheorie auf Monitoring und auf genaue Erbringung vereinbarter Leistungen übersieht schlicht, daß die Existenz jedes Unternehmens davon abhängt, daß ihre Mitglieder bereit sind, mehr als die vereinbarte Leistung zu erbringen. Genau dies ist eine der Quellen für Produktivitäts- und Innovationsvorsprünge von Teams.

Fügen wir hinzu: Vollständiges und - wie häufig vorgeschlagen - wechselseitiges Monitoring kann über die Verletzung der Würde der Teammitglieder zu Leistungszurückhaltung führen. Daran zeigt sich die ganze Tragweite der Multireferentialität ökonomischer Organisationen. Weil alle Versuche zur Bestimmung eines nur optimalen Monitorings oder optimal unvollständiger Verträge am arrowschen Informationsparadox scheitern, müssen Unternehmen rigide marktökonomische Codierungen ablehnen können, und zwar aus transaktionsökonomischen Gründen.

In eine ähnliche Richtung geht das Problem der *sozialen Verantwortung von Unternehmen*. MILTON FRIEDMANs Bemerkung, daß die soziale Verantwortung von Unternehmern in der Erhöhung ihrer Gewinne bestehe, ist nicht selten auf moralische Kritik gestoßen. Ich halte diese Kritik so für falsch, weil sie übersieht, daß FRIEDMANs Aussage eine vollständig richtige Konsequenz marktfunktionalen Denkens ist. Ihr Problem liegt vielmehr darin, daß sie sich auf Märkte bezieht, aber auf Unternehmen angewandt wird. Wir wissen aus der soziologischen Forschung (GESER 1989), daß Gesellschaften ein Interesse daran haben, ihre Organisationen moralisch zu kontrollieren. Zu diesem Zweck schreiben sie ihnen auch dann eine gegenüber Individuen erhöhte soziale Verantwortlichkeit zu, wenn eine direkte ökonomische oder rechtliche Verantwortung nicht besteht. Auf diesen Zusammenhang wendet die Standardökonomik das Kalkül ökonomischer Verantwortung an, nämlich die Differenz von Aufwand und Erlös so positiv wie möglich zu gestalten. Was sie dann hört, ist folgerichtig nur Rauschen. Daraus schließt dann zum Beispiel die Principal-Agency-Theory, daß das Konstrukt einer unternehmerischen sozialen Verantwortung „seriously misleading" sei (JENSEN/MECKLING 1976, S. 311). In dieser komfortablen Position befinden sich die Organisationen der Wirtschaft aber genau nicht. Sie sind Institutionen der Gesellschaft, „gesellschaftliche Form", um SCHMOLLER erneut anzuführen, eben Kooperationsformen. Aus der Perspektive der ökonomischen Organisation „Firma" ist die Gesellschaft, neben den intra- und interteam Interaktionen, der dritte Bereich aktueller, potentieller und notwendiger Kooperationschancen. Nicht nur alle zukünftigen Kunden und Partner existieren hier sondern auch die Träger von ökonomisch relevanten Entscheidungsbefugnissen. Alle drei Bereiche definieren die Größe des erreichbaren Kooperationskorridors für ein Unternehmen und damit auch die Tiefe der möglichen Arbeitsteilung sowie die potentiellen „gains from trade". Sie wissen daher aus Lernprozessen, daß man soziale Verantwortung genauso wie Autorität nicht objektiv hat, sondern aus diesem Raum heraus zugewiesen bekommt, und daß die Übernahme sozialer Verantwortung eine Quelle potentieller Kooperationsrenten sein kann.

Wäre das nicht so, wäre die Lösung der „sozialen Frage" durch den Kapitalismus rational schwer rekonstruierbar. Daß dies nicht nur für die ökonomische Version von Verantwortung gilt sondern auch für die moralische, erfuhr der Shell-Konzern gerade in vollem Umfang durch die Entwertung seines *Reputationskapitals*. Würden Unternehmen daher soziale oder moralische Verantwortung freundlich aber bestimmt als „seriously misleading" zurückweisen, könnte das leicht eine Entscheidung mit letalen Konsequenzen sein. Es zeigt sich, daß Unternehmen rigide ökonomische (und auch rechtliche) Codierungen von Sachverhalten ablehnen und distanzieren können müssen, wenn sie nicht ihr kooperatives Fundament zerstören wollen. Dabei geht es nicht schlicht um den (natürlich auch vorhandenen) externen Zwangscharakter solcher Zuweisungsprozesse sondern um das Problem gelingender Kooperation und zu schaffender Kooperationschancen eines Teams. Mit anderen Worten: Unternehmen beugen sich in solchen Situationen nicht nur einem politischen oder moralischen Zwang, sondern sie kalkulieren die ökonomischen Konsequenzen gesellschaftlicher moralischer Achtung/Mißachtung für den Teamerfolg.

5. Globale Unternehmensnetzwerke und ökonomische Gesellschaftstheorie

Ich werde die Diskussion nun auf Überlegungen konzentrieren, die die Bedeutung der gesellschaftstheoretischen Diskussion für die ökonomische Theoriebildung weiter unterstreichen. Vor allem aber wird sie versuchen, die besondere und neuartige Rolle der Unternehmung in diesem Zusammenhang hervorzuheben.

Die Neue Organisationsökonomik hat in den letzten Jahren eine erneute Binnendifferenzierung der Wirtschaft registriert, die sich auf der Mesoebene der Organisationen abspielt. Große Unternehmensorganisationen strukturieren ihre Aktivitäten so um, daß an der Stelle intraorganisationaler, hierarchischer Beziehungen firmeninterne Kapital-, Ressourcen- und Arbeitsmärkte entstehen. Deren Vernetzung mit internen oder externen Anbietern und Nachfragern erfolgt dann über Hierarchie und/oder Markt.

In eine ähnliche Richtung läuft ein sich parallel vollziehender Prozeß der Bildung interorganisationaler Netzwerke. Zu nennen wären beispielsweise Strategische Allianzen, Joint Ventures, Franchisingverträge und die Wertschöpfungskette in Lean Management Beziehungen. Die einzelnen Knoten dieser Netzwerke mögen juristisch selbständig sein, wirtschaftlich sind sie es nicht (SYDOW 1992; GRANDORI/SODA 1995).

Schließlich beobachten wir die Globalisierung dieses Vernetzungsprozesses zu einer realen Weltökonomie (DUNNING 1995). In den USA waren bereits 1992 80% aller Auslandsumsätze der transnationalen Unternehmen keine Exporte, die über Märkte abgewickelt wurden. Sie waren über Organisationen laufende Umsätze mit Tochtergesellschaften, innerbetrieblichem Handel, Lizenzverträgen und Franchisingvereinbarungen (SURVEY OF CURRENT BUSINESS 1990, 1993). Globalisierung meint daher nicht nur die Schaffung weltweiter Absatzmärkte durch die Standardisierung von Konsumentenpräferenzen sondern auch und vor allem globale Arbeitsteilung und Produktion. Globalisierung bedeutet, daß Unternehmen, getrieben von drohenden negativen Amortisationszeiträumen für Produkt- oder Verfahrensinnovationen, Zugriff auf das weltweit vorhandene fortschrittlichste Produktionswissen haben; daß sie die Fähigkeit besitzen müssen, dieses fremde Wissen mit eigenen Ressourcen in einem Erstellungsprozeß zu kombinieren. Kurz, es geht um globale Kooperation.

In dieser dreistufigen Entwicklung von intraorganisationalen über interorganisationalen hin zu globalen intra- und interorganisationalen Netzwerken gibt es einige Gesichtspunkte, die für die hier geführte Diskussion von Interesse sind.

(1) Die Unternehmung als *organisatorische Form* wandelt sich zu einem Netzwerk von markt- und organisationsgesteuerten Transaktionen. Wettbewerb (also ein zusätzlicher Koordinationsmechanismus) und Kooperation laufen jetzt nicht nur in der Unternehmung sondern auch zwischen Unternehmen selektiv und parallel ab. Nur auf den ersten Blick handelt es sich um die Substituierung von Organisation durch Markt, da sich der Prozeß stets innerhalb von und zwischen Organisation abspielt. Was wirklich zu geschehen scheint, ist, daß die Differenz von Markt und Organisation in der Organisation wiederholt wird, um Markt- und Organisationsversagen wechselseitig zu kompensieren (vgl. WIELAND 1996).

(2) In globalen Netzwerkökonomien wird die Fähigkeit, Kooperationschancen zu bieten und zu nutzen, zur zentralen Produktivkraft und zu einem

Wettbewerbsvorteil. Sie entscheidet darüber, wie groß der Korridor möglicher Kooperationschancen, wie tief in der Folge der Grad der Arbeitsteilung und wie hoch in der Konsequenz das Niveau der erreichbaren Kooperationsrenten ist. Wenn, um es mit einem breiten Pinsel zu skizzieren, die Ökonomie des 18. Jahrhunderts durch Handel, die des 19. Jahrhunderts durch Produktion und die des 20. Jahrhunderts durch Konsumtion charakterisiert war, so könnte das 21. Jahrhundert das der Ökonomisierung von Kooperation sein.

(3) Für den atmosphärischen Entscheidungsparameter Moral haben die genannten Entwicklungen weitreichende Folgen. Sogenannte „weiche Faktoren" wie Vertrauen, Offenheit, Ehrlichkeit, Integrität werden in Netzwerkbeziehungen an Bedeutung gewinnen, weil Netzwerke die wechselseitige Abhängigkeit der Erfolgspotentiale von Vertragspartnern steigern. Faktorspezifische Investitionen in Netzwerke, asymmetrisch verteilte Informationen über Innovationen und Zukunftsmärkte, unvollständige und nicht kostenlos durchsetzbare Leistungsverträge, schwer zu schützende Property Rights an Produktionswissen, um nur einiges zu nennen, komplettieren dieses Szenario. Die Moral der Vertragspartner ist nicht alles in dieser Welt, aber ohne deren Moral ist alles nichts. Unternehmensethik wird dann zum Element organisations- und transaktionsspezifischer Arrangements, die Opportunismus kontrollieren und Moral anreizen (WIELAND 1996 und die dort angegebene Literatur). Ich neige immer mehr zu der Vermutung, daß die Renaissance des Themas „Wirtschafts- und Unternehmsethik" auf den soeben skizzierten und vor unseren Augen stattfindenden Umbau der Wirtschaft der modernen Gesellschaften zurückgeht.

(4) Globalisierung der Ökonomie bedeutet auch, daß die *Raumdimension* für die Wirtschaft an *Relevanz* verliert, während die *Zeitdimension an Bedeutung gewinnt*. Der bereits mehrfach angesprochene Abstraktionsprozeß wirtschaftlicher Transaktionen erreicht erneut ein höheres Niveau. Hauswirtschaft, Stadtwirtschaft und Nationalökonomie waren und sind räumlich abgrenzbare Orte des Wirtschaftens. Globalität hingegen ist ein Raumbegriff, der Zeit meint.

Das hat auf der Ebene der Tugenden die Konsequenz, daß in multikulturellen Organisationsbeziehungen nicht immer kompatible Vorstellungen darüber herrschen, was eine Tugend ist. Allerdings scheint die Frage, ob die Werte des Landes der Muttergesellschaft oder die der Focalorganisation, also die Organisation um die sich das Netzwerk bildet, oder die des Gastlandes gelten sollen, noch vor ihrer endgültigen Beantwortung obsolet zu werden. Die Eigentümer eines Unternehmens können immer seltener einer Nation zugerechnet werden. KARL MARX vermutete seinerzeit, daß das Proletariat kein Vaterland habe. Heute müßen wir feststellen, daß dies eher für die Kapitalseite gilt.

Auch eine Rahmenordnungsethik bleibt von der abnehmenden Relevanz der nationalstaatlichen Raumdimension für die Wirtschaft nicht unberührt. Das Problem scheint daraus zu entstehen, daß Politik und Recht die Territorialorientierung und die Raumdimension nicht ohne erhebliche Transaktionskosten überwinden können. Je größer hier die Drift werden wird, desto mehr wird es in der Beziehung von Politik und Wirtschaft zu Brüchen und zu einem Wettbewerb der Rahmenordnungen kommen.

(5) Seit dem 17. Jahrhundert diskutieren Philosophie und Wissenschaft in Europa die Frage, welches der Ort der gesellschaftlichen Steuerung in den neu entstehenden politischen Körpern sei. Im Prinzip gab und gibt es darauf zwei theoretische und praktische Antworten. Das Individuum heißt die eine, die Systeme (Politik, Wirtschaft) die andere. Das Referenzmodell beider Antworten ist die Marktgesellschaft, wenn auch mit je anderen Vorzeichen. Allerdings scheint sich seit geraumer Zeit eine Verschiebung in der Tektonik moderner Gesellschaften zu vollziehen. Dem Verlust an Steuerungspotential auf der Makro- und Mikroebene der Gesellschaft entspricht ein Zuwachs an Steuerungsansprüchen auf der Mesoebene der Gesellschaft, vor allem bei den Organisationen der Wirtschaft. Es geht um mehr als um Kultursponsoring und Deregulierungsfragen des herkömmlichen Typs, also ob man die Müllabfuhr einer Stadt oder deren Nahverkehr privat oder öffentlich organisieren sollte. Es gibt heute vielmehr kaum noch einen traditionellen Bereich der Politik, für den nicht ernsthafte Überlegungen existieren, ob Unternehmen die bisher staatlich organisierten politischen Funktionen übernehmen sollen. Solche Diskussionen können wir im Bereich der Wirtschafts- und Sozialpolitik, der Außenwirtschaftspolitik, der Entwicklungspolitik, der Finanz- und Geldpolitik und der Umweltpolitik beobachten. Die Newsweek (26.6.1995) fragt nur noch rhetorisch „Does Government Matter?", um dann festzustellen: „The State is Withering and Global Business ist Taking Charge." Vielleicht sollte man die Antwort erwägen, daß „Government" in jedem Fall „matters", aber nicht mehr in jedem Fall der „state". „Government" ist eine Funktion, „state" ist eine Organisation, „gobal business" eine andere.

Bei alledem gibt es *drei institutionen- und organisationsökonomische Fragen* zu klären, über die wir nur sehr wenig wissen:

- (1) Stehen auf Seiten der Unternehmen den gewachsenen Steuerungsansprüchen der Gesellschaft überhaupt entsprechende Steuerungspotentiale gegenüber?

- (2) Welche Aufgaben kommen für eine Delegation überhaupt in Betracht, welche nicht?
- (3) Welche konstitutionenökonomischen Konsequenzen, und ich meine hier vor allem das Problem der demokratischen und ökonomischen Legitimation und Kontrolle, ergeben sich eigentlich daraus? (vgl. HOMANN/ KIRCHNER unveröffentlichtes Manuskript)

Diese Fragen sollten eine nüchterne Beantwortung finden, da sich andernfalls ideologische Lagerkonflikte kaum werden vermeiden lassen. Die einen werden den Imperialismus auf seinen Begriff kommen sehen, wo es vielleicht nur um komparative Leistungsvorteile aus Dezentralität bei der Lösung genau definierbarer gesellschaftlicher Probleme handelt. Die anderen werden vor dem Revival des Marktliberalismus erschauern, wo es nur um den Austausch von Organisationen unter Effizienzgesichtspunkten mit dem Folgeproblem gesellschaftlicher Legitimierung und Kontrolle geht.

6. Die Gesellschaft der Neuen Institutionenökonomik

Ich möchte zum Abschluß einige der Konsequenzen für die ökonomische Theoriebildung hervorheben, die sich aus der geführten Diskussion ergeben. Es sollte deutlich geworden sein, warum die Ökonomik heute Anlaß hat, den weiteren Ausbau ihres Theoriegebäudes im Horizont einer institutionalistischen Theorie der Organisation in der modernen Gesellschaft zu betreiben. Die Neue Institutionenökonomik muß durch eine *ökonomische Theorie der Organisation ergänzt und entwickelt* werden. Die Neue Institutionen- und Organisationsökonomik knüpft zu Recht an das positive Forschungsprogramm der Standardökonomik an und präzisiert dieses für ihre Fragestellung. Aber ihr Forschungsfeld ist nicht der reine Marktfunktionalismus sondern die komparative Frage, wie die Institutionen und Organisation der Gesellschaft die Operationen der Wirtschaft beeinflussen. Es kann kaum ein Zweifel darüber bestehen, daß die Emergenz der globalen Weltordnung von einem Defizit in ihren institutionellen (formal und informal) und organisatorischen Arrangements begleitet wird, sodaß heute schon die erreichten globalen Ökonomisierungseffekte bedroht sind. Hier liegen klassische Aufgaben der ökonomischen Theorie, die noch kaum beachtet werden.

Das legt die Frage nahe, warum die Neue Institutionenökonomik ihr gesellschaftstheoretisches Erbe nur so zurückhaltend antritt. Dies mag damit zusammenhängen, daß die zeitgenössische Ökonomik mit der soziologischen Tradition Gesellschaftstheorie als synthetische Zusammenschau aller in einer Gesellschaft wirkenden Strukturen und Logiken versteht. Dieses Forschungsprogramm ist aber in funktional differenzierten Gesellschaften undurchführbar geworden. Wer in funktional differenzierten Gesellschaften beobachtet, beobachtet immer aus der Perspektive eines bestimmten Systems und es existiert schlicht kein System, das in sich selbst zugleich alle anderen Systeme repräsentiert. Gerade darin besteht ja der Bruch zur hierarchischen Differenzierung alteuropäischer Gesellschaften, in denen Religion, Moral oder Politik von der Spitze her die Gesellschaft strukturierten und daher auch den Anspruch haben konnten, diese als Ganzes zu repräsentieren.

An diesem Ergebnis des englischen Methodenstreits sollte die Neue Institutionenökonomik festhalten. Ob es jemals auf soziologischem Wege zu einer integrativen Gesellschaftstheorie kommen wird, kann offenbleiben. Die gesellschaftstheoretischen Fragestellungen der institutionalistischen Ökonomik sollten funktionale Differenzierung als Strukturvorgabe akzeptieren. Ihr ginge es dann um die Beobachtung der Gesellschaft aus der Perspektive der Ökonomik. Dieser Focus ließe sich interdisziplinär scharfstellen, wenn wir Gesellschaft nicht mehr als das Gesamt aller Handlungszusammenhänge definierten sondern als das Gesamt aller prinzipiell erreichbaren Kooperationsmöglichkeiten. Die ökonomische Frage wäre dann, das Optimum (nicht Maximum) der zu realisierenden Kooperationen entlang ihrer institutionellen Sicherung zu bestimmen. Diese Definition hätte auch den forschungsstrategischen Vorteil, daß nichtökonomische, sozialwissenschaftliche Fragestellungen ebenfalls daran anknüpfen könnten, weil Kooperationschancen immer auch Lebenschancen sind. Die *Ethik einer solchen Gesellschaftstheorie* ließe sich vielleicht in dem Satz zusammenfassen:

> Sei kooperationsbereit und kooperationsfähig.

Wie alle Ethik gilt sie zunächst einmal universalistisch. Ökonomisch würde es dann um die restriktive Konditionierung dieses Imperativs gehen.

Das Mitführen einer solchen Theorie der Gesellschaft im Horizont der Neuen Institutionen- und Organisationenökonomik bedeutete demnach nicht die Anwendung soziologischer und sozialphilosophischer Gesellschaftstheorien auf die Ökonomik. Es ginge vielmehr umgekehrt um die Entwicklung einer ökonomischen Theorie der Gesellschaft, die ihr Beobachtungsobjekt mit anderen Wissenschaften teilt. Die Einheit der Sozial- und Gesellschaftswissenschaften läge dann hier. Ökonomik stützte sich auf die Gesellschaftstheorie, wäre aber nicht mit ihr identisch. Eine *ökonomische Theorie der Gesellschaft* hätte drei Aufgaben:

(1) Übersetzung von allem, „was der Fall ist", in die Sprache der Ökonomie, damit alles, „was der Fall ist", in deren Organisationen Resonanz hervorrufen und verarbeitet werden kann. Übersetzung heißt, die tradierte gesellschaftliche Aufgabe der Ökonomik, nämlich die Schaffung informaler Handlungsbeschränkungen, unter modernen Bedingungen zu erfüllen. Mo-

derne Gesellschaften haben die Möglichkeit, prinzipiell alle für sie relevanten Ereignisse in verschiedenen Systemsprachen (Politik, Ethik, Ökonomik, Technik, Recht usw.) zu rekonstruieren, und sich so verschiedene Optionen zum Umgang mit Problemen zu verschaffen. Gerade diese Wahlmöglichkeit ist ein bedeutender Faktor gesellschaftlicher Stabilität. Gesellschaften die sich konstitutionell auf eine höchste Option beschränken (z.B. Sozialismus, Fundamentalismus) oder deren Möglichkeitsspektrum auf nur noch eine Option geschrumpft ist (z.B. Ökonomismus), sind nicht überlebensfähig. Es ist daher die gesellschaftliche Aufgabe der Ökonomik, wie auch aller anderen Entscheidungslogiken, ihr Optionsspektrum so weit wie möglich zu verstehen.

(2) Übersetzung impliziert aber auch, daß Fehlübersetzungen und Nichtübersetzbarkeiten möglich und wahrscheinlich sind. Ich habe für die ernsthaften Konsequenzen dieser beiden Phänomene einige Belege angeführt. Die Akzeptanz der Existenz von Fehlübersetzungen und Nichtübersetzbarkeiten durch die Ökonomik markiert ihre Grenzen. Ich habe den Eindruck, daß die Nichtintegration dieses Grenzfalles eine gesellschaftstheoretisch konditionierte Schwäche des ökonomischen Imperialismus ist. Für Ökonomen sollten daher einschlägige Resultate methodologisch differenter Human- und Gesellschaftswissenschaften ein erwünschter Anreiz sein, die eigenen Erklärungen durch die Verarbeitung der Konsequenzen dieser Erkenntnisse für die Wirtschaft zu verbessern. Sie substituieren zu wollen, oder eine Art methodologischer Vorgabe für diese zu bilden, basiert hingegen auf einem gesellschaftstheoretischen Irrtum. Auch die Wissensbestände moderner Gesellschaften sind funktional differenziert, und gerade darin liegt die Produktivität neuzeitlicher Wissensgenerierung. Einzelnen Wissenschaften, sei es der Moralphilosophie (wie im antiken Griechenland), der Theologie (wie im Europa des Mittelalters und dem heutigen Fundamentalismus), der Politik (wie im Sozialismus) oder der Ökonomik einen allgemeinen Status zuzuerkennen, läuft auf eine Zurücknahme oder Aufhebung funktionaler Differenzierung hinaus, die mit Produktivitätsverlusten bei der Wissensgenerierung und mit der Verringerung gesellschaftlicher Optionen bezahlt werden wird.

(3) Der Analyse funktionaler Äquivalenzen für Systemleistungen kommt stattdessen eine besondere Leistung zu. Daß etwa, um nur ein weiteres Beispiel zu wählen, politische Fragen immer häufiger juristisch oder ökonomisch entschieden werden, damit überhaupt noch entschieden wird, ist sowohl ein Beispiel für die Verschiebung von Steuerungspotentialen als auch für das Umstellen auf funktionale Äquivalente. Nur solche Gesellschaften sind auf Dauer stabil und entwicklungsfähig, die für die Erbringung spezifischer Leistungen über eine ausreichende Anzahl funktionaler Äquivalente

verfügen. Es ist unter anderem Aufgabe der Wissenschaften, solche Äquivalente theoretisch zu produzieren, und deren Vorteile und Nachteile zu analysieren. Gerade in gesellschaftlichen Umbruchzeiten ist dies ein entscheidender Gesichtspunkt. Wir hatten bereits Gelegenheit zu sehen, daß das „comeback" des alteuropäischen Themas Wirtschaftsethik sich genau dieser Suche unserer Gesellschaften nach funktionalen Äquivalenten für nichtvorhandene vollständige Informationen und Verträge, für entschwindend homogene Wertekulturen und einer effizienten Governancestruktur für globale Transaktionen verdankt. Tutzing stand und steht für die Anstrengung, hierzu einen Beitrag zu leisten. Darin liegt zu Recht ein großer Teil seiner Bedeutung.

Literaturverzeichnis

AKERLOF, G. (1980). A Theory of Social Custom. *Quart. Journal of Economics*, 94, 749-755.
APPLEBY, J.O. (1978). *Economic Thought and Ideology in Seventeenth Century England.* Princeton: Princeton University Press.
BIERVERT, B. und HELD, M. (Hg.) (1987). *Ökonomische Theorie und Ethik.* Frankfurt am Main/New York: Campus.
-"- (1989). *Ethische Grundlagen der ökonomischen Theorie.* Frankfurt am Main/New York: Campus.
-"- (1991). *Das Menschenbild in der ökonomischen Theorie.* Frankfurt am Main/New York: Campus.
COASE, R.H. (1972). Industrial Organization: A Proposal for Research. In: FUCHS, V.R. (ed.) (1972). *Policy issues and research opportunities in industrial organzation.* New York: Wiley, S. 60ff.
-"- (1988). *The Firm, The Market, and The Law.* Chicago: University of Chicago Press (Orig. 1937).
COMMONS, J.R. (1990). *Institutional Economics.* Its Place in Political Economy. New Brunswick-London: Transaction (Orig. 1934).
DUNNING, J.H. (1995). *Multinational Enterprises and the Global Economy.* Reading: Westhouse.
FUCHS, V.R. (ed.) (1972). *Policy Issues and Research Opportunities in Industrial Organizations.* New York: Wiley.
GESER, H. (1989). Interorganisationale Normkulturen. In: HALLER, M. ET AL. (Hg.). *Kultur und Gesellschaft.* Frankfurt am Main/New York: Campus.
GRANDORI, A. und SODA, G. (1995). Inter-firm Networks: Antecedents, Mechanisms and Forms. *Organization Studies,* 16(2), 183-214.
HART, O. (1990). An Economist's Perspective on the Theory of the Firm. In: WILLIAMSON, O.E. (ed.) (1990). *Organization Theory.* From Chester Barnard to the Present and Beyond. Oxford: Oxford University Press.
HIRSCHMANN, A.O. (1977). *The Passions and the Interests.* Political Arguments for Capitalism before its Triumph. Princeton: Princeton University Press.
HOMANN, K. (1989). Vertragstheorie und Property-Rights-Ansatz - Stand der Diskussion und Möglichkeiten der Weiterentwicklung. In: BIERVERT, B. und HELD, M. (Hg.). *Ethische Grundlagen der ökonomischen Theorie.* Frankfurt am Main/New York: Campus, 37-69.
HOMANN, K. und KIRCHNER, CH.. Ordnungsethik. Unveröffentlichtes Manuskript, Hochschule St. Gallen/Kath. Universität Eichstätt.
JENSEN, M.C. und MECKLING, W.H. (1976). Theory of the Firm: Managerial Behavior, Agency cost and Ownership Structure. *Journal of Financial Economics,* Vol. 3(4), 305-360.

MARX, K. (1981). Ökonomisch-philosophische Manuskripte aus dem Jahre 1844. In: *MEW Ergänzungsband. Erster Teil.* Berlin (DDR): Dietz.

NORTH, D.C. (1990). *Institutions, Institutional Change and Economic Performance.* Cambridge: Cambridge Universitiy Press (Orig. 1920).

PARETO, V. (1980). *Compendium of General Sociology.* Mineapolis: University of Minnesota Press (Orig. 1920).

-"- (1927/1971). *Manual of Political Economy.* New York: University of Minnesota Press.

PORTER, R. (1991). A Review Essay on „Handbook of Industrial Organization". *Journal of Economic Literature,* Nr. 29, 553-572.

SCHMALENSEE, R. (1987). Industrial Organization. In: *Palgrave's Dictionary of Political Economy.* London: Macmillen.

SCHMOLLER, G. (1901⁴). *Grundriß der Allgemeinen Volkswirtschaftslehre.* Bd. 1. Leipzig: Duncker & Humblodt.

SCHÜSSLER, R. (1991). Unterminiert der Markt seine normative Basis? In: BIERVERT, B. und HELD, M. (Hg.). *Das Menschenbild der ökonomischen Theorie.* Frankfurt am Main/New York: Campus, 94-110.

SIDGWICK, H. (1885). *The Scope and Method of Economic Science.* London: Wiley.

SIMON, H.A. (1991). Organizations and Markets. *Journal of Economic Perspectives,* 5(2), 25-44.

SMITH, A. (1979). *An Inquiry into the Nature and Causes of the Wealth of Nations.* Oxford: Oxford University Press (Orig. 1776).

SOMBART, W. (1987). *Der moderne Kapitalismus.* Bd. II,1. München: dtv (Orig. erschienen Bände 1902-1927).

SURVEY OF CURRENT BUSINESS. 8/1990; 10/1993.

SYDOW, J. VON (1995). *Strategische Netzwerke - Evolution und Organisation.* Wiesbaden: Gabler.

ULRICH, P. (1989). Diskursethik und Politische Ökonomie. In: BIERVERT, B. und HELD, M. (Hg.). *Ethische Grundlagen der ökonomischen Theorie.* Frankfurt am Main/New York: Campus, 70-99.

WIELAND, J. (1996). *Ökonomische Organisation, Allokation und Status.* Tübingen: Mohr (Siebeck).

WILLIAMSON, O.E. (1975). *Markets and Hierarchies.* Analysis and Antitrust Implications. New York: Free Press.

-"- (1985). *The Economic Institutions of Capitalism.* Firms, Markets, Relational Contracting. New York: Free Press.

Die Autorin/Die Autoren

HAMPICKE, ULRICH
geb. 1944, Dr. agr.
Professor für Landschaftsökonomie an der Ernst-Moritz-Arndt-Universität Greifswald.
Arbeitsschwerpunkte: Ökonomie der Landschaftsnutzung und des Naturschutzes, Ökologische Ökonomie.

HASLINGER, FRANZ
geb. 1945, Dr. jur., Dr. rer. pol.
Professor für Volkswirtschaftslehre an der Universität Hannover.
Arbeitsschwerpunkte: Mikroökonomische Theorie bei Unsicherheit und asymmetrischen Informationen, Institutionenökonomik, Wachstums- und Verteilungstheorie, Methodologie der Ökonomie, Geschichte des ökonomischen Denkens.

HELD, MARTIN
geb. 1950, Dr. rer. pol.
Studienleiter an der Evangelischen Akademie Tutzing für den Bereich Wirtschaft.
Arbeitsschwerpunkte: Ökonomie und gesellschaftliche Folgen technischer Entwicklungen, Ökonomie und Ökologie, normative Grundfragen der Ökonomik.

HELMSTÄDTER, ERNST
geb. 1924, Dr. rer. pol.
em. Universitätsprofessor an der Westfälischen Wilhelms-Universität Münster.
Arbeitsschwerpunkte: Wirtschaftstheorie, Empirische Wirtschaftsforschung, Ordnungspolitik, Evolutorische Ökonomik.

KNOBLOCH, ULRIKE
geb. 1961, Dr. oec.
Mitarbeiterin des Instituts für Wirtschaftsethik an der Universität St. Gallen. Z.Zt. Visiting Research Fellow an der Graduate Faculty der New School for Social Research, New York.
Arbeitsschwerpunkte: Normative Grundfragen der ökonomischen Theorie, insbesondere Konsumtheorie und -ethik, feministische Ökonomie und Ethik.

SCHERHORN, GERHARD
geb. 1930, Dr. rer. pol.
Professor für Konsumtheorie und Verbraucherpolitik an der Universität Stuttgart-Hohenheim.

Arbeitsschwerpunkte: Konsum und Umwelt, nachhaltiger Konsum, Konsum und Werbung, Kommerzialisierung, selbstbestimmtes Verhalten in Haushalt und Beruf.

STURN, RICHARD
geb. 1956, Dr. rer. soc. oec.
Assistenz-Professor für Finanzwissenschaft an der Karl-Franzens-Universität Graz / Österreich.
Arbeitsschwerpunkte: Familienbesteuerung, Theorien der Gerechtigkeit, Normen und Rationalität, Ideengeschichte.

SUCHANEK, ANDREAS
geb. 1961, Dr. rer. pol.
Wissenschaftlicher Assistent am Lehrstuhl für Wirtschafts- und Unternehmensethik an der Katholischen Universität Eichstätt, Ingolstadt.
Arbeitsschwerpunkte: Methodologie der Sozialwissenschaft, Wirtschaftsethik, Institutionenökonomik, Umweltökonomik.

WEISE, PETER
geb. 1941, Dr. rer. pol.
Professor für Wirtschaftswissenschaft mit sozialwissenschaftlicher Ausrichtung an der Universität Gesamthochschule Kassel.
Arbeitsschwerpunkte: Arbeitsmarkttheorie, Konjunkturtheorie, Institutionenökonomik, Evolutorische Ökonomik.

WICHERT, CHRISTIAN
geb. 1967, Diplom-Volkswirt
Wissenschaftlicher Mitarbeiter am Lehrstuhl für Volkswirtschaftslehre / Prof. Widmaier an der Universität Regensburg.
Arbeitsschwerpunkte: Allgemeine Wirtschaftspolitik, Diskurstheorie.

WIDMAIER, HANS PETER
geb. 1934, Dr. phil.
Professor für Volkswirtschaftslehre an der Universität Regensburg.
Arbeitsschwerpunkte: Wirtschafts- und Sozialpolitik, Theorie und Politik der Infrastruktur, Wirtschaft der Transformationsländer.

WIELAND, JOSEF
geb. 1951, Dr. habil.
Professor für allgemeine Betriebswirtschaftslehre mit Schwerpunkt Wirtschafts- und Unternehmensethik an der Fachhochschule Konstanz.
Arbeitsschwerpunkte: Institutionentheorie, Geschichte der ökonomischen Ideen, Wirtschafts- und Unternehmensethik.